U0113483

白话华严经

洪启嵩　译讲

第三册

上海三联书店

皈命颂

南无大智海毗卢遮那如来

南无大方广佛华严经

南无莲华藏海华严会上佛菩萨

皈命圣不动自性大悲者　　大智海普贤现流清净道

因道果圆满毗卢遮那智　　唯佛与佛究竟大华严经

净信为能入道源功德母　　发心即成堕佛数成正觉

殊胜了义不可思议佛音　　住不退真实随顺如来语

愿佛摄我莲华藏清净海　　性起唯住帝珠正觉道场

相摄相入广大悲智力用　　平等受用寂灭金刚法界

皈命大方广佛常住华严　　随顺华严法流永无退转

目　录

十回向品第二十五

卷第二十四
十回向品第二十五之二

【原典】

"佛子！云何为菩萨摩诃萨不坏回向？

"佛子！此菩萨摩诃萨于去、来、今诸如来所，得不坏信，悉能承事一切佛故。于诸菩萨，乃至初发一念之心求一切智，得不坏信，誓修一切菩萨善根无疲厌故。于一切佛法得不坏信，发深志乐故。于一切佛教得不坏信，守护住持故。于一切众生得不坏信，慈眼等观，善根回向，普利益故。于一切白净法得不坏信，普集无边诸善根故。于一切菩萨回向道得不坏信，满足殊胜诸欲解故。于一切菩萨法师得不坏信，于诸菩萨起佛想故。于一切佛自在神通得不坏信，深信诸佛难思议故。于一切菩萨善巧方便行得不坏信，摄取种种无量无数行境界故。

"佛子！菩萨摩诃萨如是安住不坏信时，于佛、菩萨、声闻、独觉，若诸佛教，若诸众生，如是等种种境界中，种诸善根无量无边，令菩提心转更增长，慈悲广大，平等观察，随顺修学诸佛所作，摄取一切清净善根，入真实义，集福德行，行大惠施，修诸功德，等观三世。菩萨摩诃萨以如是等善根功德，回向一切智：'愿常见诸佛，亲近善友，与诸菩萨同共止住，念一切智，心无暂舍，受持佛教，勤加守护，教化成熟一切众生，心常回向出世之道，供养瞻侍❶一切法师，解了诸法，忆持不忘，修行大愿，悉使满足。'菩萨如是积集善根，成就善根，增长善根，思惟善根，系念善根，分别善根，爱乐善根，修习善根，安住善根。

"菩萨摩诃萨如是积集诸善根已，以此善根所得依果修菩萨行，于念念中见无量佛，如其所应，承事供养。以阿僧祇宝、阿僧祇华、阿僧祇鬘、阿僧祇衣、阿僧祇盖、阿僧祇幢、阿僧祇幡、阿僧祇庄严具、阿僧祇给侍、阿僧祇涂饰地、阿僧祇涂香、阿僧祇末香、阿僧祇和香、阿僧祇烧香、阿僧祇深信、阿僧祇爱乐、阿僧祇净心、阿僧祇尊重、阿僧祇赞叹、阿僧祇礼敬、阿僧祇宝座，阿僧祇华座、阿僧祇香座、阿僧祇鬘座、阿僧祇栴檀座、阿僧祇衣座、阿僧祇金刚座、阿僧祇摩尼座、阿僧祇宝缯座、阿僧祇宝色座、阿僧祇宝经行处、阿僧祇华经行处、阿僧祇香经行处、阿僧祇鬘经行处、阿僧祇衣经行处、阿僧祇宝间错经行处、阿僧祇一切宝缯彩经行处、阿僧祇一切宝多罗树经行处、阿僧祇一切宝栏楯经行处、阿僧祇一切宝铃网弥覆经行处、阿僧祇一切宝宫殿、阿僧祇一切华宫殿、阿僧祇一切香宫殿、阿僧祇一切鬘宫殿、阿僧祇一切栴檀宫殿、阿僧祇一切坚固妙香藏宫殿、阿僧祇一切金刚宫殿、阿僧祇一切摩尼宫殿，皆悉殊妙，出过诸天。阿僧祇诸杂宝树、阿僧祇种种香树、阿僧祇诸宝衣树、阿僧祇诸音乐树、阿僧祇宝庄严具树、阿僧祇妙音声树、阿僧祇无厌宝树、阿僧祇宝缯彩树、阿僧祇宝珰树、阿僧祇一切华香幢幡鬘盖所严饰树，如是等树，扶疏荫映，庄严宫殿。其诸宫殿复有阿僧祇轩槛庄严、阿僧祇窗牖庄严、阿僧祇门闼庄严、阿僧祇楼阁庄严、阿僧祇半月庄严、阿僧祇帐庄严，阿僧祇金网弥覆其上，阿僧祇香周匝普熏，阿僧祇衣敷布其地。

"佛子！菩萨摩诃萨以如是等诸供养具，于无量无数不可说不可说劫，净心尊重、恭敬供养一切诸佛，恒不退转，无有休息。一一如来灭度之后所有舍利，悉亦如是恭敬供养。为令一切众生生净信故，一切众生摄善根故，一切众生离诸苦故，一切众生广大解故，一切众生以大庄严而庄严故，无量庄严而庄严故，诸有所作得究竟故，知诸佛兴难可值故，满足如来无量力故，庄严供养佛塔庙故，住持一切诸佛法故，如是供养现在诸佛，及灭度后所有舍利。其诸供养，于阿僧祇劫说不可尽。如是修集无量功德，皆为成熟一切众生，无有退转，无有休息，无有疲厌，无有执著，离诸心想，无有依止，永绝所依，远离于我，及以我所，如实法印，印诸业门，得法无生，住佛所住，观无生性，印诸境界。诸佛护念，发心回向，与诸法性相应回向，入无作法成就所作方便回向，舍离一切诸事想著方便回向，住于无量善巧回向，永出一切诸有回向，修行诸行不住于相善巧回向，普摄一切善根回向，普净一切菩萨诸行广大回向，发无上菩提心回向，与一切善根同住回向，满足最上信解心回向。

"佛子！菩萨摩诃萨以诸善根如是回向时，虽随生死而不改变，求一切智未曾退转，在于诸有心无动乱，悉能度脱一切众生，不染有为法，不失无碍智。菩萨行位因缘无尽，世间诸法无能变动，具足清净诸波罗蜜，悉能成就一切智力。菩萨如是离诸痴暗，成菩提心，开示光明，增长净法，回向胜道，具足众行，以清净意善能分别，了一切法悉随心现。知业如幻，业报如像，诸行如化，因缘生法，悉皆如响，菩萨诸行一切如影，出生无著清净法眼，见于无作广大境界，证寂灭性，了法无二，得法实相，具菩萨行，于一切相皆无所著。善能修行同事诸业，于白净法恒无废舍，离一切著，住无著行。菩萨如是善巧思惟，无有迷惑，不违诸法，不坏业因，明见真实，善巧回向，知法自性，以方便力，成就业报，到于彼岸，智慧观察一切诸法，获神通智诸业善根，无作而行，随心自在。菩萨摩诃萨以诸善根如是回向，为欲度脱一切众生，不断佛种，永离魔业，见一切智无有边际，信乐不舍，离世境界，断诸杂染。亦愿众生得清净智，入深方便，出生死法，获佛善根，永断一切诸魔事业，以平等印普印诸业，发心趣入一切种智，成就一切出世间法。

"佛子！是为菩萨摩诃萨第二不坏回向。菩萨摩诃萨住此回向时，得见一切无数诸佛，成就无量清净妙法，普于众生得平等心，于一切法无有疑惑，一切诸佛神力所加，降伏众魔，永离其业，成就生贵，满菩提心，得无碍智不由他解，善能开阐一切法义，能随想力入一切刹，普照众生，悉使清净。菩萨摩诃萨以此不坏回向之力，摄诸善根，如是回向。"

尔时，金刚幢菩萨观察十方，承佛神力，即说颂言：

菩萨已得不坏意，修行一切诸善业，是故能令佛欢喜，智者以此而回向。

供养无量无边佛，布施持戒伏诸根，为欲利益诸众生，普使一切皆清净。

一切上妙诸香华，无量差别胜衣服，宝盖及以庄严具，供养一切诸如来。

如是供养于诸佛，无量无数难思劫，恭敬尊重常欢喜，未曾一念生疲厌。

专心想念于诸佛，一切世间大明灯，十方所有诸如来，靡不现前如目睹。

不可思议无量劫，种种布施心无厌，百千万亿众劫中，修诸善法悉如是。

彼诸如来灭度已，供养舍利无厌足，悉以种种妙庄严，建立难思众塔庙。

造立无等最胜形，宝藏净金为庄严，巍巍高大如山王，其数无量百千亿。

净心尊重供养已，复生欢喜利益意，不思议劫处世间，救护众生令解脱。

了知众生皆妄想，于彼一切无分别，而能善别众生根，普为群生作饶益。

菩萨修习诸功德，广大最胜无与比，了达体性悉非有，如是决定皆回向。

以最胜智观诸法，其中无有一法生，如是方便修回向，功德无量不可尽。

以是方便令心净，悉与一切如来等，此方便力不可尽，是故福报无尽极。

发起无上菩提心，一切世间无所依，普至十方诸世界，而于一切无所碍。

一切如来出世间，为欲启导众生心，如其心性而观察，毕竟推求不可得。

一切诸法无有余，悉入于如无体性，以是净眼而回向，开彼世间生死狱。

虽令诸有悉清净，亦不分别于诸有，知诸有性无所有，而令欢喜意清净。

于一佛土无所依，一切佛土悉如是，亦不染著有为法，知彼法性无依处。

以是修成一切智，以是无上智庄严，以是诸佛皆欢喜，是为菩萨回向业。

菩萨专心念诸佛，无上智慧巧方便，如佛一切无所依，愿我修成此功德。

专心救护于一切，令其远离众恶业，如是饶益诸群生，系念思惟未曾舍。

住于智地守护法，不以余乘取涅槃，唯愿得佛无上道，菩萨如是善回向。

不取众生所言说，一切有为虚妄事，虽复不依言语道，亦复不著无言说。

十方所有诸如来，了达诸法无有余，虽知一切皆空寂，而不于空起心念。

以一庄严严一切，亦不于法生分别，如是开悟诸群生，一切无性无所观。

"佛子！云何为菩萨摩诃萨等一切佛回向？

"佛子！此菩萨摩诃萨随顺修学去、来、现在诸佛世尊回向之道。如是修学回向道时，见一切色，乃至触法，若美若恶，不生爱憎，心得自在，无诸过失，广大清净，欢喜悦乐，离诸忧恼，心意柔软，诸根清凉。佛子！菩萨摩诃萨获得如是安乐之时，复更发心回向诸佛，作如是念：'愿以我今所种善根，令诸佛乐转更增胜，所谓不可思议佛所住乐、无有等比佛三昧乐、不可限量大慈悲乐、一切诸佛解脱之乐、无有边际大神通乐、最极尊重大自在乐、广大究竟无量力乐、离诸知觉寂静之乐、住无碍住恒正定乐、行无二行不变异乐。'

"佛子！菩萨摩诃萨以诸善根回向佛已，复以此善根❷回向菩萨，所谓愿未满者令得圆满，心未净者令得清净，诸波罗蜜未满足者令得满足。安住金刚菩提之心，于一切智得不退转，不舍大精进，守护菩提门一切善根，能令众生舍离我慢，发菩提心，所愿成满，安住一切菩萨所住，获得菩萨明利诸根，修习善根，证萨婆若。

"佛子！菩萨摩诃萨以诸善根如是回向菩萨已，复以回向一切众生：'愿一切众生所有善根，乃至极少一弹指顷，见佛闻法，恭敬圣僧。彼诸善根皆离障碍，念佛圆满，念法方便，念僧尊重，不离见佛，心得清净，获诸佛法，集无量德，净诸神通，舍法疑念，依教而住。'如为众生如是回向，为声闻、辟支佛回向亦复如是。又愿一切众生永离地狱、饿鬼、畜生、阎罗王等一切恶处，增长无上菩提之心，专意勤求一切种智，永不毁谤诸佛正法，得佛安乐，身心清净，证一切智。

"佛子！菩萨摩诃萨所有善根，皆以大愿发起、正发起，积集、正积集，增长、正增长，悉令广大具足充满。

"佛子！菩萨摩诃萨在家宅中与妻子俱，未曾暂舍菩提之心，正念思惟萨婆若境，自度度彼，令得究竟，以善方便化己眷属，令入菩萨智，令成熟解脱。虽与同止，心无所著。以本大悲处于居家，以慈心故随顺妻子，于菩萨清净道无所障碍。菩萨摩诃萨虽在居家作诸事业，未曾暂舍一切智心，所谓若著衣裳，若啖滋味，若服汤药、澡漱涂摩、回旋顾视、行住坐卧、身语意业、若睡若寤，如是一切诸有所作，心常回向萨婆若道，系念思惟，无时舍离。为欲饶益一切众生，安住菩提无量大愿，摄取无数广大善根，勤修诸善，普救一切，永离一切骄慢放逸，决定趣于一切智地，终不发意向于余道。常观一切诸佛菩提，永舍一切诸杂染法，修行一切菩萨所学，于一切智道无所障碍。住于智地爱乐诵习，以无量智集诸善根，心不恋乐一切世间，亦不染著所行之行，专心受持诸佛教法。菩萨如是处在居家，普摄善根，令其增长，回向诸佛无上菩提。

"佛子！菩萨尔时，乃至施与畜生之食一抟、一粒，咸作是愿：'当令此等舍畜生道，利益安乐，究竟解脱，永度苦海，永灭苦受，永除苦蕴❸，永断苦觉、苦聚、苦行、苦因、苦本及诸苦处，愿彼众生皆得舍离。'菩萨如是专心系念一切众生，以彼善根而为上首，为其回向一切种智。菩萨初发菩提之心，普摄众生，修诸善根，悉以回向，欲令永离生死旷野，得诸如来无碍快乐，出烦恼海，修佛法道，慈心遍满，悲力广大，普使一切得清净乐，守护善根，亲近佛法，出魔境界，入佛境界，断世间种，植如来种，住于三世平等法中。菩萨摩诃萨如是所有已集、当集、现集善根，悉以回向。复作是念：'如过去诸佛菩萨所行，恭敬供养一切诸佛，度诸众生令永出离，勤加修习一切善根，悉以回向而无所著。所谓不依色、不著受、无倒想、不作行、不取识、舍离六处，不住世法，乐出世间。知一切法皆如虚空，无所从来，不生不灭，无有真实，无所染著。远离一切诸分别见，不动不转，不失不坏。住于实际，无相离相，唯是一相。如是深入一切法性，常乐习行普门善根，悉见一切诸佛众会。如彼过去一切如来善根回向，我亦如是而为回向，解如是法，证如是法，依如是法，发心修习，不违法相。知所修行，如幻如影，如水中月，如镜中像，因缘和合之所显现，乃至如来究竟之地。'

"佛子！菩萨摩诃萨复作是念：'如过去诸佛修菩萨行时，以诸善根如是回向，未来、现在悉亦如是。我今亦应如彼诸佛，如是发心，以诸善根而为回向，第一回向、胜回向、最胜回向、上回向、无上回向、无等回向、无等等回向、无比回向、无对回向、尊回向、妙回向、平等回向、正直回向、大功德回向、广大回向、善回向、清净回向、离恶回向、不随恶回向。'菩萨如是以诸善根正回向已，成就清净身、语、意业，住菩萨住，无诸过失，修习善业，离身、语恶，心无瑕秽，修一切智，住广大心，知一切法无有所作，住出世法，世法不染，分别了知无量诸业，成就回向善巧方便，永拔一切取著根本。

"佛子！是为菩萨摩诃萨第三等一切佛回向。菩萨摩诃萨住此回向，深入一切诸如来业，趣向如来胜妙功德，入深清净智慧境界，不离一切诸菩萨业，善能分别巧妙方便，入深法界，善知菩萨修行次第，入佛种性，以巧方便分别了知无量无边一切诸法，虽复现身于世中生，而于世法心无所著。"

尔时，金刚幢菩萨承佛神力，普观十方，即说颂言：

　　彼诸菩萨摩诃萨，修过去佛回向法，亦学未来现在世，一切导师之所行。

　　于诸境界得安乐，诸佛如来所称赞，广大光明清净眼，悉以回向大聪哲。

　　菩萨身根种种乐，眼耳鼻舌亦复然，如是无量上妙乐，悉以回向诸最胜。

　　一切世间众善法，及诸如来所成就，于彼悉摄无有余，尽以随喜益众生。

　　世间随喜无量种，今此回向为众生，人中师子所有乐，愿使群萌悉圆满。

　　一切国土诸如来，凡所知见种种乐，愿令众生皆悉得，而为照世大明灯。

　　菩萨所得胜妙乐，悉以回向诸群生，虽为群生故回向，而于回向无所著。

　　菩萨修行此回向，兴起无量大悲心，如佛所修回向德，愿我修行悉成满。

　　如诸最胜所成就，一切智乘微妙乐，及我在世之所行，诸菩萨行无量乐。

　　示入众趣安隐乐，恒守诸根寂静乐，悉以回向诸群生，普使修成无上智。

　　非身语意即是业，亦不离此而别有，但以方便灭痴冥，如是修成无上智。

菩萨所修诸行业，积集无量胜功德，随顺如来生佛家，寂然不乱正回向。

十方一切诸世界，所有众生咸摄受，悉以善根回向彼，愿令具足安隐乐。

不为自身求利益，欲令一切悉安乐，未曾暂起戏论心，但观诸法空无我。

十方无量诸最胜，所见一切真佛子，悉以善根回向彼，愿使速成无上觉。

一切世间含识类，等心摄取无有余，以我所行诸善业，令彼众生速成佛。

无量无边诸大愿，无上导师所演说，愿诸佛子皆清净，随其心乐悉成满。

普观十方诸世界，悉以功德施于彼，愿令皆具妙庄严，菩萨如是学回向。

心不称量诸二法，但恒了达法无二，诸法若二若不二，于中毕竟无所著。

十方一切诸世间，悉是众生想分别，于想非想无所得，如是了达于诸想。

彼诸菩萨身净已，则意清净无瑕秽，语业已净无诸过，当知意净无所著。

一心正念过去佛，亦忆未来诸导师，及以现在天人尊，悉学于其所说法。

三世一切诸如来，智慧明达心无碍，为欲利益众生故，回向菩提集众业。

彼第一慧广大慧，不虚妄慧无倒慧，平等实慧清净慧，最胜慧者如是说。

"佛子！云何为菩萨摩诃萨至一切处回向？

"佛子！此菩萨摩诃萨修习一切诸善根时，作是念言：'愿此善根功德之力至一切处。譬如实际，无处不至，至一切物，至一切世间，至一切众生，至一切国土，至一切法，至一切虚空，至一切三世，至一切有为、无为，至一切语言、音声。愿此善根，亦复如是，遍至一切诸如来所，供养三世一切诸佛。过去诸佛所愿悉满，未来诸佛具足庄严，现在诸佛及其国土、道场、众会，遍满一切虚空法界。愿以信解大威力故，广大智慧无障碍故，一切善根悉回向故，以如诸天诸供养具而为供养，充满无量无边世界。'佛子！菩萨摩诃萨复作是念：'诸佛世尊普遍一切虚空法界。种种业所起，十方不可说一切世界种世界、不可说佛国土佛境界种种世界、无量世界、无分齐世界、转世界、侧世界、仰世界、覆世界，如是一切诸世界中，现住于寿，示现种种神通变化。彼有菩萨以胜解力，为诸众生堪受化者，于彼一切诸世界中，现为如来出兴于世，以至一切处智，普遍开示如来无量自在神力，法身遍往无有差别，平等普入一切法界。如来藏身不生不灭，善巧方便普现世间，证法实性超一切故，得不退转无碍力故，生于如来无障碍见、广大威德种性中故。'

"佛子！菩萨摩诃萨以其所种一切善根愿，于如是诸如来所，以众妙华，及众妙香、鬘盖、幢幡、衣服、灯烛，及余一切诸庄严具，以为供养。若佛形像，若佛塔庙，悉亦如是。以此善根如是回向，所谓不乱回向、一心回向、自意回向、尊敬回向、不动回向、无住回向、无依回向、无众生心回向、无躁竞心回向、寂静心回向。复作是念：'尽法界、虚空界，去、来、现在一切劫中，诸佛世尊得一切智、成菩提道，无量名字各各差别，于种种时现成正觉，悉皆住寿尽未来际，一一各以法界庄严而严其身，道场众会周遍法界，一切国土随时出兴而作佛事。如是一切诸佛如来，我以善根普皆回向，愿以无数香盖、无数香幢、无数香幡、无数香帐、无数香网、无数香像、无数香光、无数香焰、无数香云、无数香座、无数香经行地、无数香所住处、无数香世界、无数香山、无数香海、无数香河、无数香树、无数香衣服、无数香莲华、无数香宫殿，无量华盖，广说乃至无量华宫殿、无边鬘盖，广说乃至无边鬘宫殿、无等涂香盖，广说乃至无等涂香宫殿、不可数末香盖，广说乃至不可数末香宫殿、不可称衣盖，广说乃至不可称衣宫殿、不可思宝盖，广说乃至不可思宝宫殿、不可量灯光明盖，广说乃至不可量灯光明宫殿、不可说庄严具盖，广说乃至不可说庄严具宫殿、不可说不可说摩尼宝盖、不可说不可说摩尼宝幢。如是摩尼宝幡、摩尼宝帐、摩尼宝网、摩尼宝像、摩尼宝光、摩尼宝焰、摩尼宝云、摩尼宝座、摩尼宝经行地、摩尼宝所住处、摩尼宝刹、摩尼宝山、摩尼宝海、摩尼宝河、摩尼宝树、摩尼宝衣服、摩尼宝莲华、摩尼宝宫殿，皆不可说不可说。如是一一诸境界中，各有无数栏楯、无数宫殿、无数楼阁、无数门闼、无数半月、无数却敌、无数窗牖、无数清净宝、无数庄严具。以如是等诸供养物，恭敬供养如上所说诸佛世尊。愿令一切世间皆得清净，一切众生咸得出离，住十力地，于一切法中得无碍法明。令一切众生具足善根，悉得调伏，其心无量，等虚空界，往一切刹而无所至，入一切土施诸善法，常得见佛，植诸善根，成就大乘，不著诸法，具足众善，立无量行，普入无边一切法界，成就诸佛神通之力，得于如来一切智智。譬如无我，普摄诸法。我诸善根亦复如是，普摄一切诸佛如来，咸悉供养无有余故；普摄一切无量诸法，悉能悟入无障碍故；普摄一切诸菩萨众，究竟皆与同善根故；普摄一切诸菩萨行，以本愿力皆圆满故；普摄一切菩萨法明，了达诸法皆无碍故；普摄诸佛大神通力，成就无量诸善根故；普摄诸佛力、无所畏，发无量心满一切故；普摄菩萨三昧辩才陀罗尼门，善能照了无二法故；普摄诸佛善巧方便，示现如来大神力故；普摄三世一切诸佛降生成道、转正法轮、调伏众生、入般涅槃，恭敬供养悉周遍故；普摄十方一切世界，严净佛刹咸究竟故；普摄一切诸广大劫，于中出现修菩萨行无断绝故；普摄一切所有趣生，悉于其中现受生故；普摄一切诸众生界，具足普贤菩萨行故；普摄一切诸惑习气，悉以方便令清净故；普摄一切众生诸根，无量差别咸了知故；普摄一切众生解欲，令离杂染得清净故；普摄一切化众生行，随其所应为现身故；普摄一切应众生道，悉入一切众生界故；普摄一切如来智性，护持一切诸佛教故。’

"佛子！菩萨摩诃萨以诸善根如是回向时，用无所得而为方便，不于业中分别报，不于报中分别业。虽无分别而普入法界，虽无所作而恒住善根，虽无所起而勤修胜法，不信诸法而能深入，不有于法而悉知见。若作、不作皆不可得，知诸法性恒不自在。虽悉见诸法而无所见，普知一切而无所知。菩萨如是了达境界，知一切法因缘为本，见于一切诸佛法身，至一切法离染实际，解了世间皆如变化，明达众生唯是一法，无有二性。不舍业境善巧方便，于有为界示无为法，而不灭坏有为之相。于无为界示有为法，而不分别无为之相。菩萨如是观一切法毕竟寂灭，成就一切清净善根，而起救护众生之心，智慧明达一切法海，常乐修行离愚痴法，已具成就出世功德，不更修学世间之法，得净智眼，离诸痴翳，以善方便修回向道。

"佛子！菩萨摩诃萨以诸善根如是回向，称可一切诸佛之心，严净一切诸佛国土，教化成熟一切众生，具足受持一切佛法。作一切众生最上福田，为一切商人智慧导师，作一切世间清净日轮，一一善根充遍法界，悉能救护一切众生，皆令清净具足功德。

"佛子！菩萨摩诃萨如是回向时，能护持一切佛种，能成熟一切众生，能严净一切国土，能不坏一切诸业，能了知一切诸法，能等观诸法无二，能遍往十方世界，能了达离欲实际，能成就清净信解，能具足明利诸根。

"佛子！是为菩萨摩诃萨第四至一切处回向。菩萨摩诃萨住此回向时，得至一切处身业，普能应现一切世界故；得至一切处语业，于一切世界中演说法故；得至一切处意业，受持一切佛所说法故；得至一切处神足通，随众生心悉往应故；得至一切处随证智，普能了达一切法故；得至一切处总持辩才，随众生心令欢喜故；得至一切处入法界，于一毛孔中普入一切世界故；得至一切处遍入身，于一众生身普入一切众生身故；得至一切处普见劫，一一劫中常见一切诸如来故；得至一切处普见念，一一念中一切诸佛悉现前故。佛子！菩萨摩诃萨得至一切处回向，能以善根如是回向。"

尔时，金刚幢菩萨承佛威力，普观十方，而说颂言：

内外一切诸世间，菩萨悉皆无所著，不舍饶益众生业，大士修行如是智。

十方所有诸国土，一切无依无所住，不取活命等众法，亦不妄起诸分别。

普摄十方世界中，一切众生无有余，观其体性无所有，至一切处善回向。

普摄有为无为法，不于其中起妄念，如于世间法亦然，照世灯明如是觉。

菩萨所修诸业行，上中下品各差别，悉以善根回向彼，十方一切诸如来。

菩萨回向到彼岸，随如来学悉成就，恒以妙智善思惟，具足人中最胜法。

清净善根普回向，利益群迷恒不舍，悉令一切诸众生，得成无上照世灯。

未曾分别取众生，亦不妄想念诸法，虽于世间无染著，亦复不舍诸含识。

菩萨常乐寂灭法，随顺得至涅槃境，亦不舍离众生道，获如是等微妙智。

菩萨未曾分别业，亦不取著诸果报，一切世间从缘生，不离因缘见诸法。

深入如是诸境界，不于其中起分别，一切众生调御师，于此明了善回向。

注释

❶ "侍"，大正本原作"待"，今依元、明、宫本改之。

❷ "根"，大正本原无，今依明、宫本增之。

❸ "蕴"，大正本原作"薀"，今依前后文意改之。

【白话语译】

"佛子啊！什么是菩萨摩诃萨的不坏❶回向呢？

"佛子啊！菩萨摩诃萨对于三世诸佛如来的信心不坏，因为他已经能够完全承事一切佛陀。对于诸菩萨众，乃至于刚刚发起一念菩提心想求得一切智的菩萨，也有不坏的信心，因为他誓愿修学一切菩萨善根毫不疲厌。对于所有的佛法也信心不坏，因为他已发起甚深志向意乐。对于一切佛陀的教诲也信心不坏，因为他能守护住持佛法。对于一切的众生也信心不坏，因为他能慈悲平等地观察众生，并以善根回向普遍利益众生。对于一切洁白清净的佛法也信心不坏，因为他能普遍集聚无边的善根。对于一切菩萨的回向之道也信心不坏，因为他能从其中满足殊胜的意欲与智解。对于一切菩萨法师也信心不坏，因为他看待菩萨众就如同看待佛陀一般。对于一切佛陀自在的神通力量也信心不坏，因为他深信诸佛不可思议的境界。对于一切菩萨善巧方便的殊胜行为也信心不坏，因为他已摄取种种无量数妙行的境界。

"佛子啊！菩萨摩诃萨如此安住不坏的信心时，他已在诸佛、菩萨、声闻、独觉，或是诸佛的教诲，或是一切的众生，如此等等各种境界，种下无量无边的各种善根，更加增长菩提心。他也以广大的慈悲，平等观察一切，随顺修学诸佛的所作所为，摄取一切的清净善根。他证入真实的妙义，聚集福德的胜行，实行广大的惠施，修集各种的功德，平等地观察过去、未来、现在三世。

"菩萨摩诃萨用如此等等的善根功德回向一切智：'希望能够常见到诸佛，常亲近善友，常与菩萨众共同依止安住。希望常忆念一切智，心中没有暂时的舍离。希望能受持诸佛的教诲，精勤地加以守护，教化成熟一切的众生。希望心中时常回向出世的佛道，尊敬供养一切法师。希望了解诸法的实相，忆念总持而不忘失。希望所修广大愿力，能够完全实现。'菩萨如此积集各种善根，成就各种善根，增长各种善根，思惟各种善根，系念各种善根，分别各种善根，爱乐各种善根，修习各种善根，并安住种种善根中。

"菩萨摩诃萨如此积集各种善根之后，用这些善根得证依止的果报修习菩萨行，在念念当中见无量佛，以相应的因缘，用以下种种宝物承事供养佛陀：阿僧祇宝、阿僧祇华、阿僧祇鬘、阿僧祇服、阿僧祇盖、阿僧祇幢、阿僧祇幡、阿僧祇庄严具、阿僧祇给养奉侍、阿僧祇涂饰地、阿僧祇涂香、阿僧祇末香、阿僧祇和香、阿僧祇烧香、阿僧祇甚深信心、阿僧祇爱乐、阿僧祇清净心、阿僧祇尊重、阿僧祇赞叹、阿僧祇礼敬、阿僧祇宝座、阿僧祇华座、阿僧祇香座、阿僧祇鬘座、阿僧祇栴檀座、阿僧祇衣座、阿僧祇金刚座、阿僧祇摩尼座、阿僧祇宝缯座、阿僧祇宝色座、阿僧祇宝经行❷处所、阿僧祇华经行处所、阿僧祇香经行处所、阿僧祇鬘经行处所、阿僧祇衣经行处所、阿僧祇珍宝间错经行处所、阿僧祇一切珍宝缯彩经行处所、阿僧祇一切宝多罗树经行处所、阿僧祇一切宝栏楯经行处所、阿僧祇一切宝铃网弥覆经行处所、阿僧祇一切宝宫殿、阿僧祇一切华宫殿、阿僧祇一切香宫殿、阿僧祇一切鬘宫殿、阿僧祇一切栴檀宫殿、阿僧祇一切坚固妙香藏宫殿、阿僧祇一切金刚宫殿、阿僧祇一切摩尼宫殿。这些供养的珍宝，都十分的殊胜微妙，超过了所有诸天大众的供养。

"他又用以下种种宝树供养佛陀：阿僧祇诸杂宝树、阿僧祇诸香宝树、阿僧祇诸宝衣树、阿僧祇诸音乐树、阿僧祇宝庄严具树、阿僧祇妙音声树、阿僧祇无厌宝树、阿僧祇宝缯彩树、阿僧祇宝珰树，阿僧祇一切华香、幢幡、鬘盖所饰树。如是等各类宝树，枝叶扶疏，树荫垂映，庄严着天宫宝殿。这些宫殿当中，更有阿僧祇门槛庄严、阿僧祇窗户庄严、阿僧祇门户庄严、阿僧祇楼阁庄严、阿僧祇半月庄严、阿僧祇帐庄严，有阿僧祇金网弥覆其上，有阿僧祇妙香普熏四周，有阿僧祇宝衣敷布其地。

"佛子啊！菩萨摩诃萨用如此等等各种供养具，在无量无数不可说不可说的时劫，以清净心尊重恭敬，供养一切诸佛，从不退转，也不曾歇息。对每一位如来灭度之后所成就的舍利❸，也是如此恭敬供养。他为了使众生生起清净的信心，为了使众生摄受善根，为了使众生远离所有的痛苦，为了使众生生起广大的信解，为了使众生用大庄严庄严自身、用无量的庄严庄严自身，为了使所有的作为都究竟圆满，为了了知诸佛的出兴是难可值遇，为了满足如来的无量力，为了庄严供养佛陀的塔庙，为了住持一切诸佛所说法，因此供养现在的诸佛，以及诸佛灭度之后的所有舍利。他施行的种种供养，以阿僧祇的时间都无法说尽。

"菩萨如此修集无量功德，都是为了成熟一切众生，当他修集功德的时候，没有退转，没有休息，没有疲厌，没有执着，不曾出现任何杂乱的念头；没有依止，永远断绝所有的依止执着，远离于我以及我所。他并且以如实的法印印证所有的业行，而得证诸法无生；并且安住在佛陀所安住的境地，也观察无生的法性，以印证所有的境界。

"他更以修集的善根发种种回向：为诸佛所护念而发心回向，与诸法性相应回向，证入无作法当中成就所作方便回向，舍离一切臆想执着方便回向，安住于无量善巧回向，永远出离一切存有回向，修行诸行而不住于相善巧回向，普遍摄持一切善根回向，普遍清净一切菩萨行广大回向，发无上菩提心回向，与一切善根共同安住回向，满足最上信心回向。

"佛子啊！菩萨摩诃萨一直都用各种善根如此回向，即使历经生死流转也不会改变初衷。他勤求一切智未曾稍有退转，在存有的世间心无动乱，能够完全救度一切众生，不曾染着有为法，也不会丧失无碍智慧的菩萨行位。一切微妙的因缘无尽，世间所有的诸法都不能改变他的心志。他具足各种清净的波罗蜜行，能够完全成就一切智力。

"菩萨如此远离愚痴黑暗，成就菩提心，开示佛法的光明，增长清净的善法，回向于菩提胜道，具足菩萨的各种行持。他以清净的意念，能够善巧的分别；了解一切法都是依着心念而示现，了知业力如虚幻，业报如影像，所行的一切如幻化；因缘所生的种种法，都是如声响一般，一点也不实在；菩萨所有的行持，也都宛如幻影一般。他生出无着的清净法眼，能够彻见无作的广大境界，证入寂灭的体性当中，了达所有的法都是无二的，因此能得证法的实相，具足菩萨的行持，任何现象都不执着。他虽然能够善巧修行与众生同事的各种业行，绝不废弃舍离任何善法，但又远离一切的执着，安住于无执着行。

"菩萨如此善巧思惟，没有任何迷惑，既不违背一切佛法，也不败坏业力的因缘，因此能够彻底明见真实的现象，并且善巧地加以回向。他深知法的自性，因此能用方便的力量，成就清净的业报，以到达涅槃的彼岸。他用智慧观察一切的诸法，获证神通智慧以及各种净业的善根，因此能够随心自在而毫无造作地行事。

"菩萨摩诃萨用各种善根如此回向，都是为了救度众生，延续佛陀的种性。他也是为了使众生远离诸魔的业力，彻见一切智慧广大无边而信乐不舍，远离世间境界，断除各种杂染。他希望众生的智慧清净，能证入深奥的方便，出离生死流转，成就佛陀的善根，永远绝断一切诸魔的事业，用平等的心印普遍印证各种业行，发心趣入一切种智，成就一切出世间的佛法。

"佛子啊！这就是菩萨摩诃萨的第二种回向——不坏回向。

"菩萨摩诃萨安住在不坏回向的时候，能够亲见无数的诸佛，能够成就无量清净的妙法，能够用平等心普遍面对众生，对于一切法也没有任何疑惑。他因为诸佛神通力的加持，所以能够降伏众魔，永远断离一切魔业。他成就常生于佛前的生贵境界，圆满具足广大的菩提心愿。不必经由他人的教导，就能得证无碍的智慧，并且能够善巧阐扬一切佛法要义。他能够随顺禅定的力量，进入一切的佛刹，普照众生，使他们都得以清净。菩萨摩诃萨用这种不坏回向的力量，摄受各种善根如此回向。"

这时，金刚幢菩萨摩诃萨承着佛陀威神之力的加持，普遍观照十方，而宣说如下的偈颂：

> 菩萨已证得不坏意，修行一切所有善业，
> 是故能令诸佛欢喜，智者以此而为回向。
> 供养无量无边佛陀，布施持戒降伏诸根，
> 为欲利益所有众生，普使一切皆得清净。

一切上妙诸种香华，无量差别殊胜衣服，
宝盖及以庄严宝具，供养一切诸佛如来。
如是供养于诸佛陀，无量无数难思时劫，
恭敬尊重常生欢喜，未曾一念而生疲厌。
专心想念于诸佛陀，一切世间广大明灯，
十方所有诸佛如来，靡不现前如眼目睹。
不可思议无量时劫，种种布施心无疲厌，
百千万亿众时劫中，修诸善法悉皆如是。
彼诸如来既灭度已，供养舍利无有厌足，
悉以种种微妙庄严，建立难思佛众塔庙。
造立无等最殊胜形，宝藏清净金为庄严，
巍巍高大宛如山王，其数无量有百千亿。
净心尊重既供养已，复生欢喜利益心意，
不思议劫身处世间，救护众生令得解脱。
了知众生皆为妄想，于彼一切无有分别，
而能善别众生根器，普为群生广作饶益。
菩萨修习诸般功德，广大最胜无与伦比，
了达体性悉为非有，如此决定悉皆回向。
以最胜智观察诸法，其中无有一法出生，
如是方便勤修回向，功德无量不可穷尽。
以是方便令心清净，悉与一切佛如来等，
此方便力不可穷尽，是故福报无有尽极。
发起无上大菩提心，一切世间无所依恃，
普至十方诸世界中，而于一切无所障碍。
一切如来出兴世间，为欲启导众生之心，
如其心性而为观察，毕竟推求实不可得。
一切诸法了无有余，悉入于如空无体性，
以是净眼而为回向，开彼世间生死牢狱。

虽令诸有悉皆清净，亦不分别一切诸有，
了知诸有性无所有，而令欢喜心意清净。
于一佛土无所依止，一切佛土悉亦如此，
亦不染着于有为法，知彼法性无依止处。
以是修成一切智慧，以是无上智慧庄严，
以是诸佛悉皆欢喜，是为菩萨回向之业。
菩萨专心忆念诸佛，无上智慧善巧方便，
如佛一切无所依止，愿我修成此大功德。
专心救护于一切众，令其远离所有恶业，
如是饶益一切群生，系念思惟未曾暂舍。
住于智地守护佛法，不以余乘而取涅槃，
唯愿得佛无上至道，菩萨如是善巧回向。
不取众生之所言说，一切有为虚妄之事，
虽复不依于言语道，亦复不着无言空说。
十方所有诸佛如来，了达诸法亦无有余，
虽知一切悉皆空寂，而不于空生起心念。
以一庄严庄严一切，亦不于法而生分别，
如是开悟所有群生，一切无性亦无所观。

"佛子啊！什么是菩萨摩诃萨等一切佛回向？

"佛子啊！菩萨摩诃萨随顺修学三世诸佛回向道法时，他见到一切色、声、香、味、触、法等现象，不管是美丽或是丑恶，都不会觉得喜爱或厌憎，心中非常自在。他没有任何的过失，心境十分广大清净，在欢喜悦乐中，远离所有的忧悲苦恼，因此他的心意柔软、身根清凉。

"佛子啊！菩萨摩诃萨成就如此的安乐时，又更加发心回向诸佛，心想：'希望我现在所种下的所有善根，能使诸佛更加喜乐。诸佛的喜乐就是不可思议的佛陀所安住的喜乐、无有等比的佛陀三昧喜乐、不可限量的大慈悲喜乐、一切诸佛的解脱喜乐、无有边际的大神通喜乐、最极尊重的大

自在喜乐、广大究竟无量威力的喜乐、远离各种知觉的寂静喜乐、安住在无碍常定的喜乐、实行无二妙行的不变异喜乐。'

"佛子啊！菩萨摩诃萨以各种善根回向佛陀之后，更用这个善根回向菩萨：'希望未圆满的菩萨得到圆满，心未清净的菩萨得到清净，波罗蜜行未满足的菩萨得到满足。希望菩萨众都能安住于金刚菩提心，得证不退转的一切智，精进不舍，守护菩提门的一切善根，使众生舍离我慢而发起菩提心，所有的大愿都能成就圆满，安住在一切菩萨所安住的境界，获得菩萨明利的身根，修习一切善根，证得一切种智。'

"佛子啊！菩萨摩诃萨用各种善根回向菩萨之后，更回向一切众生：'希望众生的所有善根，即使只有弹指之间短少，都仍得以见佛闻法、恭敬圣僧。希望众生能因任何善根而远离一切的障碍，使念佛圆满、念法方便、念僧尊重，永不离开见佛闻法，心中常得清净，获证所有佛法，积集无量福德，清净所有神通，舍去对法的怀疑，依止于佛陀的教诲。'

"就如同为众生所发的回向，菩萨也为所有的声闻与辟支佛如此回向。

"菩萨又祈愿一切众生永离地狱、饿鬼、畜生、阎罗王等一切恶劣处所，增长无上菩提心，专心一意地勤求一切种智，永远不毁谤诸佛的正法，得证佛陀的安乐，身心完全清净，证得一切智慧。

"佛子啊！菩萨摩诃萨的所有善根，都是以广大愿力发起或正在发起、积集或正在积集、增长或正在增长，使这些善根都能广大而充满具足。

"佛子啊！菩萨摩诃萨虽平日在家与妻子儿女相聚，也未曾暂时舍离菩提心。他正念思惟一切种智，不但自度也度化他人，使别人都能圆满究竟。他以善巧方便教化自己的眷属，使他们证入菩萨的智慧而成熟解脱。虽然他与家人共同居住，但是心中没有执着，以本具的大悲心生活起居，以慈心随顺着妻子儿女。如此一来，菩萨的清净大道就不再有障碍。

"菩萨摩诃萨虽然居家从事各种的事业，但未曾暂时舍离一切智心。他不管是穿着衣裳、饮用食物、服食汤药、洗澡、漱口、涂身、按摩、身体回旋、眼睛顾视，以及行、住、坐、卧，和所有的身业、语业、意业，不管是睡着或是清醒，时常将所有的作为回向一切种智，心中无时无刻不系念思惟佛智。

"菩萨安住在菩提无量大愿，摄取无数广大善根，勤于修习各种善行，都只是为了普遍救护一切众生、饶益众生。他永离一切的骄慢与放逸，决定趣向一切智慧，终不偏离正道。他时常观察一切诸佛的智慧，永远离弃所有的杂染众法，修行一切菩萨所应学的，因此在追求智慧的道路上不会遇到任何的障碍。他安住在智慧地上，非常喜爱欣乐地读诵修习佛法，用无量的智慧集聚各种善根，心中毫不爱乐世间的一切，自己的一切行为不曾有所染着，只是专心地信受奉持诸佛的教法。

"菩萨如此地安处家中，普遍摄持善根、增长善根，以回向诸佛的无上菩提。

"佛子啊！菩萨在这个时候，甚至是只以一团一粒的食物布施畜生，也都会发起这样的心愿：'希望这些众生将来能舍离畜生道，获得利益安乐，得到究竟解脱，永远度脱苦海，永远灭除苦的感受，永远消除身心的苦蕴，永远断除苦的觉受、苦的积聚、苦的行为、苦的原因、苦的根本以及各种的苦处；希望这些众生都能舍离这一切的众苦。'菩萨如此专心系念众生，以这些善根作为上首引导，为他们回向于一切种智。

"菩萨初发菩提心时，普遍地摄受众生；所修行的各种善根，都完全回向众生。这都是为了使众生永远离开生死轮回的旷野，得证诸佛如来的无碍快乐，脱离烦恼大海，修学佛法大道，慈心普遍圆满，悲力广大无边，普遍使其他一切众生得到清净快乐。他又回向众生，为了使众生守护善根，亲近佛法，断离诸魔的境界，进入佛法的境界，断绝世间的种性，种植如来的种性，安住于三世平等的佛法中。

"菩萨摩诃萨又将所有过去已经聚集、未来应当聚集、现在正在聚集的善根，都完全回向：'就如过去诸佛菩萨的所行所为，他们恭敬供养诸佛，救度所有的众生，使众生能够永远出离世间苦难。他们又努力修习一切善根，且回向所有的善根而没有执着。所谓的没有执着，就是不依止于外色，不执着于感受，没有颠倒的思想，没有造作的行为，不执取于心识，舍离眼、耳、鼻、舌、身、意等六处，不住于世法，乐于出离世间；了知一切法都如虚空，无所从来，不生不灭，没有真实的相状，也没有任何的污染执着；并且能远离一切的分别见解，不动摇、不转变、不失去、不败坏，安住在实际的境界，一切都是无相、离相的，只有唯一的实相。如此深入于一切的法性，时常乐于修学普门善根，完全彻见诸佛法会。就像这些过去诸佛所作的善根回向，我也是如此回向。希望我能了解如来所了解的法，证得如来所证得的法，依止如来所依止的法，发心修行学习，不违背任何的法相，了知所有的修行如幻、如影、如水中月、如镜中像，一切都是因缘和合所显现，因此证入如来究竟的境地。'

"佛子啊！菩萨摩诃萨又作此念：'就像过去诸佛修习菩萨行的时候，以各种善根回向；未来、现在的诸佛，也是如此的回向。我现在也应如同诸佛一般，发同样的心，用各种善根回向。这样的回向可说是第一的回向、殊胜的回向、最殊胜的回向、上等的回向、无上的回向、无等的回向、无等等的回向、无比的回向、无对的回向、尊贵的回向、微妙的回向、平等的回向、正直的回向、大功德的回向、广大的回向、至善的回向、清净的回向、离恶的回向、不随恶的回向。'

"菩萨如此以各种善根正法回向之后，成就了清净的身、语、意业，安住在菩萨所安住的境界，没有各种过失。他修习各种的善业，远离身业与语业的过恶，心中没有任何瑕疵污秽。他修习一切智，安住在广大的心念，了知一切法是没有任何造作的。他安住于出世法，不染着世法，分别了知无量的各种业行，成就善巧方便的回向法门，永远拔除一切执取贪着的根本。

"佛子啊！这就是菩萨摩诃萨的第三种回向——等一切佛回向。

"菩萨摩诃萨安住在这个回向的时候，能够深入一切诸佛如来的净业，趣向如来的胜妙功德；他能证入深奥清净的智慧境界，安住一切菩萨众护持净业，并且能够善用分别巧妙的方便；他能证入甚深的法界，清楚了知菩萨的修行次第；他也能进入佛陀的种性，善用巧妙的方便分别了知无量无边的一切诸法。他虽然出生世间，但是却不执着任何世间法。"

这时，金刚幢菩萨承着佛陀威神力的加持，普遍观察十方，而宣说以下的偈颂：

彼诸菩萨摩诃萨众，修学过去回向之法，
亦学未来及现在世，一切诸佛导师所行。
于诸境界得大安乐，诸佛如来之所称赞，
广大光明清净妙眼，悉以回向此大聪哲。
菩萨身根种种喜乐，眼耳鼻舌亦复皆然，
如是无量上妙欣乐，悉以回向诸最胜者。
一切世间所有善法，及诸如来一切成就，
于彼悉摄无有剩余，尽以随喜利益众生。
世间随喜有无量种，今此回向皆为众生，
人中师子所有妙乐，愿使群萌悉皆圆满。
一切国土诸佛如来，凡所知见种种妙乐，
愿令众生皆悉获得，而为照世广大明灯。
菩萨所得胜妙喜乐，悉以回向一切群生，
虽为群生故而回向，而于回向无所染着。
菩萨修行此回向行，兴起无量广大悲心，
如佛所修回向福德，愿我修行悉皆成满。
如诸最胜所得成就，一切智乘微妙喜乐，
及我在世一切所行，诸菩萨行无量妙乐。
示入众趣安稳之乐，恒守诸根寂静喜乐，
悉以回向一切群生，普使修成无上智慧。
非身语意即是业行，亦不离此而又别有，
但以方便消灭痴冥，如是修成无上智慧。
菩萨所修一切行业，积集无量殊胜功德，
随顺如来生于佛家，寂然不乱正念回向。
十方一切诸佛世界，所有众生咸皆摄受，

悉以善根回向于彼，愿令具足安稳大乐。

不为自身而求利益，欲令一切悉得安乐，

未曾暂起戏论之心，但观诸法性空无我。

十方无量所有最胜，所见一切是真佛子，

悉以善根回向于彼，愿使速成无上正觉。

一切世间诸含识类，等心摄取皆无有余，

以我所行所有善业，令彼众生速疾成佛。

无量无边诸大愿力，无上导师之所演说，

愿诸佛子皆得清净，随其心乐悉皆成满。

普观十方所有世界，悉以功德布施于彼，

愿令皆具微妙庄严，菩萨如是善学回向。

心不称量一切二法，但恒了达法本无二，

诸法若二若为不二，于中毕竟无所染着。

十方一切所有世间，如是了达于诸想念。

彼诸菩萨身清净已，则意清净无诸瑕秽，

语业已净无有诸过，当知意净亦无所着。

一心正念过去诸佛，亦忆未来诸大导师，

及以现在天人至尊，悉学于其所说诸法。

三世一切诸佛如来，智慧明达心无障碍，

为欲利益诸众生故，回向菩提集众净业。

彼第一慧广大智慧，不虚妄慧无倒智慧，

平等实慧清净智慧，最胜慧者如是宣说。

"佛子啊！什么是菩萨摩诃萨的至一切处回向？

"佛子啊！菩萨摩诃萨修习一切善根时，心里这样想着：'希望这个善根功德的力量，能够遍布所有的地方。譬如一切实际的法，无处不至，能够通达万物，到达一切的世间，到达一切的众生，到达一切的国土，到达一切的法，到达一切的虚空，到达一切的三世，到达一切的有为、无为，到达一切的语言、音声，等等。希望这个善根也能这样，普遍到达一切诸佛如来的所在，供养三世一切诸佛，圆满过去诸佛的愿望，使未来诸佛具足一切的庄严，使现在诸佛以及他的国土、道场、法会遍满一切的虚空法界。希望我能因着信解的大威力、广大无碍的智慧，以及完全回向的善根，能以如同诸天大众献上的各种供养具供养诸佛，这些供养具充满无量无边的世界。'

"佛子啊！菩萨摩诃萨又心作此念：'诸佛世尊普遍存在于一切虚空法界。在十方不可说的一切世界种世界、不可说的佛陀国土佛陀境界的种种世界、无量的世界、无分齐的世界、转动的世界、侧立的世界、上仰的世界、覆盖的世界，如此种种业力所生起的一切世界当中，如来正现前安住寿命，示现种种神通变化。在这些世界里，有菩萨用殊胜智解的力量，为所有堪于接受教化的众生，示现如来出兴世间，以至于示现一切处的智慧。他们又为众生普遍开示如来无量的自在神力：如来法身可以遍往一切世界无有差别，能够平等普遍进入一切的法界；由如来藏所成就的妙身是不生不灭的，而以善巧方便普遍示现于世间。这是因为这些菩萨得证超出一切的诸法实性，得证不退转无碍力，出生于如来的无障碍见地以及广大威德种性当中。'

"佛子啊！菩萨摩诃萨用他所种下的一切善根愿力，在如此诸佛如来的所在，供养各种妙华，以及各种妙香、鬘盖、幢幡、衣服、灯烛，以及其余一切各种庄严宝具；不管是佛的造像，还是佛的塔庙，也都同样恭敬供养。他以这个善根如此回向，这也就是不乱回向、一心回向、自意回向、尊敬回向、不动回向、无住回向、无依回向、无众生心回向、无急躁竞争心回向、寂静心回向。

"菩萨心中又作此念：'穷尽法界、虚空界，过去、未来、现在三世的一切时劫当中，诸佛世尊得证了一切智、成就了菩提道，有无量不同的名字，在不同的时间示现成就正等正觉，穷尽未来的时际都住寿在世。他们各以法界的庄严来庄严自身，他们的道场众会周遍整个法界，他们都能随时劫因缘而出现于一切的国土作种种佛事。对于如此的一切诸佛如来，我都以善根普遍回向，并且用以下各种供养物品，恭敬供养诸佛如来：无数的香盖、无数的香幢、无数的香幡、无数的香帐、无数的香网、无数的香像、无数的香光、无数的香焰、无数的香云、无数的香座、无数的香经行地、无数的香所安住之处、无数的香世界、无数的香山、无数的香海、无数的香河、无数的香树、无数的香衣服、无数的香莲华、无数的香宫殿、无数的华盖，更广泛地说，乃至于无量的华宫殿；无边的鬘盖，更广泛地说，乃至于无边的鬘宫殿；无等的涂香盖，更广泛地说，乃至无等的涂香宫殿；不可数的末香盖，更广泛地说，乃至不可数的末香宫殿；不可称的衣盖，更广泛地说，乃至不可称的衣宫殿；不可思的宝盖，更广泛地说，乃至不可思的宝宫殿；不可量的灯光明盖，更广泛地说，乃至不可量的灯光明宫殿；不可说的庄严具盖，更广泛地说，乃至不可说的庄严具宫殿；不可说不可说的摩尼宝盖、不可说不可说的摩尼宝幢，以及不可说不可说的摩尼宝幡、摩尼宝帐、摩尼宝网、摩尼宝像、摩尼宝光、摩尼宝焰、摩尼宝云、摩尼宝座、摩尼宝经行地、摩尼宝所住处、摩尼宝刹、摩尼宝山、摩尼宝海、摩尼宝河、摩尼宝树、摩尼宝衣服、摩尼宝莲华、摩尼宝宫殿。以上所说的各种境界，都各有无数的栏楯、无数的宫殿、无数的楼阁、无数的门户、无数的半月形相、无数的却敌兵宝、无数的窗户、无数的清净宝、无数的庄严具。我希望一切的世间都能清净，一切的众生都能出离五浊恶世，安住在佛陀的十力境地，证得一切佛法的无碍光明。又希望一切众生都能具足善根，恶业无不调伏，心量如同虚空宽广，能够前往一切刹土而却无所至，能够进入一切的国土广施各种善法，时常得见佛陀，种下各种善根，成就大乘菩萨之道，而不执着各种法要，具足各种善行，确立无量的行持，普遍进入无边的一切法界，成就诸佛的神通威力，得证如来的一切智智。就譬如，虽然无我，而却能够普遍摄持诸法。我的各种善根回向也是这样，能够普遍摄持一切诸佛如来，因为我已经毫无遗漏的供养一切诸佛如来；能够普遍摄持一切无量诸法，因为我已经完全悟入无障碍故；能够普遍摄持一切菩萨众，因为诸菩萨跟我都是同一善根；能够普遍摄持一切诸菩萨行，因为我所发的本愿都已得证圆满；能够普遍摄持一切菩萨的大法光明，因为我已经了达诸法没有障碍；能够普遍摄持诸佛的大神通力，因为我已经成就各种无量的善根；能够普遍摄持诸佛的十力、四无所畏，因为我已经发起无量的心愿圆满一切；能够普遍摄持菩萨的三昧辩才、总持陀罗尼门，因为我已经清楚了达无二之法；能够普遍摄持诸佛的善巧方便，因为我已经示现如来无比的大神力；能够普遍摄持三世一切诸佛降生成道、转正法轮、调伏众生、进入涅槃的境界，因为我的恭敬供养已经周遍完全；能够普遍摄持十方一切世界，因为庄严清净佛刹已经圆满究竟；能够普遍摄持一切所有的广大时劫，因为我在各种时劫中修习菩萨行从不断绝；能够普遍摄持一切所有的各趣众生，因为我曾在各道之中示现受生；能够普遍摄持一切各类的众生界，因为我已经具足普贤菩萨的胜行；能够普遍摄持一切各类的迷惑习气，因为我已经以各种的方便使其清净；能够普遍摄持一切众生的身上诸根，因为我已经完全了知其中的无量差别；能够普遍摄持一切众生的意解欲向，因为我能使众生远离杂染而得清净；能够普遍摄持一切教化众生，因为我能随顺着相应的因缘而为众生现身；能够普遍摄持一切相应于众生的方法，因为我已经完全趣入一切众生界；能够普遍摄持一切如来的智慧体性，因为我能谨持一切的诸佛教诲。'

"佛子啊！菩萨摩诃萨用各种善根如此回向时，以无所得作为方便，不在业因当中分别报果，不在报果当中分别业因。他虽然没有分别，却能普遍进入法界；虽然没有造作，却能恒常住于善根；虽然无所起念，却能勤修殊胜的佛法。他不执着诸法，却能够深入法性；他不执着于诸法实有，却能完全知见法相。因为不管是造作或不造作，都是不可得的。他知道诸法的体性无常不定，虽然洞见诸法而实无所见，虽然普知一切而实无所知。

"菩萨如此地通达一切境界，了知一切法是以因缘为根本。他已经见到一切诸佛的法身，到达一切法的究竟，完全远离染着，了解世间的一切都是无常变化，明达众生其实只有一法、没有第二种体性。他不舍弃业行的境界，却具足善巧方便。他在有为的世界示现无为法，而不会破坏有为的现象；在无为界当中示现有为法，而不会分别无为的性相。

"菩萨如此观察到一切法的毕竟寂灭，成就一切清净的善根，而生起救护众生的心念。他的智慧了达一切的法海，时常乐于修行远离愚痴的佛法，已经具足成就出世间的功德，不会再去修学世间的众法。他证得清净的智慧法眼，远离各种的愚痴障碍，并以善巧方便来修习回向的大道。

"佛子啊！菩萨摩诃萨以各种善根如此回向，使一切诸佛喜悦护持，并且庄严清净一切诸佛国土，教化成熟一切众生，具足受持一切佛法；并作一切众生的最上福田，作一切商人的智慧导师，作一切世间的清净日轮。他的善根充满整个法界，不仅能救护众生，还能使一切的众生得到清净、具足功德。

"佛子啊！菩萨摩诃萨如此回向时，能够护持一切佛种，能够成熟一切众生，能够庄严清净一切国土，能够不败坏各种业力，能够了知诸法，能够平等观察所有的法是无二无别，能够普遍前往十方的世界，能够了达离欲的实际境界，能够成就清净的信解，能够具足明利的诸根。

"佛子啊！这就是菩萨摩诃萨的第四种回向——至一切处回向。

"菩萨摩诃萨安住在这个回向的时候，能够证得至一切处的身业，因为他能普遍应现一切世界；能够证得至一切处的语业，因为他能于一切世界中演说佛法；能够证得至一切处的意业，因为他能受持一切佛陀所说的教法；能够证得至一切处的神足通，因为他能随顺众生的心念前往救度；能够证得至一切处的随证智力，因为他能普遍了达一切佛法；能够得到至一切处的总持辩才，因为他能随着众生的心念使他们心生欢喜；能够证得至一切处入法界的力量，因为他能于一毛孔中纳入一切的世界；能够证得至一切处遍入身的力量，因为他能于一众生身中纳入一切众生的身体；能够证得至一切处普见时劫的能力，因为他能在每一个时劫中见到一切诸佛如来；能够证得至一切处普见诸佛的心念力量，因为他的每一念中都有一切诸佛现在其前。佛子啊！菩萨摩诃萨之所以能得到至一切处回向，是因为他能够用善根如此回向。"

这时，金刚幢菩萨摩诃萨承着佛陀威神力的加持，普遍观照十方世界，而宣说以下的偈颂：

> 内外一切所有世间，菩萨悉皆无所染着，
> 不舍饶益诸众生业，大士修行如是智慧。
> 十方所有诸佛国土，一切无依亦无所住，
> 不取活命等等众法，亦不妄起诸般分别。
> 普摄十方世界之中，一切众生无有余者，
> 观其体性空无所有，至一切处善巧回向。
> 普摄有为与无为法，不于其中生起妄念，
> 如于世间法亦复然，照世灯明如是觉悟。
> 菩萨所修诸善业行，上中下品各有差别，
> 悉以善根回向于彼，十方一切诸佛如来。
> 菩萨回向到于彼岸，随如来学悉皆成就，
> 恒以妙智善巧思惟，具足人中最殊胜法。
> 清净善根普皆回向，利益群迷恒不暂舍，
> 悉令一切所有众生，得成无上照世明灯。
> 未曾分别而取众生，亦不妄想忆念诸法，
> 虽于世间无所染着，亦复不舍一切含识。
> 菩萨常乐寂灭之法，随顺得至涅槃彼境，
> 亦不舍离众生之道，获如是等微妙智慧。
> 菩萨未曾分别诸业，亦不取着诸般果报，
> 一切世间从缘而生，不离因缘能见诸法。
> 深入如是所有境界，不于其中生起分别，
> 一切众生大调御师，于此明了善巧回向。

【注释】

❶ 不坏：指深信坚固。

❷ 经行：长久坐禅而想睡时，起来游走一定场所，称为经行。

❸ 舍利：佛的身骨。佛、菩萨、罗汉、高僧等圆寂后火化所凝结的骨灰，或如珠，或如花。这是生前依戒、定、慧薰修而得。

卷第二十五
十回向品第二十五之三

【原典】

"佛子！云何为菩萨摩诃萨无尽功德藏回向？

"佛子！此菩萨摩诃萨以忏除一切诸业重障所起善根；礼敬三世一切诸佛所起善根；劝请一切诸佛说法所起善根；闻佛说法精勤修习，悟不思议广大境界所起善根；于去、来、今一切诸佛、一切众生所有善根，皆生随喜所起善根；去、来、今世一切诸佛善根无尽，诸菩萨众精勤修习所得善根；三世诸佛成等正觉、转正法轮、调伏众生，菩萨悉知，发随喜心所生善根；三世诸佛从初发心、修菩萨行、成最正觉，乃至示现入般涅槃。般涅槃已，正法住世，乃至灭尽，于如是等皆生随喜所有善根。菩萨如是念不可说诸佛境界及自境界，乃至菩提无障碍境，如是广大无量差别一切善根，凡所积集，凡所信解，凡所随喜，凡所圆满，凡所成就，凡所修行，凡所获得，凡所知觉，凡所摄持，凡所增长，悉以回向庄严一切诸佛国土。如过去世无边际劫，一切世界、一切如来所行之处。所谓无量无数佛世界种，佛智所知，菩萨所识，大心所受，庄严佛刹，清净业行，所流所引，应众生起，如来神力之所示现，诸佛出世净业所成，普贤菩萨妙行所兴；一切诸佛于中成道，示现种种自在神力。尽未来际，所有如来、应、正等觉，遍法界住，当成佛道，当得一切清净庄严功德佛土。尽法界、虚空界，无边无际，无断无尽，皆从如来智慧所生，无量妙宝之所庄严，所谓一切香庄严、一切华庄严、一切衣庄严、一切功德藏庄严、一切诸佛力庄严、一切佛国土庄严。如来所都，不可思议。同行宿缘诸清净众于中止住，未来世中当成正觉。一切诸佛之所成就，非世所睹，菩萨净眼乃能照见。此诸菩萨具大威德，宿植善根，知一切法如幻如化，普行菩萨诸清净业，入不思议自在三昧，善巧方便能作佛事，放佛光明普照世间，无有限极。现在一切诸佛世尊，悉亦如是。庄严世界无量形相、无量光色，悉是功德之所成就，无量香、无量宝、无量树、无数庄严、无数宫殿、无数音声，随顺宿缘诸善知识，示现一切功德庄严，无有穷尽。所谓一切香庄严、一切鬘庄严、一切末香庄严、一切宝庄严、一切幡庄严、一切宝缯彩庄严、一切宝栏楯庄严、阿僧祇金网庄严、阿僧祇河庄严、阿僧祇云雨庄严、阿僧祇音乐奏微妙音，如是等无量无数庄严之具，庄严一切尽法界、虚空界，十方无量种种业起，佛所了知、佛所宣说一切世界，其中所有一切佛土。所谓庄严佛土、清净佛土、平等佛土、妙好佛土、威德佛土、广大佛土、安乐佛土、不可坏佛土、无尽佛土、无量佛土、无动佛土、无畏佛土、光明佛土、无违逆佛土、可爱乐佛土、普照明佛土、严好佛土、精丽佛土、妙巧佛土、第一佛土、胜佛土、殊胜佛土、最胜佛土、极胜佛土、上佛土、无上佛土、无等佛土、无比佛土、无譬喻佛土。如是过去、未来、现在一切佛土所有庄严，菩萨摩诃萨以己善根发心回向：‘愿以如是去、来、现在一切诸佛所有国土清净庄严，悉以庄严于一世界，如彼一切诸佛国土所有庄严，皆悉成就，皆悉清净，皆悉聚集，皆悉显现，皆悉严好，皆悉住持。如一世界，如是尽法界、虚空界，一切世界悉亦如是，三世一切诸佛国土种种庄严皆悉具足。’

"佛子！菩萨摩诃萨复以善根如是回向：‘愿我所修一切佛刹，诸大菩萨皆悉充满。其诸菩萨，体性真实，智慧通达，善能分别一切世界及众生界，深入法界及虚空界，舍离愚痴，成就念佛，念法真实不可思议，念僧无量普皆周遍，亦念于舍，法日圆满，智光普照，见无所碍，从无得生生诸佛法，为众胜上善根之主，发生无上菩提之心，住如来力，趣萨婆若，破诸魔业，净众生界，深入法性，永离颠倒，善根大愿皆悉不空。如是菩萨充满其土，生如是处，有如是德，常作佛事，得佛菩提清净光明，具法界智，现神通力，一身充满一切法界。得大智慧，入一切智所行之境，善能分别无量无边法界句义。于一切刹皆无所著，而能普现一切佛土，心如虚空，无有所依，而能分别一切法界，善能入出不可思议甚深三昧。趣萨婆若，住诸佛刹，得诸佛力，开示演说阿僧祇法而无所畏。随顺三世诸佛善根，普照一切如来法界，悉能受持一切佛法。知阿僧祇诸语言法，善能演出不可思议差别音声。入于无上佛自在地，普游十方一切世界而无障碍。行于无诤、无所依法，无所分别，修习增广菩提之心。得善巧智，善知句义，能随次第开示演说。愿令如是诸大菩萨庄严其国，充满分布，随顺安住，熏修、极熏修，纯净、极纯净，恬然宴寂。于一佛刹，随一方所，皆有如是无数、无量、无边、无等、不可数、不可称、不可思、不可量、不可说、不可说不可说诸大菩萨周遍充满。如一方所，一切方所亦复如是。如一佛刹，尽虚空遍法界一切佛刹悉亦如是。'

"佛子！菩萨摩诃萨以诸善根，方便回向一切佛刹，方便回向一切菩萨，方便回向一切如来，方便回向一切佛菩提，方便回向一切广大愿，方便回向一切出要道，方便回向净一切众生界，方便回向于一切世界常见诸佛出兴于世，方便回向常见如来寿命无量，方便回向常见诸佛遍周法界转无障碍不退法轮。佛子！菩萨摩诃萨以诸善根如是回向时，普入一切佛国土故，一切佛刹皆悉清净；普至一切众生界故，一切菩萨皆悉清净；普愿一切诸佛国土佛出兴故，一切法界、一切佛土诸如来身超然出现。

"佛子！菩萨摩诃萨以如是等无比回向趣萨婆若，其心广大，犹如虚空，无有限量，入不思议，知一切业及以果报皆悉寂灭，心常平等，无有边际，普能遍入一切法界。佛子！菩萨摩诃萨如是回向时，不分别我及以我所，不分别佛及以佛法，不分别刹及以严净，不分别众生及以调伏，不分别业及业果报，不著于思及思所起，不坏因，不坏果，不取事，不取法，不谓生死有分别，不谓涅槃恒寂静，不谓如来证佛境界，无有少法，与法同止。佛子！菩萨摩诃萨如是回向时，以诸善根普施众生，决定成熟，平等教化，无相、无缘、无称量、无虚妄，远离一切分别取著。菩萨摩诃萨如是回向已，得无尽善根。所谓念三世一切诸佛故，得无尽善根；念一切菩萨故，得无尽善根；净诸佛刹故，得无尽善根；净一切众生界故，得无尽善根；深入法界故，得无尽善根；修无量心等虚空界故，得无尽善根；深解一切佛境界故，得无尽善根；于菩萨业勤修习故，得无尽善根；了达三世故，得无尽善根。

"佛子！菩萨摩诃萨以一切善根如是回向时，了一切众生界无有众生，解一切法无有寿命，知一切法无有作者，悟一切法无补伽罗，了一切法无有恣诤，观一切法皆从缘起、无有住处，知一切物皆无所依，了一切刹悉无所住，观一切菩萨行亦无处所，见一切境界悉无所有。佛子！菩萨摩诃萨如是回向时，眼终不见不净佛刹，亦复不见异相众生，无有少法为智所入，亦无少智而入于法，解如来身非如虚空，一切功德无量妙法所圆满故，于一切处令诸众生积集善根悉充足故。

"佛子！此菩萨摩诃萨于念念中得不可说不可说十力地，具足一切福德，成就清净善根，为一切众生福田。此菩萨摩诃萨成就如意摩尼功德藏，随有所须，一切乐具悉皆得故。随所游方悉能严净一切国土，随所行处令不可说不可说众生皆悉清净，摄取福德，修治诸行故。佛子！菩萨摩诃萨如是回向时，修一切菩萨行，福德殊胜，色相无比，威力光明超诸世间，魔及魔民莫能瞻对，善根具足，大愿成就，其心弥广，等一切智，于一念中悉能周遍无量佛刹，智力无量，了达一切诸佛境界，于一切佛得深信解，住无边智菩提心力，广大如法界，究竟如虚空。

"佛子！是名菩萨摩诃萨第五无尽功德藏回向。菩萨摩诃萨住此回向，得十种无尽藏。何等为十？所谓得见佛无尽藏，于一毛孔见阿僧祇诸佛出兴世故；得入法无尽藏，以佛智力观一切法悉入一法故；得忆持无尽藏，受持一切佛所说法无忘失故；得决定慧无尽藏，善知一切佛所说法秘密方便故；得解义趣无尽藏，善知诸法理趣分齐故；得无边悟解无尽藏，以如虚空智通达三世一切法故；得福德无尽藏，充满一切诸众生意不可尽故；得勇猛智觉无尽藏，悉能除灭一切众生愚痴翳故；得决定辩才无尽藏，演说一切佛平等法，令诸众生悉解了故；得十力无畏无尽藏，具足一切菩萨所行，以离垢缯而系其顶，至无障碍一切智故。是为十。佛子！菩萨摩诃萨以一切善根回向时，得此十种无尽藏。”

尔时，金刚幢菩萨承佛神力，普观十方，而说颂言：

　　菩萨成就深心力，普于诸法得自在，以其劝请随喜福，无碍方便善回向。

　　三世所有诸如来，严净佛刹遍世间，所有功德靡不具，回向净刹亦如是。

　　三世所有诸佛法，菩萨皆悉谛思惟，以心摄取无有余，如是庄严诸佛刹。

　　尽于三世所有劫，赞一佛刹诸功德，三世诸劫犹可尽，佛刹功德无穷尽。

　　如是一切诸佛刹，菩萨悉见无有余，总以庄严一佛土，一切佛土悉如是。

　　有诸佛子心清净，悉从如来法化生，一切功德庄严心，一切佛刹皆充满。

　　彼诸菩萨悉具足，无量相好庄严身，辩才演说遍世间，譬如大海无穷尽。

　　菩萨安住诸三昧，一切所行皆具足，其心清净无与等，光明普照十方界。

　　如是无余诸佛刹，此诸菩萨皆充满，未曾忆念声闻乘，亦复不求缘觉道。

　　菩萨如是心清净，善根回向诸群生，普欲令其成正道，具足了知诸佛法。

　　十方所有众魔怨，菩萨威力悉摧破，勇猛智慧无能胜，决定修行究竟法。

　　菩萨以此大愿力，所有回向无留碍，入于无尽功德藏，去来现在常无尽。

　　菩萨善观诸行法，了达其性不自在，既知诸法性如是，不妄取业及果报。

无有色法无色法，亦无有想无无想，有法无法皆悉无，了知一切
无所得。

一切诸法因缘生，体性非有亦非无，而于因缘及所起，毕竟于中
无取著。

一切众生语言处，于中毕竟无所得，了知名相皆分别，明解诸法
悉无我。

如众生性本寂灭，如是了知一切法，三世所摄无有余，刹及诸业
皆平等。

以如是智而回向，随其悟解福业生，此诸福相亦如解，岂复于中
有可得？

如是回向心无垢，永不称量诸法性，了达其性皆非性，不住世间
亦不出。

一切所行众善业，悉以回向诸群生，莫不了达其真性，所有分别
皆除遣。

所有一切虚妄见，悉皆弃舍无有余，离诸热恼恒清凉，住于解脱
无碍地。

菩萨不坏一切法，亦不灭坏诸法性，解了诸法犹如响，悉于一切
无所著。

了知三世诸众生，悉从因缘和合起，亦知心乐及习气，未曾灭坏
一切法。

了达业性非是业，而亦不违诸法相，又亦不坏业果报，说诸法性
从缘起。

了知众生无有生，亦无众生可流转，无实众生而可说，但依世俗
假宣示。

"佛子！云何为菩萨摩诃萨随顺坚固一切善根回向？佛子！此菩萨摩
诃萨或为帝王临御大国，威德广被，名震天下，凡诸怨敌靡不归顺，发号

施令悉依正法，执持一盖溥荫万方，周行率土所向无碍，以离垢缯而系其顶，于法自在，见者咸伏，不刑不罚，感德从化，以四摄法摄诸众生，为转轮王一切周给。菩萨摩诃萨安住如是自在功德，有大眷属，不可沮坏，离众过失，见者无厌，福德庄严，相好圆满，形体支分，均调具足，获那罗延坚固之身，大力成就，无能屈伏，得清净业，离诸业障，具足修行一切布施。或施饮食及诸上味，或施车乘，或施衣服，或施华鬘、杂香、涂香、床座、房舍及所住处、上妙灯烛、病缘汤药、宝器、宝车、调良象马，悉皆严饰，欢喜布施。或有来乞王所处座，若盖、若伞，幢幡宝物、诸庄严具，顶上宝冠、髻中明珠，乃至王位，皆无所吝。若见众生在牢狱中，舍诸财宝、妻子、眷属，乃至以身救彼令脱。若见狱囚将欲被戮，即舍其身以代彼命。或见来乞连肤顶发，欢喜施与亦无所吝。眼、耳、鼻、舌，及以牙齿、头顶、手足、血肉、骨髓、心肾、肝肺、大肠、小肠、厚皮、薄皮、手足诸指、连肉爪甲，以欢喜心尽皆施与。或为求请未曾有法，投身而下深大火坑。或为护持如来正法，以身忍受一切苦毒。或为求法乃至一字，悉能遍舍四海之内一切所有。恒以正法化导群生，令修善行，舍离诸恶。若见众生损败他形，慈心救之，令舍罪业。若见如来成最正觉，称扬赞叹，普使闻知。或施于地，造立僧坊、房舍、殿堂，以为住处；及施僮仆，供承作役。或以自身施来乞者，或施于佛。为求法故，欢喜踊跃；为众生故，承事供养。或舍王位、城邑、聚落、宫殿、园林、妻子、眷属，随所乞求，悉满其愿。或舍一切资生之物，普设无遮大施之会。其中众生种种福田，或从远来，或从近来，或贤或愚，或好或丑，若男若女、人与非人，心行不同，所求各异，等皆施与，悉令满足。佛子！菩萨摩诃萨如是施时，发善摄心，悉以回向。所谓善摄色，随顺坚固一切善根；善摄受、想、行、识，随顺坚固一切善根；善摄王位，随顺坚固一切善根；善摄眷属，随顺坚固一切善根；善摄资具，随顺坚固一切善根；善摄惠施，随顺坚固一切善根。

“佛子！菩萨摩诃萨随所施物无量无边，以彼善根如是回向，所谓以上妙食施众生时，其心清净，于所施物无贪、无著、无所顾吝，具足行施。愿一切众生得智慧食，心无障碍，了知食性，无所贪著，但乐法喜出离之食，智慧充满，以法坚住，摄取善根，法身、智身清净游行，哀愍众生，为作福田，现受抟食。是为菩萨摩诃萨布施食时善根回向。

"佛子！菩萨摩诃萨若施饮时，以此善根如是回向，所谓愿一切众生饮法味水，精勤修习，具菩萨道，断世渴爱，常求佛智，离欲境界，得法喜乐，从清净法而生其身，常以三昧调摄其心，入智慧海，兴大法云，霈大法雨。是为菩萨摩诃萨布施饮时善根回向。

"佛子！菩萨摩诃萨布施种种清净上味，所谓辛、酸、咸、淡，及以甘、苦，种种诸味，润泽具足，能令四大安隐调和，肌体盈满，气力强壮，其心清净常得欢喜。咽咀之时，不欬不逆，诸根明利，内藏充实，毒不能侵，病不能伤，始终无患，永得安乐。以此善根如是回向，所谓愿一切众生得最上味，甘露充满；愿一切众生得法智味，了知一切诸味业用；愿一切众生得无量法味，了达法界，安住实际大法城中；愿一切众生作大法云，周遍法界，普雨法雨，教化调伏一切众生；愿一切众生得胜智味，无上法喜充满身心；愿一切众生得无贪著一切上味，不染世间一切诸味，常勤修习一切佛法；愿一切众生得一法味，了诸佛法悉无差别；愿一切众生得最胜味，乘一切智终无退转；愿一切众生得入诸佛无异法味，悉能分别一切诸根；愿一切众生法味增益，常得满足无碍佛法。是为菩萨摩诃萨布施味时善根回向，为令一切众生勤修福德，皆悉具足无碍智身故。

"佛子！菩萨摩诃萨施车乘时，以诸善根如是回向，所谓愿一切众生皆得具足一切智乘，乘于大乘、不可坏乘、最胜乘、最上乘、速疾乘、大力乘、福德具足乘、出世间乘、出生无量诸菩萨乘。是为菩萨摩诃萨施车乘时善根回向。

"佛子！菩萨摩诃萨布施衣时，以诸善根如是回向，所谓愿一切众生得惭愧衣以覆其身，舍离邪道露形恶法，颜色润泽，皮肤细软，成就诸佛第一之乐，得最清净一切种智。是为菩萨摩诃萨布施衣时善根回向。

"佛子！菩萨摩诃萨常以种种名华布施，所谓微妙香华、种种色华、无量奇妙华、善见华、可喜乐华、一切时华、天华、人华、世所珍爱华、甚芬馥悦意华。以如是等无量妙华，供养一切现在诸佛，及佛灭后所有塔庙，或以供养说法之人，或以供养比丘僧宝、一切菩萨、诸善知识、声闻、独觉、父母、宗亲，下至自身及余一切贫穷、孤露。布施之时，以诸善根如是回向，所谓愿一切众生皆得诸佛三昧之华，悉能开敷一切诸法；愿一切众生皆得如佛，见者欢喜，心无厌足；愿一切众生所见顺惬，心无动乱；愿一切众生具行广大清净之业；愿一切众生常念善友，心无变异；愿一切众生如阿伽陀药，能除一切烦恼众毒；愿一切众生成满大愿，皆悉得为无上智王；愿一切众生智慧日光破愚痴暗；愿一切众生菩提净月增长满足；愿一切众生入大宝洲，见善知识，具足成就一切善根。是为菩萨摩诃萨布施华时善根回向，为令众生皆得清净无碍智故。

"佛子！菩萨摩诃萨布施鬘时，以诸善根如是回向，所谓愿一切众生人所乐见，见者钦叹，见者亲善，见者爱乐，见者渴仰，见者除忧，见者生喜，见者离恶，见者常得亲近于佛，见者清净获一切智。是为菩萨摩诃萨布施鬘时善根回向。

"佛子！菩萨摩诃萨布施香时，以诸善根如是回向：愿一切众生具足戒香，得不缺戒、不杂戒、不污戒、无悔戒、离缠戒、无热戒、无犯戒、无边戒、出世戒、菩萨波罗蜜戒；愿一切众生以是戒故，皆得成就诸佛戒身。是为菩萨摩诃萨布施香时善根回向，为令众生悉得圆满无碍戒蕴故。

"佛子！菩萨摩诃萨施涂香时，以诸善根如是回向，所谓愿一切众生施香普熏，悉能惠舍一切所有；愿一切众生戒香普熏，得于如来究竟净戒；愿一切众生忍香普熏，离于一切险害之心；愿一切众生精进香普熏，常服大乘精进甲胄；愿一切众生定香普熏，安住诸佛现前三昧；愿一切众生慧香普熏，一念得成无上智王；愿一切众生法香普熏，于无上法得无所畏；愿一切众生德香普熏，成就一切大功德智；愿一切众生菩提香普熏，得佛十力到于彼岸；愿一切众生清净白法妙香普熏，永灭一切不善之法。是为菩萨摩诃萨施涂香时善根回向。

"佛子！菩萨摩诃萨施床座时，以诸善根如是回向，所谓愿一切众生得诸天床座，证大智慧；愿一切众生得贤圣床座，舍凡夫意，住菩提心；愿一切众生得安乐床座，永离一切生死苦恼；愿一切众生得究竟床座，得见诸佛自在神通；愿一切众生得平等床座，恒普熏修一切善法；愿一切众生得最胜床座，具清净业，世无与等；愿一切众生得安隐床座，证真实法，具足究竟；愿一切众生得清净床座，修习如来净智境界；愿一切众生得安住床座，得善知识常随覆护；愿一切众生得师子床座，常如如来右胁而卧。是为菩萨摩诃萨施床座时善根回向，为令众生修习正念、善护诸根故。

　　"佛子！菩萨摩诃萨施房舍时，以诸善根如是回向，所谓愿一切众生皆得安住清净佛刹，精勤修习一切功德；安住甚深三昧境界，舍离一切住处执著；了诸住处皆无所有，离诸世间住一切智；摄取一切诸佛所住，住究竟道安乐住处；恒住第一清净善根，终不舍离佛无上住处。是为菩萨摩诃萨施房舍时善根回向，为欲利益一切众生，随其所应思惟救护故。

　　"佛子！菩萨摩诃萨施住处时，以诸善根如是回向，所谓愿一切众生常获善利，其心安乐；愿一切众生依如来住，依大智住，依善智识住，依尊胜住，依善行住，依大慈住，依大悲住，依六波罗蜜住，依大菩提心住，依一切菩萨道住。是为菩萨摩诃萨施住处时善根回向，为令一切福德清净故，究竟清净故，智清净故，道清净故，法清净故，戒清净故，志乐清净故，信解清净故，愿清净故，一切神通功德清净故。

　　"佛子！菩萨摩诃萨施诸灯明，所谓酥灯、油灯、宝灯、摩尼灯、漆灯、火灯、沉水灯、栴檀灯、一切香灯、无量色光灯。施如是等无量灯时，为欲利益一切众生，为欲摄受一切众生，以此善根如是回向，所谓愿一切众生得无量光，普照一切诸佛正法；愿一切众生得清净光，照见世间极微细色；愿一切众生得离翳光，了众生界空无所有；愿一切众生得无边光，身出妙光普照一切；愿一切众生得普照光，于诸佛法心无退转；愿一切众生得佛净光，一切刹中悉皆显现；愿一切众生得无碍光，一光遍照一切法界；愿一切众生得无断光，照诸佛刹光明不断；愿一切众生得智幢光，普照世间；愿一切众生得无量色光，照一切刹示现神力。菩萨如是施灯明时，为欲利益一切众生，安乐一切众生故，以此善根随逐众生，以此善根摄受众生，以此善根分布众生，以此善根慈愍众生，以此善根覆育众生，以此善根救护众生，以此善根充满众生，以此善根缘念众生，以此善根等益众生，以此善根观察众生。是为菩萨摩诃萨施灯明时善根回向。如是回向无有障碍，普令众生住善根中。

"佛子！菩萨摩诃萨施汤药时，以诸善根如是回向，所谓愿一切众生于诸盖缠，究竟得出；愿一切众生永离病身，得如来身；愿一切众生作大良药，灭除一切不善之病；愿一切众生成阿伽陀药，安住菩萨不退转地；愿一切众生成如来药，能拔一切烦恼毒箭；愿一切众生亲近贤圣，灭诸烦恼，修清净行；愿一切众生作大药王，永除众病，不令重发；愿一切众生作不坏药树，悉能救疗一切众生；愿一切众生得一切智光，出众病箭；愿一切众生善解世间方药之法，所有疾病为其救疗。菩萨摩诃萨施汤药时，为令一切众生永离众病故，究竟安隐故，究竟清净故，如佛无病故，拔除一切病箭故，得无尽坚固身故，得金刚围山所不坏身故，得坚固满足力故，得圆满不可夺佛乐故，得一切佛自在坚固身故，以诸善根如是回向。

"佛子！菩萨摩诃萨悉能惠施一切器物，所谓黄金器盛满杂宝，白银器盛众妙宝，琉璃器盛种种宝，玻璃器盛满无量宝庄严具，砗磲器盛赤真珠，玛瑙器盛满珊瑚、摩尼珠宝，白玉器盛众美食，栴檀器盛天衣服，金刚器盛众妙香，无量无数种种宝器，盛无量无数种种众宝。或施诸佛，信佛福田不思议故；或施菩萨，知善知识难值遇故；或施圣僧，为令佛法久住世故；或施声闻及辟支佛，于诸圣人生净信故；或施父母，为尊重故；或施师长，为恒诱诲，令依圣教修功德故；或施下劣、贫穷、孤露，大慈大悲爱眼等视诸众生故；专意满足去、来、今世一切菩萨檀波罗蜜故；以一切物普施一切，终不厌舍诸众生故。如是施时，于其施物及以受者，皆无所著。菩萨摩诃萨以如是等种种宝器盛无量宝而布施时，以诸善根如是回向，所谓愿一切众生成等虚空无边藏器，念力广大，悉能受持世、出世间一切经书，无有忘失；愿一切众生成清净器，能悟诸佛甚深正法；愿一切众生成无上宝器，悉能受持三世佛法；愿一切众生成就如来广大法器，以不坏信摄受三世佛菩提法；愿一切众生成就最胜宝庄严器，住大威德菩提之心；愿一切众生成就功德所依处器，于诸如来无量智慧生净信解；愿一切众生成就趣入一切智器，究竟如来无碍解脱；愿一切众生得尽未来劫菩萨行器,能令众生普皆安住一切智力;愿一切众生成就三世诸佛种性胜功德器,一切诸佛妙音所说悉能受持;愿一切众生成就容纳尽法界、虚空界、一切世界、一切如来众会道场器,为大丈夫赞说之首,劝请诸佛转正法轮。是为菩萨摩诃萨布施器时善根回向,为欲普令一切众生皆得圆满普贤菩萨行愿器故。"

【白话语译】

"佛子啊！什么是菩萨摩诃萨的无尽功德藏回向呢？

"佛子啊！菩萨摩诃萨用以下种种善根回向诸佛国土；忏悔消除一切业力的重大障碍，所生起的善根；礼敬三世一切诸佛，所生起的善根；劝请一切诸佛说法，所生起的善根；听闻佛陀说法，精勤修习，了悟不可思议的广大境界，所生起的善根；对于三世一切诸佛、众生所有善根，都能心生随喜，所生起的善根；三世诸佛的善根无尽，菩萨众精勤修行学习，所生起的善根；三世诸佛成就等正觉、转正法轮、调伏各类众生，为菩萨了知，并发起随喜之心，所生起的善根；三世诸佛从初发心、修习菩萨行、成就最正觉，乃至于示现入灭证般涅槃之后，正法住世乃至于灭尽之时，面对如是等现象都能心生随喜，所生起的善根。

"菩萨如此忆念不可说诸佛的境界，以及自身所有的境界，乃至于菩提的无障碍境界。这当中广大无量种差别的一切善根，凡是所积集的，凡是所信解的，凡是所随喜的，凡是所圆满的，凡是所成就的，凡是所修行的，凡是所获得的，凡是所知觉的，凡是所摄持的，凡是所增长的，都完全回向庄严一切诸佛国土。

"就像过去无边际的时劫中，一切世界的一切如来修行之处，有无量无数的佛世界种，为佛陀的智慧所了知，菩萨的智慧所识见，广大的心志所受持。一切庄严的佛土，无不是由清净的业行流出，且是应众生的需要而生起。这些庄严佛土都是如来的神力所示现，诸佛的出世清净业力所成就，普贤菩萨的微妙大行所出兴。一切的诸佛在其中成道，示现种种自在的神力。

"又穷尽未来际的时间，所有的如来遍满法界安住，必定当成佛道，当得成就一切清净庄严的功德佛土。穷尽法界与虚空界，无边、无际、无间断、无穷尽，都是从如来的智慧出生，并用无量的妙宝庄严，也就是一切香的庄严、一切华的庄严、一切衣的庄严、一切功德藏的庄严、一切诸佛力的庄严、一切诸佛国土的庄严。如来的佛国都城不可思议，同行宿缘的清净大众，无不依止安住其中，在未来世中都必定成就正觉。一切诸佛如此的成就，不是一般凡夫能够睹见的，只有菩萨的清净法眼才能够清楚照见。这些菩萨众威德伟大，累世以来已种下许多善根，了知一切法如幻如化，因此能够普遍践行菩萨各种清净业行，证入不可思议的自在禅定三昧，善巧方便地作如来事业，无尽地放射佛陀的光明普照世间。

"而现在的一切诸佛世尊，也都是如是。庄严世界中的无量形相、无量光色，都是诸佛的圆满功德所成就，有无量的香、无量的珍宝、无量的树、无数的庄严、无数的宫殿、无数的音声。诸佛世尊随顺宿昔有缘的善知识，没有穷尽地示现一切庄严功德，也就是一切香的庄严、一切鬘的庄严、一切末香的庄严、一切珍宝的庄严、一切幡的庄严、一切宝缯彩的庄严、一切宝栏楯的庄严、阿僧祇金网的庄严、阿僧祇河的庄严、阿僧祇云雨的庄严、阿僧祇音乐奏出微妙音的庄严。如此等无量无数的庄严宝具，庄严一切法界、虚空界的佛土。这些佛土是由十方无量的种种业力集聚而生，都是佛陀所知道、所宣说的，也就是庄严佛土、清净佛土、平等佛土、妙好佛土、威德佛土、广大佛土、安乐佛土、不可坏佛土、无尽佛土、无量佛土、无动佛土、无畏佛土、光明佛土、无违逆佛土、可爱乐佛土、普照明佛土、严好佛土、精丽佛土、妙巧佛土、第一佛土、胜佛土、殊胜佛土、最胜佛土、极胜佛土、上佛土、无上佛土、无等佛土、无比佛土、无譬喻佛土，等等。

"如上所说过去、未来、现在三世一切佛土中的所有庄严，菩萨摩诃萨都用自己的善根发心回向：'希望以三世诸佛所有国土的清净庄严，庄严于一个世界，使这个世界的庄严如同一切诸佛国土中所有的庄严，使这些庄严都能完全成就，都能完全清净，都能完全聚集，都能完全显现，都能完全庄严妙好，都能完全的安住总持。如同一个世界所具备的三世佛土庄严；如此，穷尽法界、虚空界中的一切世界，也都能如此具足三世佛土中的种种庄严。'

"佛子啊！菩萨摩诃萨更以善根如此回向：'希望我所修行的一切佛刹，

诸大菩萨都能遍满其中。这些菩萨众的体性完全真实，而且智慧通达，能够善巧分别一切世界以及众生界，并且能够深入法界以及虚空界。他能够远离愚痴，成就念佛与念法真实不可思议的法门，并且念僧无量周遍于世间，也忆念舍离凡夫的心志。他对佛法的修习如日轮般圆满，普照无尽的智慧光明，使他的作为不会遇到任何的障碍。他从无所得中出生一切佛法，并以此为各种殊胜上品善根的主导。他并且能发起无上菩提心，安住在诸佛如来的大力中，趣向一切种智，摧破所有的众魔业力，清净众生界，深入法性，永离颠倒梦想，具足所有的善根大愿。希望安住在这些境界中的菩萨，遍满我所修行的一切国土，无求出生在如此的地方，具足如此的功德，时常勤作佛事，证得诸佛菩提的清净光明。他具足法界的智慧，示现大神通力，并以微妙身充满一切的法界。他证得广大的智慧，并且趣入一切智慧实证的境界，又善巧分别无量无边法界的文句义理。他虽不染着任何国土，却又能普遍示现于一切的佛土。他的心灵宽大无边如虚空，没有任何依止执着，又能分别了解一切的法界现象。他能够善巧地出入不可思议的甚深禅定三昧，趣向一切种智，安住诸佛的刹土，证得诸佛的力量，开示演说阿僧祇的佛法而毫无畏惧。他随顺三世诸佛的善根，普遍明照一切如来的法界，能完全信受奉持所有的佛法。他知道阿僧祇的语言法则，能够不可思议地善巧演说种种不同的声音。他已证入无上自在的诸佛境地，因此能够悠游十方一切世界毫无障碍。他勤修无净的论说、无所依止的法门，毫无分别地增广菩提之心，他已得证善巧的智慧，因此所有的文句义理无不知晓，能够随顺次第演说法要。希望如此境界的诸大菩萨都能庄严国土，并充满国土各处随顺安住，并且积极不断地薰修慈悲与智慧，以及清净一切的垢染习气，而证得安然自在。在任何一处佛刹的任何一个地方，希望有如此无数、无量、无边、无等、不可数、不可称、不可思、不可量、不可说、不可说不可说数的诸菩萨遍满其中。就如上述的一个地方，任何的地方都有如此的菩萨众遍满其中。又如上述的一个佛刹，尽虚空界、遍法界的一切佛刹，也都有这样的诸大菩萨充满其中。'

"佛子啊！菩萨摩诃萨用各种善根，方便回向一切的佛刹，方便回向一切的菩萨，方便回向一切的如来，方便回向一切的佛菩提，方便回向一切广大的愿力，方便回向一切出离轮回的要道，方便回向众生界，方便回向常见诸佛出兴于世，方便回向常见如来的寿命无量，方便回向常见诸佛遍满一切法界转动无障碍的不退法轮。

"佛子啊！菩萨摩诃萨用各种善根如此回向时，因为他能普遍进入一切诸佛国土，所以能清净一切的佛刹；因为他能普遍到达一切众生界，所以一切的菩萨都能完全清净；因为他能使一切诸佛国土的佛陀出兴世间，所以一切佛土诸佛如来的妙身无不超然出现。

"佛子啊！菩萨摩诃萨用如此无比回向趣向一切种智时，他的心量广大如虚空。他进入不可思议的境界，了知一切的业力以及因缘果报都是性空寂灭的。他恒常安住平等境中，没有边际齐限，因此能够普遍趣入一切的法界。

"佛子啊！菩萨摩诃萨如此回向时，心中没有分别我以及我所有的念头，也没有分别佛以及佛法的念头，也没有分别佛刹以及佛刹庄严清净的念头，也没有分别众生以及调伏众生的念头，也没有分别业力以及业力果报的念头，也不会执着思惟以及思惟所生的念头。他不会毁坏因缘，也不会毁坏果报；不会执取事相，也不会执取法则。他不以为生与死是有分别的，也不以为涅槃是恒住寂静的，也不以为如来证得佛陀的境界；因为在法性毕竟空中，没有任何的法可得可证。

"佛子啊！菩萨摩诃萨如此回向时，用各种的善根普遍施予众生，使他们能够决定成熟圆满，再平等教化调伏他们。菩萨现证无相、无缘❶的境界，没有任何称量众生的心，也没有任何虚妄颠倒，并且能够远离一切的分别执取。菩萨摩诃萨如此回向之后，得证了无尽的善根：因为能忆念三世一切诸佛，所以得证了无尽的善根；因为能忆念一切菩萨，所以得证了无尽的善根；因为能清净诸佛刹土，所以得证了无尽的善根；因为能清净一切众生界，所以得证了无尽的善根；因为能深入一切法界，所以得证了无尽的善根；因为能修习四无量心，使心量广大如虚空，所以得证了无尽的善根；因为深刻了解一切诸佛境界，所以得证了无尽的善根；因为能精勤修习菩萨的净业，所以得证了无尽的善根；因为明了通达过去、现在、未来三世，所以得证了无尽的善根。

"佛子啊！菩萨摩诃萨用一切善根如此回向时，明了众生界当中其实没有真实的众生，也了解一切法没有真实的寿命，也了解一切法没有造作的人，也了解一切法中没有轮回五趣的众生，也了解一切法中没有忿怒与斗诤，更清楚地察知一切的法都是因缘所生，没有安止的住处。因此，他又了知一切万物都没有真实依止之处，一切刹土也是完全无所住，一切的菩萨行也没有真实依止之处，他所见到的一切境界其实都是无所有。

"佛子啊！菩萨摩诃萨如此回向时，他的眼睛始终不曾看见不清净的佛国刹土，也不曾见到身处凡夫境界的异相众生，没有任何的法是智慧所趣入的，也没有任何一点智慧趣入于法。他了解如来的身相不只是如同虚空一般而已。这是因为他无量的妙法已经圆满一切功德，也因为他能令一切处所的众生积集善根。

"佛子啊！菩萨摩诃萨在念念当中得证了不可说不可说的十力境地，具足一切福德，成就清净的善根，成为一切众生的福田。菩萨摩诃萨已成就了如意摩尼功德藏，因此能够随着心念的需求，一切的乐具无不自然获得。他不论到哪里去，都能庄严清净一切的国土。他所到之处，不可说不可说的众生都得以清净，而且能摄取他的福德来修治所有的行为。

"佛子啊！菩萨摩诃萨如此回向时，修习一切菩萨行，福德十分殊胜，外貌身相更是无比庄严。他的威力与光明广大无边，超越世间的一切，魔王以及魔王的子民都无法瞻仰注视他。他的善根具足，已成就广大愿力。他的心量广大，等同一切智慧。他在一念当中，能够周遍游历无量的佛刹。他的智慧威力无量，明了通达一切诸佛境界。他在诸佛之处得到甚深的信解，安住在无边的智慧菩提心力当中，广大宛如法界，究竟宛如虚空。

"佛子啊！以上就是菩萨摩诃萨的第五回向——无尽功德藏回向。

"菩萨摩诃萨安住在这个无尽功德藏回向的时候，得证了十种无尽藏：一，得证见佛无尽藏，能在一毛孔当中，证见阿僧祇数的诸佛出现世间；二，得证法无尽藏，能够用佛陀的智慧力，观察一切的法都完全融摄于一法；三，得证忆持无尽藏，能够信受奉持一切佛所说的法，毫不忘失；四，得证决定慧无尽藏，了达诸佛所说的教法，具足秘密方便的力量；五，得证解义趣无尽藏，了达诸法的义理意趣与分际齐限；六，得证无边悟解无尽藏，用广大如虚空的智慧，通达三世一切法；七，得证福德无尽藏，他的福德充满各类众生，数量之广，令人难以想象；八，得证勇猛智觉无尽藏，能够完全消除众生的愚痴障碍；九，得证决定辩才无尽藏，演说一切诸佛的平等大法，使所有的众生能够完全了解；十，得证十力、四无畏无尽藏，具足一切菩萨的清净行，用由离垢所成就的缯带系在顶上庄严，已到达无障碍的一切智慧。

"佛子啊！菩萨摩诃萨用一切善根回向无尽功藏时，得证了这十种无尽藏。"

这时，金刚幢菩萨摩诃萨承着佛陀威神力的加持，普遍观照十方，而宣说如下的偈颂：

菩萨成就甚深心力，善于诸法能得自在，
以其劝请随喜福德，无碍方便善巧回向。
三世所有诸佛如来，严净佛刹遍于世间，
所有功德靡不具足，回向净刹亦复如是。
三世所有诸佛妙法，菩萨皆悉谛听思惟，
以心摄取无复有余，如是庄严诸佛刹土。
尽于三世所有时劫，赞一佛刹种种功德，
三世诸劫犹可计尽，佛刹功德无穷无尽。
如是一切诸佛刹土，菩萨悉见无复有余，
总以庄严一佛国土，一切佛土悉亦如是。
有诸佛子心地清净，悉从如来法化所生，
一切功德庄严其心，一切佛刹悉皆充满。
彼诸菩萨悉皆具足，无量相好庄严妙身，
辩才演说遍于世间，譬如大海无有穷尽。

菩萨安住诸三昧中，一切所行悉皆具足，
其心清净无与等比，光明普照十方世界。
如是无余诸佛刹土，此诸菩萨悉皆充满，
未曾忆念声闻之乘，亦复不求缘觉之道。
菩萨如是心地清净，善根回向所有群生，
普欲令其成就正道，具足了知诸佛妙法。
十方所有众魔怨仇，菩萨威力悉皆摧破，
勇猛智慧无能胜者，决定修行究竟妙法。
菩萨以此广大愿力，所有回向无留无碍，
入于无尽功德宝藏，未来现在恒常无尽。
菩萨善观一切行法，了达其性本不自在，
既知诸法体性如是，不妄取业以及果报。
无有色法及无色法，亦无有想亦无无想，
有法无法皆悉无有，了知一切空无所得。
一切诸法因缘中生，体性非有亦复非无，
而于因缘及所生起，毕竟于中无所取着。
一切众生语言之处，于中毕竟空无所得，
了知名相皆悉分别，明解诸法亦悉无我。
如众生性本然寂灭，如是了知一切诸法，
三世所摄无复有余，刹及诸业皆为平等。
以如是智相应回向，随其悟解福业出生，
此诸福相亦如是解，岂复于中有何可得？
如是回向心中无垢，永不称量诸法体性，
了达其性皆亦非性，不住世间亦不出世。
一切所行众善行业，悉以回向一切群生，
莫不了达其真体性，所有分别悉皆除遣。
所有一切虚妄见地，悉皆弃舍无复有余，
离诸热恼恒为清凉，住于解脱无碍境地。

菩萨不坏一切诸法，亦不灭坏诸法体性，
解了诸法犹如声响，悉于一切无所染着。
了知三世一切众生，悉从因缘和合而起，
亦知心乐以及习气，未曾灭坏一切诸法。
了达业性本非是业，而亦不违一切法相，
又亦不坏众业果报，说诸法性随从缘起。
了知众生为无有生，亦无众生可为流转，
无实众生而可言说，但依世俗假名宣示。

"佛子啊！什么是菩萨摩诃萨的随顺坚固一切善根回向呢？

"佛子啊！菩萨摩诃萨或成为伟大的帝王，统御一个大国。他的威德广被十方，名震天下，一切的怨敌都归顺降伏。他完全依据正法发号施令，就如手上执持一座宝盖普遍庇荫万方一般，能够无碍周遍行止一切国土。他以离垢缯带系在顶上，庄严无比，对于一切的法完全自在，见到的人无不降伏。他不用刑罚，只用德教就能使万民从化。他以四摄法摄受所有的众生，成为伟大的转轮圣王，周遍给养一切人民。

"菩萨摩诃萨安住在如此自在功德中，眷属无数，没有任何力量能够败坏他。他远离所有的过失，见到的人无不心生欢喜。他福德庄严，身相妙好圆满，肢节均匀调和，并且证得了坚固不坏的身体，成就了大力，没有人能够屈服他。他的业力清净，远离各种业障。

"他彻底修行一切的布施，有时布施饮食以及各种美妙的上味，有时布施车乘，有时布施衣服，有时布施华鬘、杂香、涂香、床座、房舍、住处、上妙灯烛、疗病药物、宝器、宝车、好象、好马。这些东西的彩饰虽然都非常庄严，但他却仍毫不吝惜地欢喜布施。

"或有人乞求宝座，若是宝盖，或是宝伞，以及幢幡宝物等各种的庄严器具，甚至头顶上的宝冠、发髻当中的明珠，乃至王位，他都毫不吝惜地布施。如果他见到有人拘禁在牢狱之中，他就会舍弃各种财宝、妻子、眷属，甚至用自己的身体解救众生。如果狱中囚犯将要被杀戮，他就会立刻舍弃自己的生命代替囚犯受死。

"即使有人前来乞讨连着头皮的头发，他也毫无吝惜地欢喜布施。不管是眼睛、耳朵、鼻子、舌头，还是牙齿、头顶、手足、血肉、骨髓、心、肾、肝、肺、大肠、小肠、厚的皮肤、薄的皮肤、手足上的指头、连着皮肉的指甲，他都能用欢喜心布施给与。

"菩萨有时为了请益未曾有的大法，而投身极深的大火坑；有时为了护持如来的正法，宁愿忍受一切的痛苦毒害；有时为了求法，甚至只有一字的佛法，他也愿意完全舍弃四海之内自己拥有的一切。他常以正法不断教化导引群生，使他们修习善行，舍离一切诸恶。如果看到有人摧残他人的身形，他便慈心救护众生，使他们都能舍离罪业。如果看见如来成就最上的正觉，他就大大称扬赞叹，让所有的人都能听闻知晓。

"菩萨有时布施土地，以建造僧坊、房舍、殿堂，作为僧众的居住处所；并且布施僮仆，供僧众差遣使役。他有时甚至把自己布施给乞求的人，或是布施给佛陀。他为了求法，心中欢喜踊跃，想到一切都是为了众生，就更加精勤承事供养。他有时舍弃王位、城邑、聚落、宫殿、园林、妻子、眷属，满足乞者的任何心愿。

"他有时舍弃一切赖以资生的物品，普设无遮大会❷，与会者形形色色。这些人有的是从很远的地方来，有的就住在附近；有人聪贤，有人愚昧；有人相貌美好，有人形相丑陋；有男众，也有女众；或是人类，或非人类。他们的心意举止各不相同，他们所求的也是各各互异，但是菩萨都能平等布施，完全满足他们。

"佛子啊！菩萨摩诃萨如此布施时，发善巧摄持❸的心力，全部回向。这些善摄心就是善巧摄持色相，以随顺坚固一切善根；善巧摄持受、想、行、识，以随顺坚固一切善根；善巧摄持王位，以随顺坚固一切善根；善巧摄持眷属，以随顺坚固一切善根；善巧摄持资具，以随顺坚固一切善根；善巧摄持惠施，以随顺坚固一切善根。

"佛子啊！菩萨摩诃萨在布施无量无边的食物给众生时，将这个善根回向：'希望我布施上妙美食给众生时，内心十分清净，对布施的物品无贪无着，不会顾惜吝啬，能够完全布施。希望众生能得到增长智慧的食物，使他们的心中没有障碍，了知食物的体性，不贪着于食物的滋味，只欣乐证法的喜悦与出离世间的食物，得以智慧充满，用法作为坚固的住处，并且能够摄受所有的善根，以清净的法身与智慧身游行世间；但我因为哀悯众生，愿作他们的福田，希望他们都能接受养活肉身的食物。'以上就是菩萨摩诃萨布施食物时，所生起的善根回向。

"佛子啊！菩萨摩诃萨如果在布施饮料时，就将这个善根回向：'愿众生都能畅饮法味之水，精勤地修习，具备菩萨道，断除世间的爱渴，时常求取佛陀的智慧，离弃贪欲的境界，得到善法的喜乐，在清净法中出生，时常用三昧禅定调摄心灵，能深入智慧海，兴起大法要，降下大法雨。'以上就是菩萨摩诃萨布施饮料时，所生起的善根回向。

"佛子啊！菩萨摩诃萨布施种种清净上味，也就是所谓的辛、酸、咸、淡、甘、苦等味。这些上味能润泽身体，能使身体的地、水、火、风四大要素安稳调和，使肌肤体态丰盈充满，使身体强壮，并使心境清净常得欢喜。由于这些上味润泽悦人，所以咀嚼吞咽的时候，不会令人哽咽咳嗽，也不会难以吞食。而且吃了这些上味之后，身体的诸根器官都变得更明利敏锐，而且也能充实所有的内脏，使各种毒患不能侵入，各种疾病也无法加害，始终没有任何疾患，而能永远健康安乐。

"此时菩萨便用这个布施的善根如此回向：'愿众生得到最好的美味，常有长生不老的甘露灵药充满其中。愿众生得到佛法智慧的美味，了知种种上味的业力作用。愿众生得到无量的法味，能够了达法界，安住在真如实际的大法城。愿众生能够造作大法云，周遍所有的法界，普遍降下法雨，教化调伏其他众生。愿众生证得殊胜智慧的上味，身心充满法喜。愿众生证得无贪着一切的上味，不会染着世间一切种种的美味，并精勤修习一切佛法。愿众生证得唯一的法味，了达诸佛教法都是平等无别。愿众生证得殊胜的上味，能乘着一切智慧，始终没有退转。愿众生证得与诸佛无异的法味，能分别所有的根器。愿众生法味增长充益，证得满足无碍的佛法。'以上这就是菩萨摩诃萨布施微妙上味时，所生起的善根回向。这些回向是为了使一切众生精勤修习福德，具足无碍智慧身。

"佛子啊！菩萨摩诃萨布施车乘时，将各种善根如此回向：'愿众生都能具足一切智慧的车乘，乘着大乘、不可坏乘、最胜乘、最上乘、速疾乘、大力乘、福德具足乘、出世间乘，以及出生无量的诸菩萨乘等各种车乘。'以上就是菩萨摩诃萨布施车乘时的回向。

"佛子啊！菩萨摩诃萨布施衣服时，将各种善根如此回向：'愿众生以具足惭愧美德的衣服覆盖身体，舍离裸形外道的邪恶之法，使身体颜色润泽，皮肤细软，成就诸佛无比第一的喜乐，得证最清净的一切种智。'以上就是菩萨摩诃萨布施衣服时，所生起的善根回向。

"佛子啊！菩萨摩诃萨常以种种名贵的花来布施，就是所谓的微妙香的花、种种颜色的花、无量奇妙的花、善见的花、可喜乐的花、一切时的花、天花、人花、世间所珍爱的花、甚为芬馥悦意的花。用以上等等无量的妙花来供养一切现在的诸佛，以及佛陀灭度之后所有的佛塔寺庙，也供养说法的人，也供养比丘僧宝、一切的菩萨、各类的善知识、声闻、独觉、父母、宗亲等，对于自己以及其余一切贫穷孤独的人都供养给予。

"当布施的时候，菩萨将各种善根如此回向：'愿众生都证得诸佛三昧的宝华，能够开敷一切的诸法。愿众生都证得佛陀完好的境界，使看见的人莫不心生欢喜。愿众生见到一切无不顺利惬意，心中没有任何动乱。愿众生完全实践广大清净的事业。愿众生时常忆念善友，心中没有变异。愿众生犹如阿伽陀仙药一样，能够去除一切烦恼众毒。愿众生圆满大愿，都能证得无上的智慧法王。愿众生如日光的智慧，破除愚痴与黑暗。愿众生犹如清净明月的菩提心，能够不断增长与满足。愿众生能够进入大宝洲中，见到善知识，成就一切的善根。'以上就是菩萨摩诃萨布施华时，所生起的善根回向。这些都是为了使众生得到清净无碍的智慧。

"佛子啊！菩萨摩诃萨布施华鬘时，将各种善根如此回向：'愿众生都能为人所乐见，使见到的人莫不钦佩赞叹，使见到的人深觉亲切和善，使见到的人喜爱快乐，使见到的人渴望仰慕，使见到的人都能除去忧烦，使见到的人都能心生欢喜，使见到的人都能离开众恶，使见到的人时常得以亲近佛陀，使见到的人烦恼清净而证得一切智慧。'以上就是菩萨摩诃萨布施华鬘时，所生起的善根回向。

"佛子啊！菩萨摩诃萨布施香时，将各种善根如此回向：'愿众生能够具足戒香，得到没有匮乏的戒律、不混杂的戒律、不染污的戒律、无悔的戒律、离开缠缚的戒律、无热恼的戒律、无过犯的戒律、无边的戒律、出世的戒律、菩萨到彼岸的戒律。愿众生因为这些戒法，都能够成就诸佛的戒身。'以上就是菩萨摩诃萨布施香时，所生起的善根回向。这些都是为了使众生圆满。

"佛子啊！菩萨摩诃萨布施涂香时，将各种的善根如此回向：'愿众生布施的涂香普熏，能够完全施舍所有的一切。愿众生的戒香普熏，证得如来究竟的清净戒律。愿众生的忍香普熏，能够舍离一切险恶伤害的心。愿众生的精进香普熏，始终穿着大乘菩萨精进的甲胄，不达目的，决不休歇退转。愿众生的定香普熏，使自己安住于诸佛现前的三昧。愿众生的慧香普熏，能于一念之中成就无上的智慧法王。愿众生的法香普熏，能于无上法中得证无所畏的境界。愿众生的德香普熏，成就一切大功德智慧。愿众生的菩提香普熏，成就佛陀的十力，究竟达到涅槃的彼岸。愿众生的清净善法妙香普熏，能够灭除一切不善法。'以上就是菩萨摩诃萨布施涂香时，所生起的善根回向。

"佛子啊！菩萨摩诃萨布施床座时，将种种的善根如此回向：'愿一切众生成就诸天的床座，证得广大智慧。愿众生证得贤圣的床座，舍弃凡夫的意念，安住菩提心中。愿众生证得安乐的床座，永远舍离一切的生死苦恼。愿众生证得究竟的床座，亲见诸佛的自在神通。愿众生证得平等的床座，恒常修习一切善法。愿众生证得最胜的床座，业行清净，世间无人能比。愿众生证得安稳的床座，现证真实的法义，具足圆满的境地。愿众生证得清净的床座，修习诸佛如来清净智慧境界。愿众生成就安住的床座，善知识时常跟随守护。愿众生证得师子的床座，能够常如诸佛如来右胁而卧❹。'以上就是菩萨摩诃萨布施床座时，所生起的善根回向。这些都是为了使众生修习正念、善巧守护诸根。

"佛子啊！菩萨摩诃萨布施房舍时，将各种善根如此回向：'愿众生都能安住在清净的佛刹，精勤修习一切功德；安住在甚深的三昧境界，舍离对住处的执着；了知所有住处都是空无所有，而远离诸世间，安住在一切智中；摄取一切诸佛安住的境界，安住在究竟胜道的安乐住处；恒住在第一清净的善根中，始终不曾舍离佛陀无上住的境界。'以上就是菩萨摩诃萨布施房舍时，所生起的善根回向。这些都是为了利益一切众生，随着他们相应的因缘思惟救护。

"佛子啊！菩萨摩诃萨布施住处时，将种种善根如此回向：'愿众生时常获得至善的利益，心中安稳快乐。愿众生依止于诸佛如来而安住，依止于大智慧而安住，依止于善知识而安住，依止于殊胜境界而安住，依止于善行而安住，依止于大慈而安住，依止于大悲而安住，依止于六波罗蜜而安住，依止于大菩提心而安住，依止于一切菩萨道而安住。'以上就是菩萨摩诃萨布施住处时，所生起的善根回向。这些都是为了使一切福德清净，为了使究竟清净，为了使智慧清净，为了使正道清净、妙法清净，为了使持戒清净，为了使意乐清净，为了使信解清净，为了使愿力清净，为了使一切神通功德清净。

"佛子啊！菩萨摩诃萨布施种种明灯：酥灯、油灯、宝灯、摩尼灯、漆灯、火灯、沉水灯、栴檀灯、一切香灯、无量色光灯。布施如此无量明灯，只为了利益一切众生，摄受一切众生，而将这个善根如此回向：'愿众生成就无量的光明，普遍照明一切的诸佛正法。愿众生证得清净的光明，能够照见世间一切极微细的色相。愿众生证得离翳的光明，了达众生界是空无所有的。愿众生证得无边的光明，身上散发微妙的光明普照一切。愿众生证得普照的光明，学习佛法永不退转。愿众生证得诸佛清净的光明，在一切佛刹中都能完全显现。愿众生证得无碍的光明，以自己为光就能遍照法界。愿众生证得无断的光明，照明诸佛刹土永不断绝。愿众生证得智幢的光明，普照所有的世界。愿众生证得无量色的光明，照射一切的佛刹，示现大神通力。'

"菩萨如此布施明灯时，为了利益安乐一切众生，用这个善根随顺众生，用这个善根摄受众生，用这个善根分布众生，用这个善根慈悯众生，用这个善根覆盖众生，用这个善根救护众生，用这个善根充满众生，用这个善根随缘忆念众生，用这个善根平等利益众生，用这个善根普遍观察众生。

"以上就是菩萨摩诃萨布施明灯时，所生起的善根回向，如此回向的时候完全没有障碍，能够普使所有的众生安住在善根当中。

"佛子啊！菩萨摩诃萨布施汤药时，将种种善根如此回向：'愿众生能够究竟出离各种的盖障与缠缚。愿众生永远断离有病的身体，证得诸佛如来的清净身。愿众生能够造作广大的良药，消除一切不善的疾病。愿众生犹如阿伽陀仙药一般，安住在菩萨不退转的境地。愿众生成为如来药，能够拔除一切烦恼毒箭。愿众生能够亲近贤圣，消灭各种烦恼，修习清净的胜行。愿众生作大药王，能够拔除各种疾病，使这些旧疾不会重发。愿众生作不坏的药树，能够救疗所有含识有情。愿众生证得一切智慧光明，拔除众病的毒箭。愿众生能够善解世间方药，能够救治所有疾病。'

"菩萨摩诃萨布施汤药时，为了使众生永离各种疾病，为了获得究竟安稳，为了获得究竟清净，为了宛如同佛陀无病，为了拔除一切病箭，为了得到无尽的坚固身，为了成就金刚围山般的不坏身体，为了获得坚固充足的力量，为了具足不可侵夺的佛药，为了获得一切诸佛自在坚固的身体，而以各种善根如此回向。

"佛子啊！菩萨摩诃萨或是布施种种器物：盛满各种杂宝的黄金器，盛满各种妙宝的白银器，盛满种种宝物的琉璃器，盛满无量宝庄严具的玻璃器，盛满赤真珠的砗磲器，盛满珊瑚摩尼珠宝的玛瑙器，盛满各种美食的白玉器，盛满天衣服的栴檀器，盛满众妙香的金刚器。有着无量无数的种种宝器，盛满无量无数的种种众宝。这些宝物，有的是布施诸佛，因为坚信诸佛福田不可思议；或是布施菩萨，因为了知善知识难以值遇；或是布施圣僧，为了使佛法长久住世；或是布施声闻及辟支佛，因为一直深信这些圣人；或是布施师长，因为他们时常教导我们，使我们能依止圣教勤修功德；或是布施下劣、贫穷、孤独的众生，这是由于以大慈大悲的爱眼平等视察所有众生；也是为了满足三世一切菩萨布施波罗蜜。用一切物品普遍布施一切众生，这是因为菩萨始终不曾厌离舍弃众生。当如此布施的时候，菩萨对所施的物品及接受布施的人，都毫不执着。

　　"菩萨摩诃萨用种种的宝器，盛满无量的珍宝布施时，以各种善根如此回向：'愿众生成为如虚空无边的宝藏法器，而且念力广大，能够摄持世间与出世间的一切经书，不曾丝毫忘失。愿众生成为清净的法器，能够了悟诸佛的甚深正法。愿众生成为无上的宝器，完全受持三世的佛法。愿众生成就如来广大的法器，用不坏的信心，摄受三世诸佛的菩提法。愿众生成就最胜宝的庄严器，安住在大威德的菩提心中。愿众生成就功德所依处的法器，对于诸佛如来的无量智慧，生起清净的信解。愿众生成就趣入智慧的法器，究竟圆满诸佛如来的无碍解脱。愿众生得到尽未来劫的菩萨行器，能使众生普遍安住在一切智慧力中。愿众生成就三世诸佛种性的殊胜功德器，对于一切诸佛妙音所宣说的教法，都能完全信受奉持。愿众生所成就的法器，能够容纳尽法界、虚空界、所有世界诸佛如来的大众法会，能作为大丈夫，并成为赞叹宣说的上首领袖，劝请诸佛转正法轮。'以上就是菩萨摩诃萨布施器物时，所生起的善根回向。这些都是为了使一切众生圆满普贤菩萨行愿的法器。"

【注释】

❶ 无相、无缘：不见众生的形相，也不执取度化的因缘。

❷ 无遮大会：不问贵贱贫富，老少男女，不遮阻来求者而作财施、法施的供养会。

❸ 善巧摄持：在作布施回向时，对于自身与他人的五蕴等，心念都不会有所住着，也不会驰散，故称为善巧摄持。

❹ 右胁而卧：如来的卧法。头朝北，面朝西，右手托住右颊而卧。

卷第二十六
十回向品第二十五之四

【原典】

"佛子！菩萨摩诃萨以种种车，众宝严饰，奉施诸佛及诸菩萨、师长、善友、声闻、缘觉，如是无量种种福田，乃至贫穷、孤露之者。此诸人众，或从远来，或从近来，或承菩萨名闻故来，或是菩萨因缘故来，或闻菩萨往昔所发施愿故来，或是菩萨心愿请来。菩萨是时，或施宝车，或施金车，悉妙庄严，铃网覆上，宝带垂下。或施上妙琉璃之车，无量珍奇以为严饰。或复施与白银之车，覆以金网，驾以骏马。或复施与无量杂宝所庄严车，覆以宝网，驾以香象。或复施与栴檀之车，妙宝为轮，杂宝为盖，宝师子座敷置严好，百千采女列坐其上，十万丈夫牵御而行。或复施与玻璃宝车，众杂妙宝以为严饰，端正女人充满其中，宝帐覆上，幢幡侍侧。或复施与玛瑙藏车，饰以众宝，熏诸杂香，种种妙华散布庄严，百千采女持宝璎珞，驾驭均调，涉险能安。或复施与坚固香车，众宝为轮，庄严巨丽，宝帐覆上，宝网垂下，种种宝衣敷布其中，清净好香流芬外彻，其香美妙称悦人心，无量诸天翼从而行，载以众宝，随时给施。或复施与光明宝车，种种诸宝妙色映彻，众妙宝网罗覆其上，杂宝璎珞周匝垂下，散以末香，内外芬洁，所爱男女悉载其上。

"佛子！菩萨摩诃萨以如是等众妙宝车奉施佛时，以此善根如是回向，所谓愿一切众生悉解供养最上福田，深信施佛，得无量报；愿一切众生一心向佛，常遇无量清净福田；愿一切众生于诸如来无所吝惜，具足成就大舍之心；愿一切众生于诸佛所修行施行，离二乘愿，逮得如来无碍解脱一切智智；愿一切众生于诸佛所行无尽施，入佛无量功德智慧；愿一切众生入佛胜智，得成清净无上智王；愿一切众生得佛遍至无碍神通，随所欲往，靡不自在；愿一切众生深入大乘，获无量智，安住不动；愿一切众生皆能出生一切智法，为诸天人最上福田；愿一切众生于诸佛所无嫌恨心，勤种善根，乐求佛智；愿一切众生任运能往一切佛刹，一刹那中普周法界而无懈倦；愿一切众生逮得菩萨自在神通，分身遍满等虚空界一切佛所亲近供养；愿一切众生得无比身，遍往十方而无厌倦；愿一切众生得广大身，飞行迅疾，随意所往，终无懈退；愿一切众生得佛究竟自在威力，一刹那中尽虚空界，悉现诸佛神通变化；愿一切众生修安乐行，随顺一切诸菩萨道；愿一切众生得速疾行，究竟十力智慧神通；愿一切众生普入法界十方国土，悉尽边际等无差别；愿一切众生行普贤行，无有退转，到于彼岸成一切智；愿一切众生升于无比智慧之乘，随顺法性，见如实理。是为菩萨摩诃萨以众宝车奉施现在一切诸佛及佛灭后所有塔庙善根回向，为令众生得于如来究竟出离无碍乘故。

"佛子！菩萨摩诃萨以众宝车施菩萨等善知识时，以诸善根如是回向，所谓愿一切众生心常忆持善知识教，专勤守护，令不忘失；愿一切众生与善知识同一义利，普摄一切与共善根；愿一切众生近善知识，尊重供养，悉舍所有，顺可其心；愿一切众生得善志欲，随逐善友，未尝舍离；愿一切众生常得值遇诸善知识，专意承奉，不违其教；愿一切众生乐善知识，常不舍离，无间无杂，亦无误失；愿一切众生能以其身施善知识，随其教命靡有违逆；愿一切众生为善知识之所摄受，修习大慈，远离诸恶；愿一切众生随善知识听闻诸佛所说正法；愿一切众生与善知识同一善根清净业果，与诸菩萨同一行愿究竟十力；愿一切众生悉能受持善知识法，逮得一切三昧境界智慧神通；愿一切众生悉能受持一切正法，修习诸行到于彼岸；愿一切众生乘于大乘无所障碍，究竟成就一切智道；愿一切众生悉得上于一切智乘，至安隐处无有退转；愿一切众生知如实行，随其所闻一切佛法，皆得究竟，永无忘失；愿一切众生普为诸佛之所摄受，得无碍智，究竟诸法；愿一切众生得无退失自在神通，所欲往诣，一念皆到；愿一切众生往来自在，广行化导，令住大乘；愿一切众生所行不空，载以智乘到究竟位；愿一切众生得无碍乘，以无碍智至一切处。是为菩萨摩诃萨施善知识种种车时善根回向，为令众生功德具足，与佛菩萨等无异故。

"佛子！菩萨摩诃萨以众宝车布施僧时，起学一切施心、智善了心、净功德心、随顺舍心、僧宝难遇心、深信僧宝心、摄持正教心，住胜志乐，得未曾有，为大施会，出生无量广大功德，深信佛教不可沮坏，以诸善根如是回向，所谓愿一切众生普入佛法，忆持不忘；愿一切众生离凡愚法，入贤圣处；愿一切众生速入圣位，能以佛法次第开诱；愿一切众生举世宗重，言必信用；愿一切众生善入一切诸法平等，了知法界自性无二；愿一切众生从于如来智境而生，诸调顺人所共围绕；愿一切众生住离染法，灭除一切烦恼尘垢；愿一切众生皆得成就无上僧宝，离凡夫地，入贤圣众；愿一切众生勤修善法，得无碍智，具圣功德；愿一切众生得智慧心，不著三世，于诸众中自在如王；愿一切众生乘智慧乘，转正法轮；愿一切众生具足神通，一念能往不可说不可说世界；愿一切众生乘虚空身，于诸世间智慧无碍；愿一切众生普入一切虚空法界诸佛众会，成就第一波罗蜜行；愿一切众生得轻举身殊胜智慧，悉能遍入一切佛刹；愿一切众生获无边际善巧神足，于一切刹普现其身；愿一切众生得于一切无所依身，以神通力如影普现；愿一切众生得不思议自在神力，随应可化，即现其前，教化调伏；愿一切众生得入法界无碍方便，一念遍游十方国土。是为菩萨摩诃萨施僧宝车善根回向，为令众生普乘清净无上智乘，于一切世间转无碍法智慧轮故。

"佛子！菩萨摩诃萨以众宝车布施声闻、独觉之时，起如是心，所谓福田心、尊敬心、功德海心、能出生功德智慧心、从如来功德势力所生心、百千亿那由他劫修习心、能于不可说劫修菩萨行心、解脱一切魔系缚心、摧灭一切魔军众心、慧光照了无上法心。以此施车所有善根如是回向，所谓愿一切众生为世所信第一福田，具足无上檀波罗蜜；愿一切众生离无益语，常乐独处，心无二念；愿一切众生成最第一清净福田，摄诸众生，令修福业；愿一切众生成智慧渊，能与众生无量无数善根果报；愿一切众生住无碍行，满足清净第一福田；愿一切众生住无诤法，了一切法皆无所作、无性为性；愿一切众生常得亲近最上福田，具足修成无量福德；愿一切众生能现无量自在神通，以净福田摄诸含识；愿一切众生具足无尽功德福田，能与众生如来十力第一乘果；愿一切众生为能辨果真实福田，成一切智，无尽福聚；愿一切众生得灭罪法，悉能受持所未曾闻佛法句义；愿一切众生常勤听受一切佛法，闻悉解悟，无空过者；愿一切众生听闻佛法通达究竟，如其所闻，随顺演说；愿一切众生于如来教信解修行，舍离一切九十六种外道邪见；愿一切众生常见贤圣，增长一切最胜善根；愿一切众生心常信乐智行之士，与诸圣哲同止共欢；愿一切众生听闻佛名悉不唐捐，随其所闻，咸得目见；愿一切众生善分别知诸佛正教，悉能守护持佛法者；愿一切众生常乐听闻一切佛法，受持读诵，开示照了；愿一切众生信解佛教如实功德，悉舍所有，恭敬供养。是为菩萨摩诃萨施声闻、独觉种种车时善根回向，为令众生皆得成就清净第一智慧神通，精进修行无有懈怠，获一切智、力、无畏故。

"佛子！菩萨摩诃萨以众宝车施诸福田，乃至贫穷、孤独者时，随其所求，一切悉舍，心生欢喜，无有厌倦，仍向彼人自悔责言：'我应往就供养供给，不应劳汝远来疲顿。'言已拜跪，问讯起居，凡有所须，一切施与。或时施彼摩尼宝车，以阎浮提第一女宝充满其上；或复施与金庄严车，人间女宝充满其上；或复施与妙琉璃车，内宫妓女充满其上；或施种种奇妙宝车，童女充满，如天采女；或施无数宝庄严车，宝女满中，柔明辩慧；或施所乘妙栴檀车，或复施与玻璃宝车，悉载宝女，充满其上，颜容端正，色相无比，袨服庄严，见者欣悦；或复施与玛瑙宝车，灌顶王子身载其上；或时施与坚固香车，所有男女悉载其中；或施一切宝庄严车，载以难舍亲善眷属。

"佛子！菩萨摩诃萨以如是等无量宝车，随其所求，恭敬施与，皆令遂愿，欢喜满足，以此善根如是回向，所谓愿一切众生乘不退转无障碍轮广大之乘，诣不可思议菩提树下；愿一切众生乘清净因大法智乘，尽未来劫，修菩萨行，永不退转；愿一切众生乘一切法无所有乘，永离一切分别执著，而常修习一切智道；愿一切众生乘无谄诳正直之乘，往诸佛刹，自在无碍；愿一切众生随顺安住一切智乘，以诸佛法共相娱乐；愿一切众生皆乘菩萨清净行乘，具足菩萨十出离道及三昧乐；愿一切众生乘四轮乘，所谓住好国土、依止善人、集胜福德、发大誓愿，以此成满一切菩萨清净梵行；愿一切众生得普照十方法光明乘，修学一切如来智力；愿一切众生乘佛法乘，到一切法究竟彼岸；愿一切众生载众福善难思法乘，普示十方安隐正道；愿一切众生乘大施乘，舍悭吝垢；愿一切众生乘净戒乘，持等法界无边净戒；愿一切众生乘忍辱乘，常于众生离嗔浊心；愿一切众生乘大精进不退转乘，坚修胜行，趣菩提道；愿一切众生乘禅定乘，速至道场，证菩提智；愿一切众生乘于智慧巧方便乘，化身充满一切法界、诸佛境界；愿一切众生乘法王乘，成就无畏，恒普惠施一切智法；愿一切众生乘无所著智慧之乘，悉能遍入一切十方，于真法性而无所动；愿一切众生乘于一切诸佛法乘，示现受生遍十方刹，而不失坏大乘之道；愿一切众生乘一切智最上宝乘，满足普贤菩萨行愿而无厌倦。是为菩萨摩诃萨以众宝车施诸福田乃至贫穷、孤露之人善根回向，为令众生具无量智，欢喜踊跃，究竟皆得一切智乘故。

"佛子！菩萨摩诃萨布施象宝，其性调顺，七支具足，年齿盛壮，六牙清净，口色红赤犹如莲华，形体鲜白譬如雪山，金幢为饰，宝网罗覆，种种妙宝庄严其鼻，见者欣玩无有厌足，超步万里曾不疲倦。或复施与调良马宝，诸相具足犹如天马，妙宝月轮以为光饰，真金铃网罗覆其上，行步平正，乘者安隐，随意所往迅疾如风，游历四洲自在无碍。菩萨以此象宝、马宝，或奉养父母及善知识，或给施贫乏、苦恼众生，其心旷然，不生悔吝，但倍增欣庆，益加悲愍，修菩萨德，净菩萨心，以此善根如是回向，所谓愿一切众生住调顺乘，增长一切菩萨功德；愿一切众生得善巧乘，能随出生一切佛法；愿一切众生得信解乘，普照如来无碍智力；愿一切众生得发趣乘，能普发兴一切大愿；愿一切众生具足平等波罗蜜乘，成满一切平等善根；愿一切众生成就宝乘，生诸佛法无上智宝；愿一切众生成就菩萨行庄严乘，开敷菩萨诸三昧华；愿一切众生得无边速疾乘，于无数劫净菩萨心，精勤思惟，了达诸法；愿一切众生成就最胜调顺大乘，以善方便具菩萨地；愿一切众生成最高广坚固大乘，普能运载一切众生，皆得至于一切智位。是为菩萨摩诃萨施象、马时善根回向，为令众生皆得乘于无碍智乘，圆满究竟至佛乘故。

"佛子！菩萨摩诃萨布施座时，或施所处师子之座。其座高广殊特妙好，琉璃为足，金缕所成，柔软衣服以敷其上，建以宝幢，熏诸妙香，无量杂宝庄严之具以为庄校，金网覆上，宝铎风摇，出妙音声，奇珍万计周匝填饰，一切臣民所共瞻仰。灌顶大王独居其上，宣布法化，万邦遵奉。其王复以妙宝严身。所谓普光明宝、帝青宝、大帝青宝、胜藏摩尼宝，明净如日，清凉犹月，周匝繁布譬如众星，上妙庄严第一无比。海殊妙宝、海坚固幢宝，奇文异表，种种庄严，于大众中最尊最胜。阎浮檀金离垢宝缯以冠其首，享灌顶位，王阎浮提，具足无量大威德力，以慈为主，伏诸怨敌，教令所行，靡不承顺。时，转轮王以如是等百千万亿无量无数宝庄严座，施于如来第一福田，及诸菩萨、真善知识、贤圣僧宝、说法之师、父母、宗亲、声闻、独觉，及以发趣菩萨乘者，或如来塔，乃至一切贫穷、孤露、随其所须，悉皆施与。以此善根如是回向，所谓愿一切众生坐菩提座，悉能觉悟诸佛正法；愿一切众生处自在座，得法自在，诸金刚山所不能坏，能悉摧伏一切魔军；愿一切众生得佛自在师子之座，一切众生之所瞻仰；愿一切众生得不可说不可说种种殊妙宝庄严座，于法自在，化导众生；愿一切众生得三种世间最殊胜座，广大善根之所严饰；愿一切众生得周遍不可说不可说世界座，阿僧祇劫叹之无尽；愿一切众生得大深密福德之座，其身充满一切法界；愿一切众生得不思议种种宝座，随其本愿所念众生，广开法施；愿一切众生得善妙座，现不可说诸佛神通；愿一切众生得一切宝座、一切香座、一切华座、一切衣座、一切鬘座、一切摩尼座、一切琉璃等不思议种种宝座、无量不可说世界座、一切世间庄严清净座、一切金刚座，示现如来威德自在，成最正觉。是为菩萨摩诃萨施宝座时善根回向；为令众生获离世间大菩提座，自然觉悟一切佛法故。

"佛子！菩萨摩诃萨施诸宝盖。此盖殊特，尊贵所用，种种大宝而为庄严；百千亿那由他上妙盖中最为第一，众宝为竿，妙网覆上，宝绳金铃周匝垂下，摩尼璎珞次第悬布，微风吹动，妙音克谐，珠玉宝藏种种充满，无量奇珍悉以严饰，栴檀、沉水妙香普熏，阎浮檀金光明清净。如是无量百千亿那由他阿僧祇众妙宝物具足庄严，以清净心奉施于佛，及佛灭后所有塔庙，或为法故，施诸菩萨及善知识、名闻法师，或施父母，或施僧宝，或复奉施一切佛法，或施种种众生福田，或施师僧及诸尊宿，或施初发菩提之心，乃至一切贫穷、孤露。随有求者，悉皆施与。以此善根如是回向，所谓愿一切众生勤修善根以覆其身，常为诸佛之所庇荫；愿一切众生功德智慧以为其盖，永离世间一切烦恼；愿一切众生覆以善法，除灭世间尘垢热恼；愿一切众生得智慧藏，令众乐见，心无厌足；愿一切众生以寂静白法而自覆荫，皆得究竟不坏佛法；愿一切众生善覆其身，究竟如来清净法身；愿一切众生作周遍盖，十力智慧遍覆世间；愿一切众生得妙智慧，出过三世无所染著；愿一切众生得应供盖，成胜福田，受一切供；愿一切众生得最上盖，获无上智，自然觉悟。是为菩萨摩诃萨布施盖时善根回向，为令一切众生得自在盖，能持一切诸善法故；为令一切众生能以一盖，普覆一切虚空法界、一切刹土，示现诸佛自在神通无退转故；为令一切众生能以一盖，庄严十方一切世界，供养佛故；为令一切众生以妙幢幡及诸宝盖，供养一切诸如来故；为令一切众生得普庄严盖，遍覆一切诸佛国土尽无余故；为令一切众生得广大盖，普盖众生，皆令于佛生信解故；为令一切众生以不可说众妙宝盖，供养一佛，于不可说一一佛所皆如是故；为令一切众生得佛菩提高广之盖，普覆一切诸如来故；为令一切众生得一切摩尼宝庄严盖、一切宝璎珞庄严盖、一切坚固香庄严盖、种种宝清净庄严盖、无量宝清净庄严盖、广大宝清净庄严盖，宝网弥覆，宝铃垂下，随风摇动，出微妙音，普覆法界、虚空界、一切世界诸佛身故；为令一切众生得无障无碍智庄严盖，普覆一切诸如来故。又欲令一切众生得第一智慧故；又欲令一切众生得佛功德庄严故；又欲令一切众生于佛功德生清净欲愿心故；

又欲令一切众生得无量无边自在心宝故；又欲令一切众生满足诸法自在智故；又欲令一切众生以诸善根普覆一切故；又欲令一切众生成就最胜智慧盖故；又欲令一切众生成就十力普遍盖故；又欲令一切众生能以一盖弥覆法界诸佛刹故；又欲令一切众生于法自在为法王故；又欲令一切众生得大威德自在心故；又欲令一切众生得广大智恒无绝故；又欲令一切众生得无量功德普覆一切皆究竟故；又欲令一切众生以诸功德盖其心故；又欲令一切众生以平等心覆众生故；又欲令一切众生得大智慧平等盖故；又欲令一切众生具大回向巧方便故；又欲令一切众生获胜欲乐清净心故；又欲令一切众生得善欲乐清净意故；又欲令一切众生得大回向普覆一切诸众生故。

"佛子！菩萨摩诃萨或施种种上妙幢幡，众宝为竿，宝缯为幡，种种杂彩以为其幢，宝网垂覆，光色遍满，宝铎微摇，音节相和，奇特妙宝形如半月，阎浮檀金光逾皦日，悉置幢上，随诸世界业果所现，种种妙物以为严饰。如是无数千万亿那由他诸妙幢幡，接影连辉，递相间发，光明严洁周遍大地，充满十方虚空法界、一切佛刹。菩萨摩诃萨净心信解，以如是等无量幢幡，或施现在一切诸佛，及佛灭后所有塔庙，或施法宝，或施僧宝，或施菩萨、诸善知识，或施声闻及辟支佛，或施大众，或施别人，诸来求者，普皆施与。以此善根如是回向，所谓愿一切众生皆能建立一切善根福德幢幡，不可毁坏；愿一切众生建一切法自在幢幡，尊重爱乐，勤加守护；愿一切众生常以宝缯书写正法，护持诸佛菩萨法藏；愿一切众生建高显幢，然智慧灯普照世间；愿一切众生立坚固幢，悉能摧殄一切魔业；愿一切众生建智力幢，一切诸魔所不能坏；愿一切众生得大智慧那罗延幢，摧灭一切世间慢幢❶；愿一切众生得智慧日大光明幢，以智日光普照法界；愿一切众生具足无量宝庄严幢，充满十方一切世界供养诸佛；愿一切众生得如来幢，摧灭一切九十六种外道邪见。是为菩萨摩诃萨施幢幡时善根回向，为令一切众生得甚深高广菩萨行幢，及诸菩萨神通行幢清净道故。

"佛子！菩萨摩诃萨开众宝藏，以百千亿那由他诸妙珍宝，给施无数一切众生，随意与之，心无吝惜，以诸善根如是回向，所谓愿一切众生常见佛宝，舍离愚痴，修行正念；愿一切众生皆得具足法宝光明，护持一切诸佛法藏；愿一切众生能悉摄受一切僧宝，周给供养，恒无厌足；愿一切众生得一切智无上心宝，净菩提心，无有退转；愿一切众生得智慧宝，普入诸法，心无疑惑；愿一切众生具足菩萨诸功德宝，开示演说无量智慧；愿一切众生得于无量妙功德宝，修成正觉十力智慧；愿一切众生得妙三昧十六智宝，究竟成满广大智慧；愿一切众生成就第一福田之宝，悟入如来无上智慧；愿一切众生得成第一无上宝王，以无尽辩开演诸法。是为菩萨摩诃萨施众宝时善根回向，为令一切众生皆得成满第一智宝、如来无碍净眼宝故。

"佛子！菩萨摩诃萨或以种种妙庄严具而为布施，所谓一切身庄严具，令身净妙，靡不称可。菩萨摩诃萨等观一切世间众生，犹如一子，欲令皆得身净庄严，成就世间最上安乐、佛智慧乐，安住佛法，利益众生，以如是等百千亿那由他种种殊妙宝庄严具，勤行布施。行布施时，以诸善根如是回向，所谓愿一切众生成就无上妙庄严具，以诸清净功德智慧庄严人天；愿一切众生得清净庄严相，以净福德庄严其身；愿一切众生得上妙庄严相，以百福相庄严其身；愿一切众生得不杂乱庄严相，以一切相庄严其身；愿一切众生得善净语言庄严相，具足种种无尽辩才；愿一切众生得一切功德声庄严相，其音清净，闻者喜悦；愿一切众生得可爱乐诸佛语言庄严相，令诸众生闻法欢喜，修清净行；愿一切众生得心庄严相，入深禅定，普见诸佛；愿一切众生得总持庄严相，照明一切诸佛正法；愿一切众生得智慧庄严相，以佛智慧庄严其心。是为菩萨摩诃萨惠施一切庄严具时善根回向，为令众生具足一切无量佛法，功德智慧圆满庄严，永离一切骄慢放逸故。

"佛子！菩萨摩诃萨以受灌顶自在王位摩尼宝冠，及髻中珠，普施众生，心无吝惜，常勤修习，为大施主，修学施慧，增长舍根，智慧善巧，其心广大，给施一切，以彼善根如是回向，所谓愿一切众生得诸佛法之所灌顶，成一切智；愿一切众生具足顶髻，得第一智，到于彼岸；愿一切众生以妙智宝普摄众生，皆令究竟功德之顶；愿一切众生皆得成就智慧宝顶，堪受世间之所礼敬；愿一切众生以智慧冠庄严其首，为一切法自在之王；愿一切众生智慧明珠系其顶上，一切世间无能见者；愿一切众生皆悉堪受世间顶礼，成就慧顶，照明佛法；愿一切众生首冠十力庄严之冠，智慧宝海清净具足；愿一切众生至大地顶，得一切智，究竟十力，破欲界顶诸魔眷属；愿诸众生得成第一无上顶王，获一切智光明之顶，无能映夺。是为菩萨摩诃萨施宝冠时善根回向，为令众生得第一智最清净处智慧摩尼妙宝冠故。

"佛子！菩萨摩诃萨见有众生处在牢狱黑暗之处，杻械枷锁检系其身，起坐不安，众苦竞集，无有亲识，无归无救，裸露饥羸，酸剧难忍。菩萨见已，舍其所有一切财宝、妻子、眷属，及以自身，于牢狱中救彼众生，如大悲菩萨、妙眼王菩萨。既救度已，随其所须，普皆给施，除其苦患，令得安隐，然后施以无上法宝，令舍放逸，安住善根，于佛教中，心无退转。

"佛子！菩萨摩诃萨于牢狱中救众生时，以诸善根如是回向，所谓愿一切众生究竟解脱贪爱缠缚；愿一切众生断生死流，升智慧岸；愿一切众生除灭愚痴，生长智慧，解脱一切烦恼缠缚；愿一切众生灭三界缚，得一切智，究竟出离；愿一切众生永断一切烦恼结缚，到无烦恼、无障碍地智慧彼岸；愿一切众生离诸动念、思惟、分别，入于平等不动智地；愿一切众生脱诸欲缚，永离世间一切贪欲，于三界中无所染著；愿一切众生得胜志乐，常蒙诸佛为说法门；愿一切众生得无著、无缚解脱心，广大如法界，究竟如虚空；愿一切众生得菩萨神通，一切世界调伏众生，令离世间，住于大乘。是为菩萨摩诃萨救度牢狱苦众生时善根回向，为令众生普入如来智慧地故。

"佛子！菩萨摩诃萨见有狱囚五处被缚，受诸苦毒，防卫驱逼，将之死地，欲断其命，舍阎浮提一切乐具，亲戚、朋友悉将永诀，置高砧上以刀屠割，或用木枪竖贯其体，衣缠油沃以火焚烧，如是等苦，种种逼迫。菩萨见已，自舍其身而代受之。如阿逸多菩萨、殊胜行王菩萨，及余无量诸大菩萨，为众生故，自舍身命，受诸苦毒。菩萨尔时语主者言：'我愿舍身以代彼命，如此等苦，可以与我，如治彼人，随意皆作，设过彼苦阿僧祇倍，我亦当受，令其解脱。我若见彼将被杀害，不舍身命救赎其苦，则不名为住菩萨心。何以故？我为救护一切众生，发一切智菩提心故。'佛子！菩萨摩诃萨自舍身命救众生时，以诸善根如是回向，所谓❷愿一切众生得无断尽究竟身命，永离一切灾横逼恼；愿一切众生依诸佛住，受一切智，具足十力，菩提记别；愿一切众生普救含识，令无怖畏，永出恶道；愿一切众生得一切命，入于不死智慧境界；愿一切众生永离怨敌，无诸厄难，常为诸佛、善友所摄；愿一切众生舍离一切刀剑兵仗、诸恶苦具，修行种种清净善业；愿一切众生离诸怖畏，菩提树下摧伏魔军；愿一切众生离大众怖，于无上法心净无畏，能为最上大师子吼；愿一切众生得无障碍师子智慧，于诸世间修行正业；愿一切众生到无畏处，常念救护诸苦众生。是为菩萨摩诃萨自舍身命救彼临刑诸狱囚时善根回向，为令众生离生死苦，得于如来上妙乐故。"

注释

❶ "慢幢"，大正本原作"幢幡"，今依明本改之。

❷ "谓"，大正本原作"为"，今依前后文意改之。

【白话语译】

"佛子啊！菩萨摩诃萨用各种珍宝庄严的车子，布施给诸佛、诸菩萨、师长、善友、声闻、缘觉等无量的福田，乃至于布施给贫穷、孤独的人。这些大众，有些是从远方而来，有些是从附近前来，有些是听闻菩萨的名声而来，有些是因为菩萨的因缘而来，有些是听闻菩萨往昔所发的布施愿力而来，有些则是依着菩萨的心愿请来而来。

"他们来的时候，菩萨或是布施宝车，或是布施金车；这些车子十分美妙庄严，有铃子所结成的网盖覆在车上，有珍宝织成的穗带沿着车厢垂下。菩萨或是布施无上美妙的琉璃车，车上饰以种种无量的珍奇。菩萨或是布施白银的车子，这车是用金网盖覆车身，以骏马牵曳。菩萨或是布施无量杂宝庄严的车子，车上覆盖宝网，用香象牵曳。

"菩萨或是布施栴檀木车，这车用妙宝当车轮，用杂宝作成车盖，车上的师子宝座敷设安置得十分庄严妙好，并且有百千位婇女列坐车上服侍，而前方则有十万名强壮勇士拉着子车前行。菩萨或是布施玻璃宝车，车上以各类杂妙宝物的饰物庄严，其中并有许多端正贤淑的仕女，车上的宝帐则盖覆在上方，车旁则有幢幡侍立两侧。菩萨或是布施玛瑙藏宝车，车上饰有各种宝物，熏着各种香末，并有种种微妙香华散布庄严宝车之中；而车上更有百千位婇女，她们手上虽然持着珍宝璎珞，但是却都熟练地驾驭车子，遇到险路也能安然平稳地通过。

"菩萨或是布施坚固的香车，众宝做成的车轮十分庄严巨丽，这车有宝帐盖覆其上，宝网也从车厢庄严地垂下，车内更敷设铺布种种的宝衣；还有清净好香流布到车外，这种香味十分悦可人心；还有无量的诸天大众跟从随行；车上更载有各种珍宝，这是准备随时布施大众的。菩萨或是布施光明的宝车，车上有各类珍宝，这些宝物美妙的颜色相互映彻，而各种的妙宝网罗也盖覆车上，杂宝璎珞更沿着车身周匝围绕垂下，车上更不时熏烧末香，车体内外因此十分芬芳洁净，令人喜爱的男众与女众都同时载在车上。

"佛子啊！菩萨摩诃萨用这些妙宝车布施佛陀时，将这些善根如此回向：'愿众生能够完全了解供养最上福田的意义，深深信仰并布施佛陀，这将会使他们证得无量的善报。愿众生能够一心向佛，时常得遇无量的清净福田。愿众生供养诸佛如来毫无吝惜，具足成就广大施舍的心量。愿众生对于诸佛所行的布施，能远离二乘的微小愿力，真正得证如来无碍解脱的一切智慧。愿众生能完全了解诸佛所行的无量布施，证入佛陀的无量功德智慧。愿众生证入佛陀殊胜的智慧，得证清净无上的智王。愿众生得证佛陀遍至一切处的无碍神通，心中想要到什么地方，都能自在前往。愿众生深入大乘，证得无量的智慧，并在无量智中安住不动。愿众生都能出生一切智慧的妙法，成为天人之中的最上福田。愿众生毫不嫌恨诸佛，只是精勤地种植善根，乐于求证佛陀的智慧。愿众生能够任运无碍的前往一切佛刹，在一刹那中，能够周游所有法界毫不懈倦。愿众生能够得证菩萨的自在神通，用分身遍往等同虚空法界的诸佛净土，亲近供养佛陀。愿众生证得无比殊胜的身体，能够遍往十方世界毫无倦怠。愿众生证得到广大的身体，飞行迅速快疾，能随着心意自在前往，始终不会懈怠退转。愿众生得证佛陀究竟任何处所的自在威力，在一刹那中穷尽虚空界，示现诸佛的神通变化。愿众生修习安乐净行，随顺各类的菩萨道。愿众生得证快速飞行，究竟圆满佛陀十力的智慧神通。愿众生普遍深入法界十方国土，穷尽法界的边际，了知法界实在平等没有差别。愿众生修习普贤愿行，丝毫不退转，以到达涅槃彼岸，成就一切智慧。愿众生乘着无比智慧的车乘，随顺法性自在，彻见真如实理。'

"以上是菩萨摩诃萨用众宝车布施现在一切诸佛，以及布施佛灭度后所有塔庙的善根回向。这都是为了使众生得证诸佛如来究竟出离于无碍乘。

"佛子啊！菩萨摩诃萨以各种宝车布施菩萨等善知识时，将这些所得善根如此回向：'愿众生时常忆念总持善知识的教诲，专心精勤地守护教法，毫不忘失。愿众生与善知识同等齐一地了悟义理利益，普遍摄持一切及与善知识相同的善根。愿众生亲近善知识，并尊重供养善知识，只要能

悦可善知识的心，自己所有的一切都可放弃。愿众生心志向善，与善友常
相左右，须臾不离。愿众生能够时常遇到各类善知识，专心一意地承事奉
养，且不违背善知识的教诲。愿众生欣乐于善知识，时常与善知识一起相
处，不舍离、不间断、不杂乱，也没有任何的错失。愿众生能用身体布施
善知识，毫不违逆善知识的教诲命令。愿众生能够为善知识所摄受，修习
给人欢喜的心，远离一切的过恶。愿众生跟随善知识听闻诸佛所说的正法。
愿众生与善知识生起相等的善根及清净的业力果报，与诸菩萨同证究竟十
力的修行愿力。愿众生能够完全受持善知识的教法，得证一切的三昧境界
与智慧神通。愿众生能够受持一切的正法，修习所有的菩萨行，以早日到
达涅槃的彼岸。愿众生乘着大乘的教法，能够无碍地成就一切智慧大道。
愿众生能坐上一切智慧的车乘，到达安稳的处所，没有退转。愿众生了知
如实修行的法要，能够随着他所听闻的佛法，证得究竟圆满，永远不会忘
失。愿众生能为诸佛摄受，得证无碍的智慧，圆满一切的佛法。愿众生得
证无退失的自在神通，想要到达何方都能自在前往，能在一念当中到达一
切地方。愿众生往来自在，能够普遍教化导引众生，使众生安住大乘法中
永无退转。愿众生的所作所为都不空过，能坐上智慧的车乘而到达究竟的
佛位。愿众生得到无碍的车乘，用无碍的智慧到达一切处所。'

"以上是菩萨摩诃萨用种种车乘布施善知时的善根回向。这都是为了
使众生功德具足，能够与诸佛菩萨同等无异。

"佛子啊！菩萨摩诃萨以各种宝车布施僧时，生起学习一切布施的心、
智慧善巧了知的心、清净功德的心、随顺施舍的心、僧宝难遇的心、深信
僧宝的心、摄持正教的心。他安住在殊胜的喜乐之中，生起了未曾有的喜
悦，特别举办盛大的布施大会，因而出生无量广大的功德。这使他更加深
信佛陀的教法是不可沮坏，因此将这些善根如是回向：'愿众生普入于佛
法，忆念总持不忘。愿众生逺离凡夫愚昧之法，证入贤圣的境界。愿众生
迅速证入圣位，能用佛法次第开示诱导众生。愿众生为举世所尊崇，所说
所言必守信用。愿众生善于趣入一切平等诸法，了知法界无二无别的自性。
愿众生能够从如来的智慧境界出生，为各种调顺的人所围绕爱护。愿众生

安住离染法，灭除一切烦恼尘垢。愿众生成就无上的僧宝，远离凡夫的境界，成为贤圣众。愿众生精勤修习善法，得证无碍的智慧，具足圣者的功德。愿众生得到智慧无边的心量，不执着于三世，在大众中如国王般自在。愿众生乘着智慧的车乘，转动正法的法轮。愿众生具足大神通，能在一念之间前往不可说不可说的世界。愿众生了知身如虚空，在所有的世间当中广行智慧无碍。愿众生普遍趣入虚空法界诸佛集会，成就无比的波罗蜜胜行。愿众生得证自在轻举的殊胜智慧，遍入一切的佛刹。愿众生获得无边际的善巧神足通，普遍示现身相于所有佛刹。愿众生得到无所依止的妙身，能用神通力量如幻影般普遍示现。愿众生得到不可思议的自在神力，能随着种种因缘立即现身，教化调伏众生。愿众生得到入于法界的无碍方便，在一念之间遍游十方国土。'

"以上是菩萨摩诃萨用宝车布施僧众时，所发起的善根回向。这都是为了使众生普遍乘着清净无上的智慧乘，在世间转动智慧法轮。

"佛子啊！菩萨摩诃萨以众宝车布施声闻、独觉时，生起种种的心：福田的心、尊敬的心、功德海的心、能出生功德智慧的心、从如来功德势力所出生的心、百千亿那由他劫修习的心、能于不可说劫修习菩萨行的心、解脱一切诸魔系缚的心、摧灭魔军大众的心、慧光照了无上法的心。而将布施宝车的所有善根如此回向：'愿众生成为世间所信仰的第一福田，具足无上的布施波罗蜜。愿众生远离无益的言语，乐于独处冥思，心中无有二念。愿众生成就最上的清净福田，摄受所有众生，使他们都能修习福德志业。愿众生成为智慧的宝渊，能够施与众生无量无数的善根果报。愿众生安住无碍行中，能够圆满具足至上的福田。愿众生能安住无诤法中，了知一切法都是无所造作的，并且以无自性为性。愿众生能够时常亲近最上福田，具足修成无量福德的善根。愿众生能够示现无量的神通自在，用清净的福田摄受所有有情众生。愿众生具足无量的功德福田，能够施与众生如来十力与第一乘果报。愿众生成为能辨别一切果报的真实福田，成就一切智慧，聚集无尽福报。愿众生得到灭罪的法门，受持前所未闻的佛法句义。愿众生时常精勤听闻信受佛法，并且了解所闻之法，没有丝毫空过。愿众生听闻佛法都能通达究竟，并且可以将听闻的佛法，自在随顺地演说。愿众生信解修行如来的教诲，舍离九十六种外道❶的邪见。愿众生能够时常面见贤圣，增长一切殊胜的善根。愿众生乐于亲信有智之士，能与所有的圣哲同止共欢。愿众生听闻佛陀的名号都功不唐捐，凡曾听闻的佛号，都能亲眼面见。愿众生善于分别诸佛的正确教法，能够守护受持佛法的人。愿众生时常乐于听闻佛法，并且信受总持读诵，能够对大众开示讲解。愿众生信解佛陀教诲的如实功德，愿意舍弃自己所有的一切来供养诸佛。'

"以上是菩萨摩诃萨用种种宝车布施声闻、独觉时，所生起的善根回向。这都是为了使众生成就第一智慧神通，并且精进修行不懈，获得一切智慧，以及佛陀的十力、四无畏。

"佛子啊！菩萨摩诃萨以众宝车布施各种福田众生，乃至于布施贫穷与孤独者时，无不随顺所求完全施舍，内心欢喜，丝毫不觉厌烦。他还向前来乞求布施的人忏悔自责：'我应当前去你住的地方供给你的需要，而不应该麻烦你从远方前来，让你身心疲劳困顿。'说完之后，就向乞都跪拜，问讯❷他的起居生活是否安适，凡他所需求的无不布施给予。

"菩萨有时布施摩尼宝车，宝车上载满了阎浮提第一女宝。或是布施黄金庄严的宝车，其中有人间的女宝充满其上。或是布施妙琉璃车，车上有许多内宫中的宫女。或是布施种种奇妙宝车，其中有许多童女充满其上，这些童女宛如天上的婇女。或是布施无数的宝庄严车，车上有宝女充满其中，这些宝女都非常温柔聪明，具足辩才智慧。或是布施他所乘坐的妙栴檀车，或是布施玻璃宝车，每种车乘都载满宝女，这些宝女的容颜端正，美貌非凡，身上穿的礼服十分庄严，见到的人无不欣乐喜悦。或是布施玛瑙宝车，车上载着灌顶法王子。或是布施坚固的香车，车上载有无数的男女。或是布施一切宝所庄严车，车上载有难以割舍的亲戚眷属。

"佛子啊！菩萨摩诃萨用这些无量的宝车，随顺众生的需求，无不恭敬地布施给予，使乞者心中欢喜满足。菩萨并将这些善根如此回向：'愿众生乘着不退转无障碍法轮的广大车乘，到达不可思议的菩提树下。愿众生乘坐具足清净因缘的大智慧宝乘，穷尽未来劫的时间，修习菩萨行永不退转。愿众生乘坐一切法无所有的宝乘，永远离开一切分别与执着，时常修习一切智慧大道。愿众生乘坐无谄媚欺诳的正直宝乘，自在无碍地前往诸佛刹土。愿众生随顺安住一切智的宝乘，用各种佛法共相娱乐。愿众生乘坐菩萨的清净行宝乘，具足菩萨的十种出离要道❸以及三昧禅乐。愿众生乘坐四轮宝乘，这四轮就是住在良好的国土、依止善知识、集聚殊胜福德、发起广大誓愿，能以这四轮圆满一切菩萨的清净梵行。愿众生得证普照十方法的光明宝乘，修学诸佛如来的智慧力。愿众生乘坐佛法的宝乘，到达一切法的究竟彼岸。愿众生乘坐载满福德善根的难得法乘，普遍示现十方世界的安稳正道。愿众生乘坐广大布施的宝乘，舍弃所有吝啬的习气。愿众生乘坐清净戒律的宝乘，总持等同法界的无边清净戒律。愿众生乘坐忍辱的宝乘，常能远离嗔怒混浊的心念。愿众生乘坐大精进的不退转乘，坚定修持殊胜的菩萨行，趣向菩提大道。愿众生乘坐禅定的宝乘，迅速到达佛陀演法的道场，证得菩提智慧。愿众生乘坐智慧善巧方便的宝乘，能用化身充满一切法界与诸佛境土。愿众生乘坐法王的宝乘，成就佛陀的四无所畏，能常普遍惠施一切智慧大法。愿众生乘坐无所着的智慧宝乘，能够遍入十方世界，对真如法性毫不动摇。愿众生乘坐一切诸佛的法乘，于十方刹土示现受生，毫不坏失大乘菩萨道。愿众生乘坐一切智慧的最上宝乘，满足普贤菩萨的行愿而不厌倦。'

"以上是菩萨用众宝车布施各种福田众生，乃至于布施贫穷、孤独者的善根回向。这都是为了使众生具备无量智慧，心中欢喜踊跃，究竟得证一切智乘。

"佛子啊！菩萨摩诃萨或布施象宝。这象宝的性情十分柔顺温驯，七支完全具足。它的年齿刚好是最盛壮的时期，具足清净六牙。红赤色的嘴如莲华的颜色一般妙好。全身十分鲜白，如雪山清净。它的上方饰有金幢，有宝网绫罗裹覆着身体，并有各种妙宝庄严鼻子，使看见的人欣赏品评无有厌足。它身强体健，虽然行走万里，也不会疲倦。

"菩萨或是布施训练有素的马宝。这马宝具足如天马的诸相，有妙宝月轮为光饰，真金铃网罗覆身上。这马宝行步平正，使乘坐的人无不安稳。

它能随顺乘者的心意，迅速到达所要前往的处所，因此可使乘者自在无碍地游历四大部洲。

"菩萨用这象宝与马宝，或是奉养父母及善知识，或是布施贫乏、苦恼的众生。布施的时候，他的心中旷然大度，不曾悔恨吝啬；他只是倍增欣庆，益加悲悯众生，更加勤修菩萨的德行，清净菩萨的心念。菩萨并将这些善根如此回向：'愿众生安住调顺的车乘，增长一切菩萨的功德。愿众生获得善巧的宝乘，能够随意出生一切佛法。愿众生得证信解的宝乘，普照如来无碍的智力。愿众生得证发趣的宝乘，能够发起一切大愿。愿众生具足平等的波罗蜜乘，圆满一切平等善根。愿众生成就宝乘，出生各种无上智慧的宝藏。愿众生成就菩萨行的庄严乘，开出各种三昧宝华。愿众生得到无边速疾的车乘，在无数劫中清净菩萨心，精勤思惟而了达一切佛法。愿众生成就最殊胜调顺的大乘，善巧方便地具足菩萨地。愿众生成就最高广坚固的大乘，广为运载众生，使他们都能得证一切智慧。'

"以上是菩萨摩诃萨布施象宝、马宝时的善根回向。这都是为了使众生乘坐无碍的智慧宝乘，圆满地究竟到达佛乘。

"佛子啊！菩萨摩诃萨也布施宝座，或是布施自己坐的师子宝座。这个师子宝座十分高大、宽广、特殊、妙好，宝座的四足为琉璃所成，整座宝座更是由黄金缕成，有柔软的衣服敷覆座上。座旁建有宝幢，熏烧各种妙香，有无量杂宝庄严具作严整的校饰。金网覆盖座上，当微风轻拂时，宝铎便发出美妙的音声。宝座的四周更填饰着难以计数的奇珍异宝，所有的臣民莫不瞻仰赞叹。已受灌顶的大王独坐宝座，宣布正法教化人民，使万邦共同遵奉。

"灌顶大王更用微妙的珍宝庄严自身，这些珍宝就是普光明宝、帝青宝、大帝青宝、胜藏摩尼宝。这些珍宝明净如日光、清凉如月色，犹如众星一般繁布四周，显现无上的胜妙庄严，实在是第一无比。而海中殊胜的妙宝，海中坚固的幢宝，有着奇文异表，种种的庄严，在大众中更显尊贵殊胜。灌顶大王头上的宝冠是用阎浮檀金离垢宝缯做成的，他虽享有灌顶大王的宝位，统治阎浮提洲，具足无量的威德，但他以慈悲降伏各种怨敌，所以他教化所行之处，没有不承命顺从的。

"这时，转轮王以如此等百千万亿无量无数的宝庄严座，布施给第一福田的如来，以及诸菩萨、真善知识、贤圣僧宝、说法师长、父母、宗亲、声闻、独觉，以及发心趣向菩萨乘的人，或是如来的塔庙，乃至于一切贫穷、孤露的人，无不随其所求，完全布施给予。他将这些善根如此回向：'愿众生安坐菩提座上，能够觉悟诸佛正法。愿众生处在自在宝座，证得法的自在，各种的金刚山都不能毁坏他，而他却能够摧伏一切魔军。愿众生得到佛自在的师子宝座，为无央数大众所共同瞻仰。愿众生得到不可说不可说种种殊胜妙宝庄严的宝座，能够于法得大自在，并且教化导引大众生。愿众生得到三种世间最殊胜的宝座，并且用广大无尽的善根庄严校饰宝座。愿众生得到周遍不可说不可说世界的宝座，用阿僧祇劫的时间都赞叹不尽。愿众生证得广大深密福德的宝座，身形充满一切法界。愿众生证得不可思议种种宝的宝座，对本愿所忆念的众生，能够广大开示一切法的布施。愿众生证得善巧微妙的宝座，示现不可说的诸佛神通。愿众生证得一切的宝座、一切香座、一切华座、一切衣座、一切鬘座、一切摩尼座、一切琉璃座，如是等不可思议的种种宝座、无量不可说世界的宝座、一切世间庄严清净的宝座、一切的金刚座，这些能示现如来的威德自在以及成就最正觉的宝座。'

"以上是菩萨摩诃萨布施宝座时的善根回向。这都是为了使众生获得远离世间的大菩提座，愿众生自然觉悟一切佛法。

"佛子啊！菩萨摩诃萨或布施宝盖。这座宝盖殊胜特异，通常只有最尊贵的人才能拥有，是以种种的大珍宝庄严，在百千亿那由他种的妙宝盖当中最为第一。有众宝做成的竿子，妙网覆盖其上，而宝绳金铃更从四周垂布而下。更有摩尼璎珞次第悬布空中，微风拂掠时，发出和谐悦人的音声。各种珠玉宝藏充满了这座宝盖，无量的奇珍都用来庄严妙饰。栴檀、沉水的妙香普遍熏烧，阎浮檀金的光明也清净普照。

"如此无量百千亿那由他阿僧祇众妙宝物，具足庄严着宝盖。菩萨将这座宝盖以清净心布施佛陀，以及佛陀灭度之后的所有塔庙。或是为了法要，而布施菩萨众、善知识以及闻名的法师。或是布施父母，或是施僧宝，或是布施一切佛法，或是布施各种众生福田，或是布施师父、僧众以及尊宿长老，或是布施初发菩提心的人，乃至于一切贫穷、孤独的人；只要是有所求的人，他都完全布施给予。他并将这些善根如此回向：'愿众生勤修善根盖覆自己的身体，并时常为诸佛所庇荫护佑。愿众生用功德智慧作为自身的宝盖，不再受世间所有的烦恼扰乱。愿众生用善法覆盖，除灭世间的尘垢与热恼。愿众生得到智慧的宝藏，使见闻之人莫不欣喜。愿众生以寂静的一切善法覆荫自己，证得究竟不坏的佛法。愿众生善于覆盖自己的身体，究竟圆满如来的清净法身。愿众生证得周遍的宝盖，以佛陀的十力智慧遍覆世间。愿众生证得微妙智慧，超出三界无所染着。愿众生得到应供的宝盖，成为殊胜的福田，广受一切人天供养。愿众生得到最上的宝盖，成就无上的智慧，自然能够觉悟。'

"以上是菩萨摩诃萨布施宝盖时的善根回向。

"这都是为了使一切众生得到自在的宝盖，总持各种善法；又为了使一切众生能用宝盖，普遍覆盖虚空法界一切刹土，以示现诸佛的自在神通了无退转；又为了使一切众生能用宝盖，庄严十方世界以供养诸佛；又为了使众生用微妙的幢幡，以及各种的宝盖，供养一切诸佛如来；又为了使众生证得普遍庄严的宝盖，毫无遗漏的遍覆诸佛国土；又为了使众生得到广大的宝盖，普遍覆盖众生，使他们对佛陀心生信解；又为了使众生用不可说的各种微妙宝盖供养佛陀，并如此供养不可说数的佛陀；又为了使众生得到诸佛菩提高大宽广的宝盖，普遍覆盖诸佛如来；又为了使众生得到一切摩尼宝庄严盖、一切宝璎珞庄严盖、一切坚固香庄严盖、种种宝清净庄严盖、无量宝清净庄严盖、广大宝清净庄严盖等种种的宝盖，盖上有宝网弥覆，从四方垂下的宝铃，随着微风的吹动，无时不发出悦耳动人的声音，并且覆盖所有法界、虚空界、一切世界的诸佛身体；又为了使一切众生证得无障无碍的智慧庄严盖，普遍覆盖一切的诸佛如来。

"又为了使众生得证第一无上的智慧；又为了使众生得证佛陀的功德庄严；又为了使众生对佛陀的功德，心生清净的欲愿；又为了使众生心灵自在无量无边；又为了使众生满足诸法的自在智慧；又为了使众生用各种善根普遍覆盖一切；又为了使众生成就最殊胜的智慧盖；又为了使众生成就佛陀十力的普遍宝盖；又为了使众生能用宝盖，弥覆法界的诸佛刹土；又为了使众生能悠游诸法成为法王；又为了使众生得证广大威德的自在心；又为了使众生得证广大智慧，恒无断绝；又为了使众生证得无量功德，以此功德普遍覆满一切，使一切究竟；又是为了使众生用各种功德覆盖自己的心念；又为了使众生平等覆盖众生；又为了使众生证得广大智慧的平等宝盖；又为了使众生具足广大回向的善巧方便；又为了使众生证得殊胜的欲乐清净心；又为了使众生意欲清净喜乐；又为了使众生能够广大回向，普遍覆满一切诸众生。

"佛子啊！菩萨摩诃萨或布施种种无上微妙的幢幡。这些幢幡用众宝做成的竿子，宝缯作幡，并用各种的杂彩为幢。幢幡上有宝网从四方垂覆，各种的光色遍满具足。微风轻微的摇动宝铎，声音节拍即互相应和。更有形状宛如半月的奇特妙宝，以及光明胜越太阳的阎浮檀金光，放置幢上。随着各个世界的业力果报，示现不同的微妙宝物，作为庄严妙饰。还有无数千万亿那由他数的各种奇妙幢幡，光影绵亘闪耀，相互辉映，周遍整个大地，充满虚空法界的诸佛国土。

"菩萨摩诃萨生起清净的信解，用如此等无量的幢幡，或是布施现在的一切诸佛以及佛陀灭度之后的所有塔庙，或是布施法宝，或是布施僧宝，或是布施菩萨、诸善知识，或是布施声闻以及辟支佛，或是布施大众，或是布施别人；凡有所求的人，无不普遍布施供给。

"菩萨将这些善根如此回向：'愿众生建立一切不可毁坏的善根福德幢幡。愿众生建立一切法的自在幢幡，互相尊重爱乐，精勤守护善法。愿众生时常用宝贵的缯布书写正法，护持诸佛菩萨的法藏。愿众生建立高大显耀的大幢，点燃智慧心灯，光照宇宙各处。愿众生建立坚固的宝幢，能够完全摧破一切魔业。愿众生建立智慧力的宝幢，一切的诸魔无法毁坏。愿众生得到广大智慧的那罗延幢，摧灭世间所有的我执幢幡。愿众生得到智慧如日的大光明幢，用智慧的大光普照法界。愿众生具足无量宝的庄严幢，

充满无尽世界以供养诸佛。愿众生得到如来的宝幢，摧灭九十六种外道的邪见。'

"以上是菩萨摩诃萨布施幢幡时的善根回向。这都是为了使一切众生得到甚深高广的菩萨行宝幢，以及所有菩萨神通行宝幢的清净大道。

"佛子啊！菩萨摩诃萨开启种种宝藏，用百千亿那由他数量的各种奇妙珍宝，布施无数众生；随顺他们的欲求完全施与，心中毫无吝惜。

"菩萨将这些善根回向：'愿众生时常见到佛宝，能够舍离愚痴，精进勤奋地修行正念。愿众生都能具足法宝的光明，护持所有诸佛法藏。愿众生能够完全含摄受持所有的僧宝，并且周遍供养永无厌足。愿众生证得一切智慧的无上心宝，能够清净菩提心永不退转。愿众生证得智慧的宝藏，能够普趣入诸法当中，心中没有任何疑惑。愿众生具足菩萨的各种功德宝藏，能演说无量诸法实相。愿众生得到无量妙功德的宝藏，修证正等正觉十力的智慧。愿众生得到微妙三昧十六智❹的宝藏，究竟圆满广大的智慧。愿众生成就第一福田的宝藏，悟入如来的无上智慧。愿众生为第一至尊的宝藏之王，能用无尽的辩才演说诸法妙义。'

"以上是菩萨摩诃萨布施各种宝藏时的善根回向。这都是为了使一切的众生都能够成就第一智慧的宝藏，以及圆满如来无碍清净法眼的宝藏。

"佛子啊！菩萨摩诃萨或是用各种微妙的庄严具普行布施，这些布施就是用一切身上的庄严具，使身体清净微妙，令人称可赞叹。菩萨摩诃萨平等观察世间的众生，就好像是看视自己唯一的孩子。为了使他们的身相清净庄严，并成就世间最上安乐与诸佛智慧大乐；他安住于佛法，利益一切众生。而用如此等百千亿那由他数的种种殊妙宝庄严具，精勤布施。

"菩萨布施的时候，将各种善根如此回向：'愿众生成就无上微妙的庄严具，用各种清净的功德智慧。庄严人间、天上的大众。愿众生证得清净庄严的妙相，用清净的福德庄严自身。愿众生成就无上微妙的庄严相，用佛陀的百福相❺来庄严自身。愿众生证得不杂乱的庄严相，用一切相庄严自身。愿众生证得善巧清净的语言庄严相，具足各种无尽辩才。愿众生成就一切功德的声音庄严相，发出无比悦人的声音，使听闻的人无不心生喜悦。愿众生证得可爱可乐的诸佛语言庄严相，凡听闻法要的人，无不欢喜勤修清净行。愿众生成就心的庄严相，能证入甚深的禅定，普遍见到诸佛如来。愿众生得到总持的庄严相，能光照一切诸佛正法。愿众生证得智慧的庄严相，用佛陀的智慧庄严自己的心念。'

"以上是菩萨摩诃萨布施一切庄严具时的善根回向。这都是为了使众生具足无量的佛法，圆满庄严功德与智慧，永远断离一切的骄慢与放逸。

"佛子啊！菩萨摩诃萨用受灌顶自在王位的摩尼宝冠，以及发髻中的明珠，普遍布施众生，心中毫无吝惜。他时常精勤修习布施的智慧，作大施主，增长施舍的善根。他智慧善巧，心量广如虚空，能够给施一切，并将这些善根如此回向：'愿众生得到各种佛法的灌顶，成就一切智。愿众生具足顶髻，得到最上的智慧，到达涅槃的彼岸。愿众生用妙智宝普遍摄受众人，使他们证得究竟功德的宝顶。愿众生成就智慧的宝顶，堪受世间所有众生的礼敬。愿众生用智慧宝冠庄严头首，成为一切法的自在之王。愿众生用智慧的明珠系在头上，没有人能够超越过他。愿众生承受世人的顶礼，成就最高智慧，光照所有的法要。愿众生的头首都戴着十力庄严的宝冠，智慧的宝海清净具足。愿众生都能到达大地的顶峰，得得一切的智慧，究竟圆满佛陀的十力，破除统领欲界的诸魔及魔眷属。愿众生成为第一无上的顶王，证得一切智慧光明的最高地位，没有人能够超越映夺。'

"以上是菩萨摩诃萨布施宝冠时的善根回向。这都是为了使众生得到第一智最清净处智慧摩尼的微妙宝冠。

"佛子啊！菩萨摩诃萨见到众生身处牢狱等黑暗的处所，看到他们身上受刑械、枷锁系缚，不能安稳活动，各种苦痛积聚逼迫，没有任何的亲朋好友，没有归宿，没有救助的人，身体裸露，饥饿赢弱，各种酸楚剧痛难以忍受。菩萨见到之后，便舍弃他所有的财宝、妻子、眷属以及自身，誓愿救度狱中的众生，就如大悲菩萨、妙眼王菩萨所行的布施。救度之后，不管众生需要什么，他都完全给予布施，除却他们的苦恼忧患，让他们都能平静安稳。然后又布施无上的法宝，使他们安住善根，不再放荡逸乐，对于佛陀的教诲，也不再生起任何退转。

"佛子啊！菩萨摩诃萨在牢狱当中救度众生时，将各种善根如此回向：'愿众生究竟解脱一切的贪爱缠缚。愿众生断绝生死之流，进升到智慧的彼岸。愿众生除灭愚痴，增长智慧，解脱一切的烦恼。愿众生消灭三界的烦恼，获得一切的智慧，能够究竟出离五浊世间。愿众生永远断除一切烦恼的缠缚，到达无烦恼、无障碍的智慧彼岸。愿众生远离各种不安定的念头与思惟分别，能够证入平等不动的智慧地中。愿众生解脱各种欲念的缠缚，永远离弃世间的一切贪欲，在三界中没有任何染污执着。愿众生获得殊胜的志向意乐，时常听闻诸佛宣说各种法门。愿众生证得无执着、无缠缚的解脱心，广大如法界，究竟如虚空。愿众生得证菩萨的神通力量，在一切世当中调伏众生，使他们远离苦浊世间，安住在妙乐的大乘法门中。'

"以上是菩萨摩诃萨救度身处牢狱的苦恼众生时，所发的善根回向。这都是为了使众生能够普入如来的智慧地。

"佛子啊！菩萨摩诃萨见到狱中，有因犯头首四肢绑缚，受到各种痛苦的伤害逼迫，在在要将他置之死地；如果他死了，那么阎浮提洲当中一切可乐的事物势必不复再见，而亲戚、朋友也要与他永远诀别。他将被安置在高砧之上为人割屠，或是用木枪贯穿身体至死，或是裹上沾油的衣服以火焚烧，这些难忍的痛苦，无时不逼迫着他。

"菩萨见到之后，誓愿舍弃自己的身体，代替众生承受这些痛苦。就好像阿逸多❻菩萨、殊胜行王菩萨，以及其余无量的诸大菩萨，为了众生的缘故，愿意舍弃自己的身体性命，接受各种痛苦毒害。

"菩萨这时告诉执事的狱官说：'我愿意舍弃身体代替他的性命，这些各式各样的痛苦可以加在我身上。就如同处置这个人一般，随你高兴想怎样处置就怎样处置。如果你对我的处置超过对他的伤害有阿僧祇倍，我也会全部承受；只要使他能解脱，不受桎梏枷锁。如果我见到他即将被处死，而不舍弃自己的身命救赎他的痛苦，就不能说是安住在菩萨心当中。为什么呢？因为我是为了救护一切众生，才发起一切智的菩提心啊！'

"佛子啊！菩萨摩诃萨舍弃自己的身命救度众生时，将所有的善根如此回向：'愿众生证得没有间断穷尽的究竟身命，永远离断种种灾难横逆的逼迫烦恼。愿众生依止诸佛安住，受一切智慧，具足佛陀十力的菩提授记。愿众生普遍救护所有的有情含识，使他们没有恐怖畏惧，永远出离恶道。愿众生成就无可断灭的金刚慧命，证入不死的智慧境界。愿众生永远断离所有的怨敌，没有任何的灾厄困难，时常为诸佛及善知识摄受。愿众生舍离一切刀剑兵杖等武器，以及各种制造恶罪、令人痛苦的器具，修行种种的清净善业。愿众生远离各种恐怖畏惧，如同世尊在菩提树下摧伏所有的魔军一般坚强。愿众生在大众当中毫不羞怯畏惧，能够自在地与大众同处，并对无上法能够心净无畏，作最上无比的大师子吼宣扬佛法。愿众生得到无障碍的师子智慧，在世间中修行正业。愿众生到达无畏的处所，时常忆念救护所有的苦恼众生。'

"以上是菩萨摩诃萨舍弃自身性命救护临刑狱囚时的善根回向。这都是写了使众生远离生死的苦恼，得证于如来的无上妙乐。"

【注释】

❶ 外道：立于佛法以外的其他说法，称之为"外道"。

❷ 问讯：合拳或叉手以询问生活起居。

❸ 十波罗蜜行因以十波罗蜜出离十种重障，故称之。

❹ 十六智：即苦法忍、苦法智、苦类忍、苦类智、集法忍、集法智、集类忍、集类智、灭法忍、灭法智、灭类忍、灭类智、道法忍、道法智、道类忍、道类智等八忍八智。以上八忍八智皆因观四圣谛而产生。

❺ 百福相：佛陀的三十二相，一一皆以百种福业为因而生，故又称为"百福相"。

❻ 阿逸多：梵语 Aita，意译作"无能胜"。

卷第二十七
十回向品第二十五之五

【原典】

"佛子！菩萨摩诃萨布施乞者连肤顶髻，如宝髻王菩萨、胜妙身菩萨，及余无量诸菩萨等。菩萨是时见乞者来，心生欢喜而语之言：'汝今若须连肤顶髻，可就我取。我此顶髻，阎浮提中最为第一。'作是语时，心无动乱，不念余业，舍离世间，志求寂静，究竟清净，精勤质直，向一切智，便执利刀割其头上连肤顶髻，右膝著地，合十指掌，一心施与。正念三世一切诸佛菩萨所行，发大欢喜，增上志乐，于诸法中意善开解，不取于苦，了知苦受无相无生，诸受互起，无有常住：'是故我应同去、来、今一切菩萨修行大舍，发深信乐，求一切智，无有退转，不由他教善知识力。'菩萨摩诃萨作是施时，以诸善根如是回向，所谓愿一切众生得无见顶，成就菩萨如塔之髻；愿一切众生得绀青发、金刚发、细软发，能灭众生一切烦恼；愿一切众生得润泽发、密致发、不侵鬓额发；愿一切众生得柔软发，尽于鬓额而生发；愿一切众生得如卍字发、螺文右旋发；愿一切众生得佛相发，永离一切烦恼结习；愿一切众生得光明发，其光普照十方世界；愿一切众生得无乱发，如如来发净妙无杂；愿一切众生得成应供顶塔之发，令其见者如见佛发；愿一切众生皆得如来无染著发，永离一切暗翳尘垢。是为菩萨摩诃萨施连肤髻时善根回向，为令众生其心寂静，皆得圆满诸陀罗尼，究竟如来一切种智、十种力故。

"佛子！菩萨摩诃萨以眼布施诸来乞者，如欢喜行菩萨、月光王菩萨，及余无量诸菩萨等所行惠施。菩萨摩诃萨布施眼时，起清净施眼心，起清净智眼心，起依止法光明心，起现观无上佛道心，发回向广大智慧心，发与三世菩萨平等舍施心，发于无碍眼起不坏净信心，于其乞者起欢喜摄受心，为究竟一切神通故，为生佛眼故，为增广大菩提心故，为修习大慈悲故，为制伏六根故，于如是法而生其心。佛子！菩萨摩诃萨布施眼时，于其乞者心生爱乐，为设施会，增长法力，舍离世间爱见放逸，除断欲缚，修习菩提，随彼所求，心安不动，不违其意，皆令满足，而常随顺无二舍行。以此善根如是回向，所谓愿一切众生得最胜眼，示导一切；愿一切众生得无碍眼，开广智藏；愿一切众生得净肉眼，光明鉴彻，无能蔽者；愿一切众生得净天眼，悉见众生生死业果；愿一切众生得净法眼，能随顺入如来境界；愿一切众生得智慧眼，舍离一切分别取著；愿一切众生具足佛眼，悉能觉悟一切诸法；愿一切众生成就普眼，尽诸境界无所障碍；愿一切众生成就清净离痴翳❶眼，了众生界空无所有；愿一切众生具足清净无障碍眼，皆得究竟如来十力。是为菩萨摩诃萨布施眼时善根回向，为令众生得一切智清净眼故。

"佛子！菩萨摩诃萨能以耳、鼻施诸乞者，如胜行王菩萨，无怨胜菩萨，及余无量诸菩萨等。布施之时，亲附乞者，专心修习诸菩萨行，具佛种性，生如来家，念诸菩萨所修施行，常勤发起诸佛菩提，清净诸根功德智慧，观察三有，无一坚固，愿常得见诸佛菩萨，随顺忆念一切佛法，知身虚妄空无所有，无所贪惜。菩萨如是施耳、鼻时，心常寂静，调伏诸根，勉❷济众生险恶诸难，生长一切智慧功德，入大施海，了达法义，具修诸道，依智慧行，得法自在，以不坚身易坚固身。佛子！菩萨摩诃萨布施耳时，以诸善根如是回向，所谓愿一切众生得无碍耳，普闻一切说法之音；愿一切众生得无障耳，悉能解了一切音声；愿一切众生得如来耳，一切聪达无所壅滞；愿一切众生得清净耳，不因耳处生分别心；愿一切众生得无聋聩耳，令蒙昧识毕竟不生；愿一切众生得遍法界耳，悉知一切诸佛法音；愿一切众生得无碍耳，开悟一切无障碍法；愿一切众生得无坏耳，善知诸论，无能坏者；愿一切众生得普闻耳，广大清净，为诸耳王；愿一切众生具足天耳，及以佛耳。是为菩萨摩诃萨布施耳时善根回向，为令众生皆悉获得清净耳故。佛子！菩萨摩诃萨布施鼻时，如是回向，所谓愿一切众生得隆直鼻，得随好鼻，得善相鼻，得可爱乐鼻，得净妙鼻，得随顺鼻，得高显鼻，得伏怨鼻，得善见鼻，得如来鼻；愿一切众生得离恚怒面，得一切法面，得无障碍面，得善见面，得随顺面，得清净面，得离过失面，得如来圆满面，得遍一切处面，得无量美好面。是为菩萨摩诃萨布施鼻时善根回向，为令众生究竟得入诸佛法故，为令众生究竟摄受诸佛法故，为令众生究竟了知诸佛法故，为令众生究竟住持诸佛法故，为令众生究竟常见诸如来故，为令众生皆悉证得佛法门故，为令众生究竟成就无能坏心故，为令众生皆能照了诸佛正法故，为令众生普悉严净诸佛国土故，为令众生皆得如来大威力身故。是为菩萨摩诃萨施耳、鼻时善根回向。

"佛子！菩萨摩诃萨安住坚固自在地中，能以牙齿施诸众生，犹如往昔华齿王菩萨、六牙象王菩萨，及余无量诸菩萨等。菩萨摩诃萨施牙齿时，其心清净，希有难得如优昙华，所谓无尽心施、大信心施、步步成就无量舍心施、调伏诸根心施、一切悉舍心施、一切智愿心施、安乐众生心施、大施、极施、胜施、最胜施、辍身要用无所嫌恨心施。菩萨尔时，以诸善根如是回向，所谓愿一切众生得铦白牙齿，成最胜塔，受天人供；愿一切众生得齐平牙齿，如佛相好，无有疏缺；愿一切众生得调伏心，善趣菩萨波罗蜜行；愿一切众生口善清净，牙齿鲜白，分明显现；愿一切众生得可忆念庄严牙齿，其口清净，无可恶相；愿一切众生牙齿成就具满四十，常出种种希有妙香；愿一切众生意善调伏，牙齿鲜洁如白莲华，文理回旋卍字成就；愿一切众生口唇鲜净，牙齿洁白，放无量光周遍照耀；愿一切众生牙齿坚利，食无完粒，无所味著，为上福田；愿一切众生于牙齿间常放光明，授诸菩萨第一记别。是为菩萨摩诃萨施牙齿时善根回向，为令众生具一切智，于诸法中智慧清净故。

"佛子！菩萨摩诃萨若有人来从乞舌时，于乞者所，以慈悲心软语、爱语，犹如往昔端正面王菩萨、不退转菩萨，及余无量诸菩萨等。佛子！

菩萨摩诃萨于诸趣中而受生时，有无量百千亿那由他众生而来乞舌。菩萨尔时，安置其人在师子座，以无恚心、无害心、无恨心、大威德心、从佛种性所生心、住于菩萨所住心、常不浊乱心、住大势力心、于身无著心、于语无著心，两膝著地，开口出舌，以示乞者，慈心软语而告之言：'我今此身，普皆属汝。可取我舌，随意所用，令汝所愿，皆得满足。'菩萨尔时，以诸善根如是回向，所谓愿一切众生得周普舌，悉能宣示诸语言法；愿一切众生得覆面舌，所言无二，皆悉真实；愿一切众生得普覆一切佛国土舌，示现诸佛自在神通；愿一切众生得软薄舌，恒受美妙清净上味；愿一切众生得辩才舌，能断一切世间疑网；愿一切众生得光明舌，能放无数万亿光明；愿一切众生得决定舌，辩说诸法无有穷尽；愿一切众生得普调伏舌，善能开示一切秘要，所有言说皆令信受；愿一切众生得普通达舌，善入一切语言大海；愿一切众生得善说一切诸法门舌，于言语智悉到彼岸。是为菩萨摩诃萨布施舌时善根回向，为令众生皆得圆满无碍智故。

"佛子！菩萨摩诃萨以头布施诸来乞者，如最胜智菩萨，及大丈夫迦尸国王等诸大菩萨所行布施。为欲成就入一切法最胜智首，为欲成就证大菩提救众生首，为欲具足见一切法最第一首，为得正见清净智首，为欲成就无障碍首，为欲证得第一地首，为求世间最胜智首，欲成三界无能见顶净智慧首，为得示现普到十方智慧王首，为欲满足一切诸法无能破坏自在之首。佛子！菩萨摩诃萨安住是法，精勤修习，则为已入诸佛种性，学佛行施，于诸佛所，生清净信，增长善根，令诸乞者，皆得喜足，其心清净，庆悦无量，心净信解，照明佛法，发菩提意，安住舍心，诸根悦豫，功德增长，生善乐欲，常好修行广大施行。菩萨尔时，以诸善根如是回向，所谓愿一切众生得如来头，得无见顶，于一切处无能映蔽，于诸佛利最为上首。其发右旋，光净润泽，卍字严饰，世所希有，具足佛首，成就智首，一切世间最第一首，为具足首，为清净首，为坐道场圆满智首。是为菩萨摩诃萨布施头时善根回向，为令众生得最胜法，成于无上大智慧故。

"佛子！菩萨摩诃萨以其手、足施诸众生，如常精进菩萨、无忧王菩萨，及余无量诸菩萨等。于诸趣中种种生处布施手、足，以信为手，起饶益行，往返周旋，勤修正法，愿得宝手以手为施，所行不空，具菩萨道，常舒其手，拟将广惠，安步游行，勇猛无怯，以净信力具精进行，除灭恶道，成就菩提。佛子！菩萨摩诃萨如是施时，以无量无边广大之心，开净法门，入诸佛海，成就施手，周给十方，愿力任持一切智道，住于究竟离垢之心，法身、智身无断无坏，一切魔业不能倾动，依善知识坚固其心，同诸菩萨修行施度。佛子！菩萨摩诃萨为诸众生求一切智施手、足时，以诸善根如是回向，所谓愿一切众生具神通力，皆得宝手，得宝手已，各相尊敬，生福田想，以种种宝更相供养。又以众宝供养诸佛，兴妙宝云遍诸佛土，令诸众生互起慈心，不相恼害，游诸佛刹，安住无畏，自然具足究竟神通。又令皆得宝手、华手、香手、衣手、盖手、华鬘手、末香手、庄严具手、无边手、无量手、普手，得是手已，以神通力常勤往诣一切佛土，能以一手遍摩一切诸佛世界，以自在手持诸众生，得妙相手，放无量光，能以一手普覆众生，成于如来手指网缦赤铜爪相。菩萨尔时，以大愿手普覆众生，愿一切众生志常乐求无上菩提，出生一切功德大海，见来乞者欢喜无厌，入佛法海同佛善根。是为菩萨摩诃萨施手、足时善根回向。

"佛子！菩萨摩诃萨坏身出血布施众生，如法业菩萨、善意王菩萨，及余无量诸菩萨等。于诸趣中施身血时，起成就一切智心，起欣仰大菩提心，起乐修菩萨行心，起不取苦受心，起乐见乞者心，起不嫌来乞心，起趣向一切菩萨道心，起守护一切菩萨舍心，起增广菩萨善施心，起不退转心、不休息心、无恋己心。以诸善根如是回向，所谓愿一切众生皆得成就法身、智身；愿一切众生得无劳倦身，犹如金刚；愿一切众生得不可坏身，无能伤害；愿一切众生得如变化身，普现世间无有尽极；愿一切众生得可爱乐身，净妙坚固；愿一切众生得法界生身，同于如来无所依止；愿一切众生得如妙宝光明之身，一切世人无能映蔽；愿一切众生得智藏海身，于不死界而得自在；愿一切众生得宝海身，见皆获益，无空过者；愿一切众生得虚空身，世间恼患无能染著。是为菩萨摩诃萨施身血时，以大乘心、清净心、广大心、欣悦心、庆幸心、欢喜心、增上心、安乐心、无浊心善根回向。

"佛子！菩萨摩诃萨见有乞求其身髓肉，欢喜软语，谓乞者言：'我身髓肉，随意取用。'如饶益菩萨、一切施王菩萨，及余无量诸菩萨等。于诸趣中种种生处，以其髓肉施乞者时，欢喜广大，施心增长，同诸菩萨修习善根，离世尘垢，得深志乐，以身普施，心无有尽，具足无量广大善根，摄受一切妙功德宝，如菩萨法受行无厌；心常爱乐布施功德，一切周给，心无有悔，审观诸法从缘无体，不贪施业及业果报；随所会遇，平等施与。佛子！菩萨摩诃萨如是施时，一切诸佛皆悉现前，想之如父得护念故；一切众生皆悉现前，普令安住清净法故；一切世界皆悉现前，严净一切❸佛国土故；一切众生皆悉现前，以大悲心普救护故；一切佛道皆悉现前，乐观如来十种力故；去、来、现在一切菩萨皆悉现前，同共圆满诸善根故；一切无畏皆悉现前，能作最上师子吼故；一切三世皆悉现前，得平等智，普观察故；一切世间皆悉现前，发广大愿，尽未来劫修菩提故；一切菩萨无疲厌行皆悉现前，发无数量广大心故。佛子！菩萨摩诃萨施髓肉时，以此善根如是回向，所谓愿一切众生得金刚身，不可沮坏；愿一切众生得坚密身，恒无缺减；愿一切众生得意生身，犹如佛身，庄严清净；愿一切众生得百福相身，三十二相而自庄严；愿一切众生得八十种好妙庄严身，具足十力，不可断坏；愿一切众生得如来身，究竟清净，不可限量；愿一切众生得坚固身，一切魔怨所不能坏；愿一切众生得一相身，与三世佛同一身相；愿一切众生得无碍身，以净法身遍虚空界；愿一切众生得菩提藏身，普能容纳一切世间。是为菩萨摩诃萨求一切智施髓肉时善根回向，为令众生皆得如来究竟清净无量身故。

"佛子！菩萨摩诃萨以心布施诸来乞者，如无悔厌菩萨、无碍王菩萨，及余无量诸大菩萨。以其自心施乞者时，学自在施心，修一切施心，习行檀波罗蜜心，成就檀波罗蜜心，学一切菩萨布施心、一切悉舍无尽心、一切悉施惯习心、荷负一切菩萨施行心、正念一切诸佛现前心、供养一切诸来乞者无断绝心。菩萨摩诃萨如是施时，其心清净，为度一切诸众生故，为得十力菩提处故，为依大愿而修行故，为欲安住菩萨道故，为欲成就一切智故，为不舍离本誓愿故。以诸善根如是回向，所谓愿一切众生得金刚藏心，一切金刚围山等所不能坏；愿一切众生得卍相庄严金刚界心，得无能动摇心，得不可恐怖心，得利益世间常无尽心，得大勇猛幢智慧藏心，得如那罗延坚固幢心，得如众生海不可尽心，得那罗延藏无能坏心，得灭诸魔业、魔军众心，得无所畏心，得大威德心，得常精进心，得大勇猛心，得不惊惧心，得被金刚甲胄心，得诸菩萨最上心，得成就佛法菩提光明心，得菩提树下坐安住一切诸佛正法离诸迷惑成一切智心，得成就十力心。是为菩萨摩诃萨布施心时善根回向，为令众生不染世间，具足如来十力心故。

"佛子！菩萨摩诃萨若有乞求肠、肾、肝、肺，悉皆施与，如善施菩萨、降魔自在王菩萨，及余无量诸大菩萨。行此施时，见乞者来，其心欢喜，以爱眼观，为求菩提，随其所须，悉皆施与，心不中悔。观察此身无有坚固：'我应施彼，取坚固身。'复念此身寻即败坏，见者生厌，狐、狼、饿狗之所啖食。此身无常，会当弃舍，为他所食，无所觉知。佛子！菩萨摩诃萨作是观时，知身无常、秽污之极，于法解悟生大欢喜，敬心谛视彼来乞者，如善知识而来护想，随所乞求无不惠施，以不坚身易坚固身。佛子！菩萨摩诃萨如是施时，所有善根悉以回向：'愿一切众生得智藏身，内外清净；愿一切众生得福藏身，能普任持一切智愿；愿一切众生得上妙身，内蕴妙香，外发光明；愿一切众生得腹不现身，上下端直，肢节相称；愿一切众生得智慧身，以佛法味充悦滋长；愿一切众生得无尽身，修习安住甚深法性；愿一切众生得陀罗尼清净藏身，以妙辩才显示诸法；愿一切众生得清净身，若身若心内外俱净；愿一切众生得如来智深观行身，智慧充满，雨大法雨；愿一切众生得内寂身，外为众生作智幢王，放大光明普照一切。'是为菩萨摩诃萨施肠、肾、肝、肺善根回向，为令众生内外清净，皆得安住无碍智故。

"佛子！菩萨摩诃萨布施乞者肢节诸骨，如法藏菩萨、光明王菩萨，及余无量诸大菩萨。施其身分肢节骨时，见乞者来，生爱乐心、欢喜心、净信心、安乐心、勇猛心、慈心、无碍心、清净心、随所乞求皆施与心。菩萨摩诃萨施身骨时，以诸善根如是回向，所谓愿一切众生得如化身，不复更受骨肉血身；愿一切众生得金刚身，不可破坏，无能胜者；愿一切众生得一切智圆满法身，于无缚、无著、无系界生；愿一切众生得智力身，诸根圆满，不断不坏；愿一切众生得法力身，智力自在，到于彼岸；愿一切众生得坚固身，其身真实，常无散坏；愿一切众生得随应身，教化调伏一切众生；愿一切众生得智熏身，具那罗延肢节大力；愿一切众生得坚固相续不断绝身，永离一切疲极劳倦；愿一切众生得大力安住身，悉能具足精进大力；愿一切众生得遍世间平等法身，住于无量最上智处；愿一切众生得福德力身，见者蒙益，远离众恶；愿一切众生得无依处身，皆得具足无依著智；愿一切众生得佛摄受身，常为一切诸佛加护；愿一切众生得普饶益诸众生身，悉能遍入一切诸道；愿一切众生得普现身，普能照现一切佛法；愿一切众生得具足精进身，专念勤修大乘智行；愿一切众生得离我慢贡高清净身，智常安住，无所动乱；愿一切众生得坚固行身，成就大乘一切智业；愿一切众生得佛家身，永离世间一切生死。是为菩萨摩诃萨施身骨时善根回向，为令众生得一切智永清净故。

"佛子！菩萨摩诃萨见有人来，手执利刀，乞其身皮，心生欢喜，诸根悦豫。譬如有人惠以重恩，逢迎引纳，敷座令坐，曲躬恭敬而作是念：'此来乞者甚为难遇，斯欲满我一切智愿，故来求索饶益于我。'欢喜和颜而语之言：'我今此身一切皆舍，所须皮者，随意取用。'犹如往昔清净藏菩萨、金胁鹿王菩萨，及余无量诸大菩萨，等无有异。菩萨尔时，以诸善根如是回向，所谓愿一切众生得微细皮，犹如如来色相清净，见者无厌；愿一切众生得不坏皮，犹如金刚，无能坏者；愿一切众生得金色皮，如阎浮檀上妙真金，清净明洁；愿一切众生得无量色皮，随其心乐，现清净色；愿一切众生得净妙色皮，具足沙门善软清净如来色相；愿一切众生得第一色皮，自性清净，色相无比；愿一切众生成就如来清净色皮，以诸相好而自庄严；愿一切众生得妙色皮，放大光明普照一切；愿一切众生得明网皮，如世高幢，放不可说圆满光明；愿一切众生得润泽色皮，一切色相悉皆清净。是为菩萨摩诃萨施身皮时善根回向，为令众生皆得一切严净佛刹，具足如来大功德故。

"佛子！菩萨摩诃萨以手足指施诸乞者，如坚精进菩萨、阎浮提自在王菩萨，及余无量诸大菩萨。菩萨尔时，颜貌和悦，其心安善，无有颠倒，乘于大乘，不求美欲，不尚名闻，但发菩萨广大之意，远离悭嫉一切诸垢，专向如来无上妙法。佛子！菩萨摩诃萨如是施时，摄诸善根，悉以回向：'愿一切众生得纤长指，与佛无异；愿一切众生得腑圆指，上下相称；愿一切众生得赤铜甲指，其甲隆起，清净鉴彻；愿一切众生得一切智胜丈夫指，悉能摄持一切诸法；愿一切众生得随好指，具足十力；愿一切众生得大人指，纤腑齐等；愿一切众生得轮相指，指节圆满，文相右旋；愿一切众生得如莲华卍字旋指，十力业报，相好庄严；愿一切众生得光藏指，放大光明，照不可说诸佛世界；愿一切众生得善安布指，善巧分布，网缦具足。'是为菩萨摩诃萨布施指时❹善根回向，为令众生一切皆得心清净故。

"佛子！菩萨摩诃萨请求法时，若有人言：'汝能施我连肉爪甲，当与汝法。'菩萨答言：'但与我法，连肉爪甲，随意取用。'如求法自在王菩萨、无尽菩萨，及余无量诸大菩萨，为求法故，欲以正法，开示演说，饶益众生，一切皆令得满足故，舍连肉爪甲与诸乞者。菩萨尔时，以此善根如是回向，所谓愿一切众生皆得诸佛赤铜相爪；愿一切众生得润泽爪，随好庄严；愿一切众生得光净爪，鉴彻第一；愿一切众生得一切智爪，具大人相；愿一切众生得无比爪，于诸世间无所染著；愿一切众生得妙庄严爪，光明普照一切世间；愿一切众生得不坏爪，清净无缺；愿一切众生得入一切佛法方便相爪，广大智慧皆悉清净；愿一切众生得善生爪，菩萨业果无不净妙；愿一切众生得一切智大导师爪，放无量色妙光明藏。是为菩萨摩诃萨为求法故施连肉爪甲时善根回向，为令众生具足诸佛一切智爪无碍力故。

"佛子！菩萨摩诃萨求佛法藏，恭敬尊重，生难得想。有能说者来语之言：'若能投身七仞火坑❺，当施汝法。'菩萨闻已，欢喜踊跃，作是思惟：'我为法故，尚应久住阿鼻狱等一切恶趣，受无量苦，何况才入人间火坑即得闻法？奇哉！正法甚为易得，不受地狱无量楚毒，但入火坑 *即便得闻。但为我说，我入火坑。'如求善法王菩萨、金刚思惟菩萨，为求法故，入火坑中。菩萨尔时，以此善根如是回向，所谓愿一切众生住佛所住一切智法，永不退转无上菩提；愿一切众生离诸险难，受佛安乐；愿一切众生得无畏心，离诸恐怖；愿一切众生常乐求法，具足喜乐，众法庄严；愿一切众生离诸恶趣，灭除一切三毒炽火；愿一切众生常得安乐，具足如来胜妙乐事；愿一切众生得菩萨心，永离一切贪、恚、痴火；愿一切众生悉得菩萨诸三昧乐，普见诸佛，心大欢喜；愿一切众生善说正法，于法究竟，常无忘失；愿一切众生具足菩萨神通妙乐，究竟安住一切种智。是为菩萨摩诃萨为求正法投火坑时善根回向，为令众生离障碍业，皆得具足智慧火故。

"佛子！菩萨摩诃萨为求正法，分别演说，开菩萨道，示菩提路，趣无上智，勤修十力，广示一切智心，获无碍智法，令众生清净，住菩萨境界，勤修大智护佛菩提时，以身具受无量苦恼，如求善法菩萨、勇猛王菩萨，及余无量诸大菩萨。为求法故，受无量苦，乃至摄取诽谤正法、恶业所覆、魔业所持极大恶人，彼所应受一切苦恼，以求法故，悉皆为受。以此善根如是回向，所谓愿一切众生永离一切苦恼逼迫，成就安乐自在神通；愿一切众生永离诸苦，得一切乐；愿一切众生永灭苦蕴，得照现身，恒受安乐；愿一切众生超出苦狱，成就智行；愿一切众生见安隐道，离诸恶趣；愿一切众生得法喜乐，永断众苦；愿一切众生永拔众苦，互相慈爱，无损害心；愿一切众生得诸佛乐，离生死苦；愿一切众生成就清净无比安乐，一切苦恼无能损害；愿一切众生得一切胜乐，究竟具足佛无碍乐。是为菩萨摩诃萨为求法故受众苦时善根回向，为欲救护一切众生，令离险难，住一切智无所障碍解脱处故。

"佛子！菩萨摩诃萨处于王位求正法时，乃至但为一文、一字、一句、一义生难得想，能悉罄舍海内所有，若近若远国土、城邑、人民、库藏、园池、屋宅、树林、华果，乃至一切珍奇妙物、宫殿楼阁、妻子眷属，及以王位，悉能舍之。于不坚中求坚固法，为欲利益一切众生，勤求诸佛无碍解脱，究竟清净一切智道，如大势德菩萨、胜德王菩萨，及余无量诸大菩萨。勤求正法，乃至极少，为于一字五体投地，正念三世一切佛法，爱乐修习，永不贪著名闻利养，舍诸世间自在王位，求佛自在法王之位。于世间乐心无所著，以出世法长养其心。永离世间一切戏论，住于诸佛无戏论法。菩萨尔时，以诸善根如是回向，所谓愿一切众生常乐惠施，一切悉舍；愿一切众生能舍所有，心无中悔；愿一切众生常求正法，不惜身命、资生之具；愿一切众生悉得法利，能断一切众生疑惑；愿一切众生得善法欲，心常喜乐诸佛正法；愿一切众生为求佛法，能舍身命及以王位，大心修习无上菩提；愿一切众生尊重正法，常深爱乐，不惜身命；愿一切众生护持诸佛甚难得法，常勤修习；愿一切众生皆得诸佛菩提光明，成菩提行，不由他悟；愿一切众生常能观察一切佛法，拔除疑箭，心得安隐。是为菩萨摩诃萨为求正法舍国城时善根回向，为令众生知见圆满，常得住于安隐道故。

"佛子！菩萨摩诃萨作大国王，于法自在，普行教命，令除杀业，阎浮提内城邑聚落一切屠杀，皆令禁断，无足、二足、四足、多足，种种生类，普施无畏无欺夺心，广修一切菩萨诸行，仁慈莅物，不行侵恼，发妙宝心，安隐众生，于诸佛所立深志乐，常自安住三种净戒，亦令众生如是安住。菩萨摩诃萨令诸众生住于五戒，永断杀业，以此善根如是回向，所谓愿一切众生发菩萨心，具足智慧，永保寿命，无有终尽；愿一切众生住无量劫，供一切佛，恭敬勤修，更增寿命；愿一切众生具足修行，离老死法，一切灾❻毒不害其命；愿一切众生具足成就无病恼身，寿命自在，能随意住；愿一切众生得无尽命，穷未来劫住菩萨行，教化调伏一切众生；愿一切众生为寿命门，十力善根于中增长；愿一切众生善根具足，得无尽命，成满大愿；愿一切众生悉见诸佛供养承事，住无尽寿，修集善根；愿一切众生于如来处善学所学，得圣法喜无尽寿命；愿一切众生得不老不病，常住命根，勇猛精进，入佛智慧。"是为菩萨摩诃萨住三聚净戒永断杀业善根回向，为令众生得佛十力圆满智故。

"佛子！菩萨摩诃萨见有众生心怀残忍，损诸人畜所有男形，令身缺减，受诸楚毒，见是事已，起大慈悲而哀救之，令阎浮提一切人民皆舍此业。菩萨尔时，语其人言：'汝何所为作是恶业？我有库藏百千万亿，一切乐具悉皆充满，随汝所须尽当相给。汝之所作，众罪由生，我今劝汝莫作是事。汝所作业不如道理，设有所获，于何可用？损他益己，终无是处。

如此恶行、诸不善法，一切如来所不称叹。'作是语已，即以所有一切乐具尽皆施与。复以善语为说妙法，令其欢悦。所谓示寂静法，令其信受，灭除不善，修行净业，互起慈心，不相损害。彼人闻已，永舍罪恶。菩萨尔时，以此善根如是回向，所谓愿一切众生具丈夫形，成就如来马阴藏相；愿一切众生具男子形，发勇猛心修诸梵行；愿一切众生具勇猛力，恒为主导，住无碍智，永不退转；愿一切众生皆得具足大丈夫身，永离欲心，无所染著；愿一切众生悉得成就善男子法，智慧增长，诸佛所叹；愿一切众生普得具于大人之力，常能修习十力善根；愿一切众生永不失坏男子之形，常修福智未曾有法；愿一切众生于五欲中无著无缚，心得解脱，厌离三有，住菩萨行；愿一切众生成就第一智慧丈夫，一切宗信，伏从其化；愿一切众生具足菩萨丈夫智慧，不久当成无上大雄。是为菩萨摩诃萨禁绝一切毁败男形善根回向，为令众生具丈夫形，皆能守护诸善丈夫，生贤圣家，智慧具足，常勤修习丈夫胜行，有丈夫用，巧能显示七丈夫道，具足诸佛善丈夫种、丈夫正教、丈夫勇猛、丈夫精进、丈夫智慧、丈夫清净，普令众生究竟皆得。"

注释

❶ "翳"，大正本原作"瞖"，今依三本及宫本改之。

❷ "勉"，大正本原作"免"，今依三本改之。

❸ "切"，大正本原作"行"，今依宫本改之。

❹ "时"，大正本原作"持"，今依前后文意改之。

❺ "坑"（*），大正本原作"阮"，今依宫本改之。

❻ "灾"，大正本原作"栽"，今依三本及宫本改之。

【白话语译】

"佛子啊！菩萨摩诃萨将连着皮肤的顶髻❶布施给乞讨的人，就如同宝髻王菩萨、胜妙身菩萨，以及其余无量诸菩萨所行的布施一般。菩萨凡见到乞者前来，无不心生欢喜地告诉乞者：'现在如果你需要连着皮肤的顶髻，可向我讨取。我这个顶髻在人间的阎浮提洲当中可说是无人能比。'说毕，菩萨心中毫无动乱，舍离世间的一切，不再忆念其余的业行，只求获得究竟的清静，精勤质直地趣向一切智。

"菩萨当下便手执利刃割掉自己头上的连肤顶髻，右膝着地，双手合十，全心全意地布施乞者。他心中正念着三世诸佛菩萨的所行所为，发起大欢喜心，与增上的意志。他对诸法早已心意开解，不执取苦境，深知不圆满的觉受是无相无生的，所有的感觉都是相互生起，并非真实常住的：'所以我应当如同过去、未来、现在的一切菩萨，修习大舍胜行，发起甚深的信心与意乐，求取一切智，绝不退转，能够不由他人的教导与善知识的力量而具足智慧。'

"当菩萨摩诃萨如是布施时，将各种的善根如此回向：'愿众生得证无见顶相，成就菩萨宛如宝塔的发髻。愿众生获得绀青色的头发、金刚般的头发、细软的头发，能够灭除众生的一切烦恼。愿众生得到润泽的头发、密致的头发、不会侵乱额头须角的头发。愿众生得到柔软的头发、尽于鬓额而生的头发。愿众生得到如卍字的头发、螺文右旋的头发。愿众生得到如佛相的头发，永离一切烦恼的结使习气。愿众生得到光明的头发，普照十方的世界。愿众生得到无乱的头发，宛如如来的头发，清净微妙毫无杂乱。愿众生得到如佛陀顶髻般的头发，使所有见到的人，宛如见到诸佛的头发。愿众生获得诸佛如来无染着的头发，永远离开一切的黑暗障碍及污染尘垢。'

"以上是菩萨摩诃萨布施连肤发髻时，所发的善根回向。这都是为了使众生的心境平静默然，圆满各种总持陀罗尼，究竟成就诸佛如来的一切种智与十种力。

"佛子啊！菩萨摩诃萨用眼布施给所有前来乞讨的人，就如同欢喜行菩萨、月光王菩萨，以及其余无量诸菩萨等所行的惠施一般。当菩萨摩诃萨布施眼时，无不生起清净的布施心、智慧心，并生起依止法的光明心，生起现证观照无上的佛道心，发起回向广大的智慧心，发起与三世菩萨平等的施舍心，发起对于无碍眼生起不坏的清净信心；对于所有的乞讨者，他无不心生欢喜摄受。这都是为了究竟圆满一切的神通，为了生起佛眼，为了增进广大菩提心，为了修习大慈悲，为了制伏自己的六根器官，而发的种种心念啊！

"佛子啊！菩萨摩诃萨布施眼睛时，对于前来乞讨的人，无不心怀慈爱与喜乐，为他们设立布施法会，以增长善法的威力，舍离世间的爱染见地与放逸。菩萨断除欲念的束缚，修习菩提，随顺着乞者的所求，心中安定而不违逆，恒常随顺无二施舍胜行，使他们都获得满足。

"菩萨将这些善根如此回向：'愿众生得到最殊胜的双目，能够开示导引一切。愿众生得到无碍的双眼，以开启广大的智慧宝藏。愿众生得到光明清净的肉眼，能够鉴察一切，不受任何遮蔽。愿众生得到清净的天眼，完全知见生死业力的果报。愿众生得到清净的法眼，进入如来的境界。愿众生得到智慧之眼，舍离一切的执取分别与染着。愿众生具足佛眼，完全觉悟一切诸法。愿众生成就普眼，完全穷尽各种境界，没有任何障碍。愿众生成就清净离痴翳眼，了知众生界空无所有。愿众生具足清净无障碍眼，究竟圆满如来十力。'

"以上是菩萨摩诃萨布施眼时，所发的善根回向。这都是为了使众生得到智慧清净眼所发的愿力。

"佛子啊！菩萨摩诃萨也将耳朵、鼻子布施给前来乞讨的人，如同胜行王菩萨、无怨胜菩萨，以及其余无量的诸菩萨所行的惠施。菩萨布施之时，亲自将耳、鼻交付给乞讨的人，并专心修习各种的菩萨行。他具足诸佛的种性，出生在如来之家，忆念诸菩萨所修习的布施善行，恒常精勤发起诸佛菩提，清净诸根的功德智慧。他观察欲界、色界、无色界等三有的境界，了知没有一种境界是坚固不坏的。他祈愿时常能够得见诸佛菩萨，并随顺忆念总持一切的佛法。他了知身相是虚妄而空无所有，所以对身相没有任何的贪惜。

"菩萨如此布施耳、鼻的时候，心中恒常安住在寂静的境界，调伏诸根器官，救济众生于险恶困难，并生长一切的智慧功德，进入大布施海当中。他了达所有的佛法义理，并且具足各种的佛道，依止智慧行动，遍得法的自在，用不坚固的肉身换取坚固的法身。

"佛子啊！菩萨摩诃萨布施耳朵的时候，将各种善根如此回向：'愿众生得到无碍的耳朵，能够普遍听闻一切说法的声音。愿众生得到无障的耳朵，能完全了解一切的声音。愿众生得到如来的耳朵，能够聪明通达一切而不壅塞停滞。愿众生得到清净的耳朵，不对耳处生起任何的分别心。愿众生得到无声的耳朵，使蒙昧的意识永不生起。愿众生得到通法界的耳朵，能够完全了知一切诸佛的法音。愿众生得到无碍的耳朵，能够开悟了知一切的无障碍法。愿众生得到无坏的耳朵，善于了知各类的法论，没有任何东西能够将之毁坏。愿一切众生得到普遍听闻的耳朵，具足广大清净，成为诸耳中之王。愿一切众生具足天耳以及佛耳。'

"以上是菩萨摩诃萨布施耳时的善根回向，这都是为了使众生能够完全获得清净耳。

"佛子啊！菩萨摩诃萨布施鼻子的时候，如此回向：'愿一切众生得到丰隆正直的鼻子，得到随好的鼻子❷，得到善相的鼻子，得到可爱乐的鼻子，得到清净微妙的鼻子，得到随顺的鼻子❸，得到高显的鼻子，得到降伏仇怨的鼻子，得到善见的鼻子，得到如来的鼻子。愿一切众生的面相都远离嗔怨，得到一切法的面相，得到无障碍的面相，得到善见的面相，得到随顺的面相，得到清净的面相，得到远离过失的面相，得到如来圆满的面相，得到遍一切处的面相，得到无量美好的面相。'

"以上是菩萨摩诃萨布施鼻子时所发的善根回向。这都是为了使众生究竟得到诸佛法要，为了使众生究竟摄受诸佛教法，为了使众生究竟了知诸佛教法，为了使众生究竟住持诸佛教法，为了使众生究竟常见到诸佛如来，为了使众生完全证得诸佛法门，为了使众生究竟成就不坏心念，为了使众生观照了知诸佛正法，为了使众生普遍庄严清净诸佛国土，为了使众生得到如来大威力之身。

"以上是菩萨摩诃萨布施耳、鼻时，所发起的善根回向。

"佛子啊！菩萨摩诃萨安住在坚固自在的境地中，能以牙齿布施众生，犹如往昔的华齿王菩萨、六牙象王菩萨，以及其余无量诸菩萨所行的惠施。菩萨摩诃萨布施牙齿时，心念清净，如同优昙华一样难得一见。他这时所行的布施是无尽心的布施、大信心的布施、步步成就无量施舍心的布施、调伏诸根器官之心的布施、一切完全施舍心的布施、一切智慧愿力心的布施、安乐众生心的布施、大布施、极布施、殊胜布施、最胜布施、捐弃肉身也在所不惜的布施。

"菩萨这时将各种善根如此回向：'愿众生得到锐利洁白的牙齿，成就最胜的塔庙，广受天人的供养。愿众生得到平齐的牙齿，犹如佛陀的齿相，没有任何缺漏。愿众生心得调伏，善于趣入菩萨的波罗蜜行。愿众生的口极为善好清净，牙齿鲜白洁净而分明显现。愿众生齿牙庄严，令人忆念；口中清净，没有恶相。愿众生的牙齿具足圆满的四十齿，时常散发种种稀有的妙香。愿众生的意念善巧调伏，牙齿鲜洁如白莲华，牙齿的纹理回旋成庄严的卍字形。愿众生的口唇鲜洁清净，牙齿洁白，放出无量光明，遍照一切。愿众生牙齿坚固锐利，能细嚼食物的滋味，但又不会执着任何的色香味，成就无上福田。愿众生牙齿之间常放光明，授记诸菩萨成佛的第一记别。'

"以上是菩萨摩诃萨布施牙齿时的善根回向。这都是为了使众生具足一切智慧，得到各种善法清净的智慧。

"佛子啊！如果有人向菩萨摩诃萨乞讨舌头，他会慈悲地以柔软语、爱语与他们交谈，就如往昔的端正面王菩萨、不退转菩萨，以及其余无量诸菩萨一般。

"佛子！菩萨摩诃萨受生六道诸趣时，有无量百千亿那由他数的众生向他乞讨舌头。菩萨这时，将这些乞讨的人安置师子座上，用无嗔的心、无加害的心、无怨恨的心、大威德的心、从佛种性所出生的心、安住菩萨住处的心、时时不混浊动乱的心、安住大势力的心、不执着身体的心、不执着言语的心，两膝着地，张口出舌，出示给行乞的人，再以慈悲的柔软语言告诉他们：'我现在这个身体都是属于你们的，你们可以取走我的舌头，随着个人心意，自由运用。希望能满足你们所愿的一切。'

"菩萨这时将所有的善根如此回向：'愿众生得到周遍的舌头，能够宣示各种语言的法要。愿众生得到覆面的舌头，使所言无二，完全真实。愿众生得到普遍盖覆诸佛国土的舌头，示现诸佛的自在神通。愿一切众生的舌头软薄，永远品尝美妙清净的上味。愿众生具足妙舌辩才无碍，能断绝一切世间的怀疑迷网。愿众生舌头光明，放出无数万亿的光明。愿众生得到决定的舌头，辩说解法无有穷尽。愿众生能普遍调伏，善巧开示一切秘密法要，一切言说都令人信受奉行。愿众生得到普遍通达的舌头，善巧趣入一切语言的大海。愿众生得到善巧演说一切法门的舌头，对于言语智慧已能证到究竟彼岸。'

"以上是菩萨摩诃萨布施舌头时，所发的善根回向。这都是为了使众生证得圆满无碍的智慧。

"佛子啊！菩萨摩诃萨用头布施给所有前来乞讨的人，如同最胜智菩萨以及大丈夫迦尸国王等诸大菩萨所行的布施一般。这是为了要成就入一切法最胜智的头，为了要成就证得大菩提救度众生的头，为了要具足见一切法最为第一的头，为了要得到正见清净智慧的头，为了要成就无障碍的头，为了要证得第一境地的头，为了求得世间最殊胜智慧的头，为了要成就三界当中无能见顶髻清净智慧的头，为了要得到示现普到十方智慧王的头，也是为了要满足一切诸法自在无人能坏的头。

"佛子啊！菩萨摩诃萨安住在这些法时，不断地精勤修习，证入了诸佛的种性，学习诸佛的净行与布施，对诸佛生起清净的信心而增长善根。他使所有乞讨的人都喜悦满足，而自己的心念也完全清净，欣庆喜悦。他的心中生起清净的信解，因此能够明照佛陀的教法，发起菩提的意念，安住舍心。他身体的诸根愉悦快乐，功德不断增长，生起善好的喜乐意欲，时常喜好修行广大的布施。

"菩萨这时将各种善根如此回向：'愿众生得到如来的头首，得到诸佛的无见顶相，没有人能够遮蔽他映射的光明，成为诸佛刹土中最上首的领导者。他的头发呈右旋形，光明清净，极为润泽，并有世上稀有的卍字庄严妙饰。他具足佛首，成就智首，是一切世间之第一首，是为具足的头首、清净的头首，也是安坐道场圆满智慧的头首。'

"以上是菩萨摩诃萨布施头首时，所做的善根回向。这都是为了使众生证得最殊胜的法门，成就无上的智慧。

"佛子啊！菩萨摩诃萨以他的手、足布施所有的众生，如同常精进菩萨、无忧王菩萨，以及其余无量诸菩萨所行的布施。菩萨在六道诸趣布施手、足，他以信心为手，从事饶益众生的行为，往返周旋众生之中，精勤修习正法，希望得到宝手，并用手布施。他一切的作为不曾空过，具足实践了菩萨道，时常舒张双手予众生大恩惠。他步伐安详地游行人间，勇猛精进毫无怯懦，以清净心力具足精进行，除灭所有恶道，成就无上菩提。

"佛子啊！菩萨摩诃萨如此布施时，用无量无边的广大心力，开启清净的法门，趣入佛法的大海，成就布施的宝手，周遍供养十方世界。他用大愿力护持一切智慧之道，安住在究竟境地而远离尘垢。他的法身与智慧身，不会断绝，也不会毁坏，一切的魔业均无法撼动伤害他的善业与道心。他依止善知识而坚固心志，如同诸菩萨一般精勤地修行布施波罗蜜。

"佛子啊！菩萨摩诃萨为了所有众生求证一切智而布施手、足时，将各种善根如此回向：'愿众生具足神通，获得宝手。一旦得到宝手，又能互相尊敬，视对方为福田，并用种种珍宝相互供养。又用各种的珍宝供养诸佛，兴起妙宝云遍盖诸佛国土。能使众生彼此慈悲对待，不会相互恼乱伤害。又使他们游历诸佛刹土，安住在无畏的境界，自然具足究竟的神通。又使他们都得宝手、华手、香手、衣手、盖手、华鬘手、末香手、庄严具手、无边手、无量手、普手，得了这些手之后，用神通力时常精勤前往拜诣一切佛土，能以一只手抚摩一切诸佛世界，能以自在手执持所有众生，得妙相手放出无量的光明。又能用一只手普遍覆盖众生，成就诸佛如来手指间

的网缦，示现宛如赤铜爪的手相。'

"菩萨这时用大愿手普遍覆盖众生：'愿众生乐于求证无上菩提，出生一切功德大海，凡见到前来乞讨的人，都能心生欢喜而无厌倦，趣入诸佛的法海，证得如同诸佛的善根。'

"以上是菩萨摩诃萨布施手、足时的善根回向。

"佛子啊！菩萨摩诃萨毁坏自己的身体，而以血液布施给众生，好比法业菩萨、善意王菩萨，及其余无量诸菩萨所行的布施。当菩萨在六道诸趣中布施身血时，生起成就一切智慧的心，生起欣喜仰慕大菩提的心，生起喜乐修证菩萨行的心，生起不执取苦痛感受的心，生起乐见乞讨者的心，生起不嫌弃前来乞讨者的心，生起趣向一切菩萨道的心，生起守护一切菩萨大舍的心，生起增广菩萨善巧布施的心，生起不退转的心，生起不休息的心，生起不执恋自己的心。

"菩萨将这些善根如此回向：'愿众生都能成就法身、智慧身。愿众生身无劳苦疲倦，犹如金刚一样坚固不坏。愿众生身不可坏，没有人能够加以伤害。愿众生的身形如实变化，普遍示现世间，而没有穷尽。愿众生的身形可爱意乐，清净微妙坚固无比。愿众生的身形能从法界生，如同诸佛如来没有任何依止。愿众生的身形犹如妙宝光明，无人能遮蔽他的光明。愿众生得到智慧宝藏海的身形，在不死境中得大自在。愿众生证得宝海身，能随缘利益他人而没有空过。愿众生的身形遍满虚空，不会世间染着世间的烦恼疾患。'

"以上是菩萨摩诃萨布施身血时，用大乘心、清净心、广大心、欣悦心、庆幸心、欢喜心、增上心、安乐心、无浊心，所生的善根回向。

"佛子啊！凡有人前来向菩萨摩诃萨乞求他身上的骨髓血肉，他都欢喜柔和地告诉前来乞讨的人：'我身上的骨髓血肉，你可以随意取用。'如同饶益菩萨、一切施王菩萨，及其余无量诸菩萨所行的布施。

"菩萨在六道诸趣中用他的骨髓血肉布施乞讨者时，心中欢喜，布施心也不断增长，他这时的心情就好像其他修习善根的大菩萨一般，远离世间的尘劳与污垢，得到极深的志愿意乐。他的身体虽普遍布施，却从不觉穷尽；因为他已具足无量广大的善根，摄受了一切微妙的功德宝藏，就如同信受奉行菩萨法一般无有厌倦。他爱乐布施的功德，所以始终无悔地将自己的身心布施周给。他审慎地观察诸法都是缘起而无体性，所以不会贪着布施的业行以及果报，而能随顺一切因缘平等地布施给予。

"佛子啊！菩萨摩诃萨如此布施时，一切诸佛都现身在他眼前，因为他想念诸佛犹如想念亲父，所以能够得到诸佛的护念；一切众生也都现身在他眼前，因为他能使所有的众生安住于清净法；一切世界都现身在他眼前，因为他能清净庄严一切诸佛国土；一切众生都现身在他眼前，因为他能用大悲心普遍救护所有的众生；一切佛道都现身在他眼前，因为他乐于观察如来十力；过去、未来、现在一切菩萨都现身在他眼前，因为他能圆满各种善根；一切无畏都现身在他眼前，因为他能够作无上师子吼；一切三世都现身在他眼前，因为他已证得平等的智慧，能够普遍观察一切因缘；一切世间都完全出现他眼前，因为他愿穷尽未来劫勤修广大菩提；一切菩萨无疲厌行都现身在他眼前，因为他的心量是如此无边无际。

"佛子啊！菩萨摩诃萨布施骨髓血肉时，将这些善根如此回向：'愿众生证得不可败坏的金刚身。愿众生证得坚密身，永远没有缺憾减损。愿众生证得如佛一般的意生身，庄严清净无与伦比。愿众生得证百福相身，具足三十二相庄严。愿众生证得八十种妙好的庄严身，具足佛陀的十力，没有人能够断灭毁坏。愿众生证得如来身，究竟清净而不可限量。愿众生得到坚固身，所有的魔怨都不能毁坏。愿众生证得一相身，身相与三世诸佛相同。愿众生证得无碍身，清净的法身遍满虚空界。愿众生证得菩提藏身，能够普遍容纳世间的一切。'

"以上是菩萨摩诃萨求一切智慧布施骨髓血肉时的善根回向，这都是为了使众生获得诸佛如来究竟清净的无量身。

"佛子啊！菩萨摩诃萨以心布施给所有来乞讨的人，如同无悔厌菩萨、无碍王菩萨，及其余无量诸大菩萨所行的布施一般。当菩萨用自己的心布施给前来乞讨的人时，他学习自在的布施心，修习一切的布施心，实行布施波罗蜜心，圆满布施波罗蜜心，学习一切菩萨的布施心、完全舍弃一切的无尽心、完全布施一切的习惯心、荷负一切菩萨布施的心、正念一切诸佛现前的心、供养一切前来乞讨者而无断绝的心。

"菩萨摩诃萨如此布施时，他的内心十分清净。这都是为了救度所有的众生，也为了证得佛陀十力菩提处所，为了依止大愿力修行，为了安住菩萨道，为了成就一切智慧，也为了不舍根本誓愿。

"菩萨将各种善根如此回向：'愿众生证得金刚藏心，一切的金刚围山等都不能毁坏。愿众生证得卍字庄严的金刚界心，证得无能动摇心，证得不可恐怖心，证得利益世间常无尽心，证得大勇猛幢智慧藏心，证得如那罗延坚固幢心，证得如众生海不可尽心，证得那罗延藏无能坏心，证得诸魔业、魔军众心，证得无所畏惧心，证得大威德心，证得常精进心，证得大勇猛心，证得不惊惧心，证得被金刚甲胄心，证得诸菩萨最上心，证得成就佛法菩提光明心，证得端坐菩提树下、安住一切诸佛正法、远离各种迷惑、成就一切智慧心，证得成就十力心。'

"以上是菩萨摩诃萨布施心时的善根回向。这都是为了使众生不染着世间，能够具足如来十力心。

"佛子啊！凡是有人向菩萨摩诃萨乞讨肠、肾、肝、肺时，他都会完全布施给予，如同善施菩萨、降魔自在菩萨，及其余无量诸大菩萨所行的布施一般。他每见乞讨的人前来，内心就欢喜不已，慈爱地注视着他们。他为了求得无上菩提，完全随顺他们所需，布施所有而不后悔。他深知肉身危脆不坚：'我应当把这个不坚的身体布施给他，而取证坚固不坏的法身。'他又忆念这个身体即将败坏，见到的人终会心中生厌，而且必为狐、狼、饿狗等动物啖食；他了知这个身体是无常的，终会被舍弃，且不知不觉地为畜生所啖食。

"佛子啊！菩萨摩诃萨如此观照时，了知身相无常，而且实在秽污至极，因此能够了悟佛法，心中欢喜异常。他尊敬地谛视这些前来乞讨的人，生起犹如善知识前来守护的念头；不管他们乞求什么，菩萨都完全地周给惠施，用这个不坚固的肉身换取坚固的法身。

"佛子啊！菩萨摩诃萨如此布施时，将所有善根如此回向："愿众生证得智慧宝藏身，身体内外完全清净。愿众生证得福德宝藏身，能够普遍总持一切智慧大愿。愿众生证得无上微妙身，身中飘逸馥郁香气，体外散射无量光明。愿众生证得腹部不凸现身，身体上下端正平直，四肢关节平衡相称。愿众生证得智慧身，因佛法法味而充实悦乐、滋长法喜。愿众生证得无尽身，修习安住于甚深法性中。愿众生证得陀罗尼总持清净藏身，能以无碍辩才显示所有诸法。愿众生证得清净身，身心内外完全无所染着。愿众生证得如来智慧甚深观行身，智慧遍满，降下无尽法雨。愿众生证得内证寂灭身，现众生相，作智慧宝幢之王，放射广大光明普照一切。"

"以上是菩萨摩诃萨布施肠、肾、肝、肺时的善根回向。这都是为了使众生内外清净，安住于无碍智慧地。

"佛子啊！菩萨摩诃萨用身体的肢节、骨头布施给乞讨的人时，就如同法藏菩萨、光明王菩萨，及其余无量诸大菩萨所行的布施一般。当他布施身上的肢节、骨头时，凡是见到乞讨的人前来，无不生起爱乐心、欢喜心、净信心、安乐心、勇猛心、慈心、无碍心、清净心、随所乞求皆施与心。

"菩萨摩诃萨布施身体骨头的时候，将各种善根如此回向：'愿众生获得如化身，不会再来接受骨肉血身。愿众生证得无人能够超胜、不可破坏的金刚身。愿众生证得一切智圆满法身，出生于无缚、无着、无系的涅槃法界中。愿众生证得智力身，诸根器官圆满，没有断绝，也不会毁坏。愿众生证得法力身，智慧自在无碍，能够到达涅槃的彼岸。愿众生证得坚固身，身相坚实，时常坚固完好而不散坏。愿众生证得随缘应化身，能够教化调伏一切众生。愿众生证得智慧熏习身，具足如那罗延天执金刚肢节的广大力量。愿众生证得坚固而相继不绝身，永离一切劳苦与疲倦。愿众生证得大力安住身，完全具足精进大力量。愿众生证得遍世间平等法身，安住于无量最上智慧处。愿众生获得福德力身，见到的人都能蒙受利益，而远离所有的众恶。愿众生证得无依处身，得够完全具足无依止执着的智慧。愿众生证得佛陀所摄受身，时常为一切诸佛加持护佑。愿众生证得普饶益诸众生身，能够遍入六道诸趣。愿众生证得普现身，能够普遍照现一切佛法。愿众生证得具足精进身，能够专心勤修大乘智慧行。愿众生证得远离贡高我慢的清净身，常能安住智慧，无所动乱。愿众生证得坚固行身，成就大乘菩萨的一切智慧业行。愿众生证得生于佛家身，永离世间一切生死。'

"以上是菩萨摩诃萨布施身体骨头时的善根回向，这都是为了使众生得到一切智而永远清净。

"佛子啊！菩萨摩诃萨见到有人手持利刃，来向他乞讨身皮时，心里莫不欢喜快乐。就好比是有人将惠赐大恩大德般地高兴迎接乞讨的人，铺设座位请他们安坐，而且屈膝躬身十分恭敬，心中并如此忆念：'这些前来乞讨的人实在是非常难得遇到，他们的欲求正能满足我勤求一切智慧的愿力，他们对我的求索实在是饶益于我啊！'所以菩萨就和颜欢喜地告诉前来乞讨的人：'现在我这个身体的一切都可以施舍，你们可以随意取用需要的身皮。'犹如往昔清净藏菩萨、金胁鹿王菩萨，以及其余无量诸大菩萨所行的布施一般。

"菩萨摩诃萨这时将这些善根如此回向：'愿众生得证微细皮，如诸佛的色相一般清净，使看见的人心无厌足。愿众生证得不坏皮，如金刚一般，没有人能够毁坏。愿众生证得金色皮，如阎浮檀最上精微的真金一般，清净明洁。愿众生证得无量色皮，能随心中的悦乐，示现种种清净的色相。愿众生证得清净微妙色皮，具足柔软和悦的如来色相。愿众生证得第一色皮，自性完全清净，色相无人能比。愿众生成就如来的清净色皮，用各种的相好来作为自身的庄严。愿众生证得妙色皮，映射广大的光明普照世间。愿众生证得明网皮，如世间最高大的宝幢，放射出不可说的圆满光明。愿众生证得润泽色皮，一切色相都完全清净。'

"以上是菩萨摩诃萨布施身皮时，所发的善根回向。这都是为了使众生得一切庄严清净的佛陀刹土，具足如来的广大功德。

"佛子啊！菩萨摩诃萨以手足指布施乞讨的人，如同坚精进菩萨、阎浮提自在王菩萨，以及其余诸大菩萨所行的手足指布施一般。菩萨这时容颜和悦，心中安静善巧，没有任何颠倒。他乘着大乘的教法，不祈求外在的美好与意乐，不追求声名普闻，只是发起菩萨的广大心意，远离吝啬、嫉妒等一切垢秽，专心趣向如来的无上妙法。

"佛子啊！菩萨摩诃萨如此布施时，用所有摄持的善根回向：'愿众生证得纤长指，与佛陀无异。愿众生证得脯圆指，上下相称。愿众生证得赤铜甲指，指甲隆起，清净明彻，世所罕见。愿众生证得一切智胜丈夫指，能够摄持一切诸法。愿众生证得随好指，具足佛陀的十力。愿众生得到大人指，纤直齐等。愿众生证得轮相指，指节圆满匀称，指纹向右旋转。愿众生证得宛如莲华卍字旋指，具足佛陀十力与相好庄严。愿众生证得光明宝藏指，放出广大无边的光明，照射不可说的诸佛世界。愿众生证得善安布指，指头依比例妙巧地排布，指间并有庄严的网缦相连。'

"以上是菩萨摩诃萨布施手足指时，所发的善根回向。这都是为了使一切众生内心清净。

"佛子啊！菩萨摩诃萨请益佛法时，如果有人说：'如果你能布施连肉的指甲给我，我就为你说法。'这时，菩萨回答：'只要你能让我听闻佛法，我身上着肉的指甲，你可以随意取用。'如同求法自在王菩萨、无尽菩萨，以及其余无量诸大菩萨，为了得闻佛法而布施连肉的指甲一样。菩萨为了求法，为了演说正法，为了饶益所有的众生，便施舍连肉指甲给所有来乞讨的人。

"菩萨这时将这些善根如此回向：'愿众生证得诸佛赤铜相的指甲。愿众生证得润泽的指甲，相好庄严。愿众生证得光明清净的指甲，光明映彻无比第一。愿众生证得一切智慧的指甲，具足各种的美好相状。愿众生证得无比的指甲，对世间的一切事物没有任何的污染执着。愿众生证得微妙庄严的指甲，光明普照世间。愿众生证得不坏的指甲，清净而没有缺失。愿众生证得入一切佛法方便妙相的指甲，广大的智慧完全清净。愿众生证得善业而生的指甲，使菩萨行的净业果报完全清净微妙。愿众生证得一切智大导师的指甲，放出无量色的微妙光明宝藏。'

"以上是菩萨摩诃萨为了请益佛法，布施连肉指甲时，所发的善根回向。这都是为了使众生具足如诸佛的一切智慧之爪，成就一切通达无碍的智力。

"佛子啊！菩萨摩诃萨求取诸佛的法藏时，态度恭敬尊重，心中生起难得想。假如有能够说法的人告诉菩萨：'假如你能投身深达七仞的火坑，我就布施佛法给你。'菩萨听闻之后，心中欢喜踊跃，并如此思惟：'为了佛法，我本来应该一直待在阿鼻狱等恶趣中受无量苦，但是现在却只要跳入人间的小小火坑就能得闻佛法。这真是奇妙啊！正法竟然如此容易获得，不用受地狱的无量苦毒，只要进入火坑就能获得。你只要为我宣说佛法，我愿意立刻跳入火坑。'如同求善法王菩萨、金刚思惟菩萨，为了请求佛法而跳入火坑当中。

"这个时候，菩萨将这些善根如此回向：'愿众生安住在佛陀安住的一切智法，永不退转无上菩提。愿众生远离各种危险困难，贝足诸佛的安乐。愿众生得到无畏心，远离各种恐怖。愿众生时常乐求佛法，具足法喜与法乐，庄严众法。愿众生远离所有恶趣，消除一切贪、嗔、痴三毒的炽烈火焰。愿众生心中常保安乐，具足诸佛如来殊胜微妙的乐事。愿众生证得菩萨心，断离一切的贪、嗔、痴火。愿众生完全证得菩萨的各种三昧禅乐，普见诸佛的心法而生起极大的欢喜。愿众生善于演说正法，能够究竟圆满正法，恒常说持而无忘失。愿众生具足菩萨神通的微妙喜乐，究竟安住在一切种智。'

"以上是菩萨摩诃萨为了请益正法，投身火坑时的善根回向。这都是为了使众生远离恶业的障碍，获得具足智慧之火。

"佛子啊！菩萨摩诃萨为了勤求正法，分别经义，演说佛法，开显菩萨道，示导菩提路，趣入无上的智慧，精勤修习佛陀的十力，得证广大的智慧心，获得无碍的智慧大法，使众生安住清净的菩萨境界。当他精勤地修习大智慧以守护诸佛菩提时，他的身体承受无量苦恼；就如同求善法菩萨、勇猛王菩萨，以及其余无量诸大菩萨，为了勤求正法，愿受无量苦。对于诽谤正法的人，和为恶业盖覆的人，以及执持诸魔业力的极大恶人，菩萨因为勤求佛法，愿意为他们代受恼热诸苦。

"菩萨将这些善根如此回向：'愿众生永离一切苦恼逼迫，圆满成就安乐自在的神通。愿众生永离各种痛苦，获得一切喜乐。愿众生永远灭除所有的身心苦蕴，得到普照示现的妙身，永远安乐。愿众生超出苦恼的牢狱，成就智慧愿行。愿众生得见安稳的道路，远离各种恶趣。愿众生得尝佛法的喜乐，永远断绝各种痛苦。愿众生永远拔除众苦，慈爱地互相对待，不暗箭伤人。愿众生证得诸佛喜乐，远离生死苦恼。愿众生成就清净无比的安乐，任何苦恼都不能稍加损害。愿众生得到一切殊胜喜乐，究竟具足佛陀的无碍喜乐。'

"以上是菩萨摩诃萨为了勤求正法，承受一切苦时，所发起的善根回向。这是为了救护众生，使他们远离危险与灾难，安住一切智慧，得到无碍解脱。

"佛子啊！菩萨摩诃萨身处王位而勤求正法时，甚至只为了一篇文章、一个字句、一个义理，而心生稀有难得，愿意完全舍弃他所有的财宝，不管是近，是远，包括国土、城邑、人民、库藏、园池、屋宅、树林、华果，乃至于一切的珍奇宝物、宫殿、楼阁、妻子、眷属，以及王位，都能完全弃舍，希望以不坚固的法换取坚固的法。他为了要利益众生，勤求诸佛无碍解脱究竟清净的一切智慧道路；就如同大势德菩萨、胜德王菩萨，以及其余无量诸大菩萨，舍弃一切而发心向道一样。

"菩萨勤求正法，乃至为了极少的正法，甚至只是为了一个字义，都能够五体投地，正念过去、未来、现在三世一切佛法，心怀喜乐地精进修习。他不贪着名闻与利养，宁愿舍弃世上的王位，求证无上自在法王的地位。他心中不执着世间的任何喜乐，宁愿用出世的佛法长养心志，永远离弃世间无意义的戏论，安住于诸佛无戏论法当中。

"菩萨此时将这些善根如此回向：'愿众生常乐于布施，能完全弃舍自己拥有的一切。愿众生能够舍弃所有的一切，心中没有任何悔恨。愿众生时常欣求正法，毫不吝惜自己的身命以及资养生命的器具。愿众生获得无上正法的利益，断除一切疑惑。愿众生证得对于善法的正念欲求，对诸佛正法时常心怀悦乐。愿众生为了求取佛法，能够舍弃身命以及王位，发大心大愿修习无上的菩提。愿众生尊重正法，时常心生爱乐，为求正法不惜身命。愿众生护持甚为稀有难得的佛法，时常精勤修习。愿众生证得诸佛

菩提的光明，成就菩提的胜行，不必经由他人教导就能自行了悟。愿众生时常观察一切佛法，拔除怀疑的毒箭，心中究竟安稳。'

"以上是菩萨摩诃萨为求取正法而舍弃国土城邑时，所发的善根回向。这都是为了圆满众生的知解见地，使他们得以安住安稳之道。

"佛子啊！菩萨摩诃萨作大国王时，于法得到自在，并普行诸佛的教敕，消除所有的杀业。阎浮提洲内城邑、聚落的一切杀生事业，他都完全禁止断绝。不管是无足、二足、四足、多足，对于各类的生灵，他都以无畏惧、无欺夺心，遍施菩萨胜行，仁慈地对待万物，没有任何侵扰恼乱；更发起宛如妙宝的心，安稳所有的众生。他在诸佛跟前立下甚深志愿，时常安住在摄善法戒、摄律仪戒、摄众生戒三种净戒当中，并且也使众生同样安住持守这三种净戒。

"菩萨摩诃萨使所有的众生安住在五戒中，永远断除所有的杀业，而将这些善根如此回向：'愿众生发菩提心，具足所有的智慧，长寿健康。愿众生安住无量的时劫，供养一切诸佛，恭敬地精勤修习，长命百岁。愿众生具足修行，远离令人老死的法，一切的灾难毒物都不能加害于他。愿众生成就没有疾病烦恼的身体，寿命自在，随意住世不断。愿众生的生命无尽，穷尽未来的时劫，都安住菩萨行中，教化调伏一切众生。愿众生成为寿命之门，十力的善根都得增长。愿众生具足善根，生命无尽，成就圆满广大的愿力。愿众生亲见诸佛，得以供养承事，安住在无量寿命中，修习积集所有善根。愿众生在如来处所善巧勤学一切，得到圣法的喜乐与无尽的寿命。愿众生的命根常住，不老不病，勇猛精进地趣入诸佛智慧。'

"以上是菩萨摩诃萨安住在三聚净戒中永断杀业，所发起的善根回向。这都是为了使众生得证佛陀十力的圆满智慧。

"佛子啊！菩萨摩诃萨若见到众生心怀残忍，损害各种雄性人畜身形，使人身相缺减不全，遭受各种痛楚苦毒，他便会生起大慈悲心哀悯救度，使阎浮提洲的所有人民都舍弃这些恶业。

"这时，菩萨告诉作恶的人：'你为什么要作这种恶业呢？我库藏的宝藏有百千万亿种，满是乐具，你要什么都可以给你。你的所作所为，是滋生各种罪业的渊薮，我现在劝你不要再做这些事。你的作为是不如法的，即使有任何收获的话，又哪里用得上呢？损人利己的事终究是不可得的。如此的恶行与各种不善法，诸佛如来从不称许。'他说了这些话之后，就把所有的乐具，完全布施众生。接着，又以善语宣说妙法，使这些人欢悦，也就是开示寂静的法，使人信奉受行，灭除所有不善的行为，修行清净的业行，人与人之间慈心相结，不会互相伤害。这些人听闻之后，就舍离所有罪恶，一心向善。

"这时，菩萨将这些善根如此回向：'愿众生具足大丈夫的身形，成就如来的马阴藏相❹。愿众生具足男子的形相，以勇猛精进心修习各种梵行。愿众生具足勇猛的力量，恒为众生的导师，安住在无碍的智慧，永远不会退转。愿众生具足大丈夫身相，永离五欲熏烧，没有任何染着。愿众生得证善男子法，智慧不断增长，为诸佛所赞叹。愿众生普遍具足大人力量，时常修习十力善根。愿众生永远不坏失男子的身形，时常勤修福德智慧，以及未曾有的妙法。愿众生在五欲当中没有任何执着、没有任何束缚，心中证得解脱，厌离欲界、色界、无色界等三有的境界，安住在菩萨行中。愿众生成就智慧第一的大丈夫，令众人信服，追随他的教化。愿众生具足菩萨丈夫的智慧，不久之后必定成为无上的大雄。'

"以上是菩萨摩诃萨禁绝一切毁坏男子身形时的善根回向。这是为了使众生具足大丈夫形相，守护各种善丈夫境界，生长在贤圣之家，具足智慧，时常精勤修习大丈夫的殊胜行持，具足大丈夫的力用，善巧显示七丈夫❺的圣者之道，具足诸佛善丈夫的种性、大丈夫的正确教诲、大丈夫的勇猛、大丈夫的精进、大丈夫的智慧、大丈夫的清净，让所有的众生都能究竟得证诸佛境界。"

【注释】

❶ 顶髻：佛顶上有形如髻的隆肉，为三十二相之一，名为无见顶相。

❷ 随好鼻：指鼻子的两孔不见。

❸随顺鼻：指鼻子能随着时宜而出现。

❹马阴藏相：三十二相之一，密藏男根于体内，如马阴。

❺七丈夫：在见道位以上的圣人，由于利钝之根性差别，可分为：一，随信行；二，随法行；三，信解；四，见至；五，身证；六，慧解脱；七，俱解脱。

卷第二十八
十回向品第二十五之六

【原典】

"佛子！菩萨摩诃萨若见如来出兴于世，开演正法，以大音声普告一切：'如来出世！如来出世！'令诸众生得闻佛名，舍离一切我慢、戏论。复更劝导，令速见佛，令忆念佛，令归向佛，令攀缘佛，令观察佛，令赞叹佛。复为广说佛难值遇，千万亿劫时乃一出。众生由此得见于佛，生清净信，踊跃欢喜，尊重供养。复于佛所闻诸佛名，转更值遇无数诸佛，植诸善本，修习增长。

"尔时，无数百千万亿那由他众生，因见佛故，皆得清净究竟调伏。彼诸众生于菩萨所，皆生最上善知识想，因菩萨故，成就佛法，以无数劫所种善根，普于世间施作佛事。佛子！菩萨摩诃萨开示众生令见佛时，以诸善根如是回向，所谓愿一切众生不待劝诱，自往见佛，承事供养，皆令欢喜；愿一切众生常乐见佛，心无废舍；愿一切众生常勤修习广大智慧，受持一切诸佛法藏；愿一切众生随所闻声皆悟佛法，于无量劫修菩萨行；愿一切众生安住正念，恒以智眼见佛出兴；愿一切众生不念异业，常忆见佛，勤修十力；愿一切众生于一切处常见诸佛，了达如来遍虚空界；愿一切众生皆得具足佛自在身，普于十方成道说法；愿一切众生遇善知识，常闻佛法，于诸如来得不坏信；愿一切众生悉能称叹诸佛出兴，令其见者普得清净。是为菩萨摩诃萨叹佛出世善根回向，为令众生见一切佛供养承事，于无上法究竟清净故。

"佛子！菩萨摩诃萨舍于大地，或施诸佛造立精舍，或施菩萨及善知识随意所用，或施众僧以为住处，或施父母，或施别人，声闻、独觉种种福田，乃至一切贫穷、孤露及余四众，随意悉与，令无所乏，或施造立如来塔庙。于如是等诸处之中，悉为办❶具资生什物，令随意用，无所恐惧。菩萨摩诃萨随何方所布施地时，以诸善根如是回向，所谓愿一切众生具足清净一切智地，悉到普贤众行彼岸；愿一切众生得总持地，正念受持一切佛法；愿一切众生得住持力，常能守护一切佛教；愿一切众生得如地心，于诸众生，意常清净，无有恶念；愿一切众生持诸佛种，成就菩萨诸地次第，无有断绝；愿一切众生普为一切作安隐处，悉令调伏，住清净道；愿一切众生同诸如来利益世间，普使勤修，安住佛力；愿一切众生普为世间之所爱乐，悉令安住无上佛乐；愿一切众生获善方便，住佛诸力无畏法中；愿一切众生得如地智，自在修行一切佛法。是为菩萨摩诃萨施大地时善根回向，为令众生皆得究竟一切如来清净地故。

"佛子！菩萨摩诃萨布施僮仆，供养一切诸佛、菩萨、真善知识，或施僧宝，或奉父母尊胜福田。或复给施病苦众生，令无阙乏，以存其命。或复施与贫穷、孤露，及余一切无瞻侍者。或为守护如来塔庙，或为书持诸佛正法。以百千亿那由他仆使，随时给施。其诸仆使皆聪慧善巧，性自调顺，常勤精进，无有懈惰，具质直心、安乐心、利益心、仁慈心、恭恪心、无怨恨心、无仇敌心，能随受者方俗所宜，于彼彼中作诸利益，又皆从菩萨净业所感，才能、技艺、工巧、算数靡不通达，善能供侍，悦可其心。菩萨尔时，以诸善根如是回向，所谓愿一切众生得调顺心，一切佛所修习善根；愿一切众生随顺供养一切诸佛，于佛所说悉能听受；愿一切众生得佛摄受，常观如来，更无余念；愿一切众生不坏佛种，勤修一切顺佛善根；愿一切众生常勤供养一切诸佛，无空过时；愿一切众生摄持一切诸佛妙义，言词清净，游行无畏；愿一切众生常乐见佛，心无厌足，于诸佛所不惜身命；愿一切众生得见诸佛，心无染著，离世所依；愿一切众生但归于佛，永离一切邪归依处；愿一切众生随顺佛道，心常乐观无上佛法。是为菩萨摩诃萨施仆使时善根回向，为令众生远离尘垢，净治佛地，能现如来自在身故。

"佛子！菩萨摩诃萨以身布施诸来乞者，布施之时，生谦下心，生如地心，生忍受众苦无变动心，生给侍众生不疲厌心，生于诸众生犹如慈母所有众善悉回与心，生于诸愚险极恶众生种种侵陵皆宽宥心，安住善根，精勤给事。菩萨尔时，悉以善根如是回向，所谓愿一切众生随其所须，常无阙乏，修菩萨行恒不间断，不舍一切菩萨义利，善住菩萨所行之道，了达菩萨平等法性，得在如来种族之数，住真实语，持菩萨行，令诸世间得净佛法，深心信解，证法究竟；令诸众生出生清净，增上善根，住大功德，具一切智。又以此善根，令一切众生常得供养一切诸佛，解一切法，受持读诵，不忘、不失、不坏、不散，心善调伏，不调令调，以寂静法而调习之。令彼众生于诸佛所，住如是事。又以此善根，令一切众生作第一塔，应受世间种种供养；令一切众生成最上福田，得佛智慧，开悟一切；令一切众生作最上受者，普能饶益一切众生；令一切众生成最上福利，能使具足一切善根；令一切众生成第一好施处，能使获得无量福报；令一切众生于三界中皆得出离；令一切众生作第一导师，能为世间示如实道；令一切众生得妙总持，具持一切诸佛正法；令一切众生证得无量第一法界，具足虚空无碍正道。是为菩萨摩诃萨施自己身善根回向，为令众生皆得应供无量智身故。

"佛子！菩萨摩诃萨闻法喜悦，生净信心，能以其身供养诸佛，欣乐信解无上法宝，于诸佛所生父母想，读诵受持无碍道法，普入无数那由他法、大智慧宝、诸善根门，心常忆念无量诸佛，入佛境界，深达义理，能以如来微密梵音，兴佛法云，雨佛法雨，勇猛自在，能分别说一切智人第一之地，具足成就萨婆若乘，以无量百千亿那由他大法成满诸根。佛子！菩萨摩诃萨于诸佛所，闻如是法，欢喜无量，安住正法，自断疑惑，亦令他断，心恒怡畅，功德成满，善根具足，意恒相续，利益众生，心常不匮，获最胜智，成金刚藏，亲近诸佛，净诸佛刹，常勤供养一切如来。菩萨尔时，以诸善根如是回向，所谓愿一切众生皆得圆满最胜之身，一切诸佛之所摄受；愿一切众生常近诸佛，依诸佛住，恒得觐仰，未曾远离；愿一切众生皆得清净不坏之身，具足一切功德智慧；愿一切众生常勤供养一切诸佛，行无所得究竟梵行；愿一切众生得无我身，离我、我所；愿一切众生悉能分身遍十方刹，犹如影现而无来往；愿一切众生得自在身，普往十方无我无受；愿一切众生从佛身生，处在如来无上身家；愿一切众生得法力身，忍辱大力无能坏者；愿一切众生得无比身，成就如来清净法身；愿一切众生成就出世功德之身，生无所得清净法界。是为菩萨摩诃萨以身供佛善根回向，为令众生永住三世诸佛家故。

“佛子！菩萨摩诃萨以身布施一切众生，为欲普令成就善根、忆念善根，菩萨摩诃萨自愿其身为大明灯，普能照耀一切众生；为众乐具，普能摄受一切众生；为妙法藏，普能任持一切众生；为净光明，普能开晓一切众生；为世光影，普令众生常得睹见；为善根因缘，普令众生常得值遇；为真善知识，令一切众生悉蒙教诱；为平坦道，令一切众生皆得履践；为无有上具足安乐，令一切众生离苦清净；为明净日，普作世间平等利益。菩萨尔时，以诸善根如是回向，所谓愿一切众生常亲近佛，入佛智地；愿一切众生得随顺智，住无上觉；愿一切众生常处佛会，意善调伏；愿一切众生所行有则，具佛威仪；愿一切众生悉得涅槃，深解法义；愿一切众生具知足行，生如来家；愿一切众生舍无明欲，住佛志乐；愿一切众生生胜善根，坐菩提树；愿一切众生杀烦恼贼，离怨害心；愿一切众生具足护持一切佛法。是为菩萨摩诃萨以身布施一切众生善根回向，为欲利益一切众生，令得无上安隐处故。

“佛子！菩萨摩诃萨自以其身给侍诸佛，于诸佛所念报重恩如父母想，于诸如来起深信乐，以清净心，护佛菩提，住诸佛法，离世间想，生如来家，随顺诸佛，离魔境界，了达一切诸佛所行，成就一切诸佛法器。菩萨尔时，以此善根如是回向，所谓愿一切众生得清净心，一切智宝而自庄严；愿一切众生住善调伏，远离一切诸不善业；愿一切众生得不可坏坚固眷属，普能摄受诸佛正法；愿一切众生为佛弟子，到于菩萨灌顶之地；愿一切众生常为诸佛之所摄受，永离一切不善之法；愿一切众生随顺诸佛，修行菩萨最胜之法；愿一切众生入佛境界，悉皆得授一切智记；愿一切众生与诸如来皆悉平等，一切佛法无不自在；愿一切众生悉为诸佛之所摄受，常能修行无取著业；愿一切众生常为诸佛第一侍者，一切佛所修智慧行。是为菩萨摩诃萨给侍诸佛善根回向，为欲证得诸佛菩提，为欲救护一切众生，为欲出离一切三界，为欲成就无损恼心，为得无量广大菩提，为欲成就照佛法智，为欲常蒙诸佛摄受，为得诸佛之所护持，为欲信解一切佛法，为欲成就与三世佛平等善根，为欲圆满无悔恨心，证得一切诸佛法故。

“佛子！菩萨摩诃萨布施国土一切诸物，乃至王位悉亦能舍，于诸世事心得自在，无系、无缚、无所恋著，远离恶业，饶益众生，不著业果，不乐世法，不复贪染诸有生处，虽住世间，非此处生，心不执著蕴、界、处法，于内外法心无依住，常不忘失诸菩萨行，未曾远离诸善知识，持诸菩萨广大行愿，常乐承事一切善友。菩萨尔时，以此善根如是回向，所谓愿一切众生为大法王，于法自在，到于彼岸；愿一切众生成佛法王，摧灭一切烦恼怨贼；愿一切众生住佛王位，得如来智，开演佛法；愿一切众生住佛境界，能转无上自在法轮；愿一切众生生如来家，于法自在，护持佛种，永使不绝；愿一切众生开示无量法王正法，成就无边诸大菩萨；愿一切众生住净法界，为大法王，现佛出兴，相继不断；愿一切众生于诸世界作智慧王，化导群生，无时暂舍；愿一切众生普为法界、虚空界等诸世界中一切众生作法施主，使其咸得住于大乘；愿一切众生得成具足众善之王，与三世佛善根齐等。是为菩萨摩诃萨布施王位善根回向，为欲令彼一切众生，究竟住于安隐处故。

“佛子！菩萨摩诃萨见有人来乞王京都、严丽大城，及以关防所有输税，尽皆施与，心无吝惜，专向菩提发大誓愿，住于大慈，行于大悲，志意欢悦，利益众生，以广大智，解了深法，安住诸佛平等法性，发心为求一切智故，于自在法起深乐故，于自在智求证得故，净修一切诸功德故，住于坚固广大智故，广集一切诸善根故，修行一切佛法愿故，自然觉悟大智法故，安住菩提心无退故，修习一切菩萨行愿、一切种智尽究竟故，而行布施。以此善根如是回向，所谓愿一切众生悉能严净无量刹土，奉施诸佛，以为住处；愿一切众生常乐居止阿兰若处，寂静不动；愿一切众生永不依止王都聚落，心乐寂静，永得究竟；愿一切众生永不乐著一切世间，于世语言常乐远离；愿一切众生得离贪心，施诸所有，心无中悔；愿一切众生得出离心，舍诸家业；愿一切众生得无吝心，常行惠施；愿一切众生得不著心，离居家法；愿一切众生得离众苦，除灭一切灾❷横怖畏；愿一切众生严净十方一切世界，奉施诸佛。是为菩萨摩诃萨布施王都善根回向，为令众生悉能严净诸佛刹故。

"佛子！菩萨摩诃萨所有一切内宫眷属、妓侍众女，皆颜貌端正、才能具足，谈笑歌舞悉皆巧妙，种种衣服、种种华香而以严身，见者欢喜，情无厌足。如是宝女百千万亿那由他数，皆由菩萨善业所生，随意自在，敬顺无失，尽以布施诸来乞者，而于其中无爱乐心、无顾恋心、无耽著心、无系缚心、无执取心、无贪染心、无分别心、无随逐心、无取相心、无乐欲心。菩萨尔时，观诸善根，为欲令一切众生咸得出离故回向，得佛法喜故回向，于不坚固中而得坚固故回向，得金刚智不可坏心故回向，入佛道场故回向，到于彼岸故回向，得无上菩提心故回向，能以智慧了达诸法故回向，出生一切善根故回向，入三世诸佛家故回向。佛子！菩萨摩诃萨住如是法，生如来家，增长诸佛清净胜因，出生最胜一切智道，深入菩萨广大智业，灭除一切世间垢恼，常能供施功德福田，为诸众生宣说妙法，善巧安立，令其修习诸清净行，常勤摄取一切善根。菩萨尔时，以诸善根如是回向，所谓愿一切众生常得无量三昧眷属，菩萨胜定相续不断；愿一切众生常乐见佛，悉入诸佛庄严三昧；愿一切众生成就菩萨不思议定，自在游戏无量神通；愿一切众生入如实定，得不坏心；愿一切众生尽获菩萨甚深三昧，于诸禅定而得自在；愿一切众生得解脱心，成就一切三昧眷属；愿一切众生种种三昧皆得善巧，悉能摄取诸三昧相；愿一切众生得胜智三昧，普能学习诸三昧门；愿一切众生得无碍三昧，入深禅定，终不退失；愿一切众生得无著三昧，心恒正受，不取二法。是为菩萨摩诃萨布施一切内宫眷属时善根回向，为欲令一切众生皆得不坏清净眷属故，为欲令一切众生皆得菩萨眷属故，为欲令一切众生悉得满足佛法故，为欲令一切众生满足一切智力故，为欲令一切众生证于无上智慧故，为欲令一切众生得于随顺眷属故，为欲令一切众生得同志行人共居故，为欲令一切众生具足一切福智故，为欲令一切众生成就清净善根故，为欲令一切众生得善和眷属故，为欲令一切众生成就如来清净法身故，为欲令一切众生成就次第如理辩才善说诸佛无尽法藏故，为欲令一切众生永舍一切世俗善根同修出世清净善根故，为欲令一切众生净业圆满成就一切清净法故，为欲令一切众生一切佛法皆悉现前以法光明普严净故。

"佛子！菩萨摩诃萨能以所爱妻子布施，犹如往昔须达拿太子、现庄严王菩萨，及余无量诸菩萨等。菩萨尔时，乘萨婆若心，行一切施，净修菩萨布施之道。其心清净，无有中悔，罄舍所珍，求一切智，令诸众生净深志乐，成菩提行，观菩萨道，念佛菩提，住佛种性。菩萨摩诃萨成办*如是布施心已，决定志求如来之身，自观己身，系❸属一切，不得自在，又以其身普摄众生，犹如宝洲给施一切，未满足者令其满足。菩萨如是护念众生，欲令自身作第一塔，普使一切皆生欢喜，欲于世间生平等心，欲为众生作清凉池，欲与众生一切安乐，欲为众生作大施主，智慧自在，了知菩萨所行之行，而能如是大誓庄严，趣一切智，愿成无上智慧福田，普念众生，常随守护，而能成办*自身利益，智慧光明普照于世，常勤忆念菩萨施心，恒乐观察如来境界。

"佛子！菩萨摩诃萨以无缚无著解脱心布施妻子，所集善根，如是回向，所谓愿一切众生住佛菩提，起变化身，周遍法界，转不退轮；愿一切众生得无著身，愿力周行一切佛刹；愿一切众生舍爱憎心，断贪恚结；愿一切众生为诸佛子，随佛所行；愿一切众生于诸佛所，生自己心，不可沮坏；愿一切众生常为佛子，从法化生；愿一切众生得究竟处，成就如来自在智慧；愿一切众生证佛菩提，永离烦恼；愿一切众生能具演说佛菩提道，常乐修行无上法施；愿一切众生得正定心，不为一切诸缘所坏；愿一切众生坐菩提树，成最正觉，开示无量从法化生诸善男女。是为菩萨摩诃萨布施妻子善根回向，为令众生皆悉证得无碍解脱无著智故。

"佛子！菩萨摩诃萨庄严舍宅及诸资具，随有乞求，一切施与，行布施法，于家无著，远离一切居家觉观，厌恶家业、资生之具，不贪不味，心无系著，知家易坏，心恒厌舍，都于其中无所爱乐，但欲出家修菩萨行，以诸佛法而自庄严，一切悉舍，心无中悔，常为诸佛之所赞叹，舍宅财物，随处所有，悉以惠施，心无恋著，见有乞求，心生喜庆。菩萨尔时，以此善根如是回向，所谓愿一切众生舍离妻子，成就出家第一之乐；愿一切众生解脱家缚，入于非家，诸佛法中修行梵行；愿一切众生舍离悭垢，乐一切施，心无退转；愿一切众生永离家法，少欲知足，无所藏积；愿一切众生出世俗家，住如来家；愿一切众生得无碍法，灭除一切障碍之道；愿一切众生离家属爱，虽现居家，心无所著；愿一切众生善能化诱，不离家法，说佛智慧；愿一切众生身现在家，心常随顺佛智而住；愿一切众生在居家地，住于佛地，普令无量无边众生发欢喜心。是为菩萨摩诃萨布施舍宅时善根回向，为令众生成就菩萨种种行愿神通智故。

　　"佛子！菩萨摩诃萨布施种种园林、台榭、游戏快乐庄严之处，作是念言：'我当为一切众生作好园林，我当为一切众生示现法乐，我当施一切众生欢喜之意，我当示一切众生无边喜乐，我当为一切众生开净法门，我当令一切众生发欢喜心，我当令一切众生得佛菩提，我当令一切众生成满大愿，我当于一切众生犹如慈父，我当令一切众生智慧观察，我当施一切众生资生之具，我当于一切众生犹如慈母，生长一切善根大愿。'佛子！菩萨摩诃萨如是修行诸善根时，于恶众生不生疲厌，亦不误起弃舍之心。设满世间一切众生悉不知恩，菩萨于彼初无嫌恨，不生一念求反报心，但欲灭其无量苦恼，于诸世间心如虚空，无所染著，普观诸法真实之相，发大誓愿灭众生苦，永不厌舍大乘志愿，灭一切见，修诸菩萨平等行愿。

　　"佛子！菩萨摩诃萨如是观察已，摄诸善根，悉以回向，所谓愿一切众生念念滋生无量善法，成就无上园林之心；愿一切众生得不动法，见一切佛皆令欢喜；愿一切众生乐法园苑，得诸佛刹园苑妙乐；愿一切众生得净妙心，常见如来神足园林；愿一切众生得佛戏乐，常善游戏智慧境界；愿一切众生得游戏乐，普诣佛刹道场众会；愿一切众生成就菩萨解脱游戏，尽未来劫，行菩萨行，心无疲倦；愿一切众生见一切佛充满法界，发广大心，住佛园林；愿一切众生悉能遍往一切佛刹，一一刹中供养诸佛；愿一切众生得善欲心，清净庄严一切佛刹。是为菩萨摩诃萨布施一切园林、台榭善根回向，为令众生见一切佛，游戏一切佛园林故。

"佛子！菩萨摩诃萨作百千亿那由他无量无数广大施会，一切清净，诸佛印可，终不损恼于一众生，普令众生远离众恶，净三业道，成就智慧，开置无量百千亿那由他阿僧祇清净境界，积集无量百千亿那由他阿僧祇资生妙物，发甚难得菩提之心，行无限施，令诸众生住清净道，初、中、后善，生净信解，随百千亿无量众生心之所乐，悉令欢喜，以大慈悲救护一切，承事供养三世诸佛，为欲成就一切佛种，修行布施，心无中悔，增长信根，成满胜行，念念增进檀波罗蜜。菩萨尔时，以诸善根如是回向，所谓愿一切众生发大乘心，悉得成就摩诃衍施；愿一切众生皆悉能行大会施、尽施、善施、最胜施、无上施、最无上施、无等等施、超诸世间施、一切诸佛所称叹施；愿一切众生作第一施主，于诸恶趣勉❹济众生，皆令得入无碍智道，修平等愿如实善根，得无差别证自境智；愿一切众生安住寂静诸禅定智，入不死道，究竟一切神通智慧，勇猛精进，具足诸地，庄严佛法，到于彼岸，永不退转；愿一切众生设大施会，终不疲厌，给济众生，无有休息，究竟无上一切种智；愿一切众生恒勤种植一切善根，到于无量功德彼岸；愿一切众生常蒙诸佛之所称叹，普为世间作大施主，功德具足，充满法界，遍照十方，施无上乐；愿一切众生设大施会，广集善根，等摄众生，到于彼岸；愿一切众生成最胜施，普令众生住第一乘；愿一切众生为应时施，永离非时，大施究竟；愿一切众生成就善施，到佛丈夫大施彼岸；愿一切众生究竟常行大庄严施，尽以一切诸佛为师，悉皆亲近，兴大供养；愿一切众生住清净施，集等法界无量福德，到于彼岸；愿一切众生于诸世间为大施主，誓度群品，住如来地。是为菩萨摩诃萨设大施会善根回向，为令众生行无上施、究竟佛施、成就善施、不可坏施、供诸佛施、无恚恨施、救众生施、成一切智施、常见诸佛施、善精进施、成就一切菩萨功德诸佛智慧广大施故。

"佛子！菩萨摩诃萨布施一切资生之物，心无贪惜，不求果报，于世富乐，无所希望，离妄想心，善思惟法；为欲利益一切众生，审观一切诸法实性，随诸众生种种不同，所用所求各各差别，成办*无量资生之具，所有严饰悉皆妙好，行无边施，行一切施，尽内外施。行此施时，增志乐力，获大功德，成就心宝，常能守护一切众生，皆令发生殊胜志愿，初未曾有求反报心，所有善根等三世佛，悉以圆满一切种智。佛子！菩萨摩诃萨以此布施所有善根回向众生：'愿一切众生清净调伏；愿一切众生灭除烦恼，严净一切诸佛刹土；愿一切众生以清净心，于一念中周遍法界；愿一切众生智慧充满虚空法界；愿一切众生得一切智，普入三世调伏众生，于一切时常转清净不退法轮；愿一切众生具一切智，善能示现神通方便，饶益众生；愿一切众生悉能悟入诸佛菩提，尽未来劫，于十方世界，常说正法，曾无休息，令诸众生普得闻知；愿一切众生于无量劫修菩萨行，悉得圆满；愿一切众生于一切世界若染、若净、若小、若大、若粗、若细、若覆、若仰，或一庄严，或种种庄严所可演说，在世界数诸世界中，修菩萨行靡不周遍；愿一切众生于念念中常作三世一切佛事，教化众生向一切智。'

"佛子！菩萨摩诃萨随诸众生一切所须，以如是等阿僧祇物而为给施，为令佛法相续不断，大悲普救一切众生，安住大慈，修菩萨行，于佛教诲终无违犯，以巧方便修行众善，不断一切诸佛种性，随求悉与而无患厌，一切悉舍未曾中悔，常勤回向一切智道。时，十方国土，种种形类，种种趣生，种种福田，皆来集会，至菩萨所，种种求索。菩萨见已，普皆摄受，心生欢喜，如见善友，大悲哀愍，思满其愿，舍心增长，无有休息，亦不疲厌，随其所求，悉令满足，离贫穷苦。时，诸乞者心大欣庆，转更称传，赞扬其德，美声遐布，悉来归往。菩萨见已，欢喜无量，假使百千亿那由他劫受帝释乐，无数劫受夜摩天乐，无量劫受兜率陀天乐，无边劫受善变化天乐，无等劫受他化自在天乐，不可数劫受梵王乐，不可称劫受转轮王王三千乐，不可思劫受遍净天乐，不可说劫受净居天乐，悉不能及。菩萨摩诃萨见乞者来，欢喜爱乐，欣庆踊跃，信心增长，志乐清净，诸根调顺，信解成满，乃至增进诸佛菩提。佛子！菩萨摩诃萨以此善根，为欲利益一切众生故回向，为欲安乐一切众生故回向，为令一切众生得大义利故回向，为令一切众生悉得清净故回向，为令一切众生悉求菩提故回向，为令一切众生悉得平等故回向，为令一切众生悉得贤善心故回向，为令一切众生悉入摩诃衍故回向，为令一切众生悉得贤善智慧故回向，为令一切众生悉具普贤菩萨行愿满十力乘现成正觉故回向。

"佛子！菩萨摩诃萨以诸善根如是回向时，身、口、意业皆悉解脱，无著无系，无众生想，无命者想，无补伽罗想，无人想，无童子想，无生者想，无作者想，无受者想，无有想，无无想，无今世、后世想，无死此生彼想，无常想，无无常想，无三有想，无无三有想，非想非非想。如是，非缚回向，非缚解回向，非业回向，非业报回向，非分别回向，非无分别回向，非思回向，非思已回向，非心回向，非无心回向。佛子！菩萨摩诃萨如是回向时，不著内，不著外，不著能缘，不著所缘，不著因，不著果，不著法，不著非法，不著思，不著非思，不著色，不著色生，不著色灭，不著受、想、行、识，不著受、想、行、识生，不著受、想、行、识灭。

"佛子！菩萨摩诃萨若能于此诸法不著，则不缚色，不缚色生，不缚色灭，不缚受、想、行、识，不缚受、想、行、识生，不缚受、想、行、识灭。若能于此诸法不缚，则亦于诸法不解。何以故？无有少法，若现生、若已生、若当生，无法可取，无法可著。一切诸法自相如是，无有自性，自性相离，非一、非二、非多、非无量，非小、非大，非狭、非广，非深、非浅，非寂静、非戏论，非处、非非处，非法、非非法，非体、非非体，非有、非非有。菩萨如是观察诸法，则为非法；于言语中随世建立，非法为法；不断诸业道，不舍菩萨行，求一切智终无退转。了知一切业缘如梦，音声如响，众生如影，诸法如幻，而亦不坏因缘业力，了知诸业其用广大，解一切法皆无所作，行无作道未尝暂废。

"佛子！此菩萨摩诃萨住一切智，若处、非处，普皆回向一切智性，于一切处皆悉回向，无有退转。以何义故说名回向？永度世间至于彼岸，故名回向；永出诸蕴至于彼岸，故名回向；度言语道至于彼岸，故名回向；离种种想至于彼岸，故名回向；永断身见至于彼岸，故名回向；永离依处至于彼岸，故名回向；永绝所作至于彼岸，故名回向；永出诸有至于彼岸，故名回向;永舍诸取至于彼岸，故名回向;永出世法至于彼岸，故名回向。佛子！菩萨摩诃萨如是回向时，则为随顺佛住，随顺法住，随顺智住，随顺菩提住，随顺义住，随顺回向住，随顺境界住，随顺行住，随顺真实住，随顺清净住。

"佛子！菩萨摩诃萨如是回向，则为了达一切诸法，则为承事一切诸佛，无有一佛而不承事，无有一法而不供养，无有一法而可灭坏，无有一法而可乖违，无有一物而可贪著，无有一法而可厌离，不见内外一切诸法，有少灭坏，违因缘道，法力具足，无有休息。

"佛子！是为菩萨摩诃萨第六随顺坚固一切善根回向。菩萨摩诃萨住此回向时，常为诸佛之所护念，坚固不退，入深法性，修一切智，随顺法义，随顺法性，随顺一切坚固善根，随顺一切圆满大愿。具足随顺坚固之法，一切金刚所不能坏，于诸法中而得自在。"

尔时，金刚幢菩萨观察十方、观察众会、观察法界已，入于字句甚深之义，修习无量广大之心，以大悲心普覆世间，长去、来、今佛种性心，入于一切诸佛功德，成就诸佛自在力身，观诸众生心之所乐，随其善根所可成熟，依法性身为现色身，承佛神力，而说颂言：

菩萨现身作国王，于世位中最无等，福德威光胜一切，普为群萌兴利益。

其心清净无染著，于世自在咸遵敬，弘宣正法以训人，普使众生获安隐。

现生贵族升王位，常依正教转法轮，禀性仁慈无毒虐，十方敬仰皆从化。

智慧分别常明了，色相才能皆具足，临驭率土靡不从，摧伏魔军悉令尽。

坚持净戒无违犯，决志堪忍不动摇，永愿蠲除忿恚心，常乐修行诸佛法。

饮食香鬘及衣服，车骑床褥座与灯，菩萨悉以给济人，并及所余无量种。

为利益故而行施，令其开发广大心，于尊胜处及所余，意皆清净生欢喜。

菩萨一切皆周给，内外所有悉能舍，必使其心永清净，不令暂尔生狭劣。

或施于头或施眼，或施于手或施足，皮肉骨髓及余物，一切皆舍心无吝。

菩萨身居大王位，种族豪贵人中尊，开口出舌施群生，其心欢喜无忧恋。

以彼施舌诸功德，回向一切诸众生，普愿藉此胜因缘，悉得如来广长舌。

或施妻子及王位，或施其身作僮仆，其心清净常欢喜，如是一切无忧悔。

随所乐求咸施与，应时给济无疲厌，一切所有皆能散，诸来求者普满足。

为闻法故施其身，修诸苦行求菩提，复为众生舍一切，求无上智不退转。

以于佛所闻正法，自舍其身充给侍，为欲普救诸群生，发生无量欢喜心。

彼见世尊大导师，能以慈心广饶益，是时踊跃生欢喜，听受如来深法味。

菩萨所有诸善根，悉以回向诸众生，普皆救护无有余，永使解脱常安乐。

菩萨所有诸眷属，色相端严能辩慧，华鬘衣服及涂香，种种庄严皆具足。

此诸眷属甚希有，菩萨一切皆能施，专求正觉度群生，如是之心无暂舍。

菩萨如是谛思惟，备行种种广大业，悉以回向诸含识，而不生于取著心。

菩萨舍彼大王位，及以国土诸城邑，宫殿楼阁与园林，僮仆侍卫皆无吝。

彼于无量百千劫，处处周行而施与，因以教导诸群生，悉使超升无上岸。

无量品类各差别，十方世界来萃止，菩萨见已心欣庆，随其所乏令满足。

如三世佛所回向，菩萨亦修如是业，调御人尊之所行，悉皆随学到彼岸。

菩萨观察一切法，谁为能入此法者？云何为入何所入？如是布施心无住。

菩萨回向善巧智，菩萨回向方便法，菩萨回向真实义，于其法中无所著。

心不分别一切业，亦不染著于业果，知❺菩提性从缘起，入深法界无违逆。

不于身中而有业，亦不依止于心住，智慧了知无业性，以因缘故业不失。

心不妄取过去法，亦不贪著未来事，不于现在有所住，了达三世悉空寂。

菩萨已到色彼岸，受想行识亦如是，超出世间生死流，其心谦下常清净。

谛观五蕴十八界，十二种处及己身，于此一一求菩提，体性毕竟不可得。

不取诸法常住相，于断灭相亦不著，法性非有亦非无，业理次第终无尽。

不于诸法有所住，不见众生及菩提，十方国土三世中，毕竟求之无可得。

若能如是观诸法，则如诸佛之所解，虽求其性不可得，菩萨所行亦不虚。

菩萨了法从缘有，不违一切所行道，开示解说诸业迹，欲使众生悉清净。

是为智者所行道，一切如来之所说，随顺思惟入正义，自然觉悟成菩提。

诸法无生亦无灭，亦复无来无有去，不于此死而生彼，是人解悟诸佛法。

了达诸法真实性，而于法性无分别，知法无性无分别，此人善入诸佛智。

法性遍在一切处，一切众生及国土，三世悉在无有余，亦无形相而可得。

一切诸佛所觉了，悉皆摄取无有余，虽说三世一切法，如是等法悉非有。

如诸法性遍一切，菩萨回向亦复然，如是回向诸众生，常于世间无退转。

注释

❶ "办"（＊），大正本原作"辨"，今依三本及宫本改之。

❷ "灾"，大正本原作"栽"，今依三本及宫本改之。

❸ "系"，大正本原作"继"，今依三本改之。

❹ "勉"，大正本原作"免"，今依三本及宫本改之。

❺ "知"，大正本原作"如"，今依三本及宫本改之。

【白话语译】

　　"佛子啊！菩萨摩诃萨如果见到如来出现在这个世上演说正法，他就发出大音声，告知众生：'如来出世了！如来出世了！'使他们得以听闻佛陀的名号，舍离一切的我慢与戏论。他又劝导众生，使他们立刻见到佛陀，而得以忆念佛陀、归依佛陀、攀缘佛陀、观察佛陀、赞叹佛陀。他又告诉他们：'佛陀是难得值遇的！要经过千万亿劫的时间才会出现一次。'

　　"众生因此而得见佛陀，生起清净的信心，欢喜踊跃，无不尊重供养佛陀。他们后来又在佛所听闻诸佛的名号，更值遇无数的诸佛，种下了各种善行的根本，并精勤修习以增长善根。这时，无数百千万亿那由他的众生，因为见佛的缘故，都证得清净与究竟的调伏。这些众生都认为菩萨是最好的善知识，因为只有菩萨，才能成就佛法，才能将无数劫所种下的善根普施世间广作佛事。

　　"佛子啊！菩萨摩诃萨开示众生，使他们见到佛陀。他将这些善根如此回向：'愿众生不必等待劝说诱导，就能亲自前往觐见佛陀，并承事供养佛陀而心生欢喜。愿众生时常乐于见到佛陀，心中毫无废去舍离的念头。愿众生时常精勤修习广大智慧，信受奉持一切诸佛法藏。愿众生随着所听闻的声音，能完全了悟佛法，能在无量劫的时间勤修菩萨行。愿众生安住正念，能够用智慧的心眼不断地看见佛陀出兴世间。愿众生不再忆念其他的事情，而时常忆念亲见佛陀，精勤修习佛陀的十力。愿众生在任何的地方都能见到诸佛，了解诸佛如来是遍满整个虚空法界的。愿众生具足诸佛的自在身，普遍示现十方世界成道说法。愿众生遇到善知识，时常听闻到佛法，对于诸佛如来始终信心坚固，无有退失。愿众生称叹诸佛出现世间，使见到如来的人普遍得证清净。'

　　"以上是菩萨摩诃萨赞叹诸佛出兴世间，所发的善根回向。这都是为了使众生见到一切诸佛而供养承事，并在无上法之中得到究竟的清净。

　　"佛子啊！菩萨摩诃萨施舍整个大地，或是布施诸佛，用来建造精舍；

或是布施菩萨众以及善知识，任他们的需要随意使用；或是布施僧众，当作居住的处所；或是布施父母，或是布施别人，或是布施声闻、独觉等种种的福田，乃至于布施一切贫穷、孤独的人，以及其余的比丘、比丘尼、优婆塞、优婆夷等四众，都随他们的心意完全施与，使他们没有匮乏；或是布施建造如来的塔庙。对于以上所有的有情众生，无不为他们筹办资生的器具杂物，让他们随意使用，免除生活的恐惧。

"菩萨摩诃萨在任何地方布施土地的时候，都将这些善根如此回向：'愿众生具足清净的一切智地，到达普贤菩萨各种胜行的彼岸。愿众生得证总持的境地，正念受持一切佛法。愿众生得到住持的力量，恒常守护佛陀的一切教诲。愿众生得到如地心，对所有的人，都能以清净的心意加以看待，没有任何恶念。愿众生总持诸佛的种性，不断地成就菩萨各种境地的次第。愿众生普遍成为其他人的安稳处所，使他们的杂染完全调伏，安住在清净道中。愿众生就如同诸佛如来一般利益世间，使他们精勤修学，安住于佛力。愿众生普遍为世人所爱乐，并能使世人安住在无上的佛乐之中。愿众生获得善巧方便，安住在佛陀的各种力量与无畏法当中。愿众生得证如地智，能够自在地修行一切佛法。'

"以上是菩萨摩诃萨布施大地时，所发的善根回向。这都是为了使众生能究竟一切如来清净地。

"佛子啊！菩萨摩诃萨或是布施僮仆，供养一切诸佛、菩萨、善知识，或是布施出家众，或是用来奉养父母——因为父母是尊贵殊胜的福田；或是布施给疾病苦痛的众生，使他们毫无匮乏地延续生命；或是布施给贫穷、孤独，以及其余一切无人赡养侍奉的人。菩萨或是为了守护诸佛如来的塔庙，或是为了书写奉持诸佛的正法，随时布施百千亿那由他的仆使。

"这些仆使都是十分聪慧善巧，性情调和柔顺，做事积极勤快，不会松懈惰怠，并且具有正直心、安乐心、利益心、仁慈心、恭敬恪守心、毫无怨恨心、不仇视敌人心，能够随顺各方习俗，帮每一位受施者都做好事情。这些仆使都是因菩萨的清净业力感应而生，他们的才能、技艺、工巧、算数无不通达，都能善巧地供养侍奉受施者。

"菩萨在布施僮仆时，将这些善根如此回向：'愿众生内心调顺，能在一切佛刹修习善根。愿众生随顺供养诸佛，完全听受佛陀所说的一切教法。愿众生能为佛陀摄受，恒常睹见诸佛如来，心中不生任何妄念。愿众生不败坏佛陀的种性，精勤修习一切随顺诸佛的善根。愿众生时常精勤供养诸佛，没有间断。愿众生摄持诸佛的妙义，具足清净的言辞，无所畏惧地游行一切世界。愿众生十分殷切地乐于见佛，不惜身命实践诸佛所行。愿众生亲见诸佛，心中毫无染污执着，远离世间所依止的一切。愿众生只依归于佛陀，永远离弃一切邪恶，永不归依邪魔外道。愿众生都能随顺佛道，追随无上佛法。'

"以上是菩萨摩诃萨布施仆使时，所发的善根回向。这都是为了使众生远离一切尘垢，净治诸佛的境地，在自身中示现如来的自在身。

"佛子啊！菩萨摩诃萨以身体布施乞者时，生中谦恭，心如大地，生出忍受众苦无变动心，生出侍奉众生不疲厌心，生出犹如慈母般将各种善物回向所有众生之心，生出宽恕各种愚痴险恶众生的种种侵凌之心，而安住善根中，精勤地奉事众生。

"菩萨布施身体时，将这些善根如此回向：'愿众生所需从无匮乏，修习菩萨行永不间断，不曾舍弃任何的菩萨义利，善于实行菩萨大道，了达菩萨的平等法性，能够参与诸佛种性，持用真实的语言，总持菩萨的妙行；使整个世界得到清净的佛法，虔心地信解佛法，证得法的究竟境界；使众生出生清净的增上善根，安住在大功德中，并具足一切智慧。又以这些善根，使众生时常供养诸佛，了解一切佛所说法，不管是信受、奉持、读诵，都能总持不忘、不失念、不沮坏，意念不散不乱，内心善巧调伏；如果不能调伏，则能用寂静法加以调伏。使众生在诸佛所住，都能安住于这些事相中。又以这些善根，使每个人成为人间最尊贵的塔庙，应受世间种种供养；使每个人成为最上的福田，得到诸佛的智慧，了悟一切的佛法；使每个人成为最上的摄受者，能够普遍饶益众生；使每个人都成为最上福利，能够让别人具足一切的善根；使每个人都成为最好布施之人，让别人获得无量的福报；使众生完全出离三界；使每个人都成为最好的导师，能够为

世间开示如实的大道；使众生得到微妙的总持陀罗尼，能够具足所有的诸佛正法；使众生证得无量第一法界，具足虚空的无碍正道。'

"以上是菩萨摩诃萨布施自己的身体时，所发的善根回向。这都是为了使众生获得应受供养的无量智身。

"佛子啊！菩萨摩诃萨听闻佛法的时候非常高兴，并生起清净的信心，愿意用自己的身体供养诸佛，欢喜地信仰解悟无上法宝，忆想父母般地忆念诸佛，读诵受持无碍的道法，证入无数那由他数的法门、大智慧宝、诸善根门。他的心中时常忆念无以数计的佛陀，并且亲证佛陀的境界，深解佛法的义理，能用如来微妙秘密的梵音，兴布佛法的彩云，降下佛法的甘霖，具足勇猛与自在；又能够分别演说一切智慧之人的第一境地，具足成就诸佛一切种智的行法，以无量百千亿那由他数的大法圆满各种根性。

"佛子啊！菩萨摩诃萨从于诸佛听闻佛法，心中欢喜无量，所思所行皆合乎正法。他断除自己的疑惑，也断除他人疑惑；心中一直都非常顺畅怡乐，功德成就圆满；善根完备满足，正心意念相续不断；能够普遍利益世间，完全不虞匮乏；智慧最胜，成就犹如金刚的宝藏；并且时常亲近诸佛，清净诸佛刹土，精勤供养一切如来。

"菩萨这时将这些善根如此回向：'愿众生获得圆满殊胜的妙身，为诸佛所摄受。愿众生常亲近诸佛，依止诸佛的境界，常能觐见瞻仰诸佛，未曾疏远。愿众生证得清净不坏的身体，具足所有的功德智慧。愿众生时常精勤供养诸佛，实践无所得的究竟梵行。愿众生证得无我身，离于我以及我所的错觉。愿众生分身遍满十方刹土，犹如幻影般地示现，而实际上不曾来往。愿众生证得自在身，无我无受地普遍前往十方世界。愿众生从佛身出生，以诸佛如来的无上妙身为居处。愿众生证得法力身，具足忍辱的大威力，没有人能够加以破坏。愿众生证得无比身，成就如来的清净法身。愿众生成就出世间功德之身，出生在无所得的清净法界。'

"以上是菩萨摩诃萨用身体供养诸佛时，所发的善根回向。这都是为了使众生永远安住在三世诸佛之家。

"佛子啊！菩萨摩诃萨用身体布施众生，是为了使众生成就善根、忆念善根，所以他才自愿以自己的身体作为广大的明灯，普照众生；又作为大众喜爱的乐具，普遍摄受众生；又作为微妙的法藏，普遍任持众生；又作为清净的光明，普遍开晓众生；又作为世间光明的妙相，使每个人时常得以睹见；又作为善根的因缘，使每个人时常得以值遇；又作为真实的善知识，使众生完全得到教育诱导；又作为平坦大道，使众生行进安稳；又作为无上具足的一切安乐，使众生脱离痛苦得到清净；又作为光明清净的太阳，周遍无遗地促成世间的平等利益。

"这时，菩萨将这些善根如此回向：'愿众生时常亲近佛陀，证入佛陀的智慧境地。愿众生得到随顺的智慧，安住在无上觉地。愿众生常常参加诸佛的集会，心意能够善巧调伏。愿众生的作为合乎轨则，具足佛陀的威仪。愿众生获得涅槃境界，深刻地了解诸法的真义。愿众生具备知足的行持，生在诸佛如来家中。愿众生舍弃无明的念头，安住在诸佛的志乐当中。愿众生生出殊胜的善根，圆满地端坐菩提树下。愿众生灭除烦恼贼害，远离心中怨恨伤害。愿众生全心全力地护持一切佛法。'

"以上是菩萨摩诃萨用身体布施一切众生时，所发的善根回向。这都是为了要利益众生，使他们获致无上安稳的处所。

"佛子啊！菩萨摩诃萨用自己的身体给待供养诸佛，对于诸佛心生报答重恩，就好比对待父母一般。他又对诸佛如来生起甚深的信心喜乐，用清净心护持诸佛菩提，持守诸佛正法；离弃一切世间的妄想贪着，出生在诸佛如来家中；随顺诸佛，离弃诸魔的境界；了达诸佛所行，成为一切诸佛的法器。

"这时，菩萨将这些善根如此回向：'愿众生心得清净，能用一切智慧珍宝庄严自己。愿众生证得善巧调伏，远离所有的不善业力。愿众生证得不可破坏的坚固眷属，普遍摄受诸佛正法。愿众生成为佛陀的弟子，受菩萨灌顶。愿众生时常为诸佛摄受，永远断离一切的不善法。愿众生随顺诸佛，修行菩萨最殊胜法。愿众生证入佛陀的境界，得到一切智的授记。愿众生与诸佛如来完全平等，能成就自在一切佛法。愿众生为诸佛所摄受，不断修行无取着业。愿众生常为诸佛的第一侍者，圆满诸佛修的智慧行。'

"以上是菩萨摩诃萨给侍供养诸佛时，所发的善根回向。这都是为了证得诸佛菩提，救护一切众生出离三界，成就无损恼心，得证无量广大的菩提，成就普照佛法的智慧，时常蒙受诸佛的摄受，得到诸佛的护持；以及让自己信解一切佛法，成就三世诸佛平等善根，圆满无悔恨心，证得一切佛法。

　　"佛子啊！菩萨摩诃萨或是布施国土中所有物品，甚至于连王位能都舍弃；对于所有世事，也能够安稳自在，毫无系着，毫无束缚，没有任何贪恋执着。他远离所有的恶业，饶益所有的众生；不执着业力果报，不欣乐世间诸法；不会再贪染各种存在的现象。他虽然安住世间，但是自性却从不为世间所染着；心中不执着身心的五蕴、十二界、十八处等法，对于内外诸法也没有任何依止执着。他从不忘失所有的菩萨行，未曾疏远任何善知识；总持一切菩萨的广大行愿，乐于承事一切善智识。

　　"这时，菩萨将这些善根如此回向：'愿每个人都成为伟大的法王，能于一切法中得到自在，到达究竟的涅槃彼岸。愿每个人都成为佛陀法王，摧灭一切的烦恼怨贼。愿每个人都安住诸佛的法王宝位，成就如来的智慧，开示诸佛的法要。愿每个人都安住佛陀的境界，转动无上自在的法轮。愿每个人都出生在诸如来家，证得所有法的自在，护持佛陀的种性，使其永不断绝。愿每个人都开示无量法王的正法，成就无边的诸大菩萨。愿每个人都安住在清净的法界，成为伟大的法王，示现佛佛相继出生的盛况。愿每个人能于一切世界中成为智慧的王者，教化导引大众不曾须臾舍离。愿每个人都能普遍为法界、虚空界等所有世界的众生作法布施，使众生证得大乘境界。愿每个人都得以成就具足众善的王者，成就与三世诸佛平齐同等的善根。'

　　"以上是菩萨摩诃萨布施王位时，所发善根回向。这都是为了使所有的众生究竟安住于安稳之处。

　　"佛子啊！凡有人前来向菩萨摩诃萨乞讨王城京都、庄严华丽的大城，以及所有关防的运输税收时，菩萨都完全布施给与，心中毫无吝惜。他只是专心一意趣向菩提大道，发起广大的誓愿，安住大慈的境界，精勤实践大悲拔苦的行持，欢悦地利益众生；并且用广大的智慧，深刻了解稀有的佛法，让自己安住于诸佛的平等法性。这样的布施，都是为了求得一切智慧，为了对自在的佛法生起由衷的喜乐，为了求取自在的智慧，为了清净修持一切功德，为了安住在坚固广大的智慧中，为了广集各类善根，为了修行一切佛法的愿力，为了自然觉悟大智的佛法，为了安住在无有退转的菩提心，也为了修习一切菩萨行愿、究竟一切种智。

"菩萨将这些善根如此回向：'愿众生庄严清净无量的佛刹国土，以奉献诸佛作为住处。愿众生时常欣乐地住于寂静处所，安住寂静不动的境界。愿众生不必依止王城京都与聚落，就能乐于寂静，得证究竟的境界。愿众生不执着于世间的逸乐，乐于远离世间一切的语言。愿众生舍离贪着心，布施所有的资财，毫无悔恨。愿众生得证出离心，舍弃所有的家业。愿众生证得无吝心，常能布施一切。愿众生证得不执着心，远离所有居家之法。愿众生证得远离诸苦的境界，除灭一切的灾难横逆与恐怖畏惧。愿众生庄严清净十方一切世界，而将这功德奉献布施诸佛。'

"以上是菩萨摩诃萨布施王城京都时，所发的善根回向。这都是为了使众生庄严清净诸佛的刹土。

"佛子啊！菩萨摩诃萨的内宫眷属、妓侍众女，颜貌都十分端正，具足各种才能，她们的谈笑、歌舞也都非常娴熟巧妙。她们用种种衣饰、花朵、香味庄严自身，使见到的人都心生欢喜。这些百千万亿那由他数的宝女，都是从菩萨的善业中出生的，能够随顺众生的心意，举止恭顺毫无缺失。菩萨布施她们给前来乞讨的人，而丝毫不心存爱乐、顾恋、耽着、系缚、执取、贪染、分别、随逐、执取、乐欲等念头。

"这时，菩萨观察所有的善根而作回向，这都是为了使众生出离五浊世间，得到佛法的法喜，能于不坚固的境界当中得到坚固，得证金刚智慧不可坏心，进入佛陀的道场，到达涅槃的彼岸，得到无上的菩提心，能够用智慧了达诸法，出生一切的善根，进入三世诸佛家。

"佛子啊！菩萨摩诃萨安住在如此法中，生于如来家中，增长诸佛清净殊胜的因缘，出生一切最殊胜的智慧之道，深入菩萨广大的智慧事业，灭除一切世间的尘垢恼烦，常能供给布施功德福田。他为众生善巧说明奥妙的佛法，使他们修习各种清净行，能够精勤不断地摄取一切善根。

"这时，菩萨将这些善根如此回向：'愿众生得证无量的三昧眷属，菩萨的殊胜定境能够相续不断。愿众生乐于见佛，证入诸佛的庄严三昧。愿众生成就菩萨不可思议的禅定，自在游戏于无量神通境界。愿众生证入如实的定境，成就金刚一般的不坏心。愿众生完全得证菩萨的甚深三昧，能随意证入各种禅定。愿众生证得解脱心，成就一切三昧眷属。愿众生的种种三昧善巧，能够摄取所有的三昧。愿众生证得殊胜的智慧三昧，普遍学习各种三昧法门。愿众生成就无碍的三昧，证入甚深的禅定，始终不曾退失。愿众生得证无执着的三昧，心中恒常正受正定，不执取对立的二法，行止皆依于中道。'

"以上是菩萨摩诃萨布施一切内宫眷属时的善根回向。这都是为了使众生证得不坏的清净眷属；又为了使众生获得菩萨眷属；又为了使众生满足佛法；又为了使众生满足一切智慧力；又为了使众生证得无上智慧；又为了使众生得到随顺眷属；又为了使众生与有志一同的人共同居止；又为了使众生具足一切福德智慧；又为了使众生成就清净善根；又为了使众生得到善良和悦的眷属；又为了使众生成就如来清净法身；又为了使众生成就如理次第的辩才，以善说诸佛无尽的法藏；又为了使众生永远舍离一切世俗善根，以共同修行出世的清净善根；又为了使众生的业力清净圆满，以成就一切清净法；又为了使众生得见一切佛法，以法光明普遍庄严清净。

"佛子啊！菩萨摩诃萨布施他挚爱的妻子，就如往昔的须达拿太子、现庄严王菩萨，以及其余无量诸菩萨，为了广度众生，愿意布施妻子成就菩提。这时，菩萨以一切种智心布施，清净修习菩萨的布施之道。他的心中完全清净，毫无悔恨，能够舍弃所有的珍宝，专心一志求取智慧。他使众生生起甚深清净的志向意乐，成就菩提胜行，观察菩萨之道，忆念诸佛菩提，安住在佛陀的种性之中。

"菩萨摩诃萨成就如此的布施心之后，更决定勤求如来的妙身。因为他观察自己的身体被一切外境系缚不得自在，于是又将自己的身体布施众生，就犹如宝洲能够供给一切满足众生。

"菩萨如此护念众生，发愿以自身成就至上的塔庙，普使众生起欢喜心；愿在世间生起平等心，愿作众生的清凉地，愿给予众生一切的安乐，愿为众生作大施主。这实在都是因为他具足了自在的智慧，了知菩萨的一切行为，才能发起如此的大誓愿、大庄严，趣向一切的智慧，愿成就无上的智慧福田。他周遍无遗地忆念众生，时常随从守护，而成就自身的利益。他的智慧光明普照世间，时常精勤地忆念菩萨的布施心，总是乐于观察如来的境界。

"佛子啊！菩萨摩诃萨以无束缚、无执着的解脱心布施妻子，他将此布施所集聚的善根如此回向：'愿众生安住在佛陀的菩提之中，能成就变化身，周遍所有的法界，转动不退的法轮。愿众生得到无染着的身体，愿力遍行一切佛刹。愿众生舍弃爱憎心，断除贪欲与嗔恚的烦恼结。愿众生成为诸佛的身生子女，随顺诸佛而行。愿众生对诸佛生出不可沮坏的同己心。愿众生常为佛子，从佛法当中化生。愿众生得到究竟的处所，成就如来的自在智慧。愿众生证得诸佛菩提，永远断离所有的烦恼。愿众生具足演说诸佛的菩提大道，永远乐于修行无上的法布施。愿众生证得正定心，各种因缘都不能毁坏。愿众生端坐在菩提树下，成就最上正觉，开示无量从法化生的善男善女。'

"以上是菩萨摩诃萨布施妻子时，所发的善根回向。这都是为了使众生证得无碍解脱的无染着智慧。

"佛子啊！菩萨摩诃萨或是随应任何人的乞求，布施所有的庄严舍宅以及资生之具，践行布施的法门。他对于居家无所染着，远离一切的居家觉观❶，厌弃家业以及资财的器具，不贪取华服美食五欲的享受，心中毫无系缚执着。他了知家业无常易坏，心中早就厌弃舍离，根本不曾爱恋乐着；只是一心想要出家修习菩萨行，用修习诸佛所说的八万四千法门而证得的菩提道果来庄严自身。他能完全舍弃拥有的一切，心中没有半点悔恨，所以时常为诸佛赞叹。不管是房舍、屋宅，以及一切身外资财，只要是他所有的，他全都慷慨布施给人，心中毫无贪恋染着；凡是有人前来乞求，菩萨反而欢喜庆幸。

"这时，菩萨将这些善根如此回向：'愿众生舍离妻子儿女，成就出家最上妙乐。愿众生解脱家庭的束缚，深入非家的境界，能在佛法中修行清净的梵行。愿众生除去吝啬的习气，乐行一切布施，心中毫无退转。愿众生永离家居生活，少欲知足，没有任何的因藏积聚。愿众生出离世俗的家庭，安住在如来家中。愿众生得证无碍法，灭除一切障碍。愿众生远离对家属的贪爱，即使示现居家法相，心中也没有任何执着。愿众生能够善巧化诱，不离尘世居家之法，也能宣说诸佛智慧。愿众生虽然示现在家相，但心中仍能随顺诸佛的智慧安住。愿众生居家时仍能安住佛地，普遍使无量无边的众生欢喜自在。'

"以上是菩萨摩诃萨布施房舍屋宅时的善根回向，这都是为了使众生成就菩萨种种行愿的神通智慧。

"佛子啊！菩萨摩诃萨布施种种园林、台榭，以及游戏快乐的庄严处所时，心里想着：'我应当为众生建造极好的园林，为众生示现佛法的喜乐，布施众生无量欢喜，为众生示现无边的喜乐，为众生开启清净的法门，使众生欢喜，使众生得证诸佛的菩提，圆满众生的大愿，犹如慈父对待众生，使众生以智慧观察世间，布施众生资养生息的工具，犹如慈母对待众生，发起一切善根的大愿。'

"佛子啊！菩萨摩诃萨如此修行各种善根时，对于邪恶的众生也不会感到疲厌，也不会错误地生起舍弃之意。假设世间众生都不知报恩，菩萨对他们既不曾生起丝毫的嫌恨，也不会希望他们回报，菩萨只是为了灭除他们的无量苦恼而已。他的心量宛如虚空，毫不污染执着任何世事，只是普遍观察诸法真实的相貌。他誓愿灭除众生的苦难，永远不曾厌弃舍离大乘的志愿；又灭除一切执着见地，修行所有菩萨的平等行愿。

"佛子啊！菩萨摩诃萨如此观察之后，将所摄受的种种善根完全回向：'愿众生念念都能滋生无量的善法，生起造设无上园林的心念。愿众生得证不动法门，亲见诸佛，并使诸佛欢喜。愿众生喜乐佛法的园苑，得到诸佛刹土园苑的微妙喜乐。愿众生证得清净微妙心，时常得见如来神足通所示现的园林。愿众生得证诸佛的游戏妙乐，能够游戏于智慧的境界。愿众生得证游戏境界的妙乐，普遍前往诸佛国土的道场众会。愿众生成就菩萨的解脱游戏，穷尽未来的时劫，都能实行菩萨的妙行，心中毫无疲倦。愿众生都能看见诸佛充满法界，而发起广大的心愿，安住在佛陀的园林里。愿众生普遍前往一切佛土，在各佛土中供养诸佛。愿众生证得善欲心，清净庄严一切的佛土。'

"以上是菩萨摩诃萨布施一切园林台榭时，所发的善根回向。这都是为了使众生见到诸佛，游戏于诸佛的园林中。

"佛子啊！菩萨摩诃萨作百千亿那由他无数无量的布施大会，并为清净的诸佛所赞叹印可，始终不曾损恼任何众生。他使众生远离诸恶，清净身、口、意三业，成就无上的智慧；又开显无量百千亿那由他阿僧祇的清净境界，积集无量百千亿那由他阿僧祇数的资生物品，发起甚为难得的菩提心作无限布施，使所有众生安住在清净道场中，初、中、后际都圆满美好，与会之人无不生起清净的信解。他随顺百千亿无量众生的喜乐，让他们都欢喜满足。他大慈大悲救护众生，并承事供养三世诸佛。他为了要成就诸佛种性，无悔地修行布施，增长信心的根器，成就圆满殊胜行，在念念当中增进了布施波罗蜜。

"这时，菩萨将这些善根如此回向：'愿众生发起大乘心，成就大乘的布施。愿众生实行广大众会的布施、穷尽的布施、善巧的布施、最殊胜的布施、无上的布施、最无上的布施、无等等的布施、超越所有世间的布施、诸佛所称叹的布施。愿每个人都成为至上的施主，在一切罪趣恶道当中救度众生，使他们都得以证入无碍的智慧大道，修习平等的愿力，获得如实的善根，得到无差别的境界，并证得一切皆是自性的智慧。愿众生安住在各种寂静的禅定智慧当中，证入不死之道，究竟圆满一切神通智慧，勇猛精进，具足所有境地的庄严佛法，到达涅槃的彼岸永不退转。愿众生设置广大的布施大会，始终不觉疲厌，给养救济众生，丝毫不曾休息，究竟证得无上种智。愿众生恒常精勤地种植一切善根，到达无量功德的彼岸。愿众生时常蒙受诸佛如来的称叹，能在所有的世间作大施主，具足一切功德，充满所有法界，普照十方法界，布施无上喜乐。愿每个人都能设置广大的布施大会，广泛地集聚各种善根，平等摄受众生，使他们到达涅槃的彼岸。愿每个人都能成就最殊胜的布施，遍使众生安住在第一佛乘中。愿众生应时布施，永远不作非时布施，成就广大的布施究竟。愿众生成就善巧的布施，能够达到诸佛丈夫广大布施的涅槃彼岸。愿众生究竟常行广大庄严的布施，以诸佛为导师，时常亲近诸佛，并兴布广大的供养。愿众生安住在清净的布施，聚集等同法界的无量福德，到达涅槃的彼岸。愿每个人都能在所有的世间成为大施主，誓度各类众生，使他们安住在如来的境地当中。'

"以上是菩萨摩诃萨广设布施大会时，所发的善根回向。这都是为了使众生践行无上的布施、究竟的诸佛布施、成就善巧的布施、不可坏的布施、供养诸佛的布施、无嗔恨的布施、救度众生的布施、成就一切智的布施、常见诸佛的布施、善于精进的布施、成就一切菩萨功德与诸佛智慧的广大布施。

"佛子啊！菩萨摩诃萨布施一切资生物品时，心中既不贪恋可惜，也不希求果报；完全不会祈求任何世间的富贵之乐，远离种种妄想，能够善巧地思惟佛法。他为了利益众生，审慎观察诸法的真实体性；又随顺各类众生的种种需求，成就了无数妙好的资生器具。他实行无边的布施，实行一切的布施，穷尽内外地布施；践覆这些布施善行，只会更增长他的喜乐，成就广大功德以及心中之宝。他经常守护众生，使他们发起殊胜的心志愿力，却从未曾希求回报。他的善根等同三世诸佛，都能圆满一切种智。

"佛子啊！菩萨摩诃萨将这些布施所得的善根，回向一切众生：'愿众生能够清净调伏。愿众生灭除所有的烦恼，清净一切的诸佛刹土。愿众生用清净的心，在一念当中周遍所有的法界。愿众生的智慧充满整个虚空法界。愿每个人都能得证一切智慧，普遍进入三世调伏众生，于一切时劫转动清净的不退转法轮。愿每个人都能具足一切智慧，善巧地示现神通方便，饶益一切众生。愿每个人都能够完全悟入诸佛的智慧，穷尽未来的时劫，在十方世界中演说正法不曾稍歇，以使众生都能听闻了知佛法。愿众生在无量的时劫，都能完全得证圆满的菩萨行。愿众生在任何世界，不管是污染、或是清净、或是小、或是大、或是粗、或是细，或是覆、或是仰，或是一庄严、或是极尽描绘的种种庄严等世界，都能周遍修习菩萨行。愿每个人念念都能作三世的一切佛事，教化众生趣向一切智慧。'

"佛子啊！菩萨摩诃萨随应众生的一切需要，以这些阿僧祇数的物品布施。他为了使佛法相续不断，用大悲普度众生，安住在大慈境界修习菩萨行，未曾违犯佛陀的教诲，始终善巧地修行众善，不曾断绝诸佛的种性。他随应众生的祈求而毫无厌烦地给予，一切都能完全无悔地舍弃，常能精勤地回向一切智慧之道。

"这时，十方国土当中的各类生灵、种种的六趣众生、种种的福田，都来集会；他们怀着种种希求，到达菩萨的所在。菩萨见到他们，犹如见到善友一般欢喜不已，并且以大悲哀悯的心满足他们、摄受他们。他的施舍心不断增长，即使不曾稍事歇息，也不会感到疲厌。他满足众生希求的一切，让他们都远离困苦。

"这时，前来乞讨的人无不欣喜庆悦，因而更称叹传颂，赞扬菩萨的功德。他的名声便因此不断地传布开来，许多人都跑来归依。菩萨见到之后，心中更是欢喜。他认为，即使是帝释天王在百千亿那由他劫中享受的快乐，或是无数劫中享受夜摩天的快乐、无量劫中享受兜率陀天的快乐、无边劫中享受善变化天的快乐、无等劫中享受他化自在天的快乐、不可数劫中享受梵王的快乐、不可称劫中享受转轮王统治三千大千世界的快乐、不可思劫中享受遍净天的快乐，不可说劫中享受净居天的快乐，都比不上这个布施的欢喜。菩萨摩诃萨见到乞讨的人前来，无不欢喜爱乐，信心增长，心志清净，身上诸根调顺柔和，圆满成就信心和知解，并且更加增进诸佛菩提。

"佛子啊！菩萨摩诃萨回向这些善根。这都是为了要利益众生，又为了要安乐众生，又为了使众生证得广大义利，又为了使众生证得清净，又为了使众生证得菩提，又为了使众生证得平等，又为了使众生证得贤善心，又为了使众生趣入大乘，又为了使众生得证贤善智慧，又为了使众生具足普贤菩萨行愿、圆满十力乘、成就正等正觉。

"佛子啊！菩萨摩诃萨以各种善根如此回向时，他的身、口、意业都能完全解脱，没有执着、系缚，不执着众生，也不执着寿命、我身、人、童子、生者、作者、受者、有与无、今世与来生、死于此处或生于彼处、常与无常，三界实有与三界非实有、非想或非非想。由于上述的境界，菩萨成就非系缚、也非解脱的回向，非业力、也非业报的回向，非分别、也非无分别的回向，非思惟、也非思惟已毕的回向，非心、也非无心的回向。

"佛子啊！菩萨摩诃萨如此回向时，不执着于心内，也不执着于外相；不执着于能缘的主体，也不执着于所缘的对象；不执着于因，也不执着于果；不执着于法，也不执着于非法；不执着于思惟，也不执着于非思惟；不执着于外色及外色的生起，也不执着于外色的消灭；不执着于受、想、行、识，及受、想、行、识的生起，也不执着于受、想、行、识的消灭。

"佛子啊！菩萨摩诃萨如果能够不执着于这些现象，就不会受色相的系缚，亦即不系缚于色相的生起与消灭；不系缚于受、想、行、识，亦即不系缚于受、想、行识的生起与消灭。假如能够不受这些现象的系缚，对于所有的诸法就不必起解脱之念。为什么呢？因为没有任何一点法可以证得，不管是现在生起的、已经生起的、或是应当生起的，都没有任何法可取，也没有任何法可执着。一切诸法的自身体相本来就是这样，没有任何自性，当然也没有所谓离于自性的相，不是一，也不是二，不是多，也不是无量，不是小，也不是大，不是狭，也不是广，不是深，也不是浅，不是寂静，也不是戏论，不是处所，也不是非处所，不是法，也不是非法❷，不是体，也不是非体，不是有，也不是非有。

"菩萨如此观察诸法，了知诸法都是非法，只是出于言语意义而随顺世间建立名相，所以不得已以非法为法。菩萨不断除种种的业力法则，不舍弃所有的菩萨行，始终不曾退转地求证一切智慧。虽然了知一切业缘都如梦幻一般，声音也如响一般不实，众生则如影像，诸法亦如幻化，但是他不会去破坏一切因缘业力。他了知所有业力的影响深远，并了解一切法都是无所造作，所以他实行无作的大道而未尝暂废。

"佛子啊！菩萨摩诃萨安住在一切智当中，不管是处，或是非处，都能普遍回向一切智慧的体性；并在一切处所都能完全回向，不曾退转。

"到底是因何种义理而名为回向呢？这是因回向能让所有的有情含识永远度脱世间，出离各种身心诸蕴，度脱言语之道，远离种种执着心想，断除身见，远离所有的依止之处，断绝所有的有为造作，出离世间的各种存有执着，舍离各种执取，永离世间的现象，而到达涅槃的彼岸，所以名为回向。

"佛子啊！菩萨摩诃萨如此回向时，就称为随顺于佛安住、随顺于法安住、随顺于智慧安住、随顺于菩提安住、随顺于义理安住、随顺于回向安住、随顺于境界安住、随顺于行安住、随顺于真实安住、随顺于清净安住。佛子啊！菩萨摩诃萨如此回向，就是为了要通达诸法、承事诸佛；没有一佛不承事的，没有一法不供养的；没有一法可以消灭毁坏或乖违背离；没有一物可以贪取执着；没有一法可以厌弃远离；不曾见到内外的一切诸法，没有一点可灭坏的法，也没有一点法可违背因缘道。他的法力无边，不曾须臾歇息。

"佛子啊！以上就是菩萨摩诃萨的第六种回向——随顺坚固一切善根的回向。

"菩萨摩诃萨安住在这个回向时，诸佛时常护持忆念。他以坚固不退的金刚体性，证入甚深法性，修习一切智慧；随顺法的义理与本性，随顺一切的坚固善根与圆满大愿。他具足的随顺坚固佛法，一切金刚都不能毁坏，所以他能在诸法中得证自在。"

这时，金刚幢菩萨观察十方世界、观察大众集会、观察法界之后，证入文字语句的甚深妙义，修习无量广大之心，用大悲心遍盖一切世间，增长过去、未来、现在诸佛种性心，证入诸佛的功德，成就诸佛的自在力身，他观察众生心中的一切所乐，随顺他们善根所可成熟的因缘，依止于法性身而为他们示现色身。他承着佛陀威神之力的加持，而宣说以下的偈颂：

菩萨示现身做国王，于世位中最为无等，
福德威光胜于一切，普为群萌出兴利益。
其心清净无有染着，于世自在众咸尊敬，
弘宣正法以训示人，普使众生获的安稳。
现生贵族晋升王位，常依正教转大法轮，
禀性仁慈无诸毒虐，十方敬仰皆得从化。
智慧分别常能明了，色相才能皆悉具足，
临驭率土靡不欣从，摧伏魔军悉令穷尽。
坚持净戒无有违犯，决志堪忍心不动摇，
永愿蠲除忿恚嗔心，常乐修行诸佛妙法。
饮食香鬘以及衣服，车骑床褥座与灯明，
菩萨悉以给济他人，并及所余无量种物。
为利益故而行布施，令其开发广大愿心，
于尊胜处以及所余，意皆清净心生欢喜。
菩萨一切皆悉周给，内外所有悉能舍弃，
必使其心证永清净，不令暂尔生狭劣意。
或施于头或施于眼，或施于手或施于足，
皮肉骨髓以及余物，一切皆舍心无吝惜。
菩萨身居大王之位，种族豪贵人中至尊，
开口出舌布施群生，其心欢喜无有忧恋。
以彼施舌所有功德，回向一切诸般众生，
普愿借此殊胜因缘，悉得如来广长舌相。
或施妻子以及王位，或施其身作为僮仆，
其心清净常生欢喜，如是一切无有忧悔。
随所乐求咸皆施与，应时给济无有疲厌，
一切所有皆能散布，诸来求者普得满足。
为闻法故布施其身，修诸苦行求证菩提，
复为众生舍弃一切，求无上智永不退转。

以于佛所听闻正法，自舍其身充为给侍，
为欲普救所有群生，发生无量大欢喜心。
彼见世尊大导师佛，能以慈心广为饶益，
是时踊跃心生欢喜，听受如来甚深法味。
菩萨所有一切善根，悉以回向所有众生，
普皆救护使无有余，永使解脱心常安乐。
众生所有一切眷属，色相端严能辩智慧，
华鬘衣服以及涂香，种种庄严悉皆具足。
此诸眷属甚为稀有，菩萨一切皆能布施，
专求正觉普度群生，如是之心无有暂舍。
菩萨如是审谛思惟，备行种种广大净业，
悉以回向有情含识，而不生于贪取着心。
菩萨舍彼大王之位，以及国土所有城邑，
宫殿楼阁与诸园林，僮仆侍卫皆无吝惜。
彼于无量百千时劫，处处周行而布施与，
因以教导所有群生，悉使超升无上彼岸。
无量品类各有差别，十方世界皆来萃止，
菩萨见已心生欣庆，随其所乏皆令满足。
如三世佛所有回向，菩萨亦修如是净业，
调御人尊之所行持，悉皆随学到于彼岸。
菩萨观察一切佛法，谁为能入此大法者？
云何为入云何所入？如是布施心中无住。
菩萨回向善巧智慧，菩萨回向方便妙法，
菩萨回向真实义理，于其法中无所染着。
心不分别一切业行，亦不染着于诸业果，
如菩提性从于缘起，入深法界无有违逆。
不于身中而有诸业，亦不依止于心中住，
智慧了知本无业性，亦以缘故业力不失。

心不妄取过去诸法，　亦不贪着未来众事，
不于现在有所止住，　了达三世悉皆空寂。
菩萨已到色之彼岸，　受想行识亦复如是，
超出世间生死旋流，　其心谦下恒常清净。
谛观五蕴与十八界，　十二种处以及己身，
于此一一勤求菩提，　体性毕竟了不可得。
不取诸法常住之相，　于断灭相亦不染着，
法性非有亦是非无，　业理次第终无穷尽。
不于诸法有所安住，　不见众生以及菩提，
十方国土三世之中，　毕竟求之了无可得。
若能如是观察诸法，　则如诸佛之所解了，
虽求其性了不可得，　菩萨所行亦不虚过。
菩萨了法皆从缘有，　不违一切所行之道，
开示解说诸业行迹，　欲使众生悉皆清净。
是为智者所行之道，　一切如来之所宣说，
随顺思惟入于正义，　自然觉悟成就菩提。
诸法无生亦无有灭，　亦复无来亦无有去，
不于此死而生于彼，　是人解悟诸佛妙法。
了达诸法真实体性，　而于法性无所分别，
知法无性亦无分别，　此人善入诸佛智慧。
法性遍在一切处所，　一切众生以及国土，
三世悉在皆无有余，　亦无形相而可获得。
一切诸佛之所觉了，　悉皆摄取令无有余，
虽说三世一切诸法，　如是等法皆悉非有。
如诸法性遍于一切，　菩萨回向亦复皆然，
如是回向于诸众生，　常于世间无有退转。

【注释】

❶ 觉观：新译作"寻伺"，观察思惟的意思。

❷ 法与非法，即善与恶的相对。

卷第二十九
十回向品第二十五之七

【原典】

"佛子！云何为菩萨摩诃萨等随顺一切众生回向？

"佛子！此菩萨摩诃萨随所积集一切善根，所谓小善根、大善根、广善根、多善根、无量善根、种种善根、微尘数善根、阿僧祇善根、无边际善根、不可思善根、不可量善根、佛境界善根、法境界善根、僧境界善根、善知识境界善根、一切众生境界善根、方便善巧境界善根、修诸善心境界善根、内境界善根、外境界善根、无边助道法境界善根、勤修一切舍善根、立胜志究竟持净戒善根、一切舍无不受堪忍善根、常精进心无退善根、以大方便入无量三昧善根、以智慧善观察善根、知一切众生心行差别善根、集无边功德善根、勤修习菩萨业行善根、普覆育一切世间善根。佛子！菩萨摩诃萨于此善根修行安住，趣入摄受，积集办❶具，悟解心净，开示发起时，得堪忍心，闭恶趣门，善摄诸根，威仪具足，远离颠倒，正行圆满，堪为一切诸佛法器，能作众生福德良田，为佛所念，长佛善根，住诸佛愿，行诸佛业，心得自在，等三世佛，趣佛道场，入如来力，具佛色相，超诸世间，不乐生天，不贪富乐，不著诸行，一切善根悉以回向，为诸众生功德之藏，住究竟道，普覆一切，于虚妄道中拔出众生，令其安住一切善法，遍诸境界无断无尽，开一切智菩提之门，建立智幢，严净大道，普能示现一切世间，令除垢染，心善调伏，生如来家，净佛种性，功德具足，作大福田，为世所依，安立众生，咸令清净，常勤修习一切善根。

"佛子！菩萨摩诃萨以净志愿菩提心力修诸善根时，作是念言：'此诸善根是菩提心之所积集，是菩提心之所思惟，是菩提心之所发起，是菩提心之所志乐，是菩提心之所增益。皆为怜愍一切众生，皆为趣求一切种智，皆为成就如来十力。'作是念时，善根增进，永不退转。佛子！菩萨摩诃萨复作是念：'愿我以此善根果报，尽未来劫，修菩萨行，悉以惠施一切众生，悉以回向一切众生，普遍无余。愿令阿僧祇世界珍宝充满；阿僧祇世界衣服充满；阿僧祇世界妙香充满；阿僧祇世界庄严具充满；阿僧祇世界无量摩尼宝充满；阿僧祇世界妙华充满；阿僧祇世界上味充满；阿僧祇世界财货充满；阿僧祇世界床座充满，盖以宝帐、敷以妙衣；阿僧祇世界种种庄严宝冠充满。假使一人，尽未来劫，常来求索，以此等物而惠施之，未曾厌倦而有休息。如于一人，于一切众生悉亦如是。'佛子！菩萨摩诃萨如是施时，无虚伪心，无希望心，无名誉心，无中悔心，无热恼心，但发专求一切智道心、一切悉舍心、哀愍众生心、教化成熟心、皆令安住一切智智心。佛子！菩萨摩诃萨以诸善根如是回向，尽未来劫，常行惠施，住一切智智心。

"佛子！菩萨摩诃萨复作是念：'我为一众生故，欲令阿僧祇世界宝象充满，七支具足，性极调顺，上立金幢，金网弥覆，种种妙宝而为庄严，以用布施；愿令阿僧祇世界宝马充满，如龙马王，种种众宝庄严之具而严饰之，持用布施；愿令阿僧祇世界妓女充满，悉能敷奏种种妙音，持用布施；愿令阿僧祇世界男女充满，持用布施；愿令阿僧祇世界己身充满，发菩提心，而用布施；愿令阿僧祇世界己头充满，起不放逸心，而用布施；愿令阿僧祇世界己眼充满，而用布施；愿令阿僧祇世界己身血肉及以骨髓充满其中，心无顾恋，持用布施；愿令阿僧祇世界自在王位充满其中，持用布施；愿令阿僧祇世界奴仆作使充满其中，持用布施。'菩萨摩诃萨以如是等种种诸物，尽未来劫，安住广大一切施心，施一众生。如一众生，尽众生界一切众生，皆如是施。

"佛子！菩萨摩诃萨于一世界，尽未来劫，修菩萨行，以是等物施一众生，如是给施一切众生，皆令满足。如于一世界，于尽虚空遍法界一切世界中悉亦如是。大悲普覆，终无间息，普加哀愍，随其所须供给供养，不令施行遇缘而息，乃至不于一弹指顷生疲倦心。佛子！菩萨摩诃萨如是施时，生于此心，所谓无著心、无缚心、解脱心、大力心、甚深心、善摄心、无执心、无寿者心、善调伏心、不散乱心、不妄计心、具种种宝性心、不求果报心、了达一切法心、住大回向心、善决诸义心、令一切众生住无上智心、生大法光明心、入一切智智心。

"佛子！菩萨摩诃萨以所集善根，于念念中如是回向，所谓愿一切众生财宝丰足，无所乏少；愿一切众生成就无尽大功德藏；愿一切众生具足一切安隐快乐；愿一切众生增长菩萨摩诃萨业；愿一切众生成满无量第一胜法；愿一切众生得不退转一切智乘；愿一切众生普见十方一切诸佛；愿一切众生永离世间诸惑尘垢；愿一切众生皆得清净平等之心；愿一切众生离诸难处，得一切智。

"佛子！菩萨摩诃萨如是回向时，发欢喜心，为令一切众生得利益安乐故；为令一切众生得平等心故；为令一切众生住能舍心故；为令一切众生住一切施心故；为令一切众生住欢喜施心故；为令一切众生住永离贫穷施心故；为令一切众生住一切财宝施心故；为令一切众生住无数财宝施心故；为令一切众生住普施、无量施、一切施心故；为令一切众生住尽未来劫无断施心故；为令一切众生住一切悉舍无悔无恼施心故；为令一切众生住悉舍一切资生之物施心故；为令一切众生住随顺施心故；为令一切众生住摄取施心故；为令一切众生住广大施心故；为令一切众生住舍无量庄严具供养施心故；为令一切众生住无著施心故；为令一切众生住平等施心故；为令一切众生住如金刚极大力施心故；为令一切众生住如日光明施心故；为令一切众生住摄如来智施心故；为令一切众生善根眷属具足故；为令一切众生善根智慧常现在前故；为令一切众生得不可坏净心圆满故；为令一切众生成就最胜清净善根故；为令一切众生于烦恼睡眠中得觉悟故；为令一切众生灭除一切诸疑惑故；为令一切众生得平等智慧净功德故；为令一切众生功德圆满无能坏者故；为令一切众生具足清净不动三昧故；为令一切众生住不可坏一切智智故；为令一切众生成满菩萨无量清净神通行故；为令一切众生修集无著善根故；为令一切众生念去、来、今一切诸佛心清净故；为令一切众生出生清净胜善根故；为令一切众生灭除一切魔所作业障道法故；为令一切众生具足无碍清净平等功德法故；为令一切众生以广大心常念诸佛无懈废故；为令一切众生常近诸佛勤供养故；为令一切众生广开一切诸善根门，普能圆满白净法故；为令一切众生无量心、广大心、最胜心悉清净故；为令一切众生成就清净等施心故；为令一切众生奉持诸佛尸波罗蜜等清净故；为令一切众生得大堪忍波罗蜜故；为令一切众生住精进波罗蜜常无懈故；为令一切众生住无量定，能起种种神通智故；为令一切众生得知一切法无体性般若波罗蜜故；为令一切众生圆满无边净法界故；为令一切众生成满一切神通清净善根故；为令一切众生住平等行，积集善法悉圆满故；为令一切众生善入一切诸佛境界悉周遍故；为令一切众生身、口、意业普清净故；为令一切众生善业果报普清净故；为令一切众生了达诸法普清净故；为令一切众生了达实义普清净故；为令一切众生修诸胜行普清净故；为令一切众生成就一切菩萨大愿普清净故；为令一切众生证得一切功德智慧普清净故；为令一切众生成就一切同体善根，回向出生一切智乘普圆满故；为令一切众生严净一切诸佛国土普圆满故；为令一切众生见一切佛而无所著普圆满故；为令一切众生具诸相好，功德庄严普圆满故；为令一切众生得六十种音声，发言诚谛，皆可信受，百千种法而以庄严，如来无碍功德妙音悉圆满故；为令一切众生成就十力庄严无碍平等心故；为令一切众生得一切佛无尽法明，一切辩才普圆满故；为令一切众生得无上无畏人中之雄师子吼故；为令一切众生得一切智，转不退转无尽法轮故；为令一切众生了一切法，开示演说普圆满故；为令一切众生以时修习清净善法普圆满故；为令一切众生成就导师无上法宝等清净故；为令一切众生于一庄严、无量庄严、大庄严、诸佛庄严普圆满故；为令一切众生等入三世所有境界悉周遍故；为令一切众生悉能往诣一切佛刹，听受正法无不遍故；为令一切众生智慧利益为世所宗与佛等故；为令一切众生以一切智知一切法普圆满故；为令一切众生行不动业，得无碍果，普圆满故；为令一切众生所有诸根咸得神通，能知一切众生根故；为令一切众生得无差别平等智慧，于一相法普清净故；为令一切众生与理无违，一切善根悉具足故；为令一切众生于一切菩萨自在神通悉明达故；为令一切众生得一切佛无尽功德，若福若智悉平等故；为令一切众生发菩提心，解一切法，平等一相无遗缺故；为令一切众生了达正法，为世最上福德田故；为令一切众生成就平等清净大悲，为诸施者大力田故；为令一切众生坚固第一无能沮坏故；为令一切众生见必蒙益无能摧伏故；为令一切众生成满最胜平等心故；为令一切众生善能了达一切诸法，得大无畏故；为令一切众生放一光明普照十方一切世界故；为令一切众生普修一切菩萨精进行无懈退故；为令一切众生以一行愿普满一切诸行愿故；为令一切众生以一妙音普使闻者皆得解故；为令一切众生悉能具足一切菩萨清净心故；为令一切众生普得值遇诸善知识咸承事故；为令一切众生修菩萨行，调伏众生不休息故；为令一切众生以妙辩才具一切音，随机广演无断尽故；为令一切众生能以一心知一切心，以一切善根等回向故；为令一切众生常乐积集一切善根，安立众生于净智故；为令一切众生得一切智、福德智慧、清净身故；为令一切众生善知一切众生善根，观察回向普成就故；为令一切众生得一切智，成等正觉普圆满故；为令一切众生得具足神通智，于一处出兴，一切诸处皆出兴故；为令一切众生得普庄严智，严净一众会，一切众会皆严净故；为令一切众生于一佛国土普见一切佛国土故；为令一切众生以一切庄严具、不可说庄严具、无量庄严具、无尽庄严具，庄严一切诸佛国土普周遍故；为令一切众生于一切法悉能决了甚深义故；为令一切众生得诸如来最上第一自在神通故；为令一切众生得非一非异一切功德自在神通故；为令一切众生具足一切平等善根，普为诸佛灌其顶故；为令一切众生悉得成满清净智身，于诸有中最尊胜故。

"佛子！菩萨摩诃萨如是悲愍、利益、安乐一切众生，咸令清净，远离悭嫉，受胜妙生，具大威德，生大信解，永离嗔恚及诸翳浊。其心清净，质直柔软，无有谄曲、迷惑、愚痴，行出离行，坚固不坏平等之心永无退转，白净法力具足成就，无恼无失，善巧回向。常修正行调伏众生，灭除一切诸不善业，修行苦行一切善根。又劝众生令其修集，普为含识具受众苦，以大智眼观诸善根，知其悉以智慧为性，方便回向一切众生。为令一切众生悉得安住一切清净功德处故；为令一切众生悉能摄受一切善根，知诸功德性及义故；为令一切众生普净一切诸善根故；为令一切众生于福田境界中种诸善法心无悔故；为令一切众生普能摄受一切众生，一一皆令趣一切智故；为令一切众生普摄一切所有善根，一一皆与平等回向而相应故。又以诸善根如是回向，所谓愿一切众生究竟安隐，愿一切众生究竟清净，愿一切众生究竟安乐，愿一切众生究竟解脱，愿一切众生究竟平等，愿一切众生究竟了达，愿一切众生究竟安住诸白净法，愿一切众生得无碍眼，愿一切众生善调其心，愿一切众生具足十力调伏众生。

"佛子！菩萨摩诃萨如是回向时，不著业，不著报，不著身，不著物，不著刹，不著方，不著众生，不著无众生，不著一切法，不著无一切法。佛子！菩萨摩诃萨如是回向时，以此善根普施世间，愿一切众生成满佛智，得清净心，智慧明了，内心寂静，外缘不动，增长成就三世佛种。

"佛子！菩萨摩诃萨修行如是回向之时，超出一切，无能过者，一切世间所有言词，悉共称赞亦不可尽。普修一切菩萨诸行，悉能往诣一切佛土，普见诸佛无所障碍。又能普见一切世界菩萨所行，以善方便，为诸众生分别诸法甚深句义，得陀罗尼演说妙法，尽未来劫无有断绝。为众生故，念念于不可说不可说世界，犹如影像，普现其身，供养诸佛。念念严净不可说不可说诸佛国土，悉令周遍，修行严净佛刹智慧而无厌足，念念令不可说不可说百千亿那由他众生，清净成就，平等满足，于彼一切诸国土中，勤修一切诸波罗蜜，摄取众生，成就净业，得无碍耳，于不可说不可说诸佛世界，一一如来所转法轮，听闻受持，精勤修习，不生一念舍离之心。住无所得、无依止、无作、无著菩萨神通，于一刹那一弹指顷，分身普诣不可说诸佛世界，与诸菩萨等同一见。

"佛子！菩萨摩诃萨如是修习菩萨行时，尚能成满无量不可说不可说清净功德，忆念称赞所不能尽，况复得成无上菩提，一切佛刹平等清净，一切众生平等清净，一切身平等清净，一切根平等清净，一切业果平等清净，一切众会道场平等清净，一切圆满行平等清净，一切法方便智平等清净，一切如来诸愿回向平等清净，一切诸佛神通境界平等清净。

"佛子！菩萨摩诃萨如是回向时，得一切功德清净欢喜法门，无量功德圆满庄严。如是回向时，众生不违一切刹，刹不违一切众生；刹众生不违业，业不违刹众生；思不违心，心不违思；思、心不违境界，境界不违思、心；业不违报，报不违业；业不违业道，业道不违业；法性不违相，法相不违性；法生不违性，法性不违生；刹平等不违众生平等，众生平等不违刹平等；一切众生平等不违一切法平等，一切法平等不违一切众生平等；离欲际平等不违一切众生安住平等，一切众生安住平等不违离欲际平等；过去不违未来，未来不违过去；过去、未来不违现在，现在不违过去、未来；世平等不违佛平等，佛平等不违世平等；菩萨行不违一切智，一切智不违菩萨行。

"佛子！菩萨摩诃萨如是回向时，得业平等，得报平等，得身平等，得方便平等，得愿平等，得一切众生平等，得一切刹平等，得一切行平等，得一切智平等，得三世诸佛平等；得承事一切诸佛，得供养一切菩萨，得种一切善根，得满一切大愿，得教化一切众生，得了知一切业，得承事供养一切善知识，得入一切清净众会道场，得通达一切正教，得成满一切白法。

"佛子！是为菩萨摩诃萨第七等随顺一切众生回向。菩萨摩诃萨成就此回向，则能摧灭一切魔怨，拔诸欲刺，得出离乐，住无二性，具大威德，救护众生，为功德王，神足无碍，往一切刹，入寂灭处，具一切身，成菩萨行，于诸行愿心得自在，分别了知一切诸法，悉能遍生一切佛刹。得无碍耳，闻一切刹所有音声；得净慧眼，见一切佛未尝暂舍；于一切境界成就善根，心无高下，于一切法得无所得。菩萨摩诃萨以一切善根等随顺一切众生，如是回向。"

尔时，金刚幢菩萨承佛神力，普观十方，而说颂言：

菩萨所作诸功德，微妙广大甚深远，乃至一念而修行，悉能回向无边际。

菩萨所有资生具，种种丰盈无限亿，香象宝马以驾车，衣服珍财悉殊妙。

或以头目并手足，或持身肉及骨髓，悉遍十方无量刹，普施一切令充遍。

无量劫中所修习，一切功德尽回向，为欲救度诸群生，其心毕竟不退转。

菩萨为度众生故，常修最胜回向业，普令三界得安乐，悉使当成无上果。

菩萨普兴平等愿，随其所集清净业，悉以回施诸群生，如是大誓终无舍。

菩萨愿力无限碍，一切世间咸摄受，如是回向诸群生，未曾暂起分别心。

普愿众生智明了，布施持戒悉清净，精进修行不懈废，如是大誓无休息。

菩萨回向到彼岸，普开清净妙法门，智慧同于两足尊，分别实义得究竟。

菩萨言词已通达，种种智慧亦如是，说法如理无障碍，而于其中心不著。

常于诸法不作二，亦复不作于不二，于二不二并皆离，知其悉是语言道。

知诸世间悉平等，莫非心语一切业，众生幻化无有实，所有果报从兹起。

一切世间之所有，种种果报各不同，莫不皆由业力成，若灭于业彼皆尽。

菩萨观察诸世间，身口意业悉平等，亦令众生住平等，犹如无等大圣尊。

菩萨善业悉回向，普令众生色清净，福德方便皆具足，同于无上调御士。

菩萨利益诸群生，功德大海尽回向，愿使威光特超世，得成勇猛大力身。

凡所修习诸功德，愿使世间普清净，诸佛清净无伦匹，众生清净亦如是。

菩萨于义得善巧，能知诸佛最胜法，以众善业等回向，愿令庶品同如来。

菩萨了知诸法空，一切世间无所有，无有造作及作者，众生业报亦不失。

诸法寂灭非寂灭，远离此二分别心，知诸分别是世见，入于正位分别尽。

如是真实诸佛子，从于如来法化生，彼能如是善回向，世间疑惑悉除灭。

注释

❶ "办"，大正本原作"辨"，今依三本及宫本改之。

【白话语译】

"佛子啊！什么是菩萨摩诃萨的平等随顺一切众生回向呢？

"佛子啊！菩萨摩诃萨累积聚集一切的善根，即所谓小的善根、大的善根、广的善根、多的善根、无量的善根、种种的善根、微尘数的善根、阿僧祇数的善根、无边际的善根、不可思议的善根、不可测量的善根、佛境界的善根、法境界的善根、僧境界的善根、善知识境界的善根、一切众生境界的善根、方便善巧境界的善根、修习各种善心境界的善根、内境界的善根、外境界的善根、无边辅助佛道法门境界的善根、精勤修习一切舍的善根、设立殊胜心志究竟受持诸净戒律的善根、一切施舍没有不能受持堪忍的善根、常能精进而无退转的善根、以广大方便证入无量三昧的善根、智慧善巧观察的善根、了知一切众生心行差别的善根、聚集无边功德的善根、精勤修习菩萨清凉业行的善根、普能覆盖培育一切世间的善根。

"佛子啊！菩萨摩诃萨都能修行这些善根，并能自在安住，趣入摄受一切的善法，积聚其他因缘的资助，了悟理解而心中清净。他教导开示并发起劝说的时候，心境堪忍，关闭恶趣的门户。他善于摄持身体诸根，具足威仪，远离颠倒梦想，圆满正行。他堪为一切诸佛的法器，能作众生的福德良田。他常为诸佛所忆念，不断增长诸佛的善根，安住诸佛的大愿，能够力行诸佛的事业，心中得证自在，等同过去、未来、现在三世诸佛。他乐于趣入佛陀的道场，证入如来的威力。他具足的佛陀妙色好相，超越世间无人能比。他既不乐于往生天界，也不贪求富贵逸乐，更不执着一切的业行；一切的善根无不回向，因此能够成为所有众生的功德宝藏。他安住究竟道中，普遍覆护一切，在虚妄道中拔救众生，使他们安住于一切善法。他更遍历各种境界而无间断、无穷尽。他能开启一切智慧的菩提之门，建立智慧的宝幢，清净佛法的大道。他普遍示现世间，使众生去除尘垢污染，能够善巧调伏心念，生在诸佛如来的家中，清净诸佛的种性。他具足功德，因此能作为广大的福田，为世间众生所依靠。他安立所有的众生，使他们完全清净，恒常精勤修习一切的善根。

"佛子啊！菩萨摩诃萨用清净的志愿以及菩提心力，修习各种善根的时候，心里这样想着：'这些善根都是菩提心积集而成的，也是菩提心所思惟的，是菩提心发起的，是菩提心志乐欣向的，也是菩提心所增益的。这些实在都是为了怜悯众生，都是为了趣求一切种智，都是为了成就如来十力而修习的啊！'当他心中生起这些念头的时候，善根立即增长，永不退转。

"佛子啊！菩萨摩诃萨心里又想：'愿我用这些善根所得的果报，穷尽未来时劫，都能修习菩萨行，并且将所得的利益完全惠施众生，完全回向众生，使所有众生都能普遍得到利益。我更希望使阿僧祇世界都能充满珍宝，阿僧祇世界都能充满衣服，阿僧祇世界都能充满妙香，阿僧祇世界都能充满庄严具，阿僧祇世界都能充满无量摩尼宝，阿僧祇世界都能充满妙华，阿僧祇世界都能充满上好美味，阿僧祇世界都能充满财宝货物。又愿阿僧祇世界都能充满床座，这些床座上面盖有宝帐，并有妙衣敷设。又愿阿僧祇世界都能充满种种庄严宝冠。假使有人穷尽未来的时劫，时常前来索求，我愿意布施这些物品，不曾厌倦而稍事休息。不论是一个人，或一切众生，我都是如此对待。'

"佛子啊！菩萨摩诃萨如此布施时，毫不虚伪，不怀任何希望，不求任何的声名，没有任何悔恨，没有任何热恼，只是一心一意的专求一切智慧的道心、一切布施的慈心、哀悯众生的心、教化成熟众生的心、使众生完全安住一切智智之心。佛子啊！菩萨摩诃萨将所有善根如此回向，即使穷尽未来的时劫，也常常如此惠施，安住一切智智心。

"佛子啊！菩萨摩诃萨心中又想：'我愿为了一个众生，使阿僧祇世界都充满宝象，这些宝象七支具足，性情调和柔顺，身上安立着金幢，金网布满四周，更有种种妙宝庄严，作为布施之用。又使阿僧祇世界都充满宝马，这些宝马都犹如龙马之王，以种种众宝庄严具严饰，作为布施之用。又使阿僧祇世界都充满歌妓舞女，演奏各种美妙的乐音，作为布施之用。又使阿僧祇世界都充满男女，作为布施之用。愿我的身体充满阿僧祇世界，都能发起菩提心，作为布施之用。愿我的头颅充满阿僧祇世界，生起不放逸的心，作为布施之用。愿我的眼睛能充满阿僧祇世界，以作为布施之用。愿我身体的血肉骨髓充满阿僧祇世界，心中毫无顾恋地作为布施之用。愿阿僧祇世界充满自在王位，以作为布施之用。愿使阿僧祇世界充满奴仆役使，以作为布施之用。'

"菩萨摩诃萨用以上如此等等的诸多物品，穷尽未来所有的时劫，安住广大的布施心，而布施一人。又如同布施一人一般，穷尽众生界的一切众生，菩萨也都是如此布施。

"佛子啊！菩萨摩诃萨在一个世界中，穷尽未来的时间，精勤修习菩萨行，用如此等等的物品布施一人；并且如同布施一人一般，也将所有的财物布施一切众生，使他们都能完全满足。就如同一个世界中一般，在尽虚空、遍法界的一切世界，菩萨也都是如此布施。他用大悲心普遍覆护一切众生，始终毫无间歇；又普遍无边地哀悯，随顺众生所求，完全地供养给与，不使这些布施因为某些因缘而中止，即使只是一弹指这么短的时间也不会生起一丝疲倦。

"佛子啊！菩萨摩诃萨作如此布施的时候，生起了如此的心念：无着心、无束缚心、解脱心、大力心、甚深心、善巧摄持心、无执心、无寿者心、善巧调伏心、不散乱心、不妄加计量心、具各种宝性心、不求果报心、明了通达一切诸法心、安住大回向心、善于决了各种义理心、使一切众生安住无上智慧心、生起大法光明心、证入一切智智心。

"佛子啊！菩萨摩诃萨以所聚集的善根，念念都如此回向：'愿众生的财宝丰足，没有任何缺乏短少；愿众生成就无尽的大功德宝藏；愿众生具足一切的安稳快乐；愿众生增长菩萨摩诃萨的事业；愿众生成就无量的第一殊胜法门；愿众生得证不退转的一切智慧宝乘；愿众生普遍见到十方的一切诸佛；愿众生永离世间所有的疑惑与尘垢；愿众生都能获证清净平等心；愿众生远离各种的险难处所，证得一切智慧。'

"佛子啊！菩萨摩诃萨如此回向时，心中欢喜踊跃。这都是为了使众生得到利益安乐；为了使众生证得平等心；为了使众生安住能舍心；为了使众生安住一切布施心；为了使众生安住欢喜布施心；为了使众生安住永离贫穷布施心；为了使众生安住一切财宝布施心；为了使众生安住无数财宝布施心；为了使众生安住普遍布施、无量布施、一切布施心。

"也是为了使众生安住穷尽未来时劫无间断布施心；为了使众生安住一切弃舍而没有悔恨、没有烦恼布施心；为了使众生安住舍弃一切资生物品布施心；为了使众生安住随顺布施心；为了使众生安住摄取布施心；为了使众生安住广大布施心；为了使众生安住施舍无量庄严具作为供养布施心；为了使众生安住在没有执着布施心；为了使众生安住平等布施心；为了使众生安住金刚大力布施心；为了使众生安住如日光光明的布施心；为了使众生安住摄取如来智慧布施心。

"也是为了使众生的善根眷属具足；为了使众生的善根智慧时常显现在前；为了使众生得到不可损坏而圆满清净心；为了使众生成就最殊胜的清净善根；为了使众生在烦恼及睡眠当中证得觉悟；为了灭除众生的各种疑惑；为了使众生证得平等智慧与清净功德；为了使众生功德圆满又没有败坏；为了使众生具足清净不动三昧；为了使众生安住在不可毁坏的一切智智；为了使众生圆满菩萨无量清净神通的业行。

"也是为了使众生修习积集无执着的善根；为了使众生忆念过去、未来、现在一切诸佛清净心；为了使众生出生清净殊胜的善根；为了使众生灭除一切魔所作的业障道法；为了使众生具足无碍清净平等的功德法门；为了使众生以广大的心时常忆念诸佛而不懈怠荒废；为了使众生时常亲近诸佛，勤于供养；为了使众生广开各种善根法门，普遍圆满一切善行；为了使众生的无量心、广大心、最殊胜心，都能得到清净。

"也是为了使众生成就清净平等的布施心；为了使众生信奉受持诸佛持戒波罗蜜而平等清净；为了使众生得证大堪忍波罗蜜；为了使众生时常安住在精进波罗蜜而不懈怠；为了使众生安住在无量禅定，能够生起各种神通智慧；为了使众生得到明了一切法无体性的般若波罗蜜。

"也是为了使众生圆满无边清净的法界；为了使众生圆满一切的神通清净善根；为了使众生安住平等业行，而能圆满积集各种善法；为了使众生善巧周遍地趣入一切诸佛的境界。

"也是为了使众生的身、口、意业都能普遍清净；为了使众生的善业果报都能普遍清净；为了使众生了达各种法门普遍清净；为了使众生了达真实义理普遍清净；为了使众生修习各种殊胜业行普遍清净；为了使众生成就一切菩萨大愿普遍清净；为了使众生证得一切功德智慧普遍清净。

"也是为了使众生成就一切同体的善根，回向出生一切智慧宝乘，能够普遍得以圆满；为了使众生清净一切诸佛国土，能够普遍得以圆满；为了使众生见到一切诸佛，而没有任何执着，能够普遍得以圆满；为了使众生具足三十二相、八十种随形好，种种的功德庄严，能够普遍得以圆满；为了使众生得到六十种圆满的音声，所说所言至诚如实，都是可以信受奉持，使百千种的妙法都得以庄严，能够圆满如来无所障碍的功德妙音。

"也是为了使众生成就十力庄严无所障碍的平等心；为了使众生证得一切佛陀的无尽法门光明，得以普遍圆满一切辩才；为了使众生证得无上的四无所畏，成为人中的大雄，能作师子吼演说妙法教化众生；为了使众生得到一切的智慧，常转无尽的大法轮；为了使众生明了一切佛法，能够普遍开示演说一切佛法；为了使众生用所有的时间修习清净的善法，能够普遍得以圆满；为了使众生成就导师无上法宝的平等清净；为了使众生能够普遍圆满一种的庄严、无量种的庄严、广大的庄严、诸佛的庄严；为了使众生平等趣入三世当中所有的境界，能够得以完全周遍；为了使众生都能前往一切的佛国刹土，周遍听闻受持正法。

"也是为了使众生具足智慧，能够利益众生，而与诸佛平等，为世间众生所宗仰；又为了使众生能够普遍以一切智慧了知一切法；又为了使众生能够普遍圆满修行毁誉褒贬都不动摇的净业，获致无所障碍的果报；又为了使众生的六根，都能获得神通妙用，了知众生的根性；又为了使众生证得没有差别的平等智慧，在一法相中普遍得以清净；又为了使众生与真实义理不相违背，具足所有善根；又为了使众生能够完全明了通达一切菩萨的自在神通；又为了使众生证得一切诸佛的无尽功德，不管是福德或是智慧，都能完全平等；又为了使众生发起菩提心，了解一切诸法，证得诸法平等一相，并且总持一切诸法，无遗漏缺失；又为了使众生明了通达正法，成为世间最高无上的福田。

"也是为了使众生成就平等清净的大悲心；又为了使所有布施的人做大力福田；又为了使众生的信心坚固第一，从不沮丧败坏；又为了使凡见到众生的人必定获得利益，而不会受到摧残折伏；又为了使众生圆满成就最殊胜的平等心；又为了使众生善巧了达一切诸法的义理，证得大无畏；又为了使众生放出大光明，普遍照耀十方的一切世界；又为了使众生普遍修习一切菩萨的精进业行，没有懈怠退转；又为了使众生能以一种行愿，普遍圆满所有行愿；又为了使众生能以一种美妙的音声，就使听闻的人了解一切诸法的真实义；又为了使众生具足一切菩萨的清净心。

"也是为了使众生能在最适当的时机，遇到各种善知识，完全承事供养；又为了使众生修习菩萨行，调伏众生永不休息；又为了使众生辩才无碍，具足一切的音声，能随顺机缘广泛开演从不间断；又为了使众生能以一众生心了知一切众生心，能以一切的善根平等回向；又为了使众生乐于积集善根，安立清净智慧；又为了使众生证得一切智慧、福德智慧，以及清净的身体；又为了使众生清楚了知众生的善根，观察回向普遍得以成就；又为了使众生证得一切的智慧，成就正等正觉，能够普遍得以圆满；又为了使众生证得具足的神通智慧，在一个处所出兴于世，同时也在一切处所出兴于世；又为了使众生证得普遍庄严的智慧，庄严清净一个大众法会，同时也庄严清净一切大众的法会。

"也是为了使众生能在一位佛陀的国土，普遍见到一切诸佛的国土；又为了使众生用一切的庄严器具、不可说数的庄严具、无量的庄严具、无穷尽的庄严具，能够完全周遍地庄严诸佛的国土；又为了使众生能完全明白一切法门的甚深义理；又为了使众生得证诸佛如来的最上乘第一自在神通妙用；又为了使众生证得非一非异的一切功德自在神通力；又为了使众生具足一切平等的善根，普遍使诸佛为众生灌顶；又为了使众生完全证得圆满清净的智慧身，成为尊贵殊胜之人。

"佛子啊！菩萨摩诃萨如此悲悯、利益、安乐一切众生，都是为了使他们完全得证清净，远离所有的吝啬嫉妒，摄受殊胜微妙的受生，具足广大威德，生起广大的信解，永远离弃嗔恚忿怒以及障碍混浊。他的心念完全清净，十分质朴、正直，没有任何的扭曲、迷惑、愚痴。他实践出离行，坚固不坏的平等心永不退转，已经具足成就所有的善法力量，没有烦恼、没有缺失，具足善巧的回向。他时常修习正行调伏众生，灭除一切不善行业，修行苦行的一切善根。他又劝导众生修集善根，担起所有含识众生的痛苦。他以大智慧的眼光观察各种善根，了知它们都是以智慧为体性，而方便回向众生。

"这是为了使众生都能安住在一切清净的功德处所；又为了使众生能完全摄受一切的善根，了知各种功德体性以及功德义理；又为了使众生普遍清净各种善根；又为了使众生在福田中，无怨无悔地种植各种善法；又为了使众生普遍摄受其余的众生，使他们都能一一趣入一切的智慧；又为了使众生普遍摄受所有的善根，一一平等相应地回向。

"菩萨又以各种善根如此回向众生：'愿众生得到究竟的安稳。愿众生证得究竟的清净。愿众生证得究竟的安乐。愿众生证得究竟的解脱。愿众生证得究竟的平等。愿众生证得究竟的明了通达。愿众生究竟安住在各种善法。愿众生证得无碍眼。愿众生善巧调伏自己的心念。愿众生具足佛陀的十力，以调伏教化其余的众生。'

"佛子啊！菩萨摩诃萨如此回向的时候，不执着业力，不执着业报，不执着身形，不执着物，不执着刹土，不执着方位，不执着众生，不执着无众生，不执着一切法，不执着无一切法。佛子啊！菩萨摩诃萨如此回向的时候，将这些善根普遍布施世间：'愿众生圆满成就佛陀的智慧，证得清净心念，智慧明了，内心寂静，不受所有外缘的影响，并能因此增长成就三世诸佛的种性。'

"佛子啊！菩萨摩诃萨在修行这些回向的时候，功德超出一切，无人能比，世间所有的言辞赞叹都不能说尽他的功德。他又普遍修习一切菩萨诸行，能够前往拜诣一切佛土，普遍见到诸佛而无障碍。他又能见到所有世界菩萨的所作所为，看见他们善巧方便地为众生分别各种法门的甚深文句义理，以所证得的总持陀罗尼演说一切妙法，即使穷尽未来的时劫也不断绝。他为了众生，能够念念在不可说不可说的世界中，幻化影像，普遍示现身形供养诸佛；又念念都能周遍庄严清净不可说不可说的诸佛国土，修行庄严清净诸佛刹土的智慧毫无厌足；又在念念当中，能使不可说不可说的百千亿那由他众生证得清净，成就平等满足。

"他在诸佛国土勤修一切诸波罗蜜摄取众生，成就清净的业行。因他已证得无障碍的妙耳，所以在不可说不可说的诸佛世界，每一位如来说法转法轮的时候，他都能听闻受持佛法，并且精勤修习，一念都不曾舍离。他安住在无所得、无所依止、无作为、无执着的菩萨神通妙用中，能在一刹那一弹指的片刻，分身遍往拜诣不可说的诸佛世界，智慧见解与各方菩萨相同无二。

"佛子啊！菩萨摩诃萨如此修习菩萨行的时候，还能圆满成就无量不可说不可说的清净功德，即使忆念称赞都无法形容他的功德，何况是他所证得的无上菩提，因为他的成就能使一切佛国刹土平等清净，能使众生平等清净，能使一切的身体平等清净，能使一切的根器平等清净，能使一切的业力境界平等清净，能使一切大众集会的道场平等清净，能使一切圆满的行愿平等清净，能使一切法门的方便智慧平等清净，能使一切诸佛如来的所有行愿回向平等清净，能使一切诸佛神通境界平等清净。

"佛子啊！菩萨摩诃萨如此回向时，证得一切功德的清净欢喜法门，无量的功德也都圆满庄严。他如此回向时，众生都不会违背一切的刹土，刹土也不会违背一切的众生；刹土的众生都不会违背业行，业行也不会违背刹土的众生；思惟不会违背心念，心念也不会违背思惟；思惟的心念不会违背境界，境界也不会违背思惟的心念；业力不会违背业报，业报也不会违背业力；业力不会违背业身、口、意行的业道，身、口、意行的业道也不会违背业力；法的体性不会违背法相，法相也不会违背法的体性；法的生起不会违背法性，法性也不会违背法的生起；刹土平等不会违背众生平等，众生平等也不会违背刹土平等；一切众生平等不会违背一切法平等，一切法平等也不会违背一切众生平等；离欲际（超出三界）平等不会违背一切众生安住平等，一切众生安住平等也不会违背离欲际平等；过去不违背未来，未来也不会违背过去；过去、未来不会违背现在，现在也不会违背过去、未来；世间平等不会违背佛平等，佛平等也不会违背世间平等；菩萨行不会违背一切智慧，一切智慧也不会违背菩萨行。

"佛子啊！菩萨摩诃萨作如此回向的时候，得证业力的平等，得证业报的平等，得证身体的平等，得证方便的平等，得证行愿的平等，得证众生的平等，得证一切刹土的平等，得证一切行业的平等，得证一切智慧的平等，得证过去、未来、现在三世诸佛的平等。并且得以承事一切诸佛，得以供养一切菩萨，得以种植一切善根，得以圆满一切大愿，得以教化一切众生，得以了知一切业力，得以承事供养一切善知识，得以趣入一切清净的大众集会道场，得以通达一切的诸佛正法，得以圆满一切善法。

"佛子啊！这就是菩萨摩诃萨的第七种回向——等随顺一切众生回向。

"菩萨摩诃萨如果成就如此的回向，就能摧灭一切的魔怨，拔除五欲的利刺，得证出离的喜乐，安住在无二的体性当中，并且具足广大的威德，能救护所有的众生，成为功德之王。他的神足通无所障碍，能够自在前往一切佛国刹土，趣入寂灭的处所。他具足一切身形，成就菩萨行，证得所有自在的行愿，也分别了知一切的法门，能够周遍出生在一切佛陀的刹土。他又得证无障碍的妙耳，能够听闻一切刹土的所有音声；又得证清净的智慧眼，能够不舍地见到十方诸佛。他能在一切境界成就善根，心中没有高下差别；更能于一切法中得证无所得。因此，菩萨摩诃萨能用所修集的一切善根，平等随顺众生的根性回向。"

这时，金刚幢菩萨承仰佛陀威神力的加持，普遍观察十方世界，而演说以上的偈颂：

> 菩萨所作一切功德，微妙广大甚为深远，
> 乃至一念起而修行，悉能回向无边无际。
> 菩萨所有资生之具，种种丰盈具无限亿，
> 香象宝马以驾其车，衣服珍财皆悉殊妙。

或以头目与并手足，或持身肉以及骨髓，

悉遍十方无量刹土，普施一切令得充遍。

无量劫中所勤修习，一切功德普尽回向，

为欲救度一切群生，其心毕竟永不退转。

菩萨为度众生之故，常修最胜回向净业，

普令三界能得安乐，悉使当成无上胜果。

菩萨普兴平等大愿，随其所集清净业力，

悉以回向施诸群生，如是大誓终无暂舍。

菩萨愿力无限无碍，一切世间咸皆摄受，

如是回向一切群生，未曾暂起分别之心。

普愿众生智慧明了，布施持戒悉得清净，

精进修行不稍懈废，如是大誓永无休息。

菩萨回向到于彼岸，普开清净微妙法门，

智慧同于两足至尊，分别实义而得究竟。

菩萨言辞悉已通达，种种智慧亦复如是，

说法如理而无障碍，而于其中心不染着。

常于诸法不作二想，亦复不作于不二想，

于二不二并皆远离，知其悉是语言之道。

知诸世间悉皆平等，莫非心语一切众业，

众生幻化无有实际，所有果报从兹生起。

一切世间所有众相，种种果报各不同相，

莫不皆由业力所成，若灭于业彼亦皆尽。

菩萨观察一切世间，身口意业悉皆平等，

亦令众生安住平等，犹如无等大圣至尊。

菩萨善业悉皆回向，普令众生色相清净，

福德方便皆悉具足，同于无上调御之士。

菩萨利益一切群生，功德大海尽皆回向，

愿使威光特超于世，得成勇猛具大力身。

凡所修习一切功德，愿使世间普得清净，
诸佛清净无与伦匹，众生清净亦复如是。
菩萨于义能得善巧，能知诸佛最殊胜法，
以众善业平等回向，愿令庶品❶同于如来。
菩萨了知诸法空相，一切世间皆无所有，
无有造作以及作者，众生业报亦不灭失。
诸法寂灭亦非寂灭，远离此二分别之心，
知识分别皆是世见❷，入于正位分别乃尽。
如是真实一切佛子，从于如来法化而生，
彼能如是善巧回向，世间疑惑皆悉除灭。

【注释】

❶ 庶品：多种众生的意思。

❷ 世见：世间通俗的见解。

卷第三十
十回向品第二十五之八

【原典】

"佛子！何者是菩萨摩诃萨真如相回向？

"佛子！此菩萨摩诃萨正念明了，其心坚住，远离迷惑，专意修行，深心不动，成不坏业，趣一切智，终不退转，志求大乘，勇猛无畏，植诸德本，普安世间，生胜善根，修白净法，大悲增长，心宝成就，常念诸佛，护持正法，于菩萨道信乐坚固，成就无量净妙善根，勤修一切功德智慧，为调御师，生众善法，以智方便而为回向。菩萨尔时，慧眼普观，所有善根无量无边。其诸善根修集之时，若求缘、若办❶具、若治净、若趣入、若专励、若起行、若明达、若精审、若开示，如是一切有种种门、种种境、种种相、种种事、种种分、种种行、种种名字、种种分别、种种出生、种种修习，其中所有一切善根，悉是趣向十力乘心之所建立，皆悉回向一切种智，唯一无二。以诸善根如是回向，所谓愿得圆满无碍身业，修菩萨行；愿得清净无碍口业，修菩萨行；愿得成就无碍意业，安住大乘；愿得圆满无障碍心，净修一切诸菩萨行；愿起无量广大施心，周给无边一切众生；愿于诸法心得自在，演大法明，无能障蔽；愿得明达一切智处，发菩提心，普照世间；愿常正念三世诸佛，谛想如来常现在前；愿住圆满增上志乐，远离一切诸魔怨敌；愿得安住佛十力智，普摄众生无有休息；愿得三昧游诸世界，而于世间无所染著；愿住诸世界无有疲厌，教化众生恒不休息；愿起无量思慧方便，成就菩萨不思议道；愿得诸方不迷惑智，悉能分别一切世间；愿得自在神通智力，于一念中悉能严净一切国土；愿得普入诸法自性，见一切世间悉皆清净；愿得生起无差别智，于一刹中入一切刹；愿以一切刹庄严之事显示一切，教化无量无边众生；愿于一佛刹中示无边法界，一切佛刹悉亦如是；愿得自在大神通智，普能往诣一切佛土。

"佛子！菩萨摩诃萨以诸善根，愿得庄严一切佛国，愿得周遍一切世界，愿得成就智慧观察。如为己身，如是回向，如是而为一切众生，所谓愿一切众生永离一切地狱、畜生、阎罗王趣；愿一切众生除灭一切障碍之业；愿一切众生得周普心平等智慧；愿一切众生于怨于亲等心摄受，皆令安乐，智慧清净；愿一切众生智慧圆满，净光普照；愿一切众生思慧成满，了真实义；愿一切众生以净志乐，趣求菩提，获无量智；愿一切众生普能显示安隐住处。佛子！菩萨摩诃萨恒以善心如是回向，为令一切众生遇清凉云，霔法雨故；为令一切众生常值福田胜境界故；为令一切众生皆能善入菩提心藏，自护持故；为令一切众生离诸盖、缠，善安住故；为令一切众生皆获无碍神通智故；为令一切众生得自在身，普示现故；为令一切众生成就最胜一切种智，普兴利益无空过故；为令一切众生普摄群品，令清净故；为令一切众生皆能究竟一切智故；为令一切众生心不动摇，无障碍故。

"佛子！菩萨摩诃萨见可爱乐国土、园林、草木、华果、名香、上服、珍宝、财物、诸庄严具，或见可乐村邑、聚落，或见帝王威德自在，或见住处离诸喧杂。见是事已，以方便智精勤修习，出生无量胜妙功德，为诸众生勤求善法，心无放逸，广集众善，犹如大海，以无尽善普覆一切，为众善法所依之处，以诸善根方便回向，而无分别，开示无量种种善根，智常观察一切众生，心恒忆念善根境界，以等真如平等善根回向众生，无有休息。菩萨尔时，以诸善根如是回向，所谓愿一切众生得诸如来可爱乐见，见法真性平等平等，无所取著，圆满清净；愿一切众生见诸如来甚可爱乐，圆满供养；愿一切众生往生一切无诸烦恼、甚可爱乐清净佛刹；愿一切众生得见诸佛可爱乐法；愿一切众生常乐护持一切菩萨可爱乐行；愿一切众生得善知识可爱乐眼，见无所碍；愿一切众生常见一切可爱乐物，无有违逆；愿一切众生证得一切可爱乐法而勤护持；愿一切众生于一切佛可乐法中得净光明；愿一切众生修诸菩萨一切能舍可爱乐心；愿一切众生得无所畏能说一切可爱乐法；愿一切众生得诸菩萨极可爱乐甚深三昧；愿一切众生得诸菩萨甚可爱乐陀罗尼门；愿一切众生得诸菩萨甚可爱乐善观察智；愿一切众生能现菩萨甚可爱乐自在神通；愿一切众生能于诸佛大众会中，说可爱乐甚深妙法；愿一切众生能以方便开示演说甚可爱乐差别之句；愿一切众生常能发起甚可爱乐平等大悲；愿一切众生念念发起甚可爱乐大菩提心，常令诸根欢喜悦豫；愿一切众生能入一切甚可爱乐诸如来家；愿一切众生得可爱乐能调伏行，调伏众生无有休息；愿一切众生得诸菩萨甚可爱乐无尽辩才演说诸法；愿一切众生于不可说不可说劫，住于一切可乐世界，教化众生，心无厌倦；愿一切众生以无量方便，普能悟入甚可爱乐诸佛法门；愿一切众生得可爱乐无碍方便，知一切法无有根本；愿一切众生得可爱乐离贪欲际，知一切法毕竟无二，断一切障；愿一切众生得可爱乐离贪欲际，知一切法平等真实；愿一切众生具足成满一切菩萨甚可爱乐无戏论法；愿一切众生得金刚藏精进之心，成可爱乐一切智道；愿一切众生具可爱乐无碍善根，摧伏一切烦恼怨敌；愿一切众生得可爱乐一切智门，普于世间现成正觉。

"佛子！菩萨摩诃萨修习如是诸善根时，得智慧明，为善知识之所摄受，如来慧日明照其心，永灭痴冥，勤修正法，入诸智业，善学智地，流布善根，充满法界，以智回向，尽诸菩萨善根源底，以智深入大方便海，成就无量广大善根。

"佛子！菩萨摩诃萨以此善根，如是回向，所谓不著世间，不取众生，其心清净，无所依止，正念诸法，离分别见，不舍一切佛自在慧，不违三世一切诸佛正回向门，随顺一切平等正法，不坏如来真实之相，等观三世无众生相。善顺佛道，善说于法，深了其义，入最胜地，悟真实法，智慧圆满，信乐坚固；虽善修正业而知业性空，了一切法皆如幻化，知一切法无有自性，观一切义及种种行，随世言说而无所著，除灭一切执著因缘，知如实理，观诸法性皆悉寂灭，了一切法同一实相，知诸法相不相违背。与诸菩萨而共同止，修行其道，善摄众生，入去、来、今一切菩萨回向之门，于诸佛法心无惊怖，以无量心令诸众生普得清净。于十方世界不起执取我、我所心，于诸世间无所分别；于一切境界不生染著，勤修一切出世间法，于诸世间无取无依，于深妙道正见牢固，离诸妄见，了真实法。

"譬如真如，遍一切处，无有边际，善根回向亦复如是，遍一切处，无有边际。譬如真如，真实为性，善根回向亦复如是，了一切法真实为性。譬如真如，恒守本性，无有改变，善根回向亦复如是，守其本性，始终不改。譬如真如，以一切法无性为性，善根回向亦复如是，了一切法无性为性。譬如真如，无相为相，善根回向亦复如是，了一切法无相为相。譬如真如，若有得者，终无退转，善根回向亦复如是，若有得者，于诸佛法，永不退转。譬如真如，一切诸佛之所行处，善根回向亦复如是，一切如来所行之处。譬如真如，离境界相而为境界，善根回向亦复如是，离境界相而为三世一切诸佛圆满境界。譬如真如，能有安立，善根回向亦复如是，悉能安立一切众生。譬如真如，性常随顺；善根回向亦复如是，尽未来劫，随顺不断。譬如真如，无能测量，善根回向亦复如是，等虚空界，尽众生心，无能测量。譬如真如，充满一切，善根回向亦复如是，一刹那中普周法界。譬如真如，常住无尽，善根回向亦复如是，究竟无尽。譬如真如，无有比对，善根回向亦复如是，普能圆满一切佛法，无有比对。譬如真如，体性坚固，善根回向亦复如是，体性坚固，非诸惑恼之所能沮。譬如真如，不可破坏，善根回向亦复如是，一切众生不能损坏。譬如真如，照明为体，善根回向亦复如是，以普照明而为其性。譬如真如，无所不在，善根回向亦复如是，于一切处悉无不在。譬如真如，遍一切时，善根回向亦复如是，遍一切时。譬如真如，性常清净，善根回向亦复如是，住于世间而体清净。譬如真如，于法无碍，善根回向亦复如是，周行一切而无所碍。譬如真如，为众法眼，善根回向亦复如是，能为一切众生作眼。譬如真如，性无劳倦，善根回向亦复如是，修行一切菩萨诸行，恒无劳倦。譬如真如，体性甚深，善根回向亦复如是，其性甚深。譬如真如，无有一物，善根回向亦复如是，了知其性无有一物。譬如真如，性非出现，善根回向亦复如是，其体微妙，难可得见。譬如真如，离众垢翳，善根回向亦复如是，慧眼清净，离诸痴翳。譬如真如，性无与等，善根回向亦复如是，成就一切诸菩萨行最上无等。譬如真如，体性寂静，善根回向亦复如是，善能随顺寂静之法。譬如真如，无有根本，善根回向亦复如是，能入一切无根本法。譬如真如，体性无边，善根回向亦复如是，净诸众生，其数无边。譬如真如，体性无著，善根回向亦复如是，毕竟远离一切诸著。譬如真如，无有障碍，善根回向亦复如是，除灭一切世间障碍。譬如真如，非世所行，善根回向亦复如是，非诸世间之所能行。譬如真如，体性无住，善根回向亦复如是，一切生死皆非所住。譬如真如，性无所作，善根回向亦复如是，一切所作悉皆舍离。譬如真如，体性安住，善根回向亦复如是，安住真实。譬如真如，与一切法而共相应，善根回向亦复如是，与诸菩萨听闻修习而共相应。譬如真如，一切法中，性常平等，善根回向亦复如是，于诸世间修平等行。譬如真如，不离诸法，善根回向亦复如是，尽未来际不舍世间。譬如真如，一切法中，毕竟无尽，善根回向亦复如是，于诸众生回向无尽。譬如真如，与一切法无有相违，善根回向亦复如是，不违三世一切佛法。譬如真如，普摄诸法，善根回向亦复如是，尽摄一切众生善根。譬如真如，与一切法同其体性，善根回向亦复如是，与三世佛同一体性。譬如真如，与一切法不相舍离，善根回向亦复如是，摄持一切世、出世法。譬如真如，无能映蔽，善根回向亦复如是，一切世间无能映蔽。譬如真如，不可动摇，善根回向亦复如是，一切魔业无能动摇。譬如真如，性无垢浊，善根回向亦复如是，修菩萨行无有垢浊。譬如真如，无有变易，善根回向亦复如是，愍念众生，心无变易。譬如真如，不可穷尽，善根回向亦复如是，非诸世法所能穷尽。譬如真如，性常觉悟，善根回向亦复如是，普能觉悟一切诸法。譬如真如，不可失坏，善根回向亦复如是，于诸众生起胜志愿，永不失坏。譬如真如，能大照明，善根回向亦复如是，以大智光照诸世间。譬如真如，不可言说，善根回向亦复如是，一切言语所不可说。譬如真如，持诸世间，善根回向亦复如是，能持一切菩萨诸行。譬如真如，随世言说，善根回向亦复如是，随顺一切智慧言说。譬如真如，遍一切法，善根回向亦复如是，遍于十方一切佛刹，现大神通，成等正觉。譬如真如，无有分别，善根回向亦复如是，于诸世间，无所分别。譬如真如，遍一切身，善根回向亦复如是，遍十方刹无量身中。譬如真如，体性无生，善根回向亦复如是，方便示生而无所生。譬如真如，无所不在，善根回向亦复如是，十方三世诸佛土中，普现神通而无不在。譬如真如，遍在于夜，善根回向亦复如是，于一切夜，放大光明，施作佛事。譬如真如，遍在于昼，善根回向亦复如是，悉令一切在昼众生，见佛神变，演不退轮，离垢清净，无空过者。譬如真如，遍在半月及以一月，善根回向亦复如是，于诸世间次第时节，得善方便，于一念中知一切时。譬如真如，遍在年岁，善根回向亦复如是，住无量劫明了成熟，一切诸根皆令圆满。譬如真如，遍成坏劫，善根回向亦复如是，住一切劫清净无染，教化众生咸令清净。譬如真如，尽未来际，善根回向亦复如是，尽未来际，修诸菩萨清净妙行，成满大愿无有退转。譬如真如，遍住三世，善根回向亦复如是，令诸众生于一刹那见三世佛，未曾一念而有舍离。譬如真如，遍一切处，善根回向亦复如是，超出三界，周遍一切，悉得自在。譬如真如，住有无法，善根回向亦复如是，了达一切有无之法毕竟清净。譬如真如，体性清净，善根回向亦复如是，能以方便集助道法，净治一切诸菩萨行。譬如真如，体性明洁，善根回向亦复如是，令诸菩萨悉得三昧明洁之心。譬如真如，体性无垢，善根回向亦复如是，远离诸垢，满足一切诸清净意。譬如真如，无我、我所，善根回向亦复如是，以无我、我所清净之心，充满十方诸佛国土。譬如真如，体性平等，善根回向亦复如是，获得平等一切智智，照了诸法，离诸痴翳。譬如真如，超诸数量，善根回向亦复如是，与超数量一切智乘大力法藏而同止住，兴遍十方一切世界广大法云。譬如真如，平等安住，善根回向亦复如是，发生一切诸菩萨行，平等住于一切智道。譬如真如，遍住一切诸众生界，善根回向亦复如是，满足无碍一切种智，于众生界悉现在前。譬如真如，无有分别，普住一切音声智中，善根回向亦复如是，具足一切诸言音智，能普示现种种言音，开示众生。譬如真如，永离世间，善根回向亦复如是，普使众生永出世间。譬如真如，体性广大，善根回向亦复如是，悉能受持去、来、今世广大佛法，恒不忘失，勤修一切菩萨诸行。譬如真如，无有间息，善根回向亦复如是，为欲安处一切众生于大智地，于一切劫修菩萨，行无有间息。譬如真如，体性宽广，遍一切法，善根回向亦复如是，净念无碍，普摄一切宽广法门。譬如真如，遍摄群品，善根回向亦复如是，证得无量品类之智，修诸菩萨真实妙行。譬如真如，无所取著，善根回向亦复如是，于一切法皆无所取，除灭一切世间取著，普令清净。譬如真如，体性不动，善根回向亦复如是，安住普贤圆满行愿，毕竟不动。譬如真如，是佛境界，善根回向亦复如是，令诸众生满足一切大智境界，灭烦恼境悉令清净。譬如真如，无能制伏，善根回向亦复如是，不为一切众魔事业、外道邪论之所制伏。譬如真如，非是可修，非不可修，善根回向亦复如是，舍离一切妄想取著，于修、不修无所分别。譬如真如，无有退舍，善根回向亦复如是，常见诸佛，发菩提心，大誓庄严，永无退舍。譬如真如，普摄一切世间言音，善根回向亦复如是，能得一切差别言音神通智慧，普发一切种种言词。譬如真如，于一切法无所希求，善根回向亦复如是，令诸众生乘普贤乘而得出离，于一切法无所贪求。譬如真如，住一切地，善根回向亦复如是，令一切众生舍世间地，住智慧地，以普贤行而自庄严。譬如真如，无有断绝，善根回向亦复如是，于一切法得无所畏，随其类音，处处演说，无有断绝。譬如真如，舍离诸漏，善根回向亦复如是，令一切众生成就法智，了达于法，圆满菩提无漏功德。譬如真如，无有少法而能坏乱，令其少分非是觉悟，善根回向亦复如是，普令开悟一切诸法，其心无量遍周法界。譬如真如，过去非始，未来非末，现在非异，善根回向亦复如是，为一切众生新新恒起菩提心愿，普使清净，永离生死。譬如真如，于三世中无所分别，善根回向亦复如是，现在念念心常觉悟，过去、未来皆悉清净。譬如真如，成就一切诸佛菩萨，善根回向亦复如是，发起一切大愿方便，成就诸佛广大智慧。譬如真如，究竟清净，不与一切诸烦恼俱，善根回向亦复如是，能灭一切众生烦恼，圆满一切清净智慧。

"佛子！菩萨摩诃萨如是回向时，得一切佛刹平等，普严净一切世界故；得一切众生平等，普为转无碍法轮故；得一切菩萨平等，普出生一切智愿故；得一切诸佛平等，观察诸佛体无二故；得一切法平等，普知诸法性无易故；得一切世间平等，以方便智善解一切语言道故；得一切菩萨行平等，随种善根尽回向故；得一切时平等，勤修佛事，于一切时无断绝故；得一切业果平等，于世、出世所有善根皆无染著，咸究竟故；得一切佛自在神通平等，随顺世间现佛事故。

"佛子！是为菩萨摩诃萨第八真如相回向。菩萨摩诃萨住此回向，证得无量清净法门，能为如来大师子吼，自在无畏，以善方便，教化成就无量菩萨，于一切时未曾休息。得佛无量圆满之身，一身充遍一切世界；得佛无量圆满音声，一音开悟一切众生；得佛无量圆满之力，一毛孔中普能容纳一切国土；得佛无量圆满神通，置诸众生于一尘中；得佛无量圆满解脱，于一众生身示现一切诸佛境界，成等正觉；得佛无量圆满三昧，一三昧中普能示现一切三昧；得佛无量圆满辩才，说一句法，穷未来际而不可尽，悉除一切众生疑惑；得佛无量圆满众生，具佛十力，尽众生界示成正觉。佛子！是为菩萨摩诃萨以一切善根顺真如相回向。"

尔时，金刚幢菩萨承佛威力，普观十方，而说颂言：

菩萨志乐常安住，正念坚固离痴惑，其心善软恒清凉，积集无边功德行。

菩萨谦顺无违逆，所有志愿悉清净，已得智慧大光明，善能照了一切业。

菩萨思惟业广大，种种差别甚希有，决意修行无退转，以此饶益诸群生。

诸业差别无量种，菩萨一切勤修习，随顺众生不违意，普令心净生欢喜。

已升调御人尊地，离诸热恼心无碍，于法于义悉善知，为利群生转勤习。

菩萨所修众善行，无量无数种种别，于彼一切分别知，为利群生故回向。

以妙智慧恒观察，究竟广大真实理，断诸有处悉无余，如彼真如善回向。

譬如真如遍一切，如是普摄诸世间，菩萨以此心回向，悉令众生无所著。

菩萨愿力遍一切，譬如真如无不在，若见不见念悉周，悉以功德而回向。

夜中随住昼亦住，半月一月亦随住，若年若劫悉住中，真如如是行亦然。

所有三世及刹土，一切众生与诸法，悉住其中无所住，以如是行而回向。

譬如真如本自性，菩萨如是发大心，真如所在无不在，以如是行而回向。

譬如真如本自性，其中未曾有一法，不得自性是真性，以如是业而回向。

如真如相业亦尔，如真如性业亦尔，如真如性本真实，业亦如是同真如。

譬如真如无边际，业亦如是无有边，而于其中无缚著，是故此业得清净。

如是聪慧真佛子，志愿坚固不动摇，以其智力善通达，入于诸佛方便藏。

觉悟法王真实法，于中无著亦无缚，如是自在心无碍，未曾见有一法起。

如来法身所作业，一切世间如彼相，说诸法相皆无相，知如是相是知法。

菩萨住是不思议，于中思议不可尽，入此不可思议处，思与非思皆寂灭。

如是思惟诸法性，了达一切业差别，所有我执皆除灭，住于功德无能动。

菩萨一切业果报，悉为无尽智所印，如是无尽自性尽，是故无尽方便灭。

菩萨观心不在外，亦复不得在于内，知其心性无所有，我法皆离永寂灭。

彼诸佛子如是知，一切法性常空寂，无有一法能造作，同于诸佛悟无我。

了知一切诸世间，悉与真如性相等，见是不可思议相，是则能知无相法。

若能住是甚深法，常乐修行菩萨行，为欲利益诸群生，大誓庄严无退转。

是则超过于世间，不起生死妄分别，了达其心如幻化，勤修众行度群生。

菩萨正念观世间，一切皆从业缘得，为欲救度修诸行，普摄三界无遗者。

了知众生种种异，悉是想行所分别，于此观察悉明了，而不坏于诸法性。

智者了知诸佛法，以如是行而回向，哀愍一切诸众生，令于实法正思惟。

注释

❶ "办"，大正本原作"辨"，今依三本及宫本改之。

【白话语译】

"佛子啊！什么是菩萨摩诃萨的真如相回向呢？

"佛子啊！菩萨摩诃萨的正念明了，心念早已远离所有的迷惑，十分坚固安住。他专心一意地修行，甚深的心念不为外境所动摇。他成就不坏的业行，趣向一切的智慧，始终不曾退转。他专志欣求大乘妙法，勇猛无畏；培植所有功德的本源，普遍安立世间的众生。他生起殊胜的善根，修习一切清净善法；不断增长大悲心，成就心中的大宝。他时常忆念诸佛如来，并且护持所有的正法；对菩萨道信心坚固、喜乐不舍，并且成就无量清净微妙的善根，精勤修习一切的功德智慧。他成为调御众生的导师，出生各种的善法，用方便的智慧回向。

"这时，菩萨的慧眼普遍观察一切，了知所有的善根无量无边。他修习聚集所有善根的时候，不管是求缘、或是办具、或是净治、或是趣入、或是专意激励、或是起而实行、或是明了通达、或是精细审察、或是开示演说，如此一切的善根修习有种种的门径、种种的境界、种种的相貌、种种的事件、种种的分立、种种的行愿、种种的名字、种种的分别、种种的出生、种种的修习，其中所有的善根，都是为了趣向十力佛乘心，也都完全回向一切种智，这是唯一无二的法门。

"菩萨将这些善根如此回向：'愿得证圆满无障碍的身业，以修习菩萨行。愿得证清净无障碍的口业，以修习菩萨行。愿得以成就无障碍的意业，安住在大乘宝藏中。愿得以圆满无障碍的心，清净修习一切菩萨行。愿发起无量广大的布施心，周遍给予一切众生。愿于各种法门证得自在心，开演光明的大法，没有丝毫的障碍与蒙蔽。愿明了通达一切智慧的处所，得以发起菩提心，普遍照耀一切世间。愿时常正念三世诸佛，谛想如来时常示现眼前。愿安住圆满的增上志乐，远离一切的诸魔怨怒。愿得以安住佛陀的十力智慧，能够普遍摄受众生而不休息。愿得证三昧，能游历所有的世界，但对世间无所染着。愿安住各种世界而毫不疲倦与厌烦，教化调伏众生永不休息。愿生起无量思惟智慧的方便，成就菩萨不可思议的道行。愿得证诸方不迷惑的智慧，能够完全分别一切的世间。愿得证自在的神通智慧威力，念念都完全庄严清净一切国土。愿得以普遍进入诸法的自性，看见所有的世界都是清净的。愿得以生起无差别的智慧，在一刹土中进入一切刹土。愿以一切刹土的庄严，显示于一切世间，以调伏教化无量无边的众生。愿一佛国刹土，能显示无边际的法界；所有的佛国刹土，也完全如此。愿得证自在大神通的智慧，能够普遍前往拜诣一切佛国刹土。'

"佛子啊！菩萨摩诃萨以各种善根，愿庄严一切佛国，愿周遍一切世界，愿成就观察智慧。就如同为自身发起的回向，他也同样回向众生：'愿众生永离所有的地狱、畜生、恶鬼等三恶道。愿众生除灭一切障碍的业报。愿众生得到周遍普满的心以及平等的智慧。愿众生能够以平等心摄受怨恨的人或亲爱的人，使他们完全证得安乐，智慧清净。愿众生证得圆满智慧，清净光明普遍照耀。愿众生思惟的智慧圆满成就，明了通达真实的义理。愿众生用清净的志乐，来趣向求证菩提，获得无量的智慧。愿众生普遍能够显示安稳住处。'

"佛子啊！菩萨摩诃萨常用善心如此回向，这都是为了使众生遇到清凉法云，接受法雨的滋润；为了使众生时常种植福田，得到殊胜的境界；为了方便众生进入菩萨心的宝藏，而能自我护持；为了使众生远离各种障盖、纠缠，而能善巧安住；为了使众生证得无障碍的神通智慧；为了使众生证得普遍示现的自在身形；为了使众生成就最殊胜的一切种智，普遍利益众生没有空过；为了使众生普遍摄受各类众生，使他们得到清净；为了使众生证得究竟的智慧；为了使众生心不动摇，没有任何的障碍。

"佛子啊！菩萨摩诃萨见到可爱乐的国土、园林、草木、华果、名贵的香料、上好衣服、珍贵的财宝、各种庄严具，或见到可乐的村邑、聚落，或见到帝王威德自在，或见到住处远离各种喧闹混杂。见到这些事情之后，他更用方便的智慧，精勤修习，而出生无量殊胜微妙的功德。他为所有的众生勤求善法，心中毫无放荡逸失，广大地聚集众多善法。像大海一样，用无穷尽的善法普遍覆盖一切，成为众多善法依止的处所，以各种善根方便回向而没有分别。他开示种种无量的善根，用智慧恒常观察众生，心中恒常忆念善根，以等同真如的平等善根回向众生，从来不曾歇息休止。

"这时，菩萨将这些善根如此回向：'愿众生证得诸佛如来令人敬爱欣乐的智慧见地，见到完全平等的诸法真性，没有任何贪取执着，而证得圆满的清净。愿众生见到诸佛如来甚为令人敬爱欣乐的境界，能够圆满地供养。愿众生往生一切没有任何烦恼，以及甚为令人敬爱欣乐的清净佛土。愿众生得以见到诸佛令人敬爱欣乐的法门。愿众生时常欢喜护持一切菩萨令人敬爱欣乐的行愿。愿众生证得善知识令人敬爱欣乐的眼睛，一切所见无所障碍。愿众生时常见到所有令人敬爱欣乐的事物，从不违逆自己的心意。愿众生证得一切令人敬爱欣乐的法门而勤加护持。愿众生证得诸佛令人敬爱欣乐的法门，成就清净的光明。愿众生修习诸菩萨一切难舍、能舍令人敬爱欣乐的心。愿众生得证能演说一切无所畏惧、令人敬爱欣乐的法门。愿众生证得诸菩萨令人敬爱欣乐的甚深三昧禅定。愿众生证得诸菩萨令人甚为敬爱欣乐的总持陀罗尼门。愿众生证得诸菩萨令人甚为敬爱欣乐的善观察智。愿众生能示现菩萨令人甚为敬爱欣乐的自在神通力。愿众生能够在诸佛集会中，演说令人敬爱欣乐的甚深微妙法门。愿众生能够以方便善巧，开示演说甚为令人敬爱欣乐的差别文句。愿众生时常发起令人甚为敬爱欣乐的平等大悲心。愿众生念念都能发起令人甚为敬爱欣乐的大菩提心，时常使诸根欢喜快乐。愿众生能够进入令人甚为敬爱欣乐的诸如来家。愿众生证得令人敬爱欣乐的能调伏行愿，调伏教化众生没有歇止休息。愿众生证得诸菩萨令人甚为敬爱欣乐的无止尽大辩才，演说各种法门。愿众生在不可说不可说的时劫，安住在一切令人敬爱欣乐的世界，教化其余的众生，心中毫不厌烦与疲倦。愿众生能以无量的方便，普遍觉悟趣入令人敬爱欣乐的诸佛法门。愿众生证得令人敬爱欣乐的无障碍方便，了知一切法没有根本。愿众生证得令人敬爱欣乐远离贪欲的边际，了知一切诸法毕竟无二，断除一切的障碍。愿众生证得敬爱欣乐远离贪欲的边际，了知一切诸法平等真实。愿众生完全圆满成就一切菩萨甚为令人敬爱欣乐的无戏论法门。愿众生证得犹如金刚宝藏一般坚固的精进心，成就令人敬爱欣乐的一切智道。愿众生具足令人敬爱欣乐的无障碍善根，摧毁调伏一切烦恼、怨恨、仇敌。愿众生得证令人敬爱欣乐的一切智慧法门，普遍在世间示现成就无上正等正觉。'

"佛子啊！菩萨摩诃萨修习如此种种善根的时候，已证得智慧的光明，为善知识所摄取持受。如来太阳般的光明智慧照耀菩萨，使他永远断灭愚痴黑暗。他因此更精勤地修习正法，证入各种智慧业行，善巧学习智慧的境地，广流分布所有的善根，使这些善根充满一切法界，并用智慧回向。他穷尽菩萨大众的善根根源，以智慧深入广大的方便大海，成就无量广大的善根。

"佛子啊！菩萨摩诃萨将这些善根如此回向：愿我不执着所有的世间，不贪取众生，心念完全清净，没有任何的依止执着。能用正念忆念所有的法门，远离分别的见地。不舍弃一切佛陀的自在智慧，也不违背三世诸佛正确的回向法门。能随顺一切平等正法，不毁坏诸佛如来的真实实相。能平等观察过去、未来、现在三世，了知其中实无众生之相。能够善巧地随顺佛道，说法精辟，深刻了解诸法的真实义，证入最殊胜的境地；并且了悟真实的佛法，圆满智慧，信心喜乐坚固不坏。虽然善于修习正业，而能了知业性本空。了知诸法幻化，了知诸法都无有自性。愿我能观察一切义理及种种行持，随顺世间的言说而无所执着。除灭一切的执着因缘，如实了知义理，观察诸法的法性都是完全寂灭的。了知诸法都是等同齐一的实相，了知诸法的法相都是不相违背。并与一切的菩萨共处一处，修习菩萨道，善遍摄受众生，深入过去、未来、现在一切菩萨的回向法门。心中毫不惊怖恐惧诸佛的佛法，能运用无量心使所有的众生证得清净。在十方的世界都不执取我以及我所有，对所有的世间无所分别。对于所有的境界，都不生起污染执着，能够精勤修习一切的出世间善法。对于所有的世间，无取着、无依止；对于甚深的妙道正见，信心牢固，能够远离各种的虚妄见解，了悟真实的法要。就譬如真如，能够遍达一切处所，没有任何边际；善根的回向也是如此，遍于一切处所，没有任何边际。又譬如真如，用真实为体性；善根的回向也是如此，了悟一切法都是以真实为体性。又譬如真如，恒常守住本性，没有任何改变；善根的回向也是如此，守住自身的本性，始终不曾改变。又譬如真如，以一切法的无自性为体性；善根的回向也是如此，了悟一切法是以无自性为体性。又譬如真如，以无相作为实相；善根的回向也是如此，了悟一切法是以无相为实相。就譬如真如，如果能够得证，就绝无退转；善根的回向也是如此，若有人能够得证，对所有的佛法就能永不退转。又譬如真如，是一切佛陀止行的处所；善根的回向也是诸佛如来行止的处所。就譬如真如，远离境界的外相而作为圆满的境界；善根的回向也是如此，远离境界相而作为三世一切诸佛圆满的境界。又譬如真如，能安立世间相；善根的回向也是如此，能安立所有的众生。又譬如真如，体性恒常随顺；善根的回向也是如此，穷尽未来的时劫，随顺世间不曾间断。就譬如真如，是无法测量的；善根的回向也是如此，等同虚空，即使穷尽众生的心力，也无法计数。又譬如真如，充满一切；善根的回向也是如此，一刹那的时间就遍满一切法界。又譬如真如，恒常安住而无有穷尽；善根的回向也是如此，究竟无有穷尽。又譬如真如，没有任何境界能相互比对；善根的回向也是如此，普遍圆满一切的佛法，没有任何境界可相互比对。又譬如真如，体性坚固；善根的回向也是如此，体性坚固，任何疑惑烦恼都不能沮坏。又譬如真如，不可破坏；善根的回向也是如此，一切众生都不能损坏。就譬如真如，以普照光明作为体性；善根的回向也是如此，以普照的光明作为体性。又譬如真如，是无所不在的；善根的回向也是如此，在一切的处所都是无所不在的。又譬如真如，普遍一切的时劫；善根的回向也是如此，普遍一切的时劫。又譬如真如，体性恒常清净；善根的回向也是如此，安住在世间而体性恒常清净。又譬如真如，在一切法中无所障碍；善根的回向也是如此，周遍流行一切而无所障碍。又譬如真如，能作为大众的法眼❶；善根的回向也是如此，能作为一切众生的眼睛。就譬如真如，体性不曾感到疲劳厌倦；善根的回向也是如此，修行一切的菩萨诸行，永远不会疲劳厌倦。又譬如真如，体性甚深，不易了解；善根的回向也是如此，体性甚深不易了解。又譬如真如，性空而无有一物；善根的回向也是如此，了知回向的体性也是无有一物的。又譬如真如，体性并不出现世间；善根的回向也是如此，体性十分微妙，难以见到。又譬如真如，远离各种污垢暗翳；善根的回向也是如此，智慧的眼睛清净无比，远离各种愚痴暗翳。就譬如真如，体性无与等比；善根的回向也是如此，成就各种最上无与等比的菩萨行。又譬如真如，体性寂静；善根的回向也是如此，善能随顺寂静的法门。又譬如真如，体性无有任何的根本；善根的回向也是如此，能进入一切没有根本的法门。又譬如真如，体性无有边际；善根的回向也是如此，清净所有的众生，数量无边。又譬如真如，体性没有任何执着；善根的回向也是如此，毕竟远离所有的执着。又譬如真如，没有任何障碍；善根的回向也是如此，除灭一切的世间障碍。就譬如真如，不是世间法所能行的；善根的回向也是如此，不是世间法所能行的。又譬如真如，体性是无所住的；善根的回向也是如此，并不安住一切的生死。又譬如真如，体性没有任何的造作；善根的回向也是如此，舍离所有的造作。又譬如真如，体性安住于真实；善根的回向也是如此，安住真实。就譬如真如，与一切的法互相应合；善根的回向也是如此，与所有菩萨听闻修习的法门彼此呼应。又譬如真如，在一切法中，体性恒常平等；善根的回向也是如此，在所有的世间修习平等行。又譬如真如，不远离各种的法门；善根的回向也是如此，穷尽未来的边际而不舍离世间。又譬如真如，在一切法中，毕竟无穷尽；善根的回向也是如此，对于所有的众生，回向无尽。就譬如真如，与一切的法都不互相违背；善根的回向也是如此，不违背过去、未来、现在三世的一切佛法。又譬如真如，普遍摄受各种法要；善根的回向也是如此，无止尽地摄受一切众生的善根。又譬如真如，体性与一切法相同；善根的回向也是如此，与过去、未来、现在三世诸佛的体性相同。又譬如真如，不互相舍弃背离一切法；善根的回向也是如此，摄取受持一切世间、出世间法。就譬如真如，它的光明无物能够遮蔽；善根的回向也是如此，一切世间的事物无能遮蔽。又譬如真如，不可动摇；善根的回向也是如此，一切诸魔的业力都无法动摇。又譬如真如，体性没有任何污垢混浊；善根的回向也是如此，修习菩萨行，没有任何的污垢混浊。又譬如真如，没有任何的变化更动；善根的回向也是如此，菩萨哀悯忆念所有的众生，心中不曾变化更动。又譬如真如，不可穷尽；善根的回向也是如此，不是所有的世间法所能穷尽的。就譬如真如，体性恒常觉悟；善根的回向也是如此，能够普遍觉悟所有的法。又譬如真如，无人能够破坏；善根的回向也是如此，菩萨对众生生起的最殊胜志向行愿，是任何人都无法破坏的。又譬如真如，能够大放光明；善根的回向也是如此，能以大智慧的光明照耀所有的世间。又譬如真如，不可言说；善根的回向也是如此，一切言语都不可说。又譬如真如，受持所有的世间；善根的回向也是如此，能够受持菩萨的所有行愿。就譬如真如，随顺世间的言说；善根的回向也是如此，能随顺一切智慧的言说。又譬如真如，遍及一切的法；善根的回向也是如此，遍及十方的一切佛国刹土，示现大神通力，成就无上正等正觉。又譬如真如，无有分别；善根的回向也是如此，对于所有的世间也是没有分别。又譬如真如，遍及一切的身相；善根的回向也是如此，遍及十方刹土无量身形。又譬如真如，体性无生；善根的回向也是如此，方便示现出生，而实无有所生。又譬如真如，无所不在；善根的回向也是如此，十方世界三世所有的佛国刹土，都能普遍示现神通力而无所不在。就譬如真如，遍及夜里；善根的回向也是如此，在一切的夜里，能放大光明成就佛事。又譬如真如，遍布白天；善根的回向也是如此，能使众生在白天见到佛陀的神通变化，开演不退转的法轮，远离污垢而得证清净，没有任何空过。又譬如真如，遍满半月及一月；善根的回向也是如此，在世间所有循序渐进的时节中，证得善巧方便，能在一念当中了知一切的时劫。又譬如真如，遍及年岁；善根的回向也是如此，菩萨安住无量的时劫明了成熟，所有的根器也都圆满。就譬如真如，遍及成住坏空的时劫；善根的回向也是如此，安住在一切的时劫中清净无染，教化调伏众生，使他们都能得证清净。又譬如真如，穷尽未来的边际；善根的回向也是如此，穷尽未来的边际，修习所有菩萨清净微妙的行愿，圆满成就伟大的行愿，永不退转。又譬如真如，普遍安住在过去、未来、现在三世；善根的回向也是如此，能使众生在一刹那间，见到过去、未来、现在三世的诸佛，未曾舍弃背离。又譬如真如，遍及一切的处所；善根的回向也是如此，超越三界，周遍流行一切，完全自在。又譬如真如，安住在有无法中；善根的回向也是如此，了解通达一切的有无之法毕竟清净。就譬如真如，体性清净；善根的回向也是如此，能以各种方便集聚助道法门，净化一切菩萨行。又譬如真如，体性光明洁净；善根的回向也是如此，能使所有菩萨完全获证光明洁净的三昧心。又譬如真如，体性没有染垢；善根的回向也是如此，远离所有的染垢，满足所有的清净意念。又譬如真如，没有我及我所有的执着；善根的回向也是如此，以没有我及我所有的清净心，充满十方世界诸佛国土。又譬如真如，体性平等；善根的回向也是如此，获证平等的一切智智，照明了知诸法，远离所有的愚痴暗翳。又譬如真如，超出各种数量；善根的回向也是如此，与超出数量的一切智慧宝乘的大力法藏共同止住，兴起遍及十方一切世界的广大法云。就譬如真如，平等安住；善根的回向也是如此，发起所有的菩萨行，平等安住一切智慧道行。又譬如真如，普遍安住一切众生界；善根的回向也是如此，圆满具足无障碍的一切种智，能够完全示现众人眼前。又譬如真如，没有分别，普遍安住在一切的音声智慧；善根的回向也是如此，具足各种言语及音声的智慧，能够普遍示现种种的言语音声开示众生。又譬如真如，永远出离世间；善根的回向也是如此，能够使所有的众生永远出离世间。就譬如真如，体性广大；善根的回向也是如此，能够完全受持过去、未来、现在世界的广大佛法，恒常不忘失，精勤修行一切菩萨的所有行愿。又譬如真如，无有间断休息；善根的回向也是如此，菩萨为了使众生安住大智慧刹土，因此在一切时劫修习菩萨行，没有任何间断休息。又譬如真如，体性宽阔广大，遍及一切法界；善根的回向也是如此，能够清净忆念无所障碍，普遍摄受一切宽阔广大的法门。又譬如真如，能够普遍摄受各种众生；善根的回向也是如此，证得无数量种类的智慧，修习菩萨所有的真实微妙行愿。又譬如真如，无所贪取与执着；善根的回向也是如此，对一切的法都无所贪取，除灭一切世间的贪取执着，令其普遍清净。就譬如真如，体性不动；善根的回向也是如此，安住在圆满的普贤行愿中，毕竟不动摇。又譬如真如，成就佛陀的境界；善根的回向也是如此，能使所有的众生圆满具足一切大智慧，灭除烦恼，证得清净。又譬如真如，无能制止调伏；善根的回向也是如此，不会被众魔事业及外道邪论制伏。又譬如真如，不是可以修习，也不是不可修习的；善根的回向也是如此，舍弃背离一切的妄想贪取执着，在修习与不修习中没有任何分别。又譬如真如，没有退转舍离；善根的回向也是如此，菩萨恒常见到诸佛发起菩提心，广大庄严的誓言永无退转舍离。就譬如真如，普遍摄受一切世间的言语音声；善根的回向也是如此，能证得一切差别音声言语的神通智慧，普遍发出各种言辞。又譬如真如，在一切法中无所希冀祈求；善根的回向也是如此，愿众生都能乘着普贤菩萨行愿的菩萨宝乘出离世间，对一切法都无贪取索求。又譬如真如，安住一切的地上；善根的回向也是如此，能使众生舍离世间，安住在智慧的境地，以普贤菩萨的行愿自我庄严。又譬如真如，没有断绝；善根的回向也是如此，证得一切法无所畏惧，能随顺众生各种不同的语言，在各处演说不断。又譬如真如，舍弃远离一切有漏行；善根的回向也是如此，能使众生成就法的智慧，明了通达法要，圆满菩提无漏失的功德行。就譬如真如，没有任何的法能够加以毁坏散乱，使它有一点点地方没有开悟；善根的回向也是如此，能普遍使众生开悟各种法门，心意周遍布满法界。就譬如真如，过去不是开始，未来没有结束，现在也没有不同；一切都是平等无二的；善根的回向也是如此，菩萨为一切的众生，念念无不发起菩提心愿，使众生都能证得清净，永远出离生死。又譬如真如，在过去、未来、现在三世当中无所分别；善根的回向也是如此，现在的每一念都是觉悟的，过去、未来也都是完全清净的。又譬如真如，能成就一切的诸佛菩萨；善根的回向也是如此，能够发起一切广大行愿的方便法门，成就诸佛的广大智慧。又譬如真如，究竟清净，不与各种烦恼共处一室；善根的回向也是如此，能够灭除一切众生的烦恼，圆满一切的清净智慧。

"佛子啊！菩萨摩诃萨如此回向的时候，得证一切佛刹都是平等无二，因此能普遍庄严一切世界；又得证众生平等无二，因此能普遍转动无障碍的法轮；又得证一切菩萨平等无二，因此能普遍出生一切智慧行愿；又得证一切诸佛平等无二，因此能观察诸佛体性无二；又得证一切法平等无二，因此能普遍了知所有法门之体性无变易；又得证一切世间平等无二，因此能以方便的智慧善巧了解一切语言之道；又得证一切菩萨行平等无二，因此能随顺各种善根穷尽回向；又得证一切时劫平等无二，因此能精勤修习佛陀的事业，在一切的时劫中没有断绝；又得证一切的业行果报平等无二，因此对世间及出世间的所有善根都无污染与执着，都能证得究竟；又得证一切佛陀的自在神通力平等无二，因此能随顺世间示现佛陀的事业。

"佛子啊！这就是菩萨摩诃萨的第八种回向——真如相回向。

"菩萨摩诃萨安住在这个回向时，能证得无量清净的法门，能作诸佛如来的大师子吼，自在而无所畏；能善巧方便地教化成就无量菩萨，在一切时劫始终不曾歇止休息。他又证得佛陀无量圆满的身体，能以一个身体遍布一切的世界；又证得佛陀无量的圆满音声，能以一音声开悟一切众生；又证得佛陀无量的圆满十力，在一毛孔中能够普遍容纳一切的国土；又证得佛陀无量的圆满大神通力，能够安置众生于一微尘；又证得佛陀无量的圆满解脱，能在一个众生身上示现一切诸佛的境界，成就无上正等正觉；又证得佛陀无量的圆满三昧，能在一三昧之中普遍示现一切三昧；又证得佛陀无量的圆满辩才，所演说的一句法，穷尽未来时际也说不尽，能够完全灭除众生的疑惑；又证得佛陀圆满无量众生的能力，具足佛陀的十力，能穷尽众生界示现成就正觉。

"佛子啊！这就是菩萨摩诃萨以一切善根随顺真如相的回向。"

这时，金刚幢菩萨承受佛陀威神力的加持，普遍观察十方世界，而演说以下的偈颂：

菩萨志乐恒常安住，正念坚固远离痴惑，
其心善软恒皆清凉，积集无边功德妙行。
菩萨谦顺而无违逆，所有志愿皆悉清净，
已得智慧广大光明，善能照了一切众业。
菩萨思惟业力广大，种种差别甚为稀有，
决意修行无有退转，以此饶益一切群生。
诸业差别具无量种，菩萨一切精勤修习，

随顺众生不违其意，普令心净而生欢喜。

已升调御人尊境地，离诸热恼心无障碍，

于法于义皆悉善知，为利群生转动勤习。

菩萨所修一切善行，无量无数种种差别，

于彼一切分别了知，为利群生故而回向。

以妙智慧恒常观察，究竟广大真实谛理，

断诸有处皆悉无余，如彼真如善巧回向。

譬如真如遍于一切，如是普摄所有世间，

菩萨以此净心回向，悉令众生无所染着。

菩萨愿力遍于一切，譬如真如无所不在，

若见不见念悉周遍，悉以功德而为回向。

夜中随住昼亦皆住，半月一月悉亦随住，

若年若劫悉住其中，真如如是行亦复然。

所有三世以及刹土，一切众生与诸佛法，

悉住其中而无所住，以如是行广为回向。

譬如真如本然自性，菩萨如是而发大心，

真如所在无所不在，以如是行而为回向。

譬如真如本然自性，其中未曾实有一法，

不得自性是为真性，以如是业而为回向。

如真如相业亦复尔，如真如性业亦复尔，

如真如性本然真实，业亦如是等同真如。

譬如真如无有边际，业亦如是实无有边，

而于其中无缚无着，是故此业能得清净。

如是聪慧真实佛子，志愿坚固不可动摇，

以其智力善巧通达，入于诸佛方便藏中。

觉悟法王真实妙法，于中无着亦无束缚，

如是自在心无障碍，未曾见有一法生起。

如来法身所作净业，一切世间宛如彼相，

说诸法相悉皆无相，知如是相是了知法。

菩萨住是不可思议，于中思议不可穷尽，

入此不可思议之处，思与非思悉皆寂灭。

如是思惟诸法体性，了达一切众业差别，

所有我执皆悉除灭，住于功德无能动摇。

菩萨一切业及果报，悉为无尽智慧所印，

如是无尽自性穷尽，是故无尽方便寂灭。

菩萨观心不在于外，如是亦复不在于内，

知其心性空无所有，我法皆离永证寂灭。

彼诸佛子如是了知，一切法性恒常空寂，

无有一法而能造作，同于诸佛了悟无我。

了知一切所有世间，悉与真如体性相等，

见是不可思议众相，是则能知无相之法。

若能住是甚深妙法，常乐修行菩萨深行，

为欲利益一切群生，大誓庄严无有退转。

是则超过于诸世间，不起生死妄想分别，

了达其心宛如幻化，勤修众行度诸群生。

菩萨正念观察世间，一切皆从业缘感得，

为欲救度修诸胜行，普摄三界无有遗者。

了知众生种种差异，悉是想行之所分别，

于此观察皆悉明了，而不坏于诸法体性。

智者了知一切佛法，以如是行而为回向，

哀愍一切所有众生，令于实法正念思惟。

【注释】

❶法眼：能照见了别一切法门的智慧，称为法眼。

卷第三十一

十回向品第二十五之九

【原典】

"佛子！云何为菩萨摩诃萨无著无缚解脱回向？

"佛子！是菩萨摩诃萨于一切善根，心生尊重。所谓于出生死，心生尊重；于摄取一切善根，心生尊重；于希求一切善根，心生尊重；于悔诸过业，心生尊重；于随喜善根，心生尊重；于礼敬诸佛，心生尊重；于合掌恭敬，心生尊重；于顶礼塔庙，心生尊重；于劝佛说法，心生尊重。于如是等种种善根，皆生尊重，随顺忍可。

"佛子！菩萨摩诃萨于彼善根，皆生尊重，随顺忍可时，究竟欣乐，坚固信解，自得安住，令他安住，勤修无著，自在积集，成胜志乐，住如来境，势力增长，悉得知见。以诸善根如是回向，所谓以无著无缚解脱心，成就普贤身业；以无著无缚解脱心，清净普贤语业；以无著无缚解脱心，圆满普贤意业；以无著无缚解脱心，发起普贤广大精进；以无著无缚解脱心，具足普贤无碍音声陀罗尼门，其声广大，普遍十方；以无著无缚解脱心，具足普贤见一切佛陀罗尼门，恒见十方一切诸佛；以无著无缚解脱心，成就解了一切音声陀罗尼门，同一切音，说无量法；以无著无缚解脱心，成就普贤一切劫住陀罗尼门，普于十方修菩萨行；以无著无缚解脱心，成就普贤自在力。于一众生身中，示修一切菩萨行，尽未来劫常无间断。如一众生身，一切众生身悉如是。以无著无缚解脱心，成就普贤自在力，普入一切众道场，普现一切诸佛前，修菩萨行；以无著无缚解脱心，成就普贤佛自在力，于一门中示现，经不可说不可说劫，无有穷尽，令一切众生皆得悟入；以无著无缚解脱心，成就普贤佛自在力，于种种门中示现，经不可说不可说劫，无有穷尽，令一切众生皆得悟入，其身普现一切佛前；以无著无缚解脱心，成就普贤自在力，念念中令不可说不可说众生住十力智，心无疲倦；以无著无缚解脱心，成就普贤自在力，于一切众生身中，现一切佛自在神通，令一切众生住普贤行；以无著无缚解脱心，成就普贤自在力，于一一众生语言中，作一切众生语言，令一切众生一一皆住一切智地；以无著无缚解脱心，成就普贤自在力，于一一众生身中，普容纳一切众生身，令皆自谓成就佛身；以无著无缚解脱心，成就普贤自在力，能以一华庄严一切十方世界；以无著无缚解脱心，成就普贤自在力，出大音声，普遍法界，周闻一切诸佛国土，摄受调伏一切众生；以无著无缚解脱心，成就普贤自在力，尽未来际不可说不可说劫，于念念中悉能遍入一切世界，以佛神力，随念庄严；以无著无缚解脱心，成就普贤自在力，尽未来际所住之劫，常能遍入一切世界，示现成佛出兴于世。以无著无缚解脱心，成普贤行，一光普照尽虚空界一切世界；以无著无缚解脱心，成普贤行，得无量智慧，具一切神通，说种种法；以无著无缚解脱心，成普贤行，入于如来尽一切劫不可测量神通智慧；以无著无缚解脱心，成普贤行，住尽法界诸如来所，以佛神力，修习一切诸菩萨行，身、口、意业，曾无懈倦；以无著无缚解脱心，成普贤行，不违于义，不坏于法，言辞清净，乐说无尽，教化调伏一切众生，令其当得一切诸佛无上菩提；以无著无缚解脱心，修普贤行，入一法门时，放无量光，照不思议一切法门，如一法门，一切法门皆亦如是通达无碍，究竟当得一切智地；以无著无缚解脱心，住菩萨行，于法自在，到于普贤庄严彼岸，于一一境界，皆以一切智观察悟入，而一切智亦不穷尽；以无著无缚解脱心，始从此生尽未来际住普贤行，常不休息，得一切智，悟不可说不可说真实法，于法究竟，无有迷惑；以无著无缚解脱心，修普贤业，方便自在，得法光明，于诸菩萨所行之行照了无碍；以无著无缚解脱心，修普贤行，得一切方便智，知一切方便，所谓无量方便、不思议方便、菩萨方便、一切智方便、一切菩萨调伏方便、转无量法轮方便、不可说时方便、说种种法方便、无边际无畏藏方便、说一切法无余方便。以无著无缚解脱心，住普贤行，成就身业，令一切众生见者欢喜，不生诽谤，发菩提心，永不退转，究竟清净；以无著无缚解脱心，修普贤行，得了一切众生语言清净智，一切言词具足庄严，普应众生，皆令欢喜；以无著无缚解脱心，住普贤行，立殊胜志，具清净心，得广大神通、广大智慧，普诣一切广大世间、广大国土、广大众生所，说一切如来不可说广大法、广大庄严圆满藏；以无著无缚解脱心，成满普贤回向行愿，得一切佛清净身、清净心、清净解，摄佛功德，住佛境界，智印普照，示现菩萨清净之业，善入一切差别句义，示诸佛菩萨广大自在，为一切众生现成正觉；以无著无缚解脱心，勤修普贤诸根行愿，得聪利根、调顺根、一切法自在根、无尽根、勤修一切善根根、一切佛境界平等根、授一切菩萨不退转记大精进根、了知一切佛法金刚界根、一切如来智慧光照金刚焰根、分别一切诸根自在根、安立无量众生于一切智根、无边广大根、一切圆满根、清净无碍根。以无著无缚解脱心，修普贤行，得一切菩萨神力，所谓无量广大力神力、无量自在智神力、不动其身普现一切佛刹神力、无碍不断自在神力、普摄一切佛刹置于一处神力、一身遍满一切佛刹神力、无碍解脱游戏神力、无所作一念自在神力、住无性无依神力、一毛孔中次第安立不可说世界遍游法界诸佛道场示诸众生皆令得入大智慧门神力；以无著无缚解脱心，入普贤门，生菩萨行，以自在智，于一念顷普入无量诸佛国土，一身容受无量佛刹，获能严净佛国土智，恒以智慧观见无边诸佛国土，永不发起二乘之心；以无著无缚解脱心，修普贤方便行，入智慧境界，生如来家，住菩萨道，具足不可说不可说无量不思议殊胜心，行无量愿未曾休息，了知三世一切法界；以无著无缚解脱心，成就普贤清净法门，于一毛端量处悉包容尽虚空遍法界不可说不可说一切国土，皆使明见，如一毛端量处，遍法界、虚空界一一毛端量处，悉亦如是；以无著无缚解脱心，成就普贤深心方便，于一念心中现一众生不可说不可说劫念心，如是乃至现一切众生尔许劫念心；以无著无缚解脱心，入普贤回向，行方便地，于一身中悉能包纳尽法界不可说不可说身，而众生界无所增减，如一身，乃至周遍法界一切身悉亦如是；以无著无缚解脱心，成就普贤大愿方便，舍离一切想倒、心倒、见倒，普入一切诸佛境界，常见诸佛虚空界等，清净法身，相好庄严，神力自在，常以妙音开示演说，无碍无断，令其闻者如说受持，于如来身了无所得；以无著无缚解脱心，修普贤行，住菩萨地，于一念中入一切世界，所谓入仰世界、覆世界、不可说不可说十方网一切处广大世界，以因陀罗网分别方便，普分别一切法界，以种种世界入一世界，以不可说不可说无量世界入一世界，以一切法界所安立无量世界入一世界，以一切虚空界所安立无量世界入一世界，而亦不坏安立之相，悉令明见。以无著无缚解脱心，修习普贤菩萨行愿，得佛灌顶，于一念中入方便地，成满安住众行智宝，悉能了知一切诸想，所谓众生想、法想、刹想、方想、佛想、世想、业想、行想、界想、解想、根想、时想、持想、烦恼想、清净想、成熟想、见佛想、转法轮想、闻法解了想、调伏想、无量想、出离想、种种地想、无量地想、菩萨了知想、菩萨修习想、菩萨三昧想、菩萨三昧起想、菩萨成想、菩萨坏想、菩萨殁想、菩萨生想、菩萨解脱想、菩萨自在想、菩萨住持想、菩萨境界想、劫成坏想、明想、暗想、昼想、夜想、半月一月一时一岁变异想、去想、来想、住想、坐想、睡想、觉想，如是等想，于一念中悉能了知，而离一切想，无所分别，断一切障，无所执著，一切佛智充满其心，一切佛法长其善根，与诸如来等同一身，一切诸佛之所摄取，离垢清净，一切佛法皆随修学，到于彼岸。以无著无缚解脱心，为一切众生修普贤行，生大智宝，于一一心中知无量心，随其依止，随其分别，随其种性，随其所作，随其业用，随其相状，随其思觉，种种不同靡不明见；以无著无缚解脱心，成就普贤大愿智宝，于一处中知于无量不可说处，如于一处，于一切处悉亦如是；以无著无缚解脱心，修习普贤行业智地，于一业中能知无量不可说不可说业，其业各以种种缘造，明了知见，如于一业，于一切业悉亦如是；以无著无缚解脱心，修习普贤知诸法智，于一法中知不可说不可说法，于一切法中而知一法，如是诸法各各差别，无有障碍，无违无著；以无著无缚解脱心，住菩萨行，得具普贤无碍耳根，于一言音中知不可说不可说言音无量无边种种差别而无所著，如于一言音，于一切言音悉亦如是；以无著无缚解脱心，修普贤智，起普贤行，住普贤地，于一一法中演说不可说不可说法，其法广大，种种差别教化摄受，不可思议方便相应，于无量时，于一切时，随诸众生所有欲解，随根随时，以佛音声而为说法，以一妙音，令不可说道场众会无量众生皆悉欢喜，一切❶如来所无量菩萨充满法界，立殊胜志，生广大见，究竟了知一切诸行，住普贤地，随所说法，于念念中悉能证入，一刹那顷增长无量不可说不可说大智慧聚，尽未来劫如是演说，于一切刹修习广大虚空等行，成就圆满；以无著无缚解脱心，修习普贤诸根行门，成大行王，于一一根中悉能了知无量诸根、无量心乐、不思议境界所生妙行。以无著无缚解脱心，住普贤行大回向心，得色甚微细智、身甚微细智、刹甚微细智、劫甚微细智、世甚微细智、方甚微细智、时甚微细智、数甚微细智、业报甚微细智、清净甚微细智，如是等一切甚微细，于一念中悉能了知，而心不恐怖，心不迷惑、不乱、不散、不浊、不劣，其心一缘，心善寂定，心善分别，心善安住；以无著无缚解脱心，住菩萨智，修普贤行，无有懈倦，能知一切众生趣甚微细、众生死甚微细、众生生甚微细、众生住甚微细、众生处甚微细、众生品类甚微细、众生境界甚微细、众生行甚微细、众生取甚微细、众生攀缘甚微细，如是等一切甚微细，于一念中悉能了知；以无著无缚解脱心，立深志乐，修普贤行，能知一切菩萨从初发心为一切众生修菩萨行甚微细、菩萨住处甚微细、菩萨神通甚微细、菩萨游行无量佛刹甚微细、菩萨法光明甚微细、菩萨清净眼甚微细、菩萨成就殊胜心甚微细、菩萨往诣一切如来道场众会甚微细、菩萨陀罗尼门智甚微细、菩萨无量无畏地一切辩才藏演说甚微细、菩萨无量三昧相甚微细、菩萨见一切佛三昧智甚微细、菩萨甚深三昧智甚微细、菩萨大庄严三昧智甚微细、菩萨法界三昧智甚微细、菩萨大自在神通三昧智甚微细、菩萨尽未来际广大行住持三昧智甚微细、菩萨出生无量差别三昧智甚微细、菩萨出生一切诸佛前勤修供养恒不舍离三昧智甚微细、菩萨修行一切甚深广博无障无碍三昧智甚微细、菩萨究竟一切智地住持行智地大神通地决定义地离翳三昧智甚微细，如是等一切甚微细，悉能了知。以无著无缚解脱心，修普贤行，悉知一切菩萨安立智甚微细、菩萨地甚微细、菩萨无量行甚微细、菩萨出生回向甚微细、菩萨得一切佛藏甚微细、菩萨观察智甚微细、菩萨神通愿力甚微细、菩萨演说三昧甚微细、菩萨自在方便甚微细、菩萨印甚微细、菩萨一生补处甚微细、菩萨生兜率天甚微细、菩萨住止天宫甚微细、菩萨严净佛国甚微细、菩萨观察人中甚微细、菩萨放大光明甚微细、菩萨种族殊胜甚微细、菩萨道场众会甚微细、菩萨遍一切世界受生甚微细、菩萨于一身示现一切身命终甚微细、菩萨入母胎甚微细、菩萨住母胎甚微细、菩萨在母胎中自在示现一切法界道场众会甚微细、菩萨在母胎中示现一切佛神力甚微细、菩萨示现诞生事甚微细、菩萨师子游行七步智甚微细、菩萨示处王宫巧方便智甚微细、菩萨出家修调伏行甚微细、菩萨菩提树下坐道场甚微细、菩萨破魔军众成阿耨多罗三藐三菩提甚微细、如来坐菩提座放大光明照十方界甚微细、如来示现无量神变甚微细、如来师子吼大涅槃甚微细、如来调伏一切众生而无所碍甚微细、如来不思议自在力如金刚菩提心甚微细、如来普护念一切世间境界甚微细、如来普于一切世界施作佛事尽未来劫而无休息甚微细、如来无碍神力周遍法界甚微细、如来于尽虚空界一切世界普现成佛调伏众生甚微细、如来于一佛身现无量佛身甚微细、如来于去、来、今三世中皆处道场自在智甚微细，如是等一切微细悉能了知，成就清净，普能示现一切世间，于念念中增长智慧，圆满不退，善巧方便修菩萨行，无有休息，成就普贤回向之地，具足一切如来功德，永不厌舍菩萨所行，出生菩萨现前境界，无量方便皆悉清净，普欲安隐一切众生，修菩萨行，成就菩萨大威德地，得诸菩萨心之乐欲，获金刚幢回向之门，出生法界诸功德藏，常为诸佛之所护念。入诸菩萨深妙法门，演说一切真实之义，于法善巧无所违失，起大誓愿不舍众生。于一念中尽知一切心、非心地境界之藏，于非心处示生于心，远离语言，安住智慧，同诸菩萨所行之行，以自在力示成佛道，尽未来际常无休息。一切世间众生劫数，妄❷想言说之所建立，神通愿力悉能示现。以无著无缚解脱心，修普贤行，得一切众生界甚微细智，所谓众生界分别甚微细智、众生界言说甚微细智、众生界执著甚微细智、众生界异类甚微细智、众生界同类甚微细智、众生界无量趣甚微细智、众生界不思议种种分别所作甚微细智、众生界无量杂染甚微细智、众生界无量清净甚微细智，如是等一切众生界境界甚微细，于一念中能以智慧皆如实知，广摄众生而为说法，开示种种清净法门，令修菩萨广大智慧，化身无量，见者欢喜，以智日光照菩萨心，令其开悟智慧自在。

以无著无缚解脱心，为一切众生于一切世界修普贤行，得尽虚空界、法界、一切世界甚微细智，所谓小世界甚微细智、大世界甚微细智、杂染世界甚微细智、清净世界甚微细智、无比世界甚微细智、种种世界甚微细智、广世界甚微细智、狭世界甚微细智、无碍庄严世界甚微细智、遍一切世界佛出现甚微细智、遍一切世界说正法甚微细智、遍一切世界普现身甚微细智、遍一切世界放大光明甚微细智、尽一切世界示现诸佛自在神通甚微细智、尽一切世界以一音声示一切音甚微细智、入一切世界一切佛刹道场众会甚微细智、以一切法界佛刹作一佛刹甚微细智、以一佛刹作一切法界佛刹甚微细智、知一切世界如梦甚微细智、知一切世界如像甚微细智、知一切世界如幻甚微细智，如是了知出生一切菩萨之道，入普贤行智慧神通，具普贤观，修菩萨行，常无休息，得一切佛自在神变，具无碍身，住无依智，于诸善法无所取著，心之所行悉无所得，于一切处起远离想，于菩萨行起净修想，于一切智无取著想，以诸三昧而自庄严，智慧随顺一切法界。以无著无缚解脱心，入普贤菩萨行门，得无量法界甚微细智，演说一切法界甚微细智，入广大法界甚微细智，分别不思议法界甚微细智，分别一切法界甚微细智，一念遍一切法界甚微细智，普入一切法界甚微细智，知一切法界无所得甚微细智，观一切法界无所碍甚微细智，知一切法界无有生甚微细智，于一切法界现神变甚微细智。如是等一切法界甚微细，以广大智皆如实知。于法自在，示普贤行，令诸众生皆悉满足。不舍于义，不著于法，出生平等无碍之智，知无碍本，不住一切法，不坏诸法性，如实无染，犹若虚空，随顺世间起于言说；开真实义，示寂灭性，于一切境无依无住，无有分别，明见法界，广大安立，了诸世间及一切法平等无二，离一切著。

以无著无缚解脱心，修普贤行，生诸劫甚微细智，所谓以不可说劫为一念甚微细智，以一念为不可说劫甚微细智，以阿僧祇劫入一劫甚微细智，以一劫入阿僧祇劫甚微细智，以长劫入短劫甚微细智，以短劫入长劫甚微细智，入有佛劫无佛劫甚微细智，知一切劫数甚微细智，知一切劫非劫甚微细智，一念中见三世一切劫甚微细智，如是等一切诸劫甚微细，以如来智，于一念中皆如实知。得诸菩萨圆满行王心，入普贤行心，离一切分别异道戏论心，发大愿无懈息心，普见无量世界网无量诸佛充满心，于诸佛善根诸菩萨行能闻持心，于安慰一切众生广大行闻已不忘心，能于一切劫现佛出世心，于一一世界尽未来际行不动行无休息心，于一切世界中以如来身业充满菩萨身心。以无著无缚解脱心，修普贤行，成不退转，得一切法甚微细智，所谓甚深法甚微细智、广大法甚微细智、种种法甚微细智、庄严法甚微细智、一切法无有量甚微细智、一切法入一法甚微细智、一法入一切法甚微细智、一切法入非法甚微细智、无法中安立一切法而不相违甚微细智、入一切佛法方便无有余甚微细智，如是等一切世界一切言说所安立法诸微细智，与彼同等，其智无碍，皆如实知。得入无边法界心，于一一法界深心坚住，成无碍行。以一切智充满诸根，入诸佛智，正念方便，成就诸佛广大功德，遍满法界，普入一切诸如来身，现诸菩萨所有身业，随顺一切世界言辞，演说于法，得一切佛神力所加智慧意业，出生无量善巧方便分别诸法萨婆若智。以无著无缚解脱心，修普贤行，出生一切甚微细智，所谓知一切刹甚微细智，知一切众生甚微细智，知一切法果报甚微细智，知一切众生心甚微细智，知一切说法时甚微细智，知一切法界甚微细智，知一切尽虚空界三世甚微细智，知一切语言道甚微细智，知一切世间行甚微细智，知一切出世行甚微细智，乃至知一切如来道、一切菩萨道、一切众生道甚微细智。修菩萨行，住普贤道，若文若义，皆如实知。生如影智，生如梦智，生如幻智，生如响智，生如化智，生如空智，生寂灭智，生一切法界智，生无所依智，生一切佛法智。

"佛子！菩萨摩诃萨以无著无缚解脱心回向，不分别若世间、若世间法，不分别若菩提、若菩提萨埵，不分别若菩萨行、若出离道，不分别若佛、若一切佛法，不分别若调伏众生、若不调伏众生，不分别若善根、若回向，不分别若自、若他，不分别若施物、若受施者，不分别若菩萨行、若等正觉，不分别若法、若智。

"佛子！菩萨摩诃萨以彼善根如是回向，所谓心无著无缚解脱，身无著无缚解脱，口无著无缚解脱，业无著无缚解脱，报无著无缚解脱，世间无著无缚解脱，佛刹无著无缚解脱，众生无著无缚解脱，法无著无缚解脱，智无著无缚解脱。菩萨摩诃萨如是回向时，如三世诸佛为菩萨时所修回向而行回向。学过去诸佛回向，成未来诸佛回向，住现在诸佛回向。安住过去诸佛回向道，不舍未来诸佛回向道，随顺现在诸佛回向道。勤修过去诸佛教，成就未来诸佛教，了知现在诸佛教。满足过去诸佛平等，成就未来诸佛平等，安住现在诸佛平等。行过去诸佛境界，住未来诸佛境界，等现在诸佛境界。得三世一切诸佛善根，具三世一切诸佛种性，住三世一切诸佛所行，顺三世一切诸佛境界。

"佛子！是为菩萨摩诃萨第九无著无缚解脱心回向。菩萨摩诃萨住此回向时，一切金刚轮围山所不能坏，于一切众生中色相第一无能及者，悉能摧破诸魔邪业，普现十方一切世界，修菩萨行，为欲开悟一切众生，以善方便说诸佛法。得大智慧，于诸佛法心无迷惑，在在生处，若行若住，常得值遇不坏眷属。三世诸佛所说正法，以清净念悉能受持，尽未来劫修菩萨行，常不休息，无所依著，普贤行愿，增长具足，得一切智，施作佛事，成就菩萨自在神通。"

尔时，金刚幢菩萨承佛神力，普观十方，而说颂言：

> 普于十方无等尊，未曾一起轻慢心，随其所修功德业，亦复恭敬生尊重。

> 所修一切诸功德，不为自己及他人，恒以最上信解心，利益众生故回向。

> 未尝暂起高慢心，亦复不生下劣意，如来所有身等业，彼悉请问勤修习。

> 所修种种诸善根，悉为利益诸含识，安住深心广大解，回向人尊

功德位。

世间所有无量别，种种善巧奇特事，粗细广大及甚深，靡不修行皆了达。

世间所有种种身，以身平等入其中，于此修行得了悟，慧门成就无退转。

世间国土无量种，微细广大仰覆别，菩萨能以智慧门，一毛孔中无不见。

众生心行无有量，能令平等入一心，以智慧门悉开悟，于所修行不退转。

众生诸根及欲乐，上中下品各不同，一切甚深难可知，随其本性悉能了。

众生所有种种业，上中下品各差别，菩萨深入如来力，以智慧门普明见。

不可思议无量劫，能令平等入一念，如是见已遍十方，修行一切清净业。

过去未来及现在，了知其相各不同，而亦不违平等理，是则大心明达行。

世间众生行不同，或显或隐无量种，菩萨悉知差别相，亦知其相皆无相。

十方世界一切佛，所现自在神通力，广大难可得思议，菩萨悉能分别知。

一切世界兜率中，自然觉悟人师子，功德广大净无等，如其体相悉能见。

或现降神处母胎，无量自在大神变，成佛说法示灭度，普遍世间无暂已。

人中师子初生时，一切胜智悉承奉，诸天帝释梵王等，靡不恭敬而瞻侍。

十方一切无有余，无量无边法界中，无始无末无退迹，示现如来自在力。

　　人中尊导现生已，游行诸方各七步，欲以妙法悟群生，是故如来普观察。

　　见诸众生沉欲海，盲暗愚痴之所覆，人中自在现微笑，念当救彼三有苦。

　　大师子吼出妙音，我为世间第一尊，应然明净智慧灯，灭彼生死愚痴暗。

　　人师子王出世时，普放无量大光明，令诸恶道皆休息，永灭世间众苦难。

　　或时示现处王宫，或现舍家修学道，为欲饶益众生故，示其如是自在力。

　　如来始坐道场时，一切大地皆动摇，十方世界悉蒙光，六趣众生咸离苦。

　　震动一切魔宫殿，开悟十方众生心，昔曾受化及修行，皆使了知真实义。

　　十方所有诸国土，悉入毛孔无有余，一切毛孔刹无边，于彼普现神通力。

　　一切诸佛所开演，无量方便皆随悟，设诸如来所不说，亦能解了勤修习。

　　遍满三千大千界，一切魔军兴斗诤，所作无量种种恶，无碍智门能悉灭。

　　如来或在诸佛刹，或复现处诸天宫，或在梵宫而现身，菩萨悉见无障碍。

　　佛现无量种种身，转于清净妙法轮，乃至三世一切劫，求其边际不可得。

　　宝座高广最无等，遍满十方无量界，种种妙相而庄严，佛处其上难思议。

　　诸佛子众共围绕，尽于法界悉周遍，开示菩提无量行，一切最胜所由道。

诸佛随宜所作业，无量无边等法界，智者能以一方便，一切了知
无不尽。

诸佛自在神通力，示现一切种种身，或现诸趣无量生，或现采女
众围绕。

或于无量诸世界，示现出家成佛道，乃至最后般涅槃，分布其身
起塔庙。

如是种种无边行，导师演说佛所住，世尊所有大功德，誓愿修行
悉令尽。

以彼善根回向时，住于如是方便法，如是修习菩提行，其心毕竟
无厌怠。

如来所有大神通，及以无边胜功德，乃至世间诸智行，一切悉知
无不尽。

如是一切人中主，随其所有诸境界，于一念中皆了悟，而亦不舍
菩提行。

诸佛所有微细行，及一切刹种种法，于彼悉能随顺知，究竟回向
到彼岸。

有数无数一切劫，菩萨了知即一念，于此善入菩提行，常勤修习
不退转。

十方所有无量刹，或有杂染或清净，及彼一切诸如来，菩萨悉能
分别知。

于念念中悉明见，不可思议无量劫，如是三世无有余，具足修治
菩萨行。

于一切心平等入，入一切法亦平等，尽空佛刹斯亦然，彼最胜行
悉了知。

出生众生及诸法，所有种种诸智慧，菩萨神力亦复然，如是一切
无穷尽。

诸微细智各差别，菩萨尽摄无有余，同相❸异相悉善知，如是修

行广大行。

　　十方无量诸佛刹，其中众生各无量，趣生族类种种殊，住行力已悉能知。

　　过去未来现在世，所有一切诸导师，若人知此而回向，则与彼佛行平等。

　　若人能修此回向，则为学佛所行道，当得一切佛功德，及以一切佛智慧。

　　一切世间莫能坏，一切所学皆成就，常能忆念一切佛，常见一切世间灯。

　　菩萨胜行不可量，诸功德法亦如是，已住如来无上行，悉知诸佛自在力。

注释

❶ "切"，大正本原无，今依三本增之。

❷ "妄"，大正本原作"忘"，今依前后文意改之。

❸ "相"，大正本原作"知"，今依宫本改之。

【白话语译】

"佛子啊! 什么是菩萨摩诃萨无执着、无束缚的解脱回向呢?

"佛子啊! 菩萨摩诃萨对一切的善根, 都能心生尊重。也就是对出离生死境界, 心生尊重; 对摄取一切善根, 心生尊重; 对希望勤求一切善根, 心生尊重; 对忏悔过去所有的业障, 心生尊重; 对随喜善根, 心生尊重; 对礼拜敬仰诸佛, 心生尊重; 对合掌恭敬, 心生尊重; 对顶礼寺塔庙宇, 心生尊重; 对力劝佛陀演说法门, 心生尊重。他对于如此等等的各种善根, 都心生尊重, 能够随顺忍可地修行。

"佛子啊! 菩萨摩诃萨对一切善根, 都心生尊重, 进而随顺忍可地修行时, 能证得究竟圆满的喜乐, 并且生起坚定的信心与意解, 不仅自己成就安住, 也使他人成就安住。他精勤修习无执着的心念, 自在地积集善根, 成就了殊胜的志愿和快乐, 安住在如来的境界。他的威势力量不断增长, 能够证得正知正见的智慧。

"他将各种善根如此回向: '愿我能用无执着、无束缚的解脱心, 成就普贤菩萨的身业。愿我能用无执着、无束缚的解脱心, 清净普贤菩萨的语业。愿我能用无执着、无束缚的解脱心, 圆满普贤菩萨的意业。愿我能用无执着、无束缚的解脱心, 发起普贤菩萨的广大精进。愿我能用无执着、无束缚的解脱心, 具足普贤菩萨无障碍音声的陀罗尼门; 此音声广大无比, 遍于十方世界。愿我能用无执着、无束缚的解脱心, 具足普贤菩萨见一切佛的陀罗尼门, 恒常亲见十方一切诸佛。愿我能用无执着、无束缚的解脱心, 成就了解一切音声的陀罗尼门, 以相同的一切音声, 演说无量的法门。愿我能用无执着、无束缚的解脱心, 成就普贤菩萨以一切时劫安住的陀罗尼门, 在十方世界都能广修菩萨行。愿我能用无执着、无束缚的解脱心, 成就普贤菩萨的自在威力, 在一众生身上, 示现修习一切菩萨行, 穷尽未来的时劫毫不间断; 如同在一众生身上是如此, 在一切众生身上也是一样。愿我能用无执着、无束缚的解脱心, 成就普贤菩萨的自在威力, 进入一切大众的道场，普遍示现在一切诸佛面前修习菩萨行。愿我能用无执着、无束缚的解脱心，成就普贤菩萨的自在威力，示现于一法门中，历经不可说不可说的无穷时劫，使一切众生皆得觉悟。愿我能用无执着、无束缚的解脱心，成就普贤菩萨的自在威力，示现于各种法门，历经不可说不可说的无穷时劫，使一切众生皆得觉悟，都能普遍示现身相于诸佛面前。愿我能用无执着、无束缚的解脱心，成就普贤菩萨的自在威力，每一念都能使不可说不可说的众生，安住十力的智慧，而自己丝毫不觉疲倦。愿我能用无执着、无束缚的解脱心，成就普贤菩萨的自在威力，在一切众生的身上，示现一切佛陀的自在神通力，使众生都能安住普贤菩萨的行愿。愿我能用无执着、无束缚的解脱心，成就普贤菩萨的自在威力，不管众生说什么语言，我都化现相同的语言与之对应，使众生皆各安住一切智慧的境地。愿我能用无执着、无束缚的解脱心，成就普贤菩萨的自在威力，在每一个众生的体内，都能纳入一切众生的身体，使他们都自以为成就佛身。愿我能用无执着、无束缚的解脱心，成就普贤菩萨的自在威力，以一朵花便能庄严一切十方世界。愿我能用无执着、无束缚的解脱心，成就普贤菩萨的自在威力，声音宏大，遍布整个法界，使一切诸佛国土都能听闻，一切众生因而摄受调伏。愿我能用无执着、无束缚的解脱心，成就普贤菩萨的自在威力，穷尽未来不可说不可说的时劫，每一念中都能进入所有的世界，以佛陀的威神力，使自己的每一念都能庄严所有世界。愿我能用无执着、无束缚的解脱心，成就普贤菩萨的自在威力，穷尽未来的时劫，时时都能遍入一切世界，成就佛陀之身出兴世间。愿我能用无执着、无束缚的解脱心，成就普贤菩萨的行愿，以一道光明遍照尽虚空界的所有世界。愿我能用无执着、无束缚的解脱心，成就普贤菩萨的行愿，证得无量智慧，具足一切神通，演说各种法门。愿我能用无执着、无束缚的解脱心，成就普贤菩萨的行愿，进入诸佛如来穷尽一切时劫不可测量的神通智慧。愿我能用无执着、无束缚的解脱心，成就普贤菩萨的行愿，安住穷尽所有法界的诸如来所，以佛陀的神通威力修习一切菩萨行；对于身业、口业以及意业，未曾松懈倦怠。愿我能用无执着、无束缚的解脱心，成就普贤菩萨的行愿，不违背于义理，不败坏于正法，言语词句完全清净，无穷尽地乐于宣说妙法；教化调伏众生，使众生都能证得一切诸佛的无上菩提。愿我能用无执着、无束缚的解脱心，成就普贤菩萨的行愿，进入一法门的时候，能放出无量的光明，照耀不可思议的一切法门；进入一法门的时候这样，进入一切法门的时候也是这样，证得一切通达无碍的智慧。愿我能用无执着、无束缚的解脱心，安住在菩萨行中，对于所有的法门都能任运自在，以到达普贤菩萨的庄严彼岸；能够在每一个境界用所有的智慧观察觉悟，而一切的智慧永无穷尽之时。愿我能用无执着、无束缚的解脱心，从此生开始直到未来，安住普贤菩萨的行愿，精进不断，没有稍歇，并且能证得一切智，了悟不可说不可说的真实佛法，对于所有的法门都能究竟圆满，没有任何的迷惑。愿我能用无执着、无束缚的解脱心，修习普贤菩萨的业行，方便自在，证得法的光明，对于菩萨修行的行愿都能透彻明白。愿我能用无执着、无束缚的解脱心，修习普贤菩萨的行愿，证得一切方便的智慧，了知一切的方便，也就是无量的方便、不可思议的方便、菩萨的方便、一切智的方便、一切菩萨调伏的方便、转动无量法门的方便、不可说时劫的方便、演说种种佛法的方便、无边际无畏宝藏的方便、说一切法无余的方便。愿我能用无执着、无束缚的解脱心，安住于普贤菩萨的行愿，成就身业，使见到我的人，心生欢喜，不生诽谤，都能发起永不退转的菩提心，证得究竟清净。愿我能用无执着、无束缚的解脱心，安住在普贤菩萨的行愿当中，得以了悟所有众生言语清净的智慧，所有的言语文辞具足庄严，能够相应众生的需求，使他们都能心生欢喜。愿我能用无执着、无束缚的解脱心，安住在普贤菩萨的行愿当中，安立殊胜的志愿，具足清净的心意，证得广大的神通、广大的智慧，普遍拜访一切广大世间、广大国土、广大众生的处所，演说一切如来不可说的广大法门，以及开示广大庄严圆满的宝藏。愿我能用无执着、无束缚的解脱心，圆满成就普贤菩萨的回向行愿，证得一切佛陀清净的身、清净的心、清净的信解，摄受佛陀的功德，安住佛陀的境界，智慧之印普遍照耀，示现菩萨清净的业行，善巧地趣入一切差异分别的文句义理，示现诸佛菩萨的广大自在，为一切的众生示现成就正觉。

愿我能用无执着、无束缚的解脱心，精勤修习普贤菩萨所有的诸根行愿，证得聪明锐利的善根、调伏随顺的善根、一切法门自在的善根、无穷尽的善根、精勤修习一切善根的善根、一切佛陀境界的平等善根、授予一切菩萨不退转记的大精进善根、了知一切佛法的金刚界❶善根、一切如来智慧光明照耀的金刚焰善根、分别一切诸根器官的自在善根、安立无量众生在一切地方的智慧善根、无边广大的善根、一切圆满的善根、清净无碍的善根。愿我能用无执着、无束缚的解脱心，修习普贤菩萨的行愿，证得一切菩萨的神通威力。也就是无量广大力的威神力；无量自在智慧的威神力；不动摇其身，普遍示现一切佛国刹土的威神力；无障碍、不间断的自在威神力；普遍摄受一切佛国刹土安置在一处所的威神力；以一身遍满一切佛国刹土的威神力；无障碍的游戏威神力；任何一念都无所造作的自在威神力；安住在无体性、无依止的威神力；一毛孔中依序安立不可说世界，周遍游历所有法界诸佛道场，使所有众生都证得大智慧法门的威神力。愿我能用无执着、无束缚的解脱心，趣入普贤菩萨的法门中，生起菩萨的行愿，以自在的智慧，能在一念之间普遍趣入无量的诸佛国土，用一个身体容纳无量的佛国刹土，证得庄严清净诸佛国土的智慧，恒常用智慧观察无边的诸佛国土，永远不再发起声闻、缘觉二乘的小乘心。愿我能用无执着、无束缚的解脱心，修习普贤菩萨的方便行，趣入智慧的境界，出生如来家，安住菩萨道，具足不可说不可说无量不可思议的最殊胜心，实行无量的行愿而未曾休息，并能了知三世一切法的境界。愿我能用无执着、无束缚的解脱心，成就普贤菩萨的清净法门，即使在一根毛端上，都能包含尽虚空遍法界不可说不可说数的一切国土，而且无不明白清楚地显现；就如同一根毛端上所示现的，遍法界、虚空界的每一根毛端也都是如此示现。愿我能用无执着、无束缚的解脱心，成就普贤菩萨的深心方便，于一念心中示现一个众生在不可说不可说时劫以来所有的心念，乃至于示现一切众生在无数时劫以来所有的心念。愿我能用无执着、无束缚的解脱心，趣入普贤菩萨的回向，实践方便的境界，能在一个身体中完全容纳穷尽所有法界不可说不可说数的身体，但是众生界却无所谓增加或减少；在一个身体中能够如此，乃至于周遍所有法界的一切身也能够如此。愿我能用无执着、无束缚的解脱心，成就普贤菩萨广大的行愿方便，舍弃远离一切颠倒的思想、颠倒的心念、颠倒的见识，普遍趣入一切诸佛的境界；恒常见到诸佛虚空界的各种清净法身，这些法身相好庄严、威神自在；恒常以微妙的音声开示演说，没有障碍，没有间断，能使听闻的人无不信受奉持，对诸佛如来的法身了无所得。愿我能用无执着、无束缚的解脱心，修习普贤菩萨的行愿，安住在菩萨的境地，能在一念当中进入一切的世界，也就是入仰的世界、盖覆的世界、不可说不可说十方罗网般的一切处广大世界。以因陀罗的摩尼珠网分别映摄的方便，普遍分别映摄一切法界，将种种的世界纳入一个世界，或将不可说不可说无量的世界纳入一个世界，或将一切的法界处所安立的无量世界纳入一个世界，或将一切虚空界处所安立的无量世界纳入一个世界，但彼此却仍安立不动，都能清楚地明见。愿我能用无执着、无束缚的解脱心，修习普贤菩萨的行愿，普受诸佛灌顶；能在一念中趣入方便的境地，圆满成就安住众生行愿的智慧之宝，能够完全了知各种心念意想：众生的心念意想、法的心念意想、佛国刹土的心念意想、方便的心念意想、佛陀的心念意想、世间的心念意想、业力的心念意想、修行的心念意想、境界的心念意想、解脱的心念意想、根器的心念意想、时劫的心念意想、受持的心念意想、烦恼的心念意想、清净的心念意想、成熟的心念意想、见到佛陀的心念意想、转大法轮的心念意想、听闻正法解悟了知的心念意想、调伏的心念意想、无量的心念意想、出离的心念意想、种种境地的心念意想、无量境地的心念意想、菩萨了知的心念意想、菩萨修习的心念意想、菩萨三昧的心念意想、菩萨禅定三昧生起的心念意想、菩萨形成的心念意想、菩萨趣坏的心念意想、菩萨消没的心念意想、菩萨出生的心念意想、菩萨解脱的心念意想、菩萨自在的心念意想、菩萨安住受持的心念意想、菩萨境界的心念意想、时劫形成败坏的心念意想、光明的心念意想、黑暗的心念意想、白昼的心念意想、黑夜的心念意想、半个月或一个月或一个时辰或一个年岁等时间变异的心念意想、过去的心念意想、未来的心念意想、安住的心念意想、安坐的心念意想、睡眠的心念意想、觉醒的心念意想。如此等等的心念意想，愿我能在一念中完全了知，而远离一切心念意想，不再有任何的分别；并且断除一切的障碍，不再有任何的执着；使诸佛的智慧充满，得以用一切佛法增长善根，并与所有的诸佛如来平等同身，为一切诸佛所摄取，远离污垢，证得清净，能够随顺修学一切佛法而到达涅槃的彼岸。愿我能用无执着、无束缚的解脱心，为众生修习普贤菩萨的行愿，出生大智慧的珍宝，能从一个众生的心意了知无量的心意念想；随着他们的依止处所，随着他们的心念分别，随着他们的种性，随着他们的所作所为，随着他们的业行作用，随着他们的相貌，随着他们的思惟觉受，都能清楚了知这种种的不同。愿我能用无执着、无束缚的解脱心，成就普贤菩萨广大行愿的智慧珍宝，在一个处所了知无量不可说的处所；在一处所如此，在一切处所也都如此。愿我能用无执着、无束缚的解脱心，修习普贤菩萨行业的智慧境地，能在一行业中了知不可说不可说的无量行业，明了知见这些行业都是由种种的因缘造作；一业如此，一切行业也都是如此。愿我能用无执着、无束缚的解脱心，修习普贤菩萨了知的所有智慧法门，能由一法门了知不可说不可说的法门，能由所有的法门了知一法门；这些法门虽然各各不同，但不会互相障碍，也不会互相违背与牵制。愿我能用无执着、无束缚的解脱心，安住于菩萨行，得以具足普贤菩萨无障碍的耳根，能从一言语音声，了知不可说不可说言语音声的无量无边种种差别，而且不会有任何执着；如同了知一言语音声，对所有的言语音声也都是如此了知。愿我能用无执着、无束缚的解脱心，修习普贤菩萨的智慧，发起普贤菩萨的行愿，安住在普贤菩萨的境地，能在一法门中演说不可说不可说的法门。这些法门广大无比，能以种种的差别教化摄受众生，又能以不可思议的方便相应众生的根性；在无量的时劫，在一切的时劫，都能随着众生的欲想理解，随着根器，随着时机，以佛陀的音声说法。能以一微妙的音声，使不可说道场众会的无量众生，都心生欢喜；也使一切如来处所，有无量菩萨充满法界。并且能够使众生建立殊胜的心志，生出广大的见地，究竟了知所有的行为，安住在普贤菩萨的境地；念念都证入听闻的法门，能在一刹那中增长无量不可说不可说的广大智慧。

愿我穷尽未来的时劫，都能如此演说；并在一切佛国刹土修习广大遍虚空界等的行愿，都能成就圆满。愿我能用无执着、无束缚的解脱心，修习普贤菩萨诸根的行愿及法门，成为大行之王❷，在每一根器当中，能够了知无量的根器、无量的心之所乐，以及了知不思议境界所出生的微妙行愿。愿我能用无执着、无束缚的解脱心，安住普贤菩萨行愿的广大回向心，得证色相甚为微妙精细的智慧、身相甚为微妙精细的智慧、佛国刹土甚为微妙精细的智慧、时劫甚为微妙精细的智慧、世间甚为微妙精细的智慧、方位甚为微妙精细的智慧、时间甚为微妙精细的智慧、数量甚为微妙精细的智慧、业力果报甚为微妙精细的智慧、清净甚为微妙精细的智慧。如此等等一切甚为微妙精细的智慧境界，能在一念中完全了知，而不会心生恐怖，不会心生迷惑，不会心生混乱，不会心生散乱，不会心生混浊，不会心生低劣。心念全然专注于一缘一境，能够深入寂静的禅定，能够善巧分别，能够善巧安住。愿我能用无执着、无束缚的解脱心，安住菩萨的智慧，修习普贤的行愿，永不懈怠疲倦，能够了知一切众生的趣向，甚为微妙精细；众生的死亡，甚为微妙精细；众生的出生，甚为微妙精细；众生的安住，甚为微妙精细；众生的处所，甚为微妙精细；众生的各种品类，甚为微妙精细；众生的境界，甚为微妙精细；众生的行愿，甚为微妙精细；众生的摄取，甚为微妙精细；众生的攀缘，甚为微妙精细。如此等等一切甚为微妙精细之事，愿我念念都能完全了知。愿我能用无执着、无束缚的解脱心，建立甚深的欣乐志向，修习普贤菩萨的行愿，能够了知一切菩萨从初发心为一切众生修习菩萨行，甚为微妙精细；菩萨安住的处所，甚为微妙精细；菩萨的神通威力，甚为微妙精细；菩萨游历行走于无量的佛国刹土，甚为微妙精细；菩萨的法光明，甚为微妙精细；菩萨的清净眼，甚为微妙精细；菩萨成就的最殊胜心，甚为微妙精细；菩萨前往拜诣一切如来道场众会，甚为微妙精细；菩萨的陀罗尼法门智慧，甚为微妙精细；菩萨无量无畏的演说辩才，甚为微妙精细；菩萨无量的禅定三昧法相，甚为微妙精细；菩萨往见一切佛陀的禅定三昧智慧，甚为微妙精细；菩萨极为深奥的禅定三昧智慧，甚为微妙精细；菩萨广大庄严的禅定三昧智慧，甚为微妙精细；

菩萨的法界三昧智慧，甚为微妙精细；菩萨大自在神通力的三昧智慧，甚为微妙精细；菩萨穷尽未来际广大行安住受持的三昧智慧，甚为微妙精细；菩萨所出生无量差别的三昧智慧，甚为微妙精细；菩萨出现在一切诸佛面前，精勤修习供养，恒常不曾舍离的三昧智慧，甚为微妙精细；菩萨修行一切极深奥广博无障碍的三昧智慧，甚为微妙精细；菩萨究竟一切智慧的境地、安住行持智慧的境地、大神通的境地、决定法义的境地，以及远离障碍的禅定三昧智慧，甚为微妙精细。如此等等一切甚为微妙精细之事，愿我都能完全了知。愿我能用无执着、无束缚的解脱心，修习普贤菩萨的行愿，完全了知一切菩萨的安立智慧，甚为微妙精细；菩萨的境地，甚为微妙精细；菩萨无量的行持，甚为微妙精细；菩萨出生的回向，甚为微妙精细；菩萨得证一切诸佛的法藏，甚为微妙精细；菩萨的观察智慧，甚为微妙精细；菩萨的神通愿力，甚为微妙精细；菩萨的演说三昧，甚为微妙精细；菩萨的自在方便，甚为微妙精细；菩萨的心印，甚为微妙精细；菩萨最后身的一生补处，甚为微妙精细；菩萨往生兜率天，甚为微妙精细；菩萨住止于兜率天宫，甚为微妙精细；菩萨庄严清净佛国，甚为微妙精细；菩萨观察人世，甚为微妙精细；菩萨放大光明，甚为微妙精细；菩萨的种族殊胜，甚为微妙精细；菩萨道场的大众集会，甚为微妙精细；菩萨普遍在一切世界当中受胎出生，甚为微妙精细；菩萨在一个身相中示现一切身相生命终了，甚为微妙精细；菩萨进入母体为胎儿，甚为微妙精细；菩萨安住母胎，甚为微妙精细；菩萨在母胎内，自在示现一切法界道场的大众集会，甚为微妙精细；菩萨在母胎内，示现一切佛陀威神力，甚为微妙精细；菩萨示现诞生世间，甚为微妙精细；菩萨诞生之后，立即能如师子游行一般行走七步的智慧，甚为微妙精细；菩萨示现处在王宫中的善巧方便智慧，甚为微妙精细；菩萨出家修行调伏的行持，甚为微妙精细；菩萨在菩提树下禅坐，甚为微妙精细；菩萨破败诸魔大军而成就无上正等正觉，甚为微妙精细；诸佛如来结跏趺坐，在菩提座上放出大光明，照映十方世界，甚为微妙精细；诸佛如来示现无量的神通变化，甚为微妙精细；诸佛如来作师子吼的大般涅槃，甚为微妙精细；诸佛如来调伏教化一切众生而无障碍，甚为微妙精细；诸佛如来不可思议自在威力如同金刚菩提心，甚为微妙精细；诸佛如来普遍护持忆念一切世间，甚为微妙精细；诸佛如来普遍在一切世界布施作佛事，穷尽未来的时劫而没有休息，甚为微妙精细；诸佛如来无障碍的威神力，周遍布满整个法界，甚为微妙精细；诸佛如来穷尽整个虚空界的一切世界，普遍示现成佛及调伏众生，甚为微妙精细；诸佛如来在一佛身中示现无量佛身，甚为微妙精细；诸佛如来在过去、未来、现在三世，自在处于道场的智慧，甚为微妙精细。以上等等一切微妙精细之事，愿我都能完全了知。使我能够成就清净愿行，普遍示现一切世间；念念增长智慧，圆满成就而永不退转，善巧方便地修习菩萨行永不休息；成就普贤菩萨回向的境地，具足诸佛如来的功德，永不厌倦舍离菩萨的所有行愿，出生菩萨示现眼前的境界；证得无量的清净方便，普遍安稳众生；修习菩萨行，成就菩萨广大的威德境地，证得所有菩萨的欣乐欲想，成就金刚幢回向的法门，出生法界中所有的功德法藏，恒常为诸佛如来护持忆念；进入诸菩萨甚深微妙的法门，开演宣说一切真实的法义，毫不违背漏失佛法的善巧，并且能发起广大的誓愿，始终不舍离众生；在一念之中完全了知所有的心识及非心识境地的境界宝藏，在非心识的处所示现心识的境地；远离语言，安住在智慧的境界，与诸菩萨实行相同的行持，以自在的威神力示现成佛的道法，穷尽未来的时间永不休息；一切世间众生的劫数，以及妄想言语所建立的虚妄境界，在神通愿力相应之下，无不明了示现。愿我能用无执着、无束缚的解脱心，修习普贤菩萨的行愿，得证一切众生界甚为微妙精细的智慧。也就是众生界差异分别，甚为微妙精细的智慧；众生界言语，甚为微妙精细的智慧；众生界执着，甚为微妙精细的智慧；众生界相异种类，甚为微妙精细的智慧；众生界种类相同，甚为微妙精细的智慧；众生界无量趣向，甚为微妙精细的智慧；众生界不可思议种种分别造作，甚为微妙精细的智慧；众生界无量混杂染着，甚为微妙精细的智慧；众生界无量清净，甚为微妙精细的智慧。如此等等一切众生界的境界甚为微妙精细，在一念之中，能用智慧如实了知。使我能够广大摄取众生，而为众生说法，开示种种清净法门，使众生修习菩萨的广大智慧；化身无量的身形，使见到的人都心生欢喜；以智慧的日光照耀众生使他们都能开悟而证得智慧自在。愿我能用无执着、无束缚的解脱心，为众生在一切世界中修习普贤菩萨的行愿，得证穷尽整个虚空界、法界、一切世界当中甚为微妙精细的智慧，也就是小的世界，甚为微妙精细的智慧；大的世界，甚为微妙精细的智慧；混杂染着的世界，甚为微妙精细的智慧；清净的世界，甚为微妙精细的智慧；无比的世界，甚为微妙精细的智慧；种种的世界，甚为微妙精细的智慧；广大的世界，甚为微妙精细的智慧；狭小的世界，甚为微妙精细的智慧；无碍庄严的世界，甚为微妙精细的智慧；所有的世界都有佛陀出现，甚为微妙精细的智慧；普遍一切世界演说正法，甚为微妙精细的智慧；普遍一切世界示现身形，甚为微妙精细的智慧；普遍一切世界放出大光明，甚为微妙精细的智慧；穷尽一切世界示现诸佛自在神通力，甚为微妙精细的智慧；穷尽一切世界以一音声示现一切音声，甚为微妙精细的智慧；进入一切世界一切佛国刹土大众集会，甚为微妙精细的智慧；以一切法界诸佛刹土作为一个佛陀刹土，甚为微妙精细的智慧；以一佛国刹土作为一切法界佛国刹土，甚为微妙精细的智慧；了知一切的世界宛如梦幻，甚为微妙精细的智慧；了知一切世界宛如影像，甚为微妙精细的智慧；了知一切世界宛如幻化，甚为微妙精细的智慧。愿我能如此了知，而出生一切的菩萨修行之道，趣入普贤菩萨行愿的智慧神通，具足普贤菩萨的观察，修习菩萨行常不休息；证得一切佛陀的自在变化神通，具足无碍的身相，安住在无依止的智慧，不贪取执着各种善法，心念所行的一切了无可得；任何地方都生起远离的念头，行菩萨行时心意清净；对所有的智慧没有贪取执着的妄想，以各种禅定三昧庄严自己，以智慧随顺一切的法界。愿我能用无执着、无束缚的解脱心，趣入普贤菩萨的行愿法门，证得无量法界，甚为微妙精细的智慧；开演宣说一切法界，甚为微妙精细的智慧；进入广大法界，甚为微妙精细的智慧；分别不可思议法界，甚为微妙精细的智慧；分别一切法界，甚为微妙精细的智慧；在一念中遍及一切法界，甚为微妙精细的智慧；普遍进入一切法界，甚为微妙精细的智慧；了知一切法界都是性空而无所得，甚为微妙精细的智慧；观察一切法界无障碍，甚为微妙精细的智慧；了知一切法界性空而无有生起，甚为微妙精细的智慧；在一切法界示现神通变现，甚为微妙精细的智慧。以上等等一切法界的境界甚为微妙精细，愿我能以广大的智慧如实了知。使我能够证得法自在，示现普贤菩萨的行愿，满足一切众生的需求；不舍弃义理，不执着佛法，出生平等无障碍的智慧；了知无障碍的根本，不执着于一切法，不毁坏所有法的体性，如实而没有染着，犹若虚空，随顺世间而生起言语方便；演说真实的义理，开示寂灭的体性，在一切境地都无依止、无安住、无有分别；清楚彻见法界，安立广大众生，了知所有世间及一切法其实是平等无二的，终能远离一切执着。愿我能用无执着、无束缚的解脱心，修习普贤菩萨的行愿，出生关于时劫甚为微妙精细的智慧。也就是以不可说时劫作为一念，甚为微妙精细的智慧；以一念作为不可说时劫，甚为微妙精细的智慧；以阿僧祇时劫摄入一个时劫，甚为微妙精细的智慧；以一个时劫含摄阿僧祇时劫，甚为微妙精细的智慧；以长的时劫纳入短的时劫，甚为微妙精细的智慧；以短的时劫含摄长的时劫，甚为微妙精细的智慧；进入有佛陀的时劫及无佛陀的时劫，甚为微妙精细的智慧；了知一切时劫的数量，甚为微妙精细的智慧；了知一切时劫及非时劫，甚为微妙精细的智慧；在一念中见到三世一切时劫，甚为微妙精细的智慧。以上等等时劫的境界甚为微妙精细，愿我能以如来的智慧，在一念中完全如实了知。使我得证所有菩萨圆满行持之王的心、进入普贤菩萨行愿的心、远离一切分别相异道理言语戏论的心、发起大广大行愿无懈怠休息的心、普遍见到无量世界网及无量诸佛充满的心、能够听闻受持所有佛陀善根及所有菩萨行愿的心、对于安慰一切众生广大行闻已不忘失的心、能在一切时劫示现佛陀出世的心、能使行愿在每一个世界穷尽未来都不动摇且没有歇息的心、在一切世界以如来身业充满菩萨身的心。愿我能用无执着、无束缚的解脱心，修习普贤菩萨的行愿，成就不退转，证得一切法甚为微妙精细的智慧。也就是甚深法门，甚为微妙精细的智慧；广大法门，甚为微妙精细的智慧；各种法门，甚为微妙精细的智慧；庄严法门，甚为微妙精细的智慧；一切法门没有限量，甚为微妙精细的智慧；一切法门纳入一法门，甚为微妙精细的智慧；一法门含摄一切法门，甚为微妙精细的智慧；一切法门含摄非法门，甚为微妙精细的智慧；在无法门中安立一切法门而不互相违背，甚为微妙精细的智慧；摄入一切佛法方便使无有余，甚为微妙精细的智慧。以上等等一切世界一切言语所安立法门甚为微妙精细的智慧，愿我也都能等同证得，使智慧无障，如实了知。使我能够进入无边的法界心，坚定安住一法界中，成就无障碍的行持；以一切智慧充满身体诸根，证入所有佛陀的智慧，运用正念的方便法门，成就所有佛陀的广大功德；遍满整个法界，普遍进入诸如来身，示现所有菩萨的身业，随顺一切世界的言语词句演说法门；证得一切佛陀威神力加持的智慧意业，出生无量善巧方便以分别诸法的一切种智。愿我能用无执着、无束缚的解脱心，修习普贤菩萨的行愿，出生一切甚为微妙精细的智慧，也就是了知一切佛国刹土，甚为微妙精细的智慧；了知一切众生，甚为微妙精细的智慧；了知一切法的果报，甚为微妙精细的智慧；了知一切众生心，甚为微妙精细的智慧；了知一切说法时劫，甚为微妙精细的智慧；了知一切法界，甚为微妙精细的智慧；了知一切穷尽虚空三世，甚为微妙精细的智慧；了知一切言语道理，甚为微妙精细的智慧；了知一切世间的行持，甚为微妙精细的智慧；了知一切出世间的行持，甚为微妙精细的智慧；乃至于了知一切诸佛如来道、一切菩萨道、一切众生道，甚为微妙精细的智慧。对于修习菩萨行、安住普贤道，不管是文句或是义理，都能完全如实了知，而出生如影的智慧、如梦的智慧、如幻的智慧、如声响的智慧、如虚空的智慧、如化的智慧、寂灭的智慧、一切法界的智慧、无所依止的智慧、一切佛法的智慧。'

"佛子啊！菩萨摩诃萨以无执着、无束缚的解脱心回向，不分别是世间，还是世间的法；不分别是菩提，还是菩提萨埵；不分别是菩萨的行持，还是出离的行道；不分别是佛陀，还是一切佛法；不分别是调伏教化众生，还是非调伏教化众生；不分别是善根，还是回向；不分别是自己，还是他人；不分别是布施物品，还是接受布施；不分别是菩萨的行愿，还是正等正觉；不分别是法，还是智慧。

"佛子啊！菩萨摩诃萨将他们的善根如此回向：'愿心无执着、无束缚而解脱，身无执着、无束缚而解脱，口无执着、无束缚而解脱，业力无执着、无束缚而解脱，果报无执着、无束缚而解脱，世间无执着、无束缚而解脱，佛国刹土无执着、无束缚而解脱，众生无执着、无束缚而解脱，法门无执着、无束缚而解脱，智慧无执着、无束缚而解脱。'

"菩萨摩诃萨如此回向时，就犹如三世诸佛过去身为菩萨时所发起的回向。他学习过去诸佛的回向，成就未来诸佛的回向，安住现在诸佛的回向；安住在过去诸佛的回向之道，不舍弃未来诸佛的回向之道，随顺现在诸佛的回向之道；精勤修习过去诸佛的教法，成就未来诸佛的教法，了知现在诸佛的教法；满足过去诸佛的平等无二，成就未来诸佛的平等无二，安住现在诸佛的平等无二；实行过去诸佛的境界，安住未来诸佛的境界，等同现在诸佛的境界。他证得三世一切诸佛的善根，具足三世一切诸佛的种性，安住三世一切诸佛的行愿，随顺三世一切诸佛的境界。

"佛子啊！这就是菩萨的第九种回向——无执着、无束缚的解脱心回向。

"菩萨摩诃萨安住在这个回向时，一切的金刚轮围山都不能败坏。他的色相最为第一，没有任何人能够超越。因为他已完全摧破所有邪魔的业力，普遍现身十方世界。为了开悟众生他勤修菩萨行，以善巧方便演说佛法。他已证得广大的智慧，对所有的佛法已经不再迷惑。他降生的地方，不管是行住坐卧，每次都会遇到信心坚固的眷属大众。他始终以清净的意念，受持三世诸佛演说的正法；穷尽未来的时劫，不断修习菩萨行愿，没有依止与执着。他已增长而具足普贤菩萨的行愿，并且证得一切的智慧，大行布施广作佛事，成就菩萨的自在神通威力。"

这时，金刚幢菩萨承蒙佛陀威神力的加持，普遍观察十方世界，而宣说以下的偈颂：

普于十方无等世尊，未曾一念起轻慢心，
随其所修功德净业，亦复恭敬心生尊重。
所修一切所有功德，不为自己以及他人，
恒以最上信解妙心，利益众生故而回向。
未尝暂起高慢之心，亦复不生下劣之意，
如来所有身等净业，彼悉请问精勤修习。
所修种种一切善根，悉为利益所有含识，
安住深心广大信解，回向人尊功德胜位。
世间所有无量差别，种种善巧奇特众事，
粗细广大及甚深事，靡不修行悉皆了达。
世间所有种种身相，以身平等入于其中，
于此修行而得了悟，慧门成就无有退转。
世间国土无量种种，微细广大仰覆差别，
菩萨能以智慧之门，一毛孔中无不睹见。
众生心行无有限量，能令平等入于一心，
以智慧门能悉开悟，于所修行永不退转。
众生诸根以及欲乐，上中下品各有不同，
一切甚深难可了知，随其本性悉皆能了。
众生所有种种业行，上中下品各有差别，
菩萨深入佛如来力，以智慧门普能明见。
不可思议无量时劫，能令平等入于一念，
如是见已遍满十方，修行一切清净业行。
过去未来以及现在，了知其相各有不同，
而亦不违平等之理，是则大心明达而行。
世间众生所行不同，或显或隐有无量种，
菩萨悉知其差别相，亦知其相皆无有相。
十方世界一切诸佛，所现自在神通威力，
广大难可得而思议，菩萨悉能分别了知。

一切世界居兜率中，自然觉悟人中师子，
功德广大清净无等，如其体相悉皆能见。
或现降神处于母胎，无量自在广大神变，
成佛说法示现灭度，普遍世间无暂已时。
人中师子初出生时，一切胜智悉已承奉，
诸天帝释大梵王等，靡不恭敬而为瞻侍。
十方一切皆无有余，无量无边法界之中，
无始无末亦无遐迩，示现如来大自在力。
人中尊导❸示现生已，游行诸方各有七步，
欲以妙法启悟群生，是故如来普遍观察。
见诸众生沉沦欲海，盲暗愚痴之所盖覆，
人中自在示现微笑，念当救彼三有痛苦。
大师子吼演出妙音，我为世间第一至尊，
应然明净智慧法灯，灭彼生死愚痴黑暗。
人师子王出世间时，普放无量广大光明，
令诸恶道皆得休息，永灭世间一切苦难。
或时示现处王宫中，或现舍家修学佛道，
为欲饶益诸众生故，示现如其大自在力。
如来始坐道场之时，一切大地悉皆动摇，
十方世界悉蒙光照，六趣众生咸得离苦。
震动一切诸魔宫殿，开悟十方众生之心，
昔曾受化以及修行，皆使了知真实妙义。
十方所有诸佛国土，悉入毛孔中无有余，
一切毛孔刹土无边，于彼普现大神通力。
一切诸佛所有开演，无量方便皆悉随悟，
设诸如来所不宣说，亦能解了精勤修习。
遍满三千大千世界，一切魔军兴起斗诤，
所作无量种种罪恶，无碍智门能悉除灭。

如来或在诸佛刹土，或复现处诸天宫中，
或在梵宫而示现身，菩萨悉见无有障碍。
佛现无量种种妙身，转于清净微妙法轮，
乃至三世一切时劫，求其边际了不可得。
宝座高广最为无等，遍满十方无量世界，
种种妙相而为庄严，佛处其上难可思议。
诸佛子众共同围绕，尽于法界悉皆周遍，
开示菩提无量妙行，一切最胜所由斯道。
诸佛随宜所作净业，无量无边等同法界，
智者能以一妙方便，一切了知无不穷尽。
诸佛自在大神通力，示现一切种种妙身，
或现诸趣无量生相，或现采女众所围绕。
或于无量诸世界中，示现出家圆成佛道，
乃至最后入般涅槃，分布其身起建塔庙。
如是种种无边妙行，导师演说佛所安住，
世尊所有广大功德，誓愿修行悉令圆尽。
以彼善根而回向时，住于如是方便妙法，
如是修习大菩提行，其心毕竟无有厌怠。
如来所有广大神通，及以无边胜妙功德，
乃至世间诸智所行，一切悉知无不穷尽。
如是一切人中之主，随其所有诸般境界，
于一念中悉皆了悟，而亦不舍大菩提行。
诸佛所有微细妙行，及一切刹土种种法，
于彼悉能随顺了知，究竟回向到于彼岸。
有数无数一切时劫，菩萨了知即一念中，
于此善入大菩提行，常勤修习而不退转。
十方所有无量刹土，或有杂染或有清净，
及彼一切诸佛如来，菩萨悉能分别了知。

于念念中皆悉明见，不可思议无量时劫，
如是三世亦无有余，具足修治菩萨胜行。
于一切心平等趣入，入一切法亦皆平等，
尽空佛刹斯亦复然，彼最胜行悉能了知。
出生众生以及诸法，所有种种一切智慧，
菩萨神力斯亦复然，如是一切无有穷尽。
诸微细智各有差别，菩萨尽摄无有剩余，
同相异相悉善了知，如是修行广大妙行。
十方无量诸佛刹土，其中众生各有无量，
趣生族类种种殊异，住行力已悉能了知。
过去未来及现在世，所有一切诸佛导师，
若人知此而为回向，则与彼佛所行平等。
若人能修此回向行，则为学佛所行之道，
当得一切诸佛功德，及以一切佛陀智慧。
一切世间莫能败坏，一切所学悉皆成就，
常能忆念一切诸佛，常见一切世间灯明。
菩萨胜行不可限量，诸功德法亦复如是，
已住如来无上胜行，悉知诸佛大自在力。

【注释】

❶ 金刚界：如来的定慧，坚固锐利，有如金刚，能破诸惑障，而证实相之理，称
为金刚界。

❷ 大行之王：普遍了知诸根器，化现行持自在。

❸ "人中尊导"与其次的"人中自在"，皆指佛陀。

卷第三十二
十回向品第二十五之十

【原典】

"佛子！云何为菩萨摩诃萨等法界无量回向？

"佛子！此菩萨摩诃萨以离垢缯而系其顶，住法师位，广行法施，起大慈悲，安立众生，于菩提心常行饶益，无有休息，以菩提心长养善根，为诸众生作调御师，示诸众生一切智道。为诸众生作法藏日，善根光明普照一切。于诸众生其心平等，修诸善行无有休息。心净无染，智慧自在，不舍一切善根道业。作诸众生大智商主，普令得入安隐正道。为诸众生而作导首，令修一切善根法行。为诸众生作不可坏坚固善友，令其善根增长成就。

"佛子！此菩萨摩诃萨以法施为首，发生一切清净白法，摄受趣向一切智心，殊胜愿力究竟坚固，成就增益，具大威德，依善知识，心无谄诳，思惟观察一切智门无边境界。以此善根如是回向，愿得修习、成就、增长广大无碍一切境界；愿得于佛正教之中，乃至听闻一句、一偈受持演说；愿得忆念与法界等无量无边一切世界去、来、现在一切诸佛，既忆念已，修菩萨行。又愿以此念佛善根，为一众生于一世界尽未来劫修菩萨行；如于一世界，尽法界、虚空界、一切世界，皆亦如是；如为一众生，为一切众生，亦复如是。以善方便，一一皆为尽未来劫大誓庄严，终无离佛善知识想，常见诸佛现在其前，无有一佛出兴于世不得亲近。一切诸佛及诸菩萨所赞所说清净梵行，誓愿修行，悉令圆满，所谓不破梵行、不缺梵行、不杂梵行、无点梵行、无失梵行、无能蔽梵行、佛所赞梵行、无所依梵行、无所得梵行、增益菩萨清净梵行、三世诸佛所行梵行、无碍梵行、无著梵行、无净梵行、无灭梵行、安住梵行、无比梵行、无动梵行、无乱梵行、无恚梵行。

"佛子！菩萨摩诃萨若能为己修行如是清净梵行，则能普为一切众生，令一切众生皆得安住；令一切众生皆得开晓；令一切众生皆得成就；令一切众生皆得清净；令一切众生皆得无垢；令一切众生皆得照明；令一切众生离诸尘染；令一切众生无诸障翳；令一切众生离诸热恼；令一切众生离诸缠缚；令一切众生永离诸恶；令一切众生无诸恼害，毕竟清净。何以故？菩萨摩诃萨自于梵行不能清净，不能令他而得清净；自于梵行而有退转，不能令他无有退转；自于梵行而有失坏，不能令他无有失坏；自于梵行而有远离，不能令他常不远离；自于梵行而有懈怠，不能令他不生懈怠；自于梵行不生信解，不能令他心生信解；自于梵行而不安住，不能令他而得安住；自于梵行而不证入，不能令他心得证入；自于梵行而有放舍，不能令他恒不放舍；自于梵行而有散动，不能令他心不散动。何以故？菩萨摩诃萨住无倒行，说无倒法，所言诚实，如说修行，净身、口、意，离诸杂染，住无碍行，灭一切障。菩萨摩诃萨自得净心，为他演说清净心法。自修和忍，以诸善根调伏其心。令他和忍，以诸善根调伏其心。自离疑悔，亦令他人永离疑悔。自得净信，亦令他得不坏净信。自住正法，亦令众生安住正法。

"佛子！菩萨摩诃萨复以法施所生善根如是回向，所谓愿我获得一切诸佛无尽法门，普为众生分别解说，皆令欢喜，心得满足，摧灭一切外道异论。愿我能为一切众生演说三世诸佛法海，于一一法生起、一一法义理、一一法名言、一一法安立、一一法解说、一一法显示、一一法门户、一一法悟入、一一法观察、一一法分位，悉得无边无尽法藏，获无所畏，具四辩才，广为众生分别解说，穷未来际而无有尽。为欲令一切众生立胜志愿，出生无碍、无谬失辩；为欲令一切众生皆生欢喜；为欲令一切众生成就一切净法光明，随其类音，演说无断；为欲令一切众生深信欢喜，住一切智，辨了诸法，俾无迷惑，作是念言：'我当普于一切世界，为诸众生精勤修习，得遍法界无量自在身，得遍法界无量广大心，具等法界无量清净音声，现等法界无量众会道场，修等法界无量菩萨业，得等法界无量菩萨住，证等法界无量菩萨平等，学等法界无量菩萨法，住等法界无量菩萨行，入等法界无量菩萨回向。'是为菩萨摩诃萨以诸善根而为回向，为令众生悉得成就一切智故。

"佛子！菩萨摩诃萨复以善根如是回向，所谓为欲见等法界无量诸佛，调伏等法界无量众生，住持等法界无量佛刹，证等法界无量菩萨智，获等法界无量无所畏，成等法界无量诸菩萨陀罗尼，得等法界无量诸菩萨不思议住，具等法界无量功德，满等法界无量利益众生善根。又愿以此善根故，令我得福德平等、智慧平等、力平等、无畏平等、清净平等、自在平等、正觉平等、说法平等、义平等、决定平等、一切神通平等，如是等法，皆悉圆满。如我所得，愿一切众生亦如是得，如我无异。

"佛子！菩萨摩诃萨复以善根如是回向，所谓如法界无量，善根回向亦复如是，所得智慧终无有量；如法界无边，善根回向亦复如是，见一切佛，无有其边；如法界无限，善根回向亦复如是，诣诸佛刹无有齐限；如法界无际，善根回向亦复如是，于一切世界修菩萨行无有涯际；如法界无断，善根回向亦复如是，住一切智永不断绝；如法界一性，善根回向亦复如是，与一切众生同一智性；如法界自性清净，善根回向亦复如是，令一切众生究竟清净；如法界随顺，善根回向亦复如是，令一切众生悉皆随顺普贤行愿；如法界庄严，善根回向亦复如是，令一切众生以普贤行而为庄严；如法界不可失坏，善根回向亦复如是，令诸菩萨永不失坏诸清净行。

"佛子！菩萨摩诃萨复以此善根如是回向，所谓愿以此善根，承事一切诸佛菩萨，皆令欢喜；愿以此善根，速得趣入一切智性；愿以此善根，遍一切处，修一切智；愿以此善根，令一切众生常得往觐一切诸佛；愿以此善根，令一切众生常见诸佛，能作佛事；愿以此善根，令一切众生恒得见佛，不于佛事生怠慢心；愿以此善根，令一切众生常得见佛，心喜清净，无有退转；愿以此善根，令一切众生常得见佛，心善解了；愿以此善根，令一切众生常得见佛，不生执著；愿以此善根，令一切众生常得见佛，了达无碍；愿以此善根，令一切众生常得见佛，成普贤行；愿以此善根，令一切众生常见诸佛，现在其前，无时暂舍；愿以此善根，令一切众生常见诸佛，出生菩萨无量诸力；愿以此善根，令一切众生常见诸佛，于一切法永不忘失。佛子！菩萨摩诃萨又以诸善根如是回向，所谓如法界无起性回向、如法界根本性回向、如法界自体性回向、如法界无依性回向、如法界无忘失性回向、如法界空无性回向、如法界寂静性回向、如法界无处所性回向、如法界无迁动性回向、如法界无差别性回向。

"佛子！菩萨摩诃萨复以法施所有宣示、所有开悟，及因此起一切善根，如是回向，所谓愿一切众生成菩萨法师，常为诸佛之所护念；愿一切众生作无上法师，方便安立一切众生于一切智；愿一切众生作无屈法师，一切问难莫能穷尽；愿一切众生作无碍法师，得一切法无碍光明；愿一切众生作智藏法师，能善巧说一切佛法；愿一切众生成诸如来自在法师，善能分别如来智慧；愿一切众生作如眼法师，说如实法，不由他教；愿一切众生作忆持一切佛法法师，如理演说，不违句义；愿一切众生作修行无相道法师，以诸妙相而自庄严，放无量光，善入诸法；愿一切众生作大身法师，其身普遍一切国土，兴大法云，雨诸佛法；愿一切众生作护法藏法师，建无胜幢，护诸佛法，令正法海无所缺减；愿一切众生作一切法日法师，得佛辩才，巧说诸法；愿一切众生作妙音方便法师，善说无边法界之藏；愿一切众生作到法彼岸法师，以智神通开正法藏；愿一切众生作安住正法法师，演说如来究竟智慧；愿一切众生作了达诸法法师，能说无量无尽功德；愿一切众生作不诳世间法师，能以方便令入实际；愿一切众生作破诸魔众法师，善能觉知一切魔业；愿一切众生作诸佛所摄受法师，离我、我所摄受之心；愿一切众生作安隐一切世间法师，成就菩萨说法愿力。

"佛子！菩萨摩诃萨复以诸善根如是回向，所谓不以取著业故回向，不以取著报故回向，不以取著心故回向，不以取著法故回向，不以取著事故回向，不以取著因故回向，不以取著语言音声故回向，不以取著名句文身故回向，不以取著回向故回向，不以取著利益众生故回向。

"佛子！菩萨摩诃萨复以善根如是回向，所谓不为耽著色境界故回向，不为耽著声、香、味、触、法境界故回向，不为求生天故回向，不为求欲乐故回向，不为著欲境界故回向，不为求眷属故回向，不为求自在故回向，不为求生死乐故回向，不为著生死故回向，不为乐诸有故回向，不为求和合乐故回向，不为求可乐著处故回向，不为怀毒害心故回向，不坏善根故回向，不依三界故回向，不著诸禅解脱三昧故回向，不住声闻、辟支佛乘故回向。但为教化调伏一切众生故回向；但为成满一切智智故回向；但为得无碍智故回向；但为得无障碍清净善根故回向；但为令一切众生超出生死证大智慧故回向；但为令大菩提心如金刚不可坏故回向；但为成就究竟不死法故回向；但为以无量庄严庄严佛种性，示现一切智自在故回向；但为求菩萨一切法明大神通智故回向；但为于尽法界、虚空界一切佛刹，行普贤行圆满不退，被坚固大愿铠，令一切众生住普贤地故回向；但为尽未来劫度脱众生常无休息，示现一切智地无碍光明恒不断故回向。

"佛子！菩萨摩诃萨以彼善根回向时，以如是心回向，所谓以本性平等心回向，以法性平等心回向，以一切众生无量平等心回向，以无诤平等心回向，以自性无所起平等心回向，以知诸法无乱心回向，以入三世平等心回向，以出生三世诸佛种性心回向，以得不退失神通心回向，以生成一切智行心回向。又为令一切众生永离一切地狱故回向；为令一切众生不入畜生趣故回向；为令一切众生不往阎罗王处故回向；为令一切众生除灭一切障道法故回向；为令一切众生满足一切善根故回向；为令一切众生能应时转法轮，令一切欢喜故回向；为令一切众生入十力轮故回向；为令一切众生满足菩萨无边清净法愿故回向；为令一切众生随顺一切善知识教，菩提心器得满足故回向；为令一切众生受持修行甚深佛法，得一切佛智光明故回向；为令一切众生修诸菩萨无障碍行常现前故回向；为令一切众生常见诸佛现其前故回向；为令一切众生清净法光明常现前故回向；为令一切众生无畏大菩提心常现前故回向；为令一切众生菩萨不思议智常现前故回向；为令一切众生普救护众生，令清净大悲心常现前故回向；为令一切众生以不可说不可说胜妙庄严具庄严一切诸佛刹故回向；为令一切众生摧灭一切众魔斗诤罗网业故回向；为令一切众生于一切佛刹皆无所依修菩萨行故回向；为令一切众生发一切种智心，入一切佛法广大门故回向。

"佛子！菩萨摩诃萨又以此善根正念清净回向；智慧决定回向；尽知一切佛法方便回向；为成就无量无碍智故回向；为欲满足清净殊胜心故回向；为一切众生住大慈故回向；为一切众生住大悲故回向；为一切众生住大喜故回向；为一切众生住大舍故回向；为永离二著住胜善根故回向；为思惟观察分别演说一切缘起法故回向；为立大勇猛幢心故回向；为立无能胜幢藏故回向；为破诸魔众故回向；为得一切法清净无碍心故回向；为修一切菩萨行不退转故回向；为得乐求第一胜法心故回向；为得乐求诸功德法自在清净一切智智心故回向；为满一切愿，除一切诤，得佛自在无碍清净法，为一切众生转不退法轮故回向；为得如来最上殊胜法智慧日，百千光明之所庄严，普照一切法界众生故回向；为欲调伏一切众生，随其所乐常令满足，不舍本愿，尽未来际，听闻正法，修习大行，得净智慧离垢光明，断除一切骄慢，消灭一切烦恼，裂爱欲网，破愚痴暗，具足无垢无障碍法故回向；为一切众生于阿僧祇劫常勤修习一切智行无有退转，一一令得无碍妙慧，示现诸佛自在神通无有休息故回向。

"佛子！菩萨摩诃萨以诸善根如是回向时，不应贪著三有、五欲境界。何以故？菩萨摩诃萨应以无贪善根回向，应以无嗔善根回向，应以无痴善根回向，应以不害善根回向，应以离慢善根回向，应以不谄善根回向，应以质直善根回向，应以精勤善根回向，应以修习善根回向。佛子！菩萨摩诃萨如是回向时，得净信心，于菩萨行欢喜忍受，修习清净大菩萨道，具佛种性，得佛智慧，舍一切恶，离众魔业，亲近善友，成己❶大愿，请诸众生，设大施会。

"佛子！菩萨摩诃萨复以此法施所生善根如是回向，所谓令一切众生，得净妙音，得柔软音，得天鼓音，得无量无数不思议音，得可爱乐音，得清净音，得周遍一切佛刹音，得百千那由他不可说功德庄严音，得高远音，得广大音，得灭一切散乱音，得充满法界音，得摄取一切众生语言音；得一切众生无边音声智，得一切清净语言音声智，得无量语言音声智，得最自在音入一切音声智；得一切清净庄严音，得一切世间无厌足音，得究竟不系属一切世间音，得欢喜音，得佛清净语言音，得说一切佛法远离痴翳名称普闻音，得令一切众生得一切法陀罗尼庄严音，得说一切无量种法音，得普至法界无量众会道场音，得普摄持不可思议法金刚句音，得开示一切法音，得能说不可说字句差别智藏音，得演说一切法无所著不断音，得一切法光明照耀音，得能令一切世间清净究竟至于一切智音，得普摄一切法句义音，得神力护持自在无碍音，得到一切世间彼岸智音。又以此善根，令一切众生得不下劣音，得无怖畏音，得无染著音，得一切众会道场欢喜音，得随顺美妙音，得善说一切佛法音，得断一切众生疑念皆令觉悟音，得具足辩才音，得普觉悟一切众生长夜睡眠音。

"佛子！菩萨摩诃萨复以诸善根如是回向，所谓愿一切众生得离众过恶清净法身，愿一切众生得离众过恶净妙功德，愿一切众生得离众过恶清净妙相，愿一切众生得离众过恶清净业果，愿一切众生得离众过恶清净一切智心，愿一切众生得离众过恶无量清净菩提心，愿一切众生得离众过恶了知诸根清净方便，愿一切众生得离众过恶清净信解，愿一切众生得离众过恶清净勤修无碍行愿，愿一切众生得离众过恶清净正念、智慧辩才。

"佛子！菩萨摩诃萨复以诸善根，为一切众生如是回向：'愿得种种清净妙身，所谓光明身、离浊身、无染身、清净身、极清净身、离尘身、极离尘身、离垢身、可爱乐身、无障碍身。于一切世界现诸业像，于一切世间现言说像，于一切宫殿现安立像。如净明镜，种种色像自然显现，示诸众生大菩提行，示诸众生甚深妙法，示诸众生种种功德，示诸众生修行之道，示诸众生成就之行，示诸众生菩萨行愿，示诸众生于一世界、一切世界佛兴于世，示诸众生一切诸佛神通变化，示诸众生一切菩萨不可思议解脱威力，示诸众生成满普贤菩萨行愿一切智性。'菩萨摩诃萨以如是等微妙净身，方便摄取一切众生，悉令成就清净功德一切智身。

"佛子！菩萨摩诃萨复以法施所生善根如是回向：'愿身随住一切世界修菩萨行，众生见者皆悉不虚，发菩提心永无退转，顺真实义不可倾动，于一切世界，尽未来劫，住菩萨道而无疲厌，大悲均普，量同法界，知众生根，应时说法，常不休息。于善知识，心常正念，乃至不舍一刹那顷，一切诸佛常现在前，心常正念未曾暂懈，修诸善根无有虚伪，置诸众生于一切智，令不退转，具足一切佛法光明，持大法云，受大法雨，修菩萨行。入一切众生，入一切佛刹，入一切诸法，入一切三世，入一切众生业报智，入一切菩萨善巧方便智，入一切菩萨出生智，入一切菩萨清净境界智，入一切佛自在神通，入一切无边法界，于此安住，修菩萨行。'"

注释

❶ "已"，大正本原作"巳"，今依前后文意改之。

【白话语译】

"佛子啊！什么是菩萨摩诃萨的等法界无量回向？

"佛子啊！菩萨摩诃萨用离于染垢的绮缯系在顶上，安住法师的席位，广大实行法的布施，生起大慈大悲的心安立所有的众生，常能饶益自己的菩提心毫不休息。他用菩提心长养自己的善根，作所有众生调御教化的导师，指出智慧大道，成为众生的法藏慧日，善根光明普照世间。他平等无二地对待所有众生，又修习各种善行不曾止息。他的内心清净，没有半点染着，智慧自在，不曾舍弃所有的善根道业。他愿做众生的大智慧商主，使众生得以进入安隐的正道；又成为所有众生的领导上首，使他们能够修习一切善根与佛法正行；又成为众生不可败坏的坚固善友，使他们的善根增长而圆满成就。

"佛子啊！菩萨摩诃萨以法布施为引导上首，能够证得所有的清净善法，摄受趣向一切智慧的心，殊胜的愿力坚固无比。他不断地成就增益，威德广大，依止善知识，心中毫无欺诳诈骗，因此能够思惟观察一切智慧之门的无边境界。

"他将这些善根如此回向：'愿得以修习、成就、增长广大无碍的一切境界。愿得生于佛陀正法教化，乃至听闻一句经文、一首偈颂，都能信受奉持，并为他人演说。愿得以忆念等同法界无量无边的三世诸佛，忆念之后，并能修习菩萨行。愿得以忆念诸佛的善根，为了一个众生，穷尽未来的时劫，在一个世界勤修菩萨行；如同在一个世界所行，穷尽法界、虚空界的一切世界也都是一样；如同为一个众生，为一切众生也都一样。能够以种种善巧方便，庄严穷尽未来时劫的大誓愿。修习不远离诸佛与善知识的心想，时常亲见诸佛如来示现眼前，没有一位佛陀出现世间时不曾亲近供养。能以大誓愿圆满修行诸佛菩萨赞叹演说的清净梵行。这些清净梵行，就是不破坏的清净梵行、不缺乏的清净梵行、不杂染的清净梵行、无污点的清净梵行、无过失的清净梵行、无能遮蔽的清净梵行、佛所赞叹的清净梵行、无所依执的清净梵行、无所得的清净梵行、增益菩萨清净的清净梵行、三世诸佛所行的清净梵行、无障碍的清净梵行、无执着的清净梵行、无净辩的清净梵行、无消灭的清净梵行、安住的清净梵行、无等比的清净梵行、无动摇的清净梵行、无混乱的清净梵行、无嗔恚的清净梵行。'

"佛子啊！菩萨摩诃萨若自己能修行如此的清净梵行，则能普遍使众生修行清净梵行，使众生得以安住，使众生得以解悟，使众生得以清净，使众生得以清白无垢，使众生得以照明，使众生远离所有的尘染，使众生没有种种的障碍，使众生远离种种苦热烦恼，使众生远离所有的缠缚，使众生远离所有的恶过，使众生没有种种恼怒伤害，证得究竟清净。

"这是为什么呢？因为菩萨摩诃萨如果自己不能够修持清净的梵行，就不能够使他人也证得清净；自己的清净梵行若有所退转，就不能够使他人不退转；自己的清净梵行若有所损失毁坏，就不能够使他人没有任何损失毁坏；自己若远离清净的梵行，就不能够使他人不远离；自己的清净梵行若有所懈怠，就不能够使他人不生懈怠之心；自己若不能对清净的梵行心生信解，就不能够使他人心生信解；自己若无法安住清净梵行，就不能够使他人安住；自己若不能证入清净的梵行，就不能够使他人证入；自己的清净梵行若有所放舍，就不能够使他人恒不放舍；自己的清净梵行上若有所散动，就不能够使他人心不散动。

"这又是为什么呢？因为菩萨摩诃萨安住在没有颠倒的行为，宣说没有颠倒的法，所说的话都诚实可信。而且他言行合一，清净身、口、意三业，远离各种杂染，安住无有障碍的行持，消灭所有的业障。

"菩萨摩诃萨自己证得清净心之后，也为他人演说清净的心法。他自行修习柔和安忍，用种种善根调伏自己的心性；也令他人证得柔和安忍的境地，用种种的善根调伏心性。他能够自行远离所有的猜疑悔恨，也令他人永离猜疑悔恨；自己证得净信，也令他人得证不坏的净信；自己安住正法，也令众生安住正法。

"佛子啊！菩萨摩诃萨又将法布施所生的善根如是回向：愿我能证得诸佛无尽的法门，普遍为众生分别解说，使他们心生欢喜、心得满足，摧灭一切外道相异的议论。愿我能为众生演说三世诸佛的法海，对每一种法门的生起、每一种法门的义理、每一种法门的名词言句、每一种法门的建立、每一种法门的解说、每一种法门的显示、每一种法门的门户、每一种法门的悟入、每一种法门的观察、每一种法门的分际阶位，都能证得无边无尽的法藏，获得四种无所畏，具足四种无碍辩才，广为众生分别解说，穷尽未来际而没有止尽。为了使众生立下殊胜的志愿，出生毫无障碍、毫无错谬误失的辩才；为了使众生都能心生欢喜；为了使众生成就一切清净法的光明，随着各类的音声，没有间断地演说；为了使众生深信欢喜，安住一切智，明辨一切诸法而没有迷惑。菩萨心想：我应当在一切世界之中，为众生精勤修习，以证得遍及法界的无量自在身，证得遍及法界的无量广大心，具足等同法界的无量清净音声，示现等同法界的无量大众集会道场，修习等同法界的无量菩萨净业，证得等同法界的无量菩萨安住，证得等同法界的无量菩萨平等，学得等同法界的无量菩萨法要，安住等同法界的无量菩萨行持，进入等同法界的无量菩萨回向。'

"以上就是菩萨摩诃萨用种种善根所发的回向，这都是为了使众生得以成就一切智慧。

"佛子啊！菩萨摩诃萨又将善根如此回向：'愿能见到等同法界的无量诸佛，调伏等同法界的无量众生，住持等同法界的无量佛刹，证得等同法界的无量菩萨智慧，获得等同法界的四无所畏，成就等同法界的无量诸菩萨陀罗尼，得到等同法界的无量诸菩萨不可思议安住，具足等同法界的无量功德，圆满等同法界的无量利益众生善根。又愿以这个善根，令我得证福德的平等、智慧的平等、力用的平等、无畏的平等、清净的平等、自在的平等、正觉的平等、说法的平等、义理的平等、决定的平等、一切神通的平等，这种种法门都能够完全圆满。如同我所得到的，愿一切众生也能够得到，与我没有任何差异。'

"佛子啊！菩萨摩诃萨又将善根如此回向：'如同法界无量，善根的回向也是如此，愿我证得的智慧也没有限量；如同法界无边，善根的回向也是如此，愿我见到的佛陀也没有边际；如同法界无限，善根的回向也是如

此，愿我前往的佛刹也没有齐限；如同法界无际，善根的回向也是如此，
愿我在一切世界中修习菩萨行也没有涯际；如同法界无断，善根的回向也
是如此，愿我安住在一切智慧中永不断绝；如同法界的同一体性，善根的
回向也是如此，愿我与众生证得同一智慧体性；如同法界的自性清净，善
根的回向也是如此，愿我能使众生证得究竟的清净；如同法界的随顺，善
根的回向也是如此，我愿一切众生都完全随顺普贤菩萨的行愿；如同法界
的庄严，善根的回向也是如此，我愿众生因修习普贤菩萨的行愿而更加庄
严；如同法界的不可损失毁坏，善根的回向也是如此，愿所有菩萨永远不
会损毁各种清净梵行。'

"佛子啊！菩萨摩诃萨又将善根如此回向：'愿以这个善根，承事供养
一切诸佛菩萨，让他们欢喜。愿以这个善根，得以迅速趣入一切智慧体性。
愿以这个善根，遍满一切的处所，修习一切的智慧。愿以这个善根，使众
生常常得以前往觐见一切诸佛。愿以这个善根，使众生常常面见诸佛，能
作佛法的事业。愿以这个善根，使众生永远得见佛陀，对于佛法的事业不
会心生怠慢。愿以这个善根，使众生得以常见佛陀，心中的喜乐与清净永
不退转。愿以这个善根，使众生得以常见佛陀，善于解悟佛所说法。愿以
这个善根，使众生得以常见佛陀，心中不起任何执着。愿以这个善根，使
众生得以常见佛陀，明了通达而圆融无碍。愿以这个善根，使众生得以常
见佛陀，成就普贤菩萨的行愿。愿以这个善根，使众生得以常见诸佛示现
面前，没有片刻舍离。愿以这个善根，使众生得以常见诸佛，生出菩萨种
种无量的力量。愿以这个善根，使一切众生得以常见诸佛，永不遗忘失却
一切的教法。'

"佛子啊！菩萨摩诃萨又将种种善根如此回向，也就是如同法界无生
无起体性的回向、如同法界根本体性的回向、如同法界自身体性的回向、
如同法界无依止体性的回向、如同法界无忘失体性的回向、如同法界空无
自性的回向、如同法界寂静体性的回向、如同法界无处所体性的回向、如
同法界无迁动体性的回向、如同法界无差别体性的回向。

"佛子啊！菩萨摩诃萨又将法布施证得的宣示、证得的开悟，以及因

法施所生起的一切善根，如此回向：'愿众生成为菩萨法师，常为诸佛持忆念。愿众生能作无上的法师，方便安立众生于一切智慧。愿众生能做无所屈挠的法师，对一切的问难质询，都能对答如流，不会有辞穷之时。愿众生能做无碍的法师，证得一切法的无碍光明。愿众生能做智慧宝藏的法师，能够善巧演说一切佛法。愿众生成为诸佛如来自在的法师，善于分别如来的智慧。愿众生能做如眼❶的法师，不必经由他人教导，就能宣说如实的教法。愿众生能做忆持一切佛法的法师，能够依照法理演说，不违背文句义理。愿众生能做修行无相之道的法师，能用种种妙相庄严自身，放射无量的光明，善于证入种种法门。愿众生能做大身的法师，身体普遍一切国土，兴起大法云，雨下所有的佛法，滋润枯竭的众生。愿众生能做护法藏的法师，建立无能超胜的大幢，护持所有的佛法，使正法的大海毫无缺失减损。愿众生能做一切法日的法师，证得佛陀的辩才，巧妙地宣说种种佛法。愿众生能做妙音方便的法师，善于宣说无边法界的宝藏。愿众生能做到法彼岸的法师，以智慧神通开启正法宝藏。愿众生能做安住正法的法师，演说如来的究竟智慧。愿众生能做了达诸法的法师，演说无量无尽的功德。愿众生能做不欺诳世间的法师，能用种种方便令众生趣入实际的境界。愿众生能做破诸魔众的法师，善于觉悟了知一切的魔行业障。愿众生能做诸佛所摄受的法师，远离我与我所有的摄受心。愿众生能做安稳一切世间的法师，圆满成就菩萨说法的愿力。'

"佛子啊！菩萨摩诃萨又将善根如此回向：'愿我不会因为执取贪着于业行而回向；不会因为执取贪着于果报而回向；不会因为执取贪着于心念而回向；不会因为执取贪着于教法而回向；不会因为执取贪着于事情而回向；不会因为执取贪着于因缘而回向；不会因为执取贪着于言语声音而回向；不会因为执取贪着于名言、语句、文词、字身而回向；不会因为执取贪着于回向而回向；不会因为执取贪着于利益众生而回向。'

"佛子啊！菩萨摩诃萨又将善根如此回向：'愿我不会为了耽溺执着于外色而回向，不会为了耽溺执着于声音、香气、味道、身触、意识而回向，不会为了求生天界而回向，不会为了求取欲乐而回向，不会为了执着欲望而回向，不会为了求取眷属而回向，不会为了求取自在而回向，不会为求取生死安乐而回向，不会为了执着于生死而回向，不会为了乐于拥有种种而回向，不会为了求取和合安乐而回向，不会为了求取可乐之处而回向，不会为了心怀毒害而回向，不会为了毁坏善根而回向，不会为了依止三界而回向，不会为了执着各种禅定解脱三昧而回向，不会为了安住声闻、辟支佛乘而回向。我只为了教化调伏众生而回向；只为了圆满成就一切智智而回向；只为了得到无碍智慧而回向；只为了获得无障碍的清净善根而回向；只为了使众生超出生死轮回、证得大智慧而回向；只为了使大菩提心犹如金刚不可毁坏而回向；只为了成就究竟不死的涅槃法而回向；只为了用无量的庄严器具庄严佛陀的各种根性，并示现一切智慧自在而回向；只为了求取菩萨的一切教法光明与神通无碍智慧而回向；只为了穷尽法界、虚空界的一切佛刹，修行普贤菩萨的行愿圆满且不退转，被着坚固大愿力的铠甲，使众生安住普贤菩萨的境地而回向；只为了穷尽未来的时劫，救度众生永不休息，并示现一切智慧境地的无碍光明常不间断而回向。'

"佛子啊！菩萨摩诃萨将这些善根回向时，心里这样念着：'愿我能用本性平等的心念回向，用法性平等的心念回向，用一切众生无量平等的心念回向，用无争执平等的心念回向，用自性无所生起的心念回向，用了知诸法没有任何散乱的心念回向，用入于三世平等的心念回向，用出生三世所有佛陀种性的心念回向，用证得不退失神通的心念回向，用生成一切智慧行持的心念回向。又为了使众生永离一切地狱而回向；为了使众生不堕入畜生道而回向；为了使众生不往生阎罗王所在而回向；为了使众生除灭一切障碍佛道之法而回向；为了使众生圆满具足一切善根而回向；为了使众生能应时转动法轮，令一切万物欢喜而回向；为了使众生证入佛陀的十力轮而回向；为了使众生满足菩萨无边的清净妙法大愿而回向；为了使众生随顺一切善知识的教诲，满足菩提心器而回向；为了使众生受持修行甚深的佛法，得到一切诸佛智慧的光明而回向；为了使众生修习的菩萨无障碍行能时常出现其前而回向；为了使众生常常见到诸佛示现面前而回向；为了使众生的清净妙法光明能时常出现其前而回向；为了使众生无所畏惧的大菩提心能时常出现其前而回向；为了使众生如菩萨不可思议智常出现其前而回向；为了使众生能普遍救护所有的众生，令他们清净的大悲心能时常出现其前而回向；为了使众生用不可说不可说数的殊胜美妙的庄严器具，庄严一切种种佛刹而回向；为了使众生摧灭一切魔众的斗净罗网业力而回向；为了使众生在一切佛刹国土，能够无所依执地修习菩萨行而回向；为了使众生发起一切种智的心愿，进入一切佛法的广大法门而回向。'

"佛子啊！菩萨摩诃萨又将这个善根正念清净地回向，智慧决定不移地回向，完全了知一切佛法方便地回向。

"他为了成就无量的无碍智慧而回向；为了满足清净殊胜心而回向；为了使众生安住大慈而回向；为了使众生安住大悲而回向；为了使众生安住大喜而回向；为了了使众生安住大舍而回向；为了永离二边的执着，安住在殊胜善根而回向；为了思惟观察分别演说一切缘起法而回向；为了安立大勇猛之精进幢心而回向；为了安立无能胜幢的宝藏而回向；为了破除所有魔众而回向；为了证得一切法的清净无碍心而回向；为了修持一切菩萨行不退转而回向；为了证得乐求第一殊胜法门的心而回向；为了证得乐求种种功德法门，并自在清净一切智智心而回向；为了满足一切的誓愿，去除所有的净论，得证佛陀的无碍清净法，并为众生转动不退转的法轮而回向；为了使诸佛如来百千种光明庄严的无上法智慧日，能够普照一法界众生而回向；为了调伏众生，满足众生的喜乐，而不舍离本愿，穷尽未来际听闻正法，修习伟大的行持，证得清净的智慧，离开垢染，显现光明，断除一切的骄慢，消灭一切的烦恼，割裂爱欲的大网，破除愚痴与黑暗，具足无尘垢、无障碍法，因此而回向；为了使众生在阿僧祇劫，常常勤修一切智行而不退转，使他们都能证得无碍妙慧，示现诸佛的自在神通永不休息，因此而回向。

"佛子啊！菩萨摩诃萨将善根如此回向时，不应该贪着欲界、色界、无色界三有境界，不应贪着色、声、香、味、触五欲境界。为什么呢？菩萨摩诃萨应以无贪来善根回向，应以无嗔恨来善根回向，应以无愚痴来善根回向，应以不伤害来善根回向，应以远离我慢来善根回向，应以不谄媚来善根回向，应以朴质正直来善根回向，应以精进勤劳来善根回向，应以修习来善根回向。

"佛子啊！菩萨摩诃萨如此回向时，已经证得清净的信心，对于菩萨行欢喜忍受。他修习清净的大菩萨道，具足诸佛种性，证得佛的智慧；舍弃一切恶作，远离众魔恶业，亲近善知识，完成自己所发的大愿，设置大布施法会，敦请一切众生参与。

"佛子啊！菩萨摩诃萨再将这个法布施所生起的善根如此回向：'愿一切众生都能证得清净微妙的声音，证得柔软的声音，证得如天鼓的声音，证得无量无数不可思议的声音，证得可爱快乐的声音，证得清净的声音，证得周遍一切佛国刹土的声音，证得百千那由他不可说功德庄严的声音，证得高妙的声音，证得可消灭一切散乱的声音，证得充满法界的声音，证得摄取一切众生语言的声音，证得一切众生无边的音声智慧，证得一切清净语言的音声智慧，证得无量语言的音声智慧，证得最自在音入一切音声的智慧，证得一切清净庄严的音声，证得一切世间没有厌足的声音，证得究竟不系属一切世间的声音，证得欢喜的声音，证得如佛陀般清净语言的声音，证得说一切佛法远离愚痴暗翳名称普遍听闻的声音，证得使众生获得一切法陀罗尼庄严的声音，证得说一切无量种种法的声音，证得可普遍到达法界无量众会道场的声音，证得普遍摄持不可思议法之金刚不坏句的声音，证得可开示一切法的声音，证得能说不可说字句间差别智慧宝藏的声音，证得演说一切法而没有任何执着且不间断的声音，证得一切法光明照耀的声音，证得能令一切世间究竟清净到达一切智慧的声音，证得普遍摄受一切佛法文句义理的声音，证得佛陀威神力护持自在无碍的声音，证得一切世间彼岸智慧的声音。'

"菩萨又将这个善根回向：'令众生证得不会底下恶劣的声音，证得无恐怖畏惧的声音，证得无染着的声音，证得使一切众会道场欢喜的声音，证得随顺美妙的声音，证得善说一切佛法的声音，证得断除众生疑念都使觉悟的声音，证得具足辩才无碍的声音，证得使睡在生死长夜的众生普遍觉悟的声音。'

"佛子啊！菩萨摩诃萨又将以上种种善根如此回向：'愿众生得以远离罪恶过错，证得清净法身。愿众生得以远离罪恶过错，证得清净微妙的功德。愿众生得以远离罪恶过错，证得清净微妙的相貌。愿众生得以远离罪恶过错，证得清净微妙的业行果报。愿众生得以远离罪恶过错，清净一切智心。愿众生得以远离罪恶过错，证得无量的清净菩提心。愿众生得以远离罪恶过错，了知诸清净的方便。愿众生得以远离罪恶过错，证得清净微妙的信解。愿众生得以远离罪恶过错，能够清净勤修没有阻碍的行愿。愿众生得以远离罪恶过错，证得清净的正念，具足智慧的辩才。'

　　"佛子啊！菩萨摩诃萨又将以上种种善根，为一切众生如此回向：'愿众生证得种种的清净妙身，也就是光明的身、远离混浊的身、清净的身、极为清净的身、离尘的身、极为离尘的身、离垢的身、可爱乐的身、无障碍的身。愿以上种种的清净妙身，能在一切世间示现种种业报的相貌，在一切世间示现言语演说的相貌，在一切宫殿现示现安立的相貌。宛如清净的明镜，种种的色相都能自然显现，在所有众生面前示现大菩提行，在所有众生面前示现甚深的妙法，在所有众生面前示现种种功德，在所有众生面前示现修行之道，在所有众生面前示现成就之行，在所有众生面前示现菩萨行愿，在所有众生面前示现一个世界乃至一切世界有佛陀出现世间，在所有众生面前示现一切诸佛的神通变化，在所有众生面前示现一切菩萨不可思议的解脱威力，在所有众生面前示现成就圆满普贤菩萨行愿的一切智性。'

　　"菩萨摩诃萨以如此种种微妙清净之身，方便摄取一切众生，使他们都能成就清净功德的一切智身。

　　"佛子啊！菩萨摩诃萨又将法布施生起的善根如此回向：'愿自己的身体能随顺安住在一切世界之中修习菩萨行，凡是所有见到的众生都不虚过。并且能发起菩提心永无退转，随顺真实的法义不可倾动。在一切世界，穷尽未来的时劫，都能安住在菩萨道，毫不疲劳厌倦。大悲心平等普遍，心量等同全体的法界。并且了知众生的根器，能相应时节因缘而为他们说法，恒常精进永不休息。对于善知识，心中常存正念，甚至于连一刹那都不曾舍离。一切诸佛时常示现在前，心中常存正念而未曾暂时懈怠，能够精勤修习种种善根无有虚伪。并且能安置众生于一切智中，令他们永不退转。具足一切佛法的光明，持着大法云，接受大法雨，修习菩萨行。能趣入一切众生，趣入一切佛国刹土，趣入一切诸法，趣入一切三世，趣入一切众生的业报智慧，趣入一切菩萨善巧方便智慧，趣入菩萨所出生的智慧，趣入一切菩萨清净的境界智慧，趣入一切佛陀的自在神通，趣入一切无边的法界，而在此安住，修习菩萨行。'"

【注释】

❶ 如眼：指现证教法，而非见闻教法。

卷第三十三
十回向品第二十五之十一

【原典】

　　"佛子！菩萨摩诃萨复以法施所修善根，如是回向：'愿一切佛刹皆悉清净，以不可说不可说庄严具而庄严之。一一佛刹，其量广大，同于法界，纯善无碍，清净光明，诸佛于中现成正觉。一佛刹中清净境界，悉能显现一切佛刹。如一佛刹，一切佛刹亦复如是。其一一刹，悉以等法界无量无边清净妙宝庄严之具而为严饰。所谓阿僧祇清净宝座，敷众宝衣；阿僧祇宝帐，宝网垂布；阿僧祇宝盖，一切妙宝互相映彻；阿僧祇宝云，普雨众宝；阿僧祇宝华，周遍清净；阿僧祇众宝所成栏、楯、轩、槛，清净庄严；阿僧祇宝铃，常演诸佛微妙音声，周流法界；阿僧祇宝莲华，种种宝色开敷荣耀；阿僧祇宝树，周匝行列，无量妙宝以为华果；阿僧祇宝宫殿，无量菩萨止住其中，阿僧祇宝楼阁，广博崇丽，延袤远近；阿僧祇宝却敌，大宝所成，庄严妙好；阿僧祇宝门阃，妙宝璎珞周匝垂布；阿僧祇宝窗牖，不思议宝清净庄严；阿僧祇宝多罗，形如半月，众宝集成。如是一切，悉以众宝而为严饰，离垢清净，不可思议，无非如来善根所起，具足无数宝藏庄严。复有阿僧祇宝河，流出一切清净善法；阿僧祇宝海，法水盈满；阿僧祇宝芬陀利华，常出妙法芬陀利声；阿僧祇宝须弥山，智慧山王秀出清净；阿僧祇八楞妙宝，宝线贯穿，严净无比；阿僧祇净光宝，常放无碍大智光明，普照法界；阿僧祇宝铃铎，更相扣击，出妙音声；阿僧祇清净宝，诸菩萨宝具足充满；阿僧祇宝缯彩，处处垂下，色相光洁；阿僧祇妙宝幢，以宝半月而为严饰；阿僧祇宝幡，悉能普雨无量宝幡；阿僧祇宝带，垂布空中，庄严殊妙；阿僧祇宝敷具，能生种种微细乐触；阿僧祇妙宝旋，示现菩萨一切智眼；阿僧祇宝璎珞，一一璎珞百千菩萨上妙庄严；阿僧祇宝宫殿，超过一切，妙绝无比；阿僧祇宝庄严具，金刚摩尼以为严饰；阿僧祇种种妙宝庄严具，常现一切清净妙色；阿僧祇清净宝，殊形异彩，光鉴映彻；阿僧祇宝山以为垣墙，周匝围绕，清净无碍；阿僧祇宝香，其香普熏一切世界；阿僧祇宝化事，一一化事周遍法界；阿僧祇宝光明，一一光明现一切光。复有阿僧祇宝光明，清净智光照了诸法。复有阿僧祇无碍宝光明，一一光明周遍法界。有阿僧祇宝处，一切诸宝皆悉具足。阿僧祇宝藏，开示一切正法藏宝。阿僧祇宝幢，如来幢相迥然高出。阿僧祇宝贤，大智贤像，具足清净。阿僧祇宝园，生诸菩萨三昧快乐。阿僧祇宝音，如来妙音，普示世间。阿僧祇宝形，其一一形皆放无量妙法光明。阿僧祇宝相，其一一相悉超众相。阿僧祇宝威仪，见者皆生菩萨喜乐。阿僧祇宝聚，见者皆生智慧宝聚。阿僧祇宝安住，见者皆生善住宝心。阿僧祇宝衣服，其有著者，生诸菩萨无比三昧。阿僧祇宝袈裟，其有著者，才始发心，则得善见陀罗尼门。阿僧祇宝修习，其有见者，知一切宝皆是业果，决定清净。阿僧祇宝无碍知见，其有见者，得了一切清净法眼。阿僧祇宝光藏，其有见者，则得成就大智慧藏。阿僧祇宝座，佛坐其上大师子吼。阿僧祇宝灯，常放清净智慧光明。阿僧祇宝多罗树，次第行列，缭以宝绳，庄严清净。其树复有阿僧祇宝干，从身耸擢，端直圆洁；阿僧祇宝枝，种种众宝庄严稠密，不思议鸟翔集其中，常吐妙音宣扬正法；阿僧祇宝叶，放大智光，遍一切处；阿僧祇宝华，一一华上，无量菩萨结跏趺坐，遍游法界；阿僧祇宝果，见者当得一切智智不退转果。阿僧祇宝聚落，见者舍离世聚落法。阿僧祇宝都邑，无碍众生于中盈满。阿僧祇宝宫殿，王处其中，具足菩萨那罗延身，勇猛坚固，被法甲胄，心无退转。阿僧祇宝舍，入者能除恋舍宅心。阿僧祇宝衣，著者能令解了无著。阿僧祇宝宫殿，出家菩萨充满其中。阿僧祇宝珍玩，见者咸生无量欢喜。阿僧祇宝轮，放不思议智慧光明转不退轮。阿僧祇宝跋陀树，因陀罗网庄严清净。阿僧祇宝地，不思议宝间错庄严。阿僧祇宝吹，其音清亮，充满法界。阿僧祇宝鼓，妙音克谐，穷劫不绝。阿僧祇宝众生，尽能摄持无上法宝。阿僧祇宝身，具足无量功德妙宝。阿僧祇宝口，常演一切妙法宝音。阿僧祇宝心，具清净意大智愿宝。阿僧祇宝念，断诸愚惑，究竟坚固一切智宝。阿僧祇宝明，诵持一切诸佛法宝。阿僧祇宝慧，决了一切诸佛法藏。阿僧祇宝智，得大圆满一切智宝。阿僧祇宝眼，鉴十力宝，无所障碍。阿僧祇宝耳，听闻无量，尽法界声，清净无碍。阿僧祇宝鼻，常嗅随顺清净宝香。阿僧祇宝舌，能说无量诸语言法。阿僧祇宝身，遍游十方而无罣碍。阿僧祇宝意，常勤修习普贤行愿。阿僧祇宝音，净妙音声遍十方界。阿僧祇宝身业，一切所作以智为首。阿僧祇宝语业，常说修行无碍智宝。阿僧祇宝意业，得无障碍广大智宝，究竟圆满。'

"佛子！菩萨摩诃萨于彼一切诸佛刹中，于一佛刹、一方、一处、一毛端量，有无量无边不可说数诸大菩萨，皆悉成就清净智慧，充满而住。如一佛刹、一方、一处、一毛端量，如是尽虚空遍法界一一佛刹、一一方、一一处、一一毛端量，悉亦如是。是为菩萨摩诃萨以诸善根而为回向，普愿一切诸佛国土悉具种种妙宝庄严。如宝庄严，如是广说，如是香庄严、华庄严、鬘庄严、涂香庄严、烧香庄严、末香庄严、衣庄严、盖庄严、幢庄严、幡庄严、摩尼宝庄严，次第乃至过此百倍，皆如宝庄严，如是广说。

"佛子！菩萨摩诃萨以法施等所集善根，为长养一切善根故回向；为严净一切佛刹故回向；为成就一切众生故回向；为令一切众生皆心净不动故回向；为令一切众生皆入甚深佛法故回向；为令一切众生皆得无能过清净功德故回向；为令一切众生皆得不可坏清净福力故回向；为令一切众生皆得无尽智力，度诸众生令入佛法故回向；为令一切众生皆得平等无量清净言音故回向；为令一切众生皆得平等无碍眼，成就尽虚空遍法界等智慧故回向；为令一切众生皆得清净念，知前际劫一切世界故回向；为令一切众生皆得无碍大智慧，悉能决了一切法藏故回向；为令一切众生皆得无限量大菩提，周遍法界无所障碍故回向；为令一切众生皆得平等无分别同体善根故回向；为令一切众生皆得一切功德具足庄严，清净身、语、意业故回向；为令一切众生皆得同于普贤行故回向；为令一切众生皆得入一切同体清净佛刹故回向；为令一切众生悉观察一切智，皆趣入圆满故回向；为令一切众生皆得远离不平等善根故回向；为令一切众生皆得平等无异相，深心次第圆满一切智故回向；为令一切众生皆得安住一切白法故回向；为令一切众生皆于一念中证一切智得究竟故回向；为令一切众生皆成满清净一切智道故回向。

"佛子！菩萨摩诃萨以诸善根普为一切众生如是回向已，复以此善根欲普圆满演说一切清净行法力故回向；欲成就清净行威力，得不可说不可说法海故回向；欲于一一法海，具足无量等法界清净智光明故回向；欲开示演说一切法差别句义故回向；欲成就无边广大一切法光明三昧故回向；欲随顺三世诸佛辩才故回向；欲成就去、来、现在一切佛自在身故回向；为尊重一切佛可爱乐无障碍法故回向；为满足大悲心，救护一切众生常无退转故回向；欲成就不思议差别法、无障碍智心、无垢染诸根清净，普入一切众会道场故回向；欲于一切若覆若仰、若粗若细、若广若狭、小大染净，如是等诸佛国土，常转平等不退法轮故回向；欲于念念中得无所畏、无有穷尽种种辩才妙法光明开示演说故回向；为乐求众善，发心修习，诸根转胜，获一切法大神通智，尽能了知一切诸法故回向；欲于一切众会道场亲近供养，为一切众生演一切法，咸令欢喜故回向。

"佛子！菩萨摩诃萨又以此善根如是回向，所谓以住法界无量住回向，以住法界无量身业回向，以住法界无量语业回向，以住法界无量意业回向，以住法界无量色平等回向，以住法界无量受、想、行、识平等回向，以住法界无量蕴平等回向，以住法界无量界平等回向，以住法界无量处平等回向，以住法界无量内平等回向，以住法界无量外平等回向，以住法界无量发起平等回向，以住法界无量深心平等回向，以住法界无量方便平等回向，以住法界无量信解平等回向，以住法界无量诸根平等回向，以住法界无量初、中、后际平等回向，以住法界无量业报平等回向，以住法界无量染净平等回向，以住法界无量众生平等回向，以住法界无量佛刹平等回向，以住法界无量法平等回向，以住法界无量世间光明平等回向，以住法界无量诸佛菩萨平等回向，以住法界无量菩萨行愿平等回向，以住法界无量菩萨出离平等回向，以住法界无量菩萨教化调伏平等回向，以住法界无量法界无二平等回向，以住法界无量如来众会道场平等回向。

"佛子！菩萨摩诃萨如是回向时，安住法界无量平等清净身，安住法界无量平等清净语，安住法界无量平等清净心，安住法界无量平等诸菩萨清净行愿，安住法界无量平等清净众会道场，安住法界无量平等为一切菩萨广说诸法清净智，安住法界无量平等能入尽法界一切世界身，安住法界无量平等一切法光明清净无畏；能以一音尽断一切众生疑网，随其根欲皆令欢喜，住于无上一切种智、力、无所畏、自在神通、广大功德、出离法中。

"佛子！是为菩萨摩诃萨第十住等法界无量回向。菩萨摩诃萨以法施等一切善根如是回向时，成满普贤无量无边菩萨行愿，悉能严净尽虚空等法界一切佛刹，令一切众生亦得如是，具足成就无边智慧，了一切法，于念念中见一切佛出兴于世，于念念中见一切佛无量无边自在力，所谓广大自在力、无著自在力、无碍自在力、不思议自在力、净一切众生自在力、立一切世界自在力、现不可说语言自在力、随时应现自在力、住不退转神通智自在力、演说一切无边法界俾无有余自在力、出生普贤菩萨无边际眼自在力、以无碍耳识闻持无量诸佛正法自在力、一身结跏趺坐周遍十方无量法界于诸众生无所迫隘自在力、以圆满智普入三世无量法自在力。又得无量清净，所谓一切众生清净、一切佛刹清净、一切法清净、一切处遍知智清净、遍虚空界无边智清净、得一切差别言音智以种种言音普应众生清净、放无量圆满光普照一切无边世界清净、出生一切三世菩萨行智清净、一念中普入三世一切诸佛众会道场智清净、入无边一切世间令一切众生皆作所应作清净。如是等皆得具足，皆得成就，皆已修治，皆得平等，皆悉现前，皆悉知见，皆悉悟入，皆已观察，皆得清净，到于彼岸。"

尔时，佛神力故，十方各百万佛刹微尘数世界六种震动，所谓动、遍动、等遍动，起、遍起、等遍起，涌、遍涌、等遍涌，震、遍震、等遍震，吼、遍吼、等遍吼，击、遍击、等遍击。佛神力故，法如是故，雨众天华、天鬘、天末香、天诸杂香、天衣服、天珍宝、天庄严具、天摩尼宝、天沉水香、天栴檀香、天上妙盖、天种种幢、天杂色幡、阿僧祇诸天身；无量百千亿不可说天妙法音、不可思议天赞佛音、阿僧祇天欢喜音，咸称善哉；无量阿僧祇百千那由他诸天恭敬礼拜；无数天子常念诸佛，希求如来无量功德，心不舍离；无数天子作众妓乐，歌咏赞叹，供养如来；百千阿僧祇诸天放大光明，普照尽虚空遍法界一切佛刹，现无量阿僧祇诸佛境界；如来化身出过诸天，如于此世界兜率陀天宫说如是法，周遍十方一切世界兜率天宫悉亦如是。

尔时，复以佛神力故，十方各过百万佛刹微尘数世界外，各有百万佛刹微尘数诸菩萨而来集会，周遍十方，咸作是言："善哉！善哉！佛子！乃能说此诸大回向。佛子！我等皆同一号，名金刚幢，悉从金刚光世界金刚幢佛所来诣此土。彼诸世界，悉以佛神力故而说是法，众会眷属、文辞句义，皆亦如是，不增不减。我等皆承佛神力，从彼土来为汝作证。如我来此众会为汝作证，十方所有一切世界兜率天宫宝庄严殿诸菩萨众来为作证，亦复如是。"

尔时，金刚幢菩萨承佛神力，观察十方一切众会，暨于法界已，善知文义，增广大心，大悲普覆一切众生，系心安住三世佛种，善入一切佛功德法，成就诸佛自在之身，观诸众生心之所乐，及其所种一切善根悉分别知，随顺法身，为现清净妙色之身，即于是时而说颂曰：

菩萨成就法智慧，悟解无边正法门，为法光明调御师，了知无碍真实法。

菩萨为法大导师，开示甚深难得法，引导十方无量众，悉令安住正法中。

菩萨已饮佛法海，法云普雨十方界，法日出现于世间，阐扬妙法利群生。

常为难遇法施主，了知入法巧方便，法光清净照其心，于世说法恒无畏。

善修于法自在心，悉能悟入诸法门，成就甚深妙法海，普为众生击法鼓。

宣说甚深希有法，以法长养诸功德，具足清净法喜心，示现世间佛法藏。

诸佛法王所灌顶，成就法性智藏身，悉能解了法实相，安住一切众善法。

菩萨修行第一施，一切如来所赞喜，所作皆蒙佛忍可，以此成就人中尊。

菩萨成就妙法身，亲从诸佛法化生，为利众生作法灯，演说无量最胜法。

随所修行妙法施，则亦观察彼善根，所作众善为众生，悉以智慧而回向。

所有成佛功德法，悉以回施诸群生，愿令一切皆清净，到佛庄严之彼岸。

十方佛刹无有量，悉具无量大庄严，如是庄严不可思，尽以庄严一国土。

如来所有清净智，愿令众生皆具足，犹如普贤真佛子，一切功德自庄严。

成就广大神通力，往诣世界悉周遍，一切众生无有余，皆使修行菩萨道。

诸佛如来所开悟，十方无量诸众生，一切皆令如普贤，具足修行最上行。

诸佛菩萨所成就，种种差别诸功德，如是功德无有边，愿使众生悉圆满。

菩萨具足自在力，所应学处皆往学，示现一切大神通，普诣十方无量土。

菩萨能于一念顷，觐等众生无数佛，又复于一毛端中，尽摄诸法皆明见。

世间众生无有量，菩萨悉能分别知，诸佛无量等众生，大心供养咸令尽。

种种名香上妙华，众宝衣裳及幡盖，分布法界咸充满，发心普供十方佛。

一毛孔中悉明见，不思议数无量佛，一切毛孔皆如是，普礼一切世间灯。

举身次第恭敬礼，如是无边诸最胜，亦以言辞普称赞，穷尽未来一切劫。

一如来所供养具，其数无量等众生，如是供养一如来，一切如来亦复然。

供养赞叹诸如来，尽彼世间一切劫，世间劫数可终尽，菩萨供养无休懈。

一切世间种种劫，于尔所劫修诸行，恭敬供养一如来，尽一切劫无厌足。

如无量劫供一佛，供一切佛皆如是，亦不分别是劫数，于所供养生疲厌。

法界广大无边际，菩萨观察悉明了，以大莲华遍布中，施等众生无量佛。

宝华香色皆圆满，清净庄严甚微妙，一切世间无可喻，持以供养人中尊。

众生数等无量刹，诸妙宝盖满其中，悉以供养一如来，供一切佛皆如是。

涂香无比最殊胜，一切世间未曾有，以此供养天人师，穷尽众生数等劫。

末香烧香上妙华，众宝衣服庄严具，如是供养诸最胜，欢喜奉事无厌足。

等众生数照世灯，念念成就大菩提，亦以无边偈称述，供养人中调御者。

如众生数佛世尊，皆修无上妙供养，如众生数无量劫，如是赞叹无穷尽。

如是供养诸佛时，以佛神力皆周遍，悉见十方无量佛，安住普贤菩萨行。

过去未来及现在，所有一切诸善根，令我常修普贤行，速得安住普贤地。

一切如来所知见，世间无量诸众生，悉愿具足如普贤，为聪慧者所称赞。

此是十方诸大士，共所修治回向行，诸佛如来为我说，此回向行最无上。

十方世界无有余，其中一切诸众生，莫不咸令得开觉，悉使常如普贤行。

如其回向行布施，亦复坚持于禁戒，精进长时无退怯，忍辱柔和心不动，

禅定持心常一缘，智慧了境同三昧，去来现在皆通达，世间无有得其边。

菩萨身心及语业，如是所作皆清净，一切修行无有余，悉与普贤菩萨等。

譬如法界无分别，戏论染著皆永尽，亦如涅槃无障碍，心常如是离诸取。

智者所有回向法，诸佛如来已开示，种种善根悉回向，是故能成菩萨道。

佛子善学此回向，无量行愿悉成满，摄取法界尽无余，是故能成善逝力。

若欲成就佛所说，菩萨广大殊胜行，宜应善住此回向，是诸佛子号普贤。

一切众生犹可数，三世心量亦可知，如是普贤诸佛子，功德边际无能测。

一毛度空可得边，众刹为尘可知数，如是大仙诸佛子，所住行愿无能量。

【白话语译】

"佛子啊！菩萨摩诃萨又将法施所修得的善根如此回向：'愿一切佛国刹土都完全清净，并且以不可说不可说的庄严器具庄严。每一个佛国刹土都无量广大等同法界，精纯绝妙，没有任何的障碍，清净光明，诸佛在其中现证成就正觉。一个佛国刹土中的清净境界，都能完全显现一切的佛国刹土；一个佛国刹土如此，一切的佛国刹土也都是如此。每一个佛国刹土都有等同法界无量无边清净微妙珍宝的庄严宝具，庄严其中。这些庄严宝具也就是阿僧祇数的清净宝座，座上敷置众多的宝衣；阿僧祇数的宝帐，宝网从上方垂布而下；阿僧祇数的宝盖，一切妙宝互相映照；阿僧祇数的宝云，普遍雨下各种珍宝；阿僧祇数的宝华，周遍四方，非常清净；阿僧祇数众宝形成的栏、楯、轩、槛，清净庄严；阿僧祇数的宝铃，常常演出诸佛的微妙音声，周遍流布法界；阿僧祇数的宝莲华，种种的宝色开显敷荣，光明照耀；阿僧祇数的宝树，行列于四周，有无量的妙宝做花朵和果实；阿僧祇数的宝宫殿，有无量的菩萨安住其中；阿僧祇宝的楼楼阁，广博宏大，高崇秀丽，由近至远的绵延伸展；阿僧祇数退却怨敌的宝物，是由大珍宝所成就，非常庄严妙好；阿僧祇数的珍宝门阃，有妙宝璎珞垂布四周；阿僧祇数的珍宝窗牖，有不可思议的妙宝清净庄严；阿僧祇数的宝多罗岸树，是由形如半月的众宝聚集而成。如此种种，都是用各种远离尘垢、完全清净的珍宝庄严，境界不可思议；这些境界无一不是由诸佛如来的善根所生，才能具足无数的宝藏庄严。又有阿僧祇数的宝河，流出一切的清净善法；有阿僧祇数的宝海，法水充盈遍满；阿僧祇数的宝白莲华，常常发出白莲华的微妙法音；有阿僧祇数的宝须弥山，其中的智慧山王秀出清净；有阿僧祇数有八个棱角的奇妙珍宝，其中有宝线贯穿，非常庄严清净；有阿僧祇数的净光宝，常常放出无碍的大智光明，普遍照耀法界；有阿僧祇数的宝铃铎，互相叩击而发出奇妙的音声；有阿僧祇数的清净宝藏，具足充满种种菩萨珍宝；有阿僧祇数的珍宝缯彩，自高处垂下，散布各处，色相光明洁亮；有阿僧祇数的妙宝幢，用半月形的珍宝庄严；有阿僧祇数的宝幡，能普遍雨下无量的宝幡；有阿僧祇数的宝带，垂直散布空中，非常庄严殊妙；有阿僧祇数的宝敷具，能生出种种微细的喜乐妙触；有阿僧祇数的奇妙宝旋，能够示现菩萨的一切智眼；有阿僧祇数的宝璎珞，每一个璎珞都有百千位菩萨端坐其上，非常美妙庄严；有阿僧祇数的宝宫殿，境界庄严，超过一切，妙绝无比；有阿僧祇数的宝庄严具，用金刚摩尼宝珠文饰庄严；有阿僧祇数的种种妙宝庄严具，常常示现一切的清净妙色；有阿僧祇数的清净宝，形状特殊，光彩奇异，光亮可鉴，相互映彻；有阿僧祇数的宝山，作为墙垣，围绕四周，清净无碍；有阿僧祇数的宝香，香气普遍熏染一切世界；有阿僧祇数的宝幻化事相，每一幻化事相都周遍整个法界；有阿僧祇数的宝光明，每一道光明都示现一切的光明。又有阿僧祇数的宝光明，清净的智慧之光照明一切诸法。有阿僧祇数的无碍宝光明，每一道光明都周遍整个法界。有阿僧祇数的珍宝处所，具足种种珍宝。有阿僧祇数的宝藏，开示一切正法藏宝。有阿僧祇数的宝幢，如来的幢相，迥然高出一切。有阿僧祇数的宝贤者相貌，示现具足清净的大智者贤相。有阿僧祇数的宝园，能够生出一切菩萨三昧的快乐。有阿僧祇数的宝音，微妙如诸佛，普遍示现世间。有阿僧祇数的宝形，每一个宝形皆放出无量的妙法光明。有阿僧祇数的宝相，每一宝相的庄严都超越一切众相。有阿僧祇数的宝威仪，凡是见到的人，都会生起像菩萨般的随喜安乐。有阿僧祇数的珍宝积聚，凡是见到的人，都会生起智慧宝聚。有阿僧祇数的宝安住，凡是见到的人，都会生起善于安住的心。有阿僧祇数的宝衣服，凡是穿上的人，都会生出一切菩萨的无比三昧。有阿僧祇数的宝袈裟，凡是穿上的人，才一发心就能得证善见陀罗尼门。有阿僧祇数的宝修习所，凡是见到的人，无不知道一切的珍宝都是业果所现，而能生起决定的清净心。有阿僧祇数的宝无碍知见，凡是见到的人，都可证得一切清净的法眼。有阿僧祇数的宝光藏，凡是见到的人，都得以成就大智慧藏。有阿僧祇数的宝座，佛陀端坐其上做大师子吼。有阿僧祇数的宝灯，常常放出清净智慧的光明。又有阿僧祇数的宝多罗树，次序地排列，并有宝绳缭绕，非常庄严清净。这些树有阿僧祇数的宝树干，树身从头至尾高耸拔擢，端正直立，非常圆润光洁；有阿僧祇数的宝树枝，树枝上有种种众多的珍宝，非常庄严稠密；有不可思议的鸟儿在其中聚集飞翔，常常吐出奇妙的音声宣扬正法；有阿僧祇数的宝叶，放出大智慧的光明，遍布一切的处所；有阿僧祇数的宝花，每一朵宝花，都有无量的菩萨结跏趺坐，普遍游历所有法界；有阿僧祇数的宝果，凡是见到的人，无不得证一切智智的不退转果。又有阿僧祇数的宝聚落，凡是见到的人，都会舍离世间的聚落，而居住在佛法的聚落。有阿僧祇数的宝都邑，其中充满了无碍的众生。有阿僧祇数的宝宫殿，身处其中的王者，圆满具足菩萨那罗延身❶，心性勇猛坚固，披着佛法的甲胄，不再退转。有阿僧祇数的宝舍，凡是进入的人，都不再眷恋世俗舍宅。有阿僧祇数的宝衣，凡是穿上的人，都能了知佛法深意，毫不执着尘缘。有阿僧祇数的宝宫殿，其中充满了出家菩萨。有阿僧祇数的珍贵玩物，凡是见到的人，都会心生无量欢喜。有阿僧祇数的宝轮，散放出不可思议的智慧光明，转动不退的法轮。有阿僧祇数的宝跋陀树，树上有一颗颗宝珠互相辉映，织就的因陀罗网庄严清净。有阿僧祇数的宝地，不可思议的珍宝间错庄严其间。有阿僧祇数的宝吹奏乐器，音声清亮，充满整个法界。有阿僧祇数的宝鼓，妙音相互协调，穷尽时劫而不断绝。又有阿僧祇数的宝众生，都能摄受奉持无上的法宝。有阿僧祇数的宝身，具足无量的功德妙宝。有阿僧祇数的宝口，常常演说一切妙法宝音。有阿僧祇数的宝心，具足清净意念的大智愿宝藏。有阿僧祇数的宝念，能了断种种愚痴疑惑，究竟坚固一切智宝。有阿僧祇数的宝明，诵持一切诸佛法宝。有阿僧祇数的宝慧，可决然了知一切诸佛法藏。有阿僧祇数的宝智，证得大圆满一切智宝。有阿僧祇数的宝眼，可明鉴十力宝，没有任何障碍。有阿僧祇数的宝耳，能听闻遍尽法界的无量音声，清净而没有任何障碍。有阿僧祇数的宝鼻，常能嗅得悦人的清净宝香。有阿僧祇数的宝舌，能演说无量种种语言的佛法。有阿僧祇数的宝身，能遍游十方，毫无挂碍。有阿僧祇数的宝意，恒常精勤修习普贤行愿。有阿僧祇数的宝音，清净的妙音遍布十方法界。有阿僧祇数的宝身业，一切所有的造作，都以智慧为上首。

有阿僧祇数的宝语业，恒常宣说修行无所障碍的智慧宝藏。有阿僧祇数的宝意业，证得广大无碍的智慧宝藏，究竟圆满一切。'

"佛子啊！菩萨摩诃萨使种种一切佛国刹土，在每一个佛国刹土、每一个地方、每一个处所、每一根毛端般微量大小的地方，都有无量无边不可说不可数的诸大菩萨，他们都已成就清净智慧，充满其中而安住。如一个佛国刹土、一个地方、一个处所、一根毛端般微量大小的地方，充满着无量的诸大菩萨；如此穷尽虚空法界，每一佛国刹土、每一地方、每一处所、每一根毛端般微量大小的地方，也都是这样。

"以上就是菩萨摩诃萨用种种善根发起的回向，普愿一切诸佛国土都具足种种妙宝庄严。就如同以上所广为宣说的妙宝庄严，香的庄严、华的庄严、鬘的庄严、涂香的庄严、烧香的庄严、末香的庄严、衣的庄严、盖的庄严、幢的庄严、幡的庄严、摩尼宝的庄严，依着次第，乃至于超过这些百倍的事物，也都如同以上广为宣说的妙宝庄严一般。

"佛子啊！菩萨摩诃萨用法布施聚集的善根，为了增长护养一切善根而回向；为了庄严清净一切佛国刹土而回向；为了成就众生而回向；为了使众生心念清净且不动摇而回向；为了使众生进入甚深佛法而回向；为了使众生证得无能超越的清净功德而回向；为了使众生成就不可沮坏的清净福德力而回向；为了使众生证得无尽的智力，度化种种众生进入佛法而回向；为了使众生得到平等无量的清净言语音声而回向；为了使众生证得平等无碍眼，成就与虚空法界同等的智慧而回向；为了使众生证得清净的心念，了知往昔时劫的一切世界而回向；为了使众生证得无碍的大智慧，能完全明了一切法藏而回向；为了使众生得到广大无边的菩提，周遍法界没有任何障碍而回向；为了使众生证得平等无分别的同体善根而回向；为了使众生证得一切功德，具足庄严清净的身、语、意三业而回向；为了使众生证得相同于普贤行而回向；为了使众生得证入一切相同体性的清净佛国刹土而回向；为了使众生观察一切智，趣入圆满而回向；为了使众生证得远离不平等善根而回向；为了使众生证得平等无差异相，深心次第圆满一切智而回向；为了使众生安住一切善法而回向；为了使众生于一念中证得一切智，能够究竟诸法实相而回向；为了使众生成就圆满清净的一切智道而回向。

"佛子啊！菩萨摩诃萨以种种的善根，普遍为一切众生如此回向后，再用这些善根，希望普遍圆满演说一切清净行法力而回向；希望成就清净行的威力，得证不可说不可说法海而回向；希望在每一法海，具足无量等法界的清净智光而回向；希望开示演说一切法的差别句义而回向；希望成就无边广大的一切法光明三昧而回向；希望随顺三世诸佛的辩才而回向；希望成就过去、未来、现在一切诸佛的自在身而回向；为了尊重一切佛陀可爱喜乐的无障碍法而回向；为了要满足大悲心，救护一切众生常无退转而回向；为了成就不可思议的差别法、无障碍的智心，以及无垢染的种种清净根，普遍进入一切聚会道场而回向；为了要在一切若覆、若仰，若粗、若细，若广、若狭，大的、小的，清净的或杂染的，如此等等佛陀的国土，恒常转动平等不退转法轮而回向；为了念念得证无所畏、无有穷尽的种种辩才，能以妙法光明开示演说而回向；为了乐求众多善根，发心修习，使各种根器更为殊胜，获证一切法的大神通智慧，完全了知一切诸法而回向；希望能在一切集会道场亲近供养，为众生演说一切法要，使他们都能欢喜而回向。

"佛子啊！菩萨摩诃萨又将以上种种善根如回向：'以安住在法界无量的安住而回向，以安住在法界无量的身业而回向，以安住在法界无量的语业而回向，以安住在法界无量的意业而回向，以安住法界无量色平等回向，以安住在法界无量的受、想、行、识平等而回向，以安住在法界无量的蕴平等而回向，以安住在法界无量的界平等而回向，以安住在法界无量的处平等而回向，以安住在法界无量的内平等而回向，以安住在法界无量的外平等而回向，以安住在法界无量的发起平等而回向，以安住在法界无量的深心平等而回向，以安住在法界无量的方便平等而回向，以安住在法界无量的信解平等而回向，以安住在法界无量的诸器平等而回向，以安住在法界无量的初、中、后际平等而回向，以安住在法界无量的业报平等而回向，以安住在法界无量的染净平等而回向，以安住在法界无量的众生平等而回向，以安住在法界无量的佛国刹土平等而回向，以安住在法界无量的法平等而回向，以安住在法界无量的世间光明平等而回向，以安住在法界无量的诸佛菩萨平等而回向，以安住在法界无量的菩萨行愿平等而回向，以安住在法界无量的菩萨出离平等而回向，以安住在法界无量的菩萨教化调伏平等而回向，以安住在法界无量的法界无二平等而回向，以安住在法界无量的如来众会道场平等而回向。'

"佛子啊！菩萨摩诃萨如此回向时，安住在法界无量的平等清净身，安住在法界无量的平等清净语，安住在法界无量的平等清净心，安住在法界无量诸菩萨的清净行愿，安住在法界无量平等的清净大众集会道场，安住在法界无量平等为一切菩萨广说诸法的清净智慧，安住在法界无量平等能趣入穷尽法界的一切世界身，安住在法界无量平等的一切法光明清净无畏。他能用一种音声断尽一切众生的疑惑之网，随着众生的根器、欲望，使他们欢喜，安住在一切的无上种智、十力、四无所畏、十自在、六神通的广大功德，以及安住出离三界轮回的法门。

"佛子啊！以上就是菩萨摩诃萨的第十种回向——住等法界无量回向。

"菩萨摩诃萨将法布施等一切善根如此回向时，成就圆满了普贤菩萨无量无边的菩萨行愿，能完全庄严清净穷尽虚空界、等同法界的一切佛国刹土，使众生也如此得证，具足成就无边智慧，明了一切佛法。

"他在每一个念头中，能够见到所有的佛陀出现世间；在每一个念头中，能够见到所有佛陀无量无边的自在力，也就是广大的自在力；无着的自在力；无碍的自在力；不可思议的自在力；清净一切众生的自在力；安立一切世界的自在力；示现不可说语言的自在力；随时感应示现的自在力；安住不退转神通智慧自在力；演说一切无边法界使无有余的自在力；出生如普贤菩萨无边际眼的自在力；用无碍的耳识听闻受持无量诸佛正法的自在力；一身结跏趺坐能周遍十方无量法界，对所有的众生没有任何胁迫阻碍的自在力；以圆满的智慧，普遍进入三世无量法的自在力。

"接着，他又证得无量的清净。也就是一切的众生清净；一切的佛国刹土清净；一切的法清净；一切处所遍知智的清净；遍尽虚空界的无边智清净；得证一切差别言语音声的智慧，用种种言语普遍回应众生的清净；放出无量圆满光芒，普遍照耀一切无边世界的清净；出生一切三世菩萨行持与智慧的清净；在一念当中，普遍趣入三世诸佛聚会道场智慧的清净；进入无边的一切世界，令所有的众生都作所应作的清净。

"以上这些无量的自在力与无量的清净，菩萨都已具足、都已成就、都已修行治理、都已证得平等、都完全现前、都完全了知、都完全悟入、都已观察到、都已清净，而到达彼岸。"

这时，因为佛陀的威神力，十方各百万佛国刹土微尘数的世界，发生六种震动，就是动、遍动、等遍动，起、遍起、等遍起，涌、遍涌、等遍涌，震、遍震、等遍震，吼、遍吼、等遍吼，击、遍击、等遍击。这都是因为佛陀的威神力，以及佛法本然如是的缘故。接着虚空又雨下众多的天华、天鬘、天末香、天上的种种杂香、天衣服、天珍宝、天庄严具、天摩尼宝、天沉水香、天栴檀香、天上妙盖、天种种幢、天杂色幡、阿僧祇数的诸天身。

有无量百千亿不可说数的天妙法音、不可思议的天赞佛音、阿僧祇数的天欢喜音，都称赞："善哉！"并有无量阿僧祇数百千那由他数的诸天恭敬礼拜。有无数的天子常忆念诸佛，希望证得如来的无量功德，心中不曾片刻舍离。有无数的天子作各种歌妓舞乐，歌咏赞叹供养如来。有百千阿僧祇数的诸天大放光明，普遍照耀尽虚空遍法界的佛国刹土，示现无量阿僧祇数的诸佛境界。

如来的化身超过所有的天身，如同在这个世界的兜率陀天宫如此说法，周遍十方一切世界的兜率天宫也是如此。

这时，又因为佛陀的威神力，十方各过百万佛刹微尘数的世界之外，各有百万佛国刹土微尘数的菩萨同来集会。这些菩萨周遍十方，都作此言："善哉！善哉！佛子啊！能说出这种种大回向。佛子啊！我们都是同一名号，名为金刚幢菩萨，都是从金刚光世界金刚幢佛的所在前来拜访。那些世界也都是借着佛陀的威神力而说如此的法，其中集会的众菩萨眷属，以及所演说的文辞句义，也都是如此，不增不减。我们都是承着佛陀的威神之力，从各个世界前来为你作证。就如同我们在此为你作证一般，十方所有一切世界的兜率天宫宝庄严殿的诸菩萨，也都是如此为其他世界的金刚幢菩萨作证。"

这时，金刚幢菩萨承着佛陀的威神之力，普遍观察十方一切集会大众，以至于整个法界。他善于了知文义，并且增广大心，大悲普遍覆护众生，系心安住三世佛种，善于趣入一切佛法功德，成就诸佛的自在之身。他观察众生心所喜乐，以及他们所种的一切善根，无不分别了知；他并且能够随顺法身，为众生示现清净妙色之身。就在这个时候，他宣说以下的偈颂：

菩萨成就法尔智慧，悟解无边正法之门，
为法光明调御之师，了知无碍真实佛法。
菩萨为法伟大导师，开示甚深难得之法，
引导十方无量众生，悉令安住正法之中。
菩萨已饮佛法大海，法云普雨十方世界，
法日出现于此世间，阐扬妙法利益群生。
常为难遇佛法施主，了知入法喜巧方便，
法光清净明照其心，于世说法恒皆无畏。
善修于法大自在心，悉能悟入诸佛法门，
成就甚深微妙法海，普为众生击大法鼓。
宣说甚深稀有妙法，以法长养一切功德，
具足清净法喜之心，示现世间佛法宝藏。
诸佛法王之所灌顶，成就法性智慧藏身，
悉能解了诸法实相，安住一切所有善法。
菩萨修行第一布施，一切如来所赞欢喜，
所作皆蒙诸佛忍可，以此成就人中至尊。
菩萨成就微妙法身，亲从诸佛法中化生，
为利众生作大法灯，演说无量最殊胜法。
随所修行微妙法施，则亦观察彼等善根，

所作众善为诸众生，悉以智慧而为回向。
所有成佛功德妙法，悉以回施一切群生，
愿令一切皆得清净，到佛庄严之彼岸中。
十方佛刹无有限量，悉具无量广大庄严，
如是庄严不可思议，尽以庄严一佛国土。
如来所有清净妙智，愿令众生悉皆具足，
犹如普贤真实佛子，一切功德自为庄严。
成就广大神通威力，往诣世界悉皆周遍，
一切众生悉无有余，皆使修行菩萨大道。
诸佛如来之所开悟，十方无量诸般众生，
一切皆令如同普贤，具足修行最上胜行。
诸佛菩萨所有成就，种种差别诸般功德，
如是功德无有边际，愿使众生悉得圆满。
菩萨具足大自在力，所应学处皆往勤学，
示现一切广大神通，普诣十方无量佛土。
菩萨能于一念之顷，觐等众生无数诸佛，
又能复于一毛端中，尽摄诸法悉皆明见。
世间众生无有限量，菩萨悉能分别了知，
诸佛无量等诸众生，大心供养咸令穷尽。
种种名香上妙宝花，众宝衣裳以及幡盖，
分布法界咸皆充满，发心普供十方佛陀。
一毛孔中悉皆明见，不思议数无量诸佛，
一切毛孔悉皆如是，普礼一切世间明灯❷。
举身次第恭敬礼拜，如是无边诸中最胜，
亦以言辞普称赞佛，穷尽未来一切时劫。
一佛如来所供养具，其数无量等诸众生，
如是供养一佛如来，一切如来亦复皆然。
供养赞叹诸佛如来，尽彼世间一切时劫，

世间劫数若终可尽，菩萨供养无休无懈。

一切世间种种时劫，于尔所劫勤修诸行，

恭敬供养一佛如来，尽一切劫无有厌足。

如无量劫供养一佛，供一切佛悉皆如是，

亦不分别如是劫数，于所供养心生疲厌。

法界广大无边无际，菩萨观察悉能明了，

以大莲华遍布其中，施等众生无量诸佛。

宝花香色悉皆圆满，清净庄严甚为微妙，

一切世间无可譬喻，持以供养人中至尊。

众生数等无量刹土，诸妙宝盖满布其中，

悉以供养一佛如来，供一切佛悉皆如是。

涂香无比最为殊胜，一切世间未曾得有，

以此供养天人之师，穷尽众生数等时劫。

末香烧香上妙宝花，众宝衣服及庄严具，

如是供养一切最胜，欢喜奉事心无厌足。

等众生数照世明灯，念念成就广大菩提，

亦以无边偈颂称述，供养人中大调御者。

如众生数诸佛世尊，皆修无上微妙供养，

如众生数无量时劫，如是赞叹无有穷尽。

如是供养诸佛之时，以佛神力悉皆周遍，

悉见十方无量诸佛，安住普贤菩萨胜行。

过去未来以及现在，所有一切诸种善根，

令我常修普贤胜行，速得安住普贤地中。

一切如来之所知见，世间无量诸众生等，

悉愿具足宛如普贤，为聪慧者之所称赞。

此是十方一切大士，共所修治回向胜行，

诸佛如来为我宣说，此回向行最为无上。

十方世界无复有余，其中一切诸众生等，

莫不咸令能得开觉，悉使常如普贤胜行。

如其回向而行布施，亦复坚持于禁戒中，

精进长时无有退怯，忍辱柔和心不动摇。

禅定持心恒常一缘，智慧了境等同三昧，

去来现在悉皆通达，世间无有得其边际。

菩萨身心以及语业，如是所作悉皆清净，

一切修行无复有余，悉与普贤菩萨同等。

譬如法界无有分别，戏论染着皆已永尽，

亦如涅槃无所障碍，心常如是离于诸取。

智者所有回向妙法，诸佛如来悉已开示，

种种善根悉得回向，是故能成菩萨胜道。

佛子善学此回向行，无量行愿悉得成满，

摄取法界穷尽无余，是故能成佛善逝力。

若欲成就诸佛所说，菩萨广大殊胜妙行，

宜应善住此回向行，是诸佛子皆号普贤。

一切众生犹可计数，三世心量亦可了知，

如是普贤一切佛子，功德边际无能测量。

一毛度空可得边际，众刹为尘可知其数，

如是大仙一切佛子，所住行愿无能测量。

【注释】

❶ 那罗延身："那罗延"是梵语 Nārāyaṇa 的音译，"金刚力士"之意。那罗延身是形容此身端正、勇猛且强健。

❷ 佛陀照明世间的黑暗，所以为一切世之灯。

十地品第二十六

卷第三十四

《十地品》导读

　　本品是第六会"他化自在天会"唯一的一品，《六十华严》中自《十地品》到《宝王如来性起品》皆作"他化自在天会"，《八十华严》于《十地品》后多了《十定品》，所以《十定品》以下作第七会"重普光明殿会"，第六会只有《十地品》一品。本品的主角是金刚藏菩萨，由他宣说十地的法义，启问者是解脱月菩萨。

　　前品十回向圆满，即是贤位圆满；自入十地之初地起，便入圣位，从此智果渐次圆满。此十地的修持，是修菩萨行是最重要的阶段，因为从此分证诸佛智慧法身而不退圣位。十地，依龙树大智度论所说，有共声闻的十地及不共声闻的十地二种，其中不共声闻的十地指的就是华严十地。因此，华严十地具有不共声闻及超越声闻的特性。

　　《十地品》在印度及中国等地流传相当广泛，除了在大部的《华严经》中之外，也有许多流通的单行经典，并且现存有梵本数种。龙树时所见的《华严经》，主要是《十地品》和《入法界品》，他尚为《十地品》作注解，即罗什所译的《十住毗婆沙论》。另外，世亲也为《十地品》作注，即《十地经论》，经菩提流支传译至中国后，对中国北方影响深远，因而出现了地论师及地论宗。从中国华严宗祖师注解《华严经》的注疏来看，《十地品》的注解所占的分量几乎都是最庞大的。由以上这些现象看来，《十地品》可以说是大乘经典中非常受人喜爱的一部。

　　本品一开始，佛在他化自在天宫中，金刚藏承佛神力而入菩萨大智慧光明三昧后，便宣说菩萨应修习的十种智慧地。这十地是：一，欢喜地；二，离垢地；三，发光地；四，焰慧地；五，难胜地；六，现前地；七，远行地；八，不动地；九，善慧地；十，法云地。而一切诸佛之法，都以这十地为本，十地究竟成就，能得一切智智。

一，欢喜地。首先发菩提心，以大悲为上首，智慧增上，用方便善巧，而入出世的菩萨道，即入欢喜地不动。此时成就多欢喜，成就净治地法，成就大誓愿，欲利益众生，所以布施一切物，大舍成就。此地多修布施、爱语及布施波罗蜜。初地成就后便转入如来行地中，而且多作阎浮提王济渡众生。

二，离垢地。欲从初地入二地，须修十种深心。入二地后，自性远离十恶业，修十善业道，并拔度造恶业入恶道之众生。二地菩萨多修爱语及持戒波罗蜜，多作转轮圣王而有七宝法财利益众生，并且能一念得千种三昧、见千佛。

三，发光地。欲入三地当起十种深心。入三地观见有为法如实相，而于众生起十种哀悯，并发愿精进度脱。三地菩萨成就四禅八定、四无量心、神通等禅法，而多修利行及忍波罗蜜，多作三十三天王，令众不舍三宝，见佛及三昧更增。

四，焰慧地。由三地修十法明门入四地。四地菩萨修三十七道品，舍离身见，以方便智慧修道及助道分。可见多百千佛而供养，多修同事及精进波罗蜜，多作须夜摩天王。

五，难胜地。以十种平等清净心趣入第五地。五地菩萨成四谛智及诸谛智，知有为虚妄，而大悲转增，修一切世间善法而利益众生。五地菩萨于诸佛所出家为法师，多修禅波罗蜜，多作兜率天王摧伏邪见、利益众生。

六，现前地。五地观察十平等法入于第六地，得明利随顺忍，未得无生法忍。以大悲为首而观法无我，观十二因缘之生灭，入第一义谛中。了知三界所有唯是一心，十二因缘皆依一心而立，而以十种逆顺观察缘起，而入三解脱门，得般若现前，不住有为，亦不住寂灭。六地菩萨多修般若波罗蜜，多作善化天王，令众生除我慢入缘起。

七，远行地。修十种方便慧起殊胜道而入第七地。念念入无量世界作无量佛事，圆满一切菩提分法，入智慧自在行。初地愿求佛法，二地离心垢，三地愿增得法光明，四地入道，五地顺世所作，六地入甚深门，七地起一切佛法成智功用分，八地以上由此智而成无功用行。七地以愿智而不染染行，不入净行，但仍未名超烦恼行，八地以上的无功用行才名为超烦恼行。六地能入灭定，七地念念能入。七地乘方便波罗蜜船，行于实际海，以愿力故不证涅槃。

八，不动地。入法平等无生得无生法忍，即入不动地。入八地功用皆谢，得无功用行，然由诸佛劝请当成就如来果德而精进不懈，所以菩萨不证入涅槃、堕入二乘。八地菩萨多修愿波罗蜜，多作大梵天王，能演说三乘法无有障碍。

九，善慧地，以无量智慧观察入第九地。九地菩萨于一切法如实知，而了知众生诸行差别而教化之。九地能得四无碍智，得总持陀罗尼，能为众生以一音普说令各得欢喜，多修力波罗蜜，多作二千世界主大梵天王。

十，法云地。随顺如来行而入一切智受职位，如转轮王太子之受灌顶而受王职，安住如来十力，堕在佛数，是第十地法云地。以一切智知一切集，知诸佛入劫智，得不思议解脱。能持无量如来法云、法雨，如大海能持，所以称为法云地。此菩萨智波罗蜜增上，而多作摩醯首罗天王。

菩萨十地之修行，从菩提心流出大愿水，以四摄法充满众生，次第而流入一切智海。十地因于佛智海而有差别，如十山王同在大海而有不同名称。十地有十相不可移夺，有十种特胜如摩尼宝胜出一切。

卷第三十四

十地品第二十六之一

【原典】

　　尔时，世尊在他化自在天王宫摩尼宝藏殿，与大菩萨众俱。其诸菩萨皆于阿耨多罗三藐三菩提不退转，悉从他方世界来集，住一切菩萨智所住境，入一切如来智所入处，勤行不息，善能示现种种神通，诸所作事，教化调伏一切众生而不失时。为成菩萨一切大愿，于一切世、一切劫、一切刹，勤修诸行，无暂懈息。具足菩萨福智助道，普益众生而恒不匮，到一切菩萨智慧方便究竟彼岸，示入生死及以涅槃，而不废舍。修菩萨行，善入一切菩萨禅定、解脱三昧、三摩钵底、神通明智，诸所施为皆得自在，获一切菩萨自在神力，于一念顷无所动作，悉能往诣一切如来道场众会，为众上首，请佛说法，护持诸佛正法之轮，以广大心供养承事一切诸佛，常勤修习一切菩萨所行事业。其身普现一切世间，其音普及十方法界，心智无碍，普见三世，一切菩萨所有功德悉已修行而得圆满，于不可说劫说不能尽。其名曰金刚藏菩萨、宝藏菩萨、莲华藏菩萨、德藏菩萨、莲华德藏菩萨、日藏菩萨、苏利耶藏菩萨、无垢月藏菩萨、于一切国土普现庄严藏菩萨、毗卢遮那智藏菩萨、妙德藏菩萨、栴檀德藏菩萨、华德藏菩萨、俱苏摩德藏菩萨、优钵罗德藏菩萨、天德藏菩萨、福德藏菩萨、无碍清净智德藏菩萨、功德藏菩萨、那罗延德藏菩萨、无垢藏菩萨、离垢藏菩萨、种种辩才庄严藏菩萨、大光明网藏菩萨、净威德光明王藏菩萨、金庄严大功德光明王藏菩萨、一切相庄严净德藏菩萨、金刚焰德相庄严藏菩萨、光明焰藏菩萨、星宿王光照藏菩萨、虚空无碍智藏菩萨、妙音无碍藏菩萨、陀罗尼功德持一切众生愿藏菩萨、海庄严藏菩萨、须弥德藏菩萨、净一切功德藏菩萨、如来藏菩萨、佛德藏菩萨、解脱月菩萨，如是等无数无量、无边无等、不可数、不可称、不可思、不可量、不可说诸菩萨摩诃萨众，金刚藏菩萨而为上首。

尔时，金刚藏菩萨承佛神力，入菩萨大智慧光明三昧。入是三昧已，即时十方各过十亿佛刹微尘数世界外，各有十亿佛刹微尘数诸佛，同名金刚藏，而现其前，作如是言："善哉！善哉！金刚藏！乃能入是菩萨大智慧光明三昧。善男子！此是十方各十亿佛刹微尘数诸佛共加于汝，以毗卢遮那如来、应、正等觉本愿力故，威神力故，亦是汝胜智力故，欲令汝为一切菩萨说不思议诸佛法光明故。所谓令入智地故，摄一切善根故，善简择一切佛法故，广知诸法故，善能说法故，无分别智清净故，一切世法不染故，出世善根清净故，得不思议智境界故，得一切智人智境界故。又令得菩萨十地始终故，如实说菩萨十地差别相故，缘念一切佛法故，修习分别无漏法故，善选择观察大智光明巧庄严故，善入决定智门故，随所住处次第显说无所畏故，得无碍辩才光明故，住大辩才地善决定故，忆念菩萨心不忘失故，成熟一切众生界故，能遍至一切处决定开悟故。善男子！汝当辩说此法门差别善巧法，所谓承佛神力如来智明所加故，净自善根故，普净法界故，普摄众生故，深入法身、智身故，受一切佛灌顶故，得一切世间最高大身故，超一切世间道故，清净出世善根故，满足一切智智故。"

尔时，十方诸佛与金刚藏菩萨无能映夺身，与无碍乐说辩，与善分别清净智，与善忆念不忘力，与善决定明了慧，与至一切处开悟智，与成道自在力，与如来无所畏，与一切智人观察分别诸法门辩才智，与一切如来上妙身、语、意具足庄严。何以故？得此三昧法如是故，本愿所起故，善净深心故，善净智轮故，善积集助道故，善修治所作故，念其无量法器故，知其清净信解故，得无错谬总持故，法界智印善印故。

尔时，十方诸佛各伸右手摩金刚藏菩萨顶。摩顶已，金刚藏菩萨从三昧起，普告一切菩萨众言："诸佛子！诸菩萨愿善决定，无杂不可见，广大如法界，究竟如虚空，尽未来际，遍一切佛刹，救护一切众生，为一切诸佛所护，入过去、未来、现在诸佛智地。佛子！何等为菩萨摩诃萨智地？佛子！菩萨摩诃萨智地有十种，过去、未来、现在诸佛，已说、当说、今说。我亦如是说。何等为十？一者欢喜地，二者离垢地，三者发光地，四者焰慧地，五者难胜地，六者现前地，七者远行地，八者不动地，九者善慧地，十者法云地。佛子！此菩萨十地，三世诸佛已说、当说、今说。佛子！我不见有诸佛国土，其中如来不说此十地者。何以故？此是菩萨摩诃萨向菩提最上道，亦是清净法光明门，所谓分别演说菩萨诸地。佛子！此处不可思议，所谓诸菩萨随证智。"

尔时，金刚藏菩萨说此菩萨十地名已，默然而住，不复分别。是时，一切菩萨众闻菩萨十地名，不闻解释，咸生渴仰，作如是念："何因何缘，金刚藏菩萨唯说菩萨十地名而不解释？"解脱月菩萨知诸大众心之所念，以颂问金刚藏菩萨曰：

何故净觉人，念智功德具，说诸上妙地，有力不解释？
一切咸决定，勇猛无怯弱，何故说地名，而不为开演？
诸地妙义趣，此众皆欲闻，其心无怯弱，愿为分别说！
众会悉清净，离懈怠严洁，能坚固不动，具功德智慧。
相视咸恭敬，一切悉专仰，如蜂念好蜜，如渴思甘露。

尔时，大智无所畏金刚藏菩萨闻说是已，欲令众会心欢喜故，为诸佛子而说颂言：

菩萨行地事，最上诸佛本，显示分别说，第一希有难。
微细难可见，离念超心地，出生佛境界，闻者悉迷惑。
持心如金刚，深信佛胜智，知心地无我，能闻此胜法。
如空中彩画，如空中风相，牟尼智如是，分别甚难见。

我念佛智慧，最胜难思议，世间无能受，默然而不说。

尔时，解脱月菩萨闻是说已，白金刚藏菩萨言："佛子！今此众会皆悉已集，善净深心，善洁思念，善修诸行，善集助道，善能亲近百千亿佛，成就无量功德善根，舍离痴惑，无有垢染，深心信解，于佛法中不随他教。善哉佛子！当承佛神力而为演说，此诸菩萨于如是等甚深之处皆能证知。"

尔时，解脱月菩萨欲重宣其义，而说颂曰：

愿说最安隐，菩萨无上行，分别于诸地，智净成正觉。
此众无诸垢，志解悉明洁，承事无量佛，能知此地义。

尔时，金刚藏菩萨言："佛子！虽此众集善净思念，舍离愚痴及以疑惑，于甚深法不随他教。然有其余劣解众生，闻此甚深难思议事，多生疑惑，于长夜中受诸衰恼。我愍此等，是故默然。"

尔时，金刚藏菩萨欲重宣其义，而说颂曰：

虽此众净广智慧，甚深明利能决择，其心不动如山王，不可倾覆犹大海。
有行未久解未得，随识而行不随智，闻此生疑堕恶道，我愍是等故不说。

尔时，解脱月菩萨重白金刚藏菩萨言："佛子！愿承佛神力，分别说此不思议法，此人当得如来护念而生信受。何以故？说十地时，一切菩萨法应如是，得佛护念。得护念故，于此智地能生勇猛。何以故？此是菩萨最初所行，成就一切诸佛法故。譬如书字、数说，一切皆以字母为本、字母究竟，无有少分离字母者。佛子！一切佛法皆以十地为本，十地究竟修行成就，得一切智。是故，佛子！愿为演说！此人必为如来所护，令其信受。"

尔时，解脱月菩萨欲重宣其义，而说颂曰：

善哉佛子愿演说，趣入菩提诸地行！十方一切自在尊，莫不护念智根本。

此安住智亦究竟，一切佛法所从生，譬如书数字母摄，如是佛法依于地。

尔时，诸大菩萨众一时同声向金刚藏菩萨，而说颂言：

上妙无垢智，无边分别辩，宣畅深美言，第一义相应。
念持清净行，十力集功德，辩才分别义，说此最胜地。
定戒集正心，离我慢邪见，此众无疑念，惟愿闻善说！
如渴思冷水，如饥念美食，如病忆良药，如蜂贪好蜜；
我等亦如是，愿闻甘露法！
善哉广大智，愿说入诸地，成十力无碍，善逝一切行！

尔时，世尊从眉间出清净光明，名菩萨力焰明，百千阿僧祇光明以为眷属，普照十方一切世界，靡不周遍，三恶道苦皆得休息；又照一切如来众会，显现诸佛不思议力。又照十方一切世界，一切诸佛所加说法菩萨之身。作是事已，于上虚空中，成大光明云网台而住。时，十方诸佛悉亦如是，从眉间出清净光明，其光名号、眷属、作业悉同于此，又亦照此娑婆世界佛及大众，并金刚藏菩萨身，师子座已，于上虚空中成大光明云网台。时，光台中，以诸佛威神力故，而说颂言：

佛无等等如虚空，十力无量胜功德，人间最胜世中上，释师子法加于彼。

佛子当承诸佛力，开此法王最胜藏，诸地广智胜妙行，以佛威神分别说。

若为善逝力所加，当得法宝入其心，诸地无垢次第满，亦具如来十种力。

虽住海水劫火中，堪受此法必得闻，其有生疑不信者，永不得闻如是义。

应说诸地胜智道，入住展转次修习，从行境界法智生，利益一切众生故。

尔时，金刚藏菩萨观察十方，欲令大众增净信故，而说颂曰：

如来大仙道，微妙难可知，非念离诸念，求见不可得。

无生亦无灭，性净恒寂然，离垢聪慧人，彼智所行处。

自性本空寂，无二亦无尽，解脱于诸趣，涅槃平等住。

非初非中后，非言辞所说，出过于三世，其相如虚空。

寂灭佛所行，言说莫能及；地行亦如是，难说难可受。

智起佛境界，非念离心道，非蕴界处门，智知意不及。

如空中鸟迹，难说难可示；如是十地义，心意不能了。

慈悲及愿力，出生入地行，次第圆满心，智行非虑境。

是境界难见，可知不可说，佛力故开演，汝等应敬受。

如是智入行，亿劫说不尽，我今但略说，真实义无余。

一心恭敬待，我承佛力说，胜法微妙音，譬喻字相应。

无量佛神力，咸来入我身，此处难宣示，我今说少分。

第一地 ❶

"佛子！若有众生深种善根，善修诸行，善集助道，善供养诸佛，善集白净法，为善知识，善摄善清净深心，立广大志，生广大解，慈悲现前，为求佛智故，为得十力故，为得大无畏故，为得佛平等法故，为救一切世间故，为净大慈悲故，为得十力❷无余智故，为净一切佛刹无障碍故，为一念知一切三世故，为转大法轮无所畏故。佛子！菩萨起如是心，以大悲为首，智慧增上，善巧方便所摄，最上深心所持，如来力无量，善观察分别勇猛力智、力无碍智、现前随顺自然智，能受一切佛法，以智慧教化，广大如法界，究竟如虚空，尽未来际。佛子！菩萨始发如是心，即得超凡夫地，入菩萨位，生如来家，无能说其种族过失，离世间趣，入出世道，得菩萨法，住菩萨处，入三世平等，于如来种中决定当得无上菩提。菩萨住如是法，名住菩萨欢喜地，以不动相应故。

"佛子！菩萨住欢喜地，成就多欢喜、多净信、多爱乐、多适悦、多欣庆、多踊跃、多勇猛、多无斗诤、多无恼害、多无嗔恨。佛子！菩萨住此欢喜地，念诸佛故生欢喜，念诸佛法故生欢喜，念诸菩萨故生欢喜，念诸菩萨行故生欢喜，念清净诸波罗蜜故生欢喜，念诸菩萨地殊胜故生欢喜，念菩萨不可坏故生欢喜，念如来教化众生故生欢喜，念能令众生得利益故生欢喜，念入一切如来智方便故生欢喜。复作是念：'我转离一切世间境界故生欢喜，亲近一切佛故生欢喜，远离凡夫地故生欢喜，近智慧地故生欢喜，永断一切恶趣故生欢喜，与一切众生作依止处故生欢喜，见一切如来故生欢喜，生佛境界中故生欢喜，入一切菩萨平等性中故生欢喜，远离一切怖畏毛竖等事故生欢喜。'何以故？此菩萨得欢喜地已，所有怖畏悉得远离，所谓不活畏、恶名畏、死畏、恶道畏、大众威德畏，如是怖畏皆得永离。何以故？此菩萨离我想故，尚不爱自身，何况资财，是故无有不活畏；不于他所希求供养，唯专给施一切众生，是故无有恶名畏；远离我见，无有我想，是故无有死畏；自知死已，决定不离诸佛菩萨，是故无有恶道畏；我所志乐，一切世间无与等者，何况有胜！是故无有大众威德畏。菩萨如是远离惊怖毛竖等事。

"佛子！此菩萨以大悲为首，广大志乐无能沮坏，转更勤修一切善根而得成就，所谓信增上故，多净信故，解清净故，信决定故，发生悲愍故，成就大慈故，心无疲懈故，惭愧庄严故，成就柔和故，敬顺尊重诸佛教法故，日夜修习善根无厌足故，亲近善知识故，常爱乐法故，求多闻无厌足故，如所闻法正观察故，心无依著故，不耽著利养、名闻、恭敬故，不求一切资生之物故，生如宝心无厌足故，求一切智地故，求如来力、无畏、不共佛法故，求诸波罗蜜助道法故，离诸谄诳故，如说能行故，常护实语故，不污如来家故，不舍菩萨戒故，生一切智心如山王不动故，不舍一切世间事成就出世间道故，集助菩提分法无厌足故，常求上上殊胜道故。佛子！菩萨成就如是净治地法，名为安住菩萨欢喜地。

"佛子！菩萨住此欢喜地，能成就如是大誓愿、如是大勇猛、如是大作用，所谓生广大清净决定解，以一切供养之具，恭敬供养一切诸佛，令无有余，广大如法界，究竟如虚空，尽未来际一切劫数无有休息。又发大愿：'愿受一切佛法轮，愿摄一切佛菩提，愿护一切诸佛教，愿持一切诸佛法。广大如法界，究竟如虚空，尽未来际一切劫数无有休息。'又发大愿：'愿一切世界佛兴于世，从兜率天宫没、入胎、住胎、初生、出家、成道说法、示现涅槃，皆悉往诣，亲近供养，为众上首，受行正法，于一切处一时而转。广大如法界，究竟如虚空，尽未来际一切劫数无有休息。'又发大愿：'愿一切菩萨行广大无量，不坏不杂，摄诸波罗蜜，净治诸地，总相、别相、同相、异相、成相、坏相，所有菩萨行皆如实说，教化一切，令其受行，心得增长。广大如法界，究竟如虚空，尽未来际一切劫数无有休息。'又发大愿：'愿一切众生界有色、无色、有想、无想、非有想、非无想、卵生、胎生、湿生、化生，三界所系，入于六趣一切生处，名色所摄，如是等类我皆教化，令入佛法，令永断一切世间趣，令安住一切智智道。广大如法界，究竟如虚空，尽未来际一切劫数无有休息。'又发大愿：'愿一切世界广大无量，粗细乱住、倒住、正住，若入、若行、若去，如帝网差别，十方无量种种不同，智皆明了，现前知见。广大如法界，究竟如虚空，尽未来际一切劫数无有休息。'又发大愿：'愿一切国土入一国土，一国土入一切国土，无量佛土普皆清净，光明众具以为庄严，离一切烦恼，成就清净道，无量智慧众生充满其中，普入广大诸佛境界，随众生心而为示现，皆令欢喜。广大如法界，究竟如虚空，尽未来际一切劫数无有休息。'又发大愿：'愿与一切菩萨同一志行，无有怨嫉，集诸善根，一切菩萨平等一缘，常共集会，不相舍离，随意能现种种佛身，任其自心能知一切如来境界威力智慧，得不退如意神通，游行一切世界，现形一切众会，普入一切生处，成就不思议大乘，修菩萨行。广大如法界，究竟如虚空，尽未来际一切劫数无有休息。'又发大愿：'愿乘不退，轮行菩萨行，身、语、意业悉不唐捐，若暂见者，则必定佛法，暂闻音声，则得实智慧，才生净信，则永断烦恼，得如大药王树身，得如如意宝身，修行一切菩萨行。广大如法界，究竟如虚空，尽未来际一切劫数无有休息。'又发大愿：'愿于一切世界，成阿耨多罗三藐三菩提，不离一毛端处，于一切毛端处，皆悉示现初生、出家、诣道场、成正觉、转法轮、入涅槃，得佛境界大智慧力，于念念中，随一切众生心示现成佛，令得寂灭，以一三菩提知一切法界即涅槃相，以一音说法令一切众生心皆欢喜，示入大涅槃而不断菩萨行，示大智慧地安立一切法，以法智通、神足通、幻通自在变化，充满一切法界。广大如法界，究竟如虚空，尽未来际一切劫数无有休息。'

"佛子！菩萨住欢喜地，发如是大誓愿、如是大勇猛、如是大作用，以此十愿门为首，满足百万阿僧祇大愿。佛子！此大愿以十尽句而得成就。何等为十？所谓众生界尽、世界尽、虚空界尽、法界尽、涅槃界尽、佛出现界尽、如来智界尽、心所缘界尽、佛智所入境界界尽、世间转法转智转界尽。'若众生界尽，我愿乃尽；若世界乃至世间转法转智转界尽，我愿乃尽。而众生界不可尽，乃至世间转法转智转界不可尽故，我此大愿善根无有穷尽。'

"佛子！菩萨发如是大愿已，则得利益心、柔软心、随顺心、寂静心、调伏心、寂灭心、谦下心、润泽心、不动心、不浊心。成净信者，有信功用，能信如来本行所入，信成就诸波罗蜜，信入诸胜地，信成就力，信具足无所畏，信生长不可坏不共佛法，信不思议佛法，信出生无中边佛境界，信随入如来无量境界，信成就果。举要言之，信一切菩萨行，乃至如来智地说力故。

"佛子！此菩萨复作是念：'诸佛正法，如是甚深，如是寂静，如是寂灭，如是空，如是无相，如是无愿，如是无染，如是无量，如是广大。而诸凡夫心堕邪见，无明覆翳，立骄慢高幢，入渴爱网中，行谄诳稠林，不能自出，心与悭嫉相应不舍，恒造诸趣受生因缘，贪、恚、愚、痴，积集诸业，日夜增长，以忿恨风，吹心识火，炽然不息，凡所作业皆颠倒相应，欲流、有流、无明流、见流，相续起心意识种子，于三界田中复生苦芽。

所谓名色共生不离，此名色增长，生六处聚落，于中相对生触，触故生受，因受生爱，爱增长故生取，取增长故生有，有生故有生老死忧悲苦恼。如是众生生长苦聚，是中皆空，离我、我所，无知、无觉，无作、无受，如草木石壁，亦如影像，然诸众生不觉不知。'菩萨见诸众生于如是苦聚不得出离，是故即生大悲智慧。复作是念：'此诸众生我应救拔，置于究竟安乐之处。'是故即生大慈光明智。

"佛子！菩萨摩诃萨随顺如是大悲、大慈，以深重心住初地时，于一切物无所吝惜，求佛大智，修行大舍，凡是所有一切能施。所谓财谷、仓库、金银、摩尼、真珠、琉璃、珂贝、璧玉、珊瑚等物，珍宝、璎珞、严身之具，象马、车乘、奴婢、人民、城邑、聚落、园林、台观、妻妾、男女、内外眷属，及余所有珍玩之具，头目、手足、血肉、骨髓，一切身分皆无所惜，为求诸佛广大智慧。是名菩萨住于初地大舍成就。

"佛子！菩萨以此慈、悲、大施心，为欲救护一切众生，转更推求世、出世间诸利益事无疲厌故，即得成就无疲厌心。得无疲厌心已，于一切经论心无怯弱。无怯弱故，即得成就一切经论智。获是智已，善能筹量应作、不应作，于上、中、下一切众生，随应、随力、随其所习，如是而行，是故菩萨得成世智。成世智已，知时知量，以惭愧庄严勤修自利、利他之道，是故成就惭愧庄严。于此行中勤修出离，不退不转，成坚固力。得坚固力已，勤供诸佛，于佛教法能如说行。

"佛子！菩萨如是成就十种净诸地法，所谓信、悲、慈、舍、无有疲厌、知诸经论、善解世法、惭愧坚固力、供养诸佛、依教修行。

"佛子！菩萨住此欢喜地已，以大愿力得见多佛。所谓见多百佛、多千佛、多百千佛、多亿佛、多百亿佛、多千亿佛、多百千亿佛、多亿那由他佛、多百亿那由他佛、多千亿那由他佛、多百千亿那由他佛。悉以大心、深心，恭敬尊重，承事供养，衣服、饮食、卧具、医药，一切资生悉以奉施，亦以供养一切众僧，以此善根皆悉回向无上菩提。佛子！此菩萨因供养诸佛故，得成就众生法，以前二摄摄取众生，谓布施、爱语。后二摄法，但以信解力故，行未善通达。是菩萨，十波罗蜜中，檀波罗蜜增上；余波罗蜜非不修行，但随力随分。是菩萨随所勤修，供养诸佛，教化众生，皆以修行清净地法，所有善根悉以回向一切智地，转转明净，调柔成就，随意堪用。佛子！譬如金师善巧炼金，数数入火，转转明净，调柔成就，随意堪用。菩萨亦复如是，供养诸佛，教化众生，皆为修行清净地法，所有善根悉以回向一切智地，转转明净，调柔成就，随意堪用。

"佛子！菩萨摩诃萨住于初地，应从诸佛菩萨善知识所推求请问，于此地中相及得果，无有厌足，为欲成就此地法故。亦应从诸佛菩萨善知识所推求请问，第二地中相及得果，无有厌足，为欲成就彼地法故。亦应如是推求请问，第三、第四、第五、第六、第七、第八、第九、第十地中相及得果，无有厌足，为欲成就彼地法故。是菩萨善知诸地障对治，善知地成坏，善知地相果，善知地得修，善知地法清净，善知地地转行，善知地地处、非处，善知地地殊胜智，善知地地不退转，善知净治一切菩萨地乃至转入如来地。佛子！菩萨如是善知地相，始于初地起行不断，如是乃至入第十地无有断绝。由此诸地智光明故，成于如来智慧光明。佛子！譬如商主善知方便，欲将诸商人往诣大城，未发之时，先问道中功德过失，及住止之处安危可不，然后具道资粮，作所应作。佛子！彼大商主虽未发足，能知道中所有一切安危之事，善以智慧筹量观察，备其所须令无乏少，将诸商众乃至安隐到彼大城，身及众人悉免忧患。佛子！菩萨商主亦复如是，住于初地，善知诸地障对治，乃至善知一切菩萨地清净，转入如来地，然后乃具福智资粮，将一切众生经生死旷野险难之处，安隐得至萨婆若城，身及众生不经患难。是故菩萨，常应匪懈，勤修诸地殊胜净业，乃至趣入如来智地。

"佛子！是名略说菩萨摩诃萨入菩萨初地门，广说则有无量无边百千阿僧祇差别事。佛子！菩萨摩诃萨住此初地，多作阎浮提王，豪贵自在，常护正法，能以大施摄取众生，善除众生悭贪之垢，常行大施无有穷尽。布施、爱语、利行、同事，如是一切诸所作业，皆不离念佛，不离念法，不离念僧，不离念同行菩萨，不离念菩萨行，不离念诸波罗蜜，不离念诸地，不离念力，不离念无畏，不离念不共佛法，乃至不离念具足一切种、一切智智。复作是念：'我当于一切众生中为首、为胜、为殊胜、为妙、为微妙、为上、为无上、为导、为将、为帅，乃至为一切智智依止者。'是菩萨若欲舍家于佛法中勤行精进，便能舍家、妻子、五欲，依如来教，出家学道。既出家已，勤行精进，于一念顷，得百三昧，得见百佛，知百佛神力，能动百佛世界，能过百佛世界，能照百佛世界，能教化百世界众生，能住寿百劫，能知前后际各百劫事，能入百法门，能示现百身，于一一身，能示百菩萨以为眷属。若以菩萨殊胜愿力自在示现，过于是数，百劫、千劫、百千劫，乃至百千亿那由他劫，不能数知。"

尔时，金刚藏菩萨欲重宣其义，而说颂曰：

<blockquote>
若人集众善，具足白净法，供养天人尊，随顺慈悲道，
信解极广大，志乐亦清净，为求佛智慧，发此无上心。
净一切智力，及以无所畏，成就诸佛法，救摄群生众，
为得大慈悲，及转胜法轮，严净佛国土，发此最胜心。
一念知三世，而无有分别，种种时不同，以示于世间。
略说求诸佛，一切胜功德，发生广大心，量等虚空界。
悲先慧为主，方便共相应，信解清净心，如来无量力，
无碍智现前，自悟不由他，具足同如来，发此最胜心。
佛子始发生，如是妙宝心，则超凡夫位，入佛所行处，
生在如来家，种族无瑕玷，与佛共平等，决成无上觉。
才生如是心，即得入初地，志乐不可动，譬如大山王，
多喜多爱乐，亦复多净信，极大勇猛心，及以庆跃心，
远离于斗诤，恼害及嗔恚，惭敬而质直，善守护诸根，
救世无等者，所有众智慧，此处我当得，忆念生欢喜。
始得入初地，即超五怖畏，不活死恶名，恶趣众威德。
以不贪著我，及以于我所，是诸佛子等，远离诸怖畏。
常行大慈愍，恒有信恭敬，惭愧功德备，日夜增善法。
乐法真实利，不爱受诸欲，思惟所闻法，远离取著行。
</blockquote>

不贪于利养，唯乐佛菩提，一心求佛智，专精无异念。

修行波罗蜜，远离谄虚诳，如说而修行，安住实语中。

不污诸佛家，不舍菩萨戒，不乐于世事，常利益世间。

修善无厌足，转求增胜道，如是好乐法，功德义相应。

恒起大愿心，愿见于诸佛，护持诸佛法，摄取大仙道。

常生如是愿，修行最胜行，成熟诸群生，严净佛国土。

一切诸佛刹，佛子悉充满，平等共一心，所作皆不空；

一切毛端处，一时成正觉。如是等大愿，无量无边际。

虚空与众生，法界及涅槃，世间佛出兴，佛智心境界。

"如来智所入，及以三转尽，彼诸若有尽，我愿方始尽；

如彼无尽期，我愿亦复然。"如是发大愿，心柔软调顺。

能信佛功德，观察于众生，知从因缘起，则兴慈念心：

"如是苦众生，我今应救脱。"

为是众生故，而行种种施，王位及珍宝，乃至象马车，

头目与手足，乃至身血肉，一切皆能舍，心得无忧悔。

求种种经书，其心无厌倦，善解其义趣，能随世所行，

惭愧自庄严，修行转坚固，供养无量佛，恭敬而尊重。

如是常修习，日夜无懈倦，善根转明净，如火炼真金。

菩萨住于此，净修于十地，所作无障碍，具足不断绝。

譬如大商主，为利诸商众。问知道险易，安隐至大城。

菩萨住初地，应知亦如是，勇猛无障碍，到于第十地。

住此初地中，作大功德王，以法化众生，慈心无损害。

统领阎浮地，化行靡不及，皆令住大舍，成就佛智慧。

欲求最胜道，舍己❸国王位，能于佛教中，勇猛勤修习，

则得百三昧，及见百诸佛，震动百世界，光照行亦尔，

化百土众生，入于百法门，能知百劫事，示现于百身，

及现百菩萨，以为其眷属；若自在愿力，过是数无量。

我于地义中，略述其少分，若欲广分别，亿劫不能尽。

菩萨最胜道，利益诸群生，如是初地法，我今已说竟。

注释

❶ 大正本原无"第一地"三字，今依前后文意增之。

❷ "力"，大正本原作"方"，今依三本及宫本改之。

❸ "已"，大正本原作"巳"，今依前后文意改之。

【白话语译】

这时，佛陀正在欲界他化自在天王宫中的摩尼宝殿上，和许多大菩萨聚会。

这些菩萨，都已安住在无上正等正觉不再退转的境界。他们都是从他方的佛国世界前来，住在一切菩萨共同安住的境界，趣入一切如来大智慧所在；他们不仅努力不息地精勤修行，并且能够善巧地示现种种神通；所有的作为，无非是为了掌握了最适切的因缘与时机，以教化调伏一切众生。

他们为了完成所有的大愿，在任何一个世界、任何时劫、任何刹土，都无不努力地精勤修行各种菩萨大行；因此他们都具足了菩萨的福德智慧和辅助圣行之道，以普遍助益众生，而永远不觉匮乏。

他们早已通达了一切的智慧方便，并且渡过生死彼岸，不断地示现生死以及涅槃的境界。

他们不仅修持菩萨的行愿，也能够证入一切菩萨所修的禅定、解脱三昧、三摩钵底、神通、三明和智慧，一切作为都自在无碍。

他们得证一切的自在神力，能在一念之间同时参访一切如来道场，而身依然安住，毫无所动；并成为大众集会的上首，祈请佛陀讲述佛法，以护持诸佛的正法法轮。他们都以广大的心愿供养承事一切诸佛，并且精勤修行一切菩萨所应行的事业。

他们的身形能够出现在任何世界，发出的清净梵音普及十方法界，无碍的心智能够亲见过去、现在、未来三世的一切。

他们已修行圆满菩萨所有的功德，即使以不可数的时劫也无法说尽。

这些菩萨的名字是金刚藏菩萨❶、宝藏菩萨、莲华藏菩萨、德藏菩萨、莲华德藏菩萨、日藏菩萨、苏利耶❷藏菩萨、无垢月藏菩萨、于一切国土普现庄严藏菩萨、毘卢遮那智藏菩萨、妙德藏菩萨、梅檀德藏菩萨、华德藏菩萨、俱苏摩德藏菩萨、优钵罗德菩萨、天德藏菩萨、福德藏菩萨、无碍清净智德藏菩萨、功德藏菩萨、那罗延德藏菩萨、无垢藏菩萨、离垢藏菩萨、种种辩才庄严藏菩萨、大光明网藏菩萨、净威德光明王藏菩萨、金庄严大功德光明王藏菩萨、一切相庄严净德藏菩萨、金刚焰德相庄严藏菩萨、光明焰藏菩萨、星宿王光照藏菩萨、虚空无碍智藏菩萨、妙音无碍藏菩萨、陀罗尼功德持一切众生愿藏菩萨、海庄严藏菩萨、须弥德藏菩萨、净一切德藏菩萨、如来藏菩萨、佛德藏菩萨、解脱月菩萨，等等。

如此无数、无量、无边、无等、不可称数、不可思量及不可说尽的菩萨摩诃萨，都是以金刚藏菩萨作为他们的领导者。

此时，身为领导的金刚藏菩萨，受佛陀威神力的加持，进入菩萨智慧光明的三昧正定。他进入三昧禅定之后，十方各过十亿佛国刹土微尘数的世界，立刻出现十亿佛国刹土微尘数的诸佛，他们也都叫作金刚藏，同时现身在金刚藏菩萨面前，说道："金刚藏菩萨！你能进入菩萨大智慧光明三昧的禅定，真是令人赞叹啊！善男子啊！这都是由于十方法界各十亿佛国刹土不可尽数的诸佛如来神力加持于你，也是毗卢遮那如来、应、正等觉的本愿威力，也是因为你十分殊胜的智慧力，也是要让你为众菩萨宣说不可思议的各种佛法光明！

"这些佛法光明可以使一切菩萨进入最深智慧的境界，摄取一切善根，懂得抉择所有的佛法，广泛了知诸法要义，巧于宣说法要，无分别智清净无染，一切世法不能染着，证得清净的出世善根，证得不可思议的智慧境界，证得一切智者的智慧境界。

"又令所有的菩萨证得菩萨十地的始终❸境界，如实宣说菩萨十地的差别现象，善于缘念一切佛法，修习分别无漏法，善于抉择和观察大智光明的善巧庄严，善于进入决定智慧之门，随其所安住的处所，都可以次第解说毫无畏惧，证得无碍辩才具足光明，安住无碍辩才而喜于决定，时常忆念菩萨从不忘失，令一切众生圆满成熟，在任何处所都能开悟。

"善男子啊！你应当解说此法门的差别和善巧要领！为什么呢？因为你受佛陀威神力的智慧光明加持，不仅是为了清净自身善根，也为了普遍清净法界，也为了普遍摄取一切众生，也为了深入法身和智慧身，也为了受一切诸佛如来灌顶，也为了证得一切世间最高大的清净妙身，也为了超过一切世间之道，也为了清净出世间善根与圆满诸佛智慧。"

这时，十方诸佛授与金刚藏菩萨他人无能超越映夺的光明微妙色身，授与乐于说法、辩才无碍的威力，授与善于分别的清净智慧，授与善于忆念毫不忘失的力量，授与善能决定明了的智慧，授与至一切处所皆能开悟的智慧，授与成道自在的威力，授与如来无所畏惧的勇气，授与一切智慧之人观察分别诸法门辩才的智慧，授与如来微妙身、语、意的庄严。

为什么金刚藏菩萨能得到这些威力呢？因为他深入三昧正定之后，必然会得到诸佛授与这些威力；另外也是因为他过去发起的本愿；还有他善于清净深心，清净智慧法轮，不断积聚成道的资粮助缘；也因为他善于修治自身作为，忆念摄持无量的修行法器，信仰解悟都已清净，而且总持一切诸法无有错谬；也因为他的真实智慧能教化众生契合法界智印。

这时，十方诸佛都伸出右手抚摩金刚藏菩萨的头顶。之后，金刚藏菩萨就从三昧正定之中出定，向菩萨众宣说："各位佛子啊！诸菩萨所发的大愿是用他所得的智慧拣择善法，没有一点杂染，广大如法界，究竟如虚空。他们穷尽一切时劫，遍至诸佛刹土，救护一切众生，并且为一切诸佛如来所护念，能进入过去、未来和现在三世诸佛的智慧之地。

"佛子啊！什么是菩萨摩诃萨的智慧之地呢？

"佛子啊！菩萨摩诃萨的智慧之地共有十种。是三世诸佛在过去已经宣说、未来将会宣说、现在正在宣说，而我也是如此宣说这些智慧之地。是哪十种智慧地呢？一，欢喜地；二，离垢地；三，发光地；四，焰慧地；五，难胜地；六，现前地；七，远行地；八，不动地；九，善慧地；十，法云地。佛子啊！这就是菩萨的十个智慧地，三世诸佛过去已说、未来当说、现在宣说。

"佛子啊！我不曾见到有哪一位佛的国土，其中的如来不曾宣说这十种智慧地的。为什么呢？因为这是菩萨摩诃萨修行菩提圆满的最上胜道，也是清净诸法的光明之门，这就是所谓的分别演说菩萨的各种境地。佛子啊！这些境地是不可思议的，是所谓诸菩萨随分证得的智慧。"

金刚藏菩萨讲述菩萨十地的名称之后，就安住默然，不再分别说明十地的意义。所有的菩萨听闻了菩萨十地的名称之后，并未再听到金刚藏菩萨解释菩萨十地的含意，所以与会者都非常希望听到下文，他们在心里想着："到底是什么缘故，金刚藏菩萨只说了菩萨十地的名称，而不加以解释呢？"

当时，解脱月菩萨知道大家心中的疑惑，便用偈颂请问金刚藏菩萨：

> 何故清净正觉人，正念智慧功德具，
> 说诸上妙境界地，有力而不为解释？
> 一切总持咸决定，勇猛心具无怯弱，
> 何故但说诸地名，而不为众广开演？
> 诸地微妙胜义趣，此众皆渴欲得闻，
> 其心勇健无怯弱，愿广为分别解说！
> 众会于此悉清净，离诸懈怠悉严洁，
> 咸能坚固而不动，具诸功德与智慧。
> 合掌相视咸恭敬，一切心念悉专仰，
> 如蜂必念于好蜜，如渴欲思念甘露。

大智无所畏金刚藏菩萨听闻了以上的偈颂之后，为了要让大众心生欢喜，便为所有的佛子宣说了下面的偈颂：

> 菩萨所行诸地事，最上诸佛之根本，
> 显示分别广为说，第一希有实难得。
> 微细妙法难可见，离诸意念超心地，
> 出生诸佛之境界，闻者悉皆入迷惑。
> 持心不坏如金刚，深信佛陀胜妙智，
> 了知心地本无我，方能闻此胜妙法。
> 宛如空中之彩画，亦如空中之风相，
> 牟尼佛陀智如是，分别甚深难可见。

我念佛智慧如是，最胜难可得思议，

世间无有能受者，是故默然而不说。

这时，解脱月菩萨听闻了这个偈颂之后，就告诉金刚藏菩萨："佛子啊！现在集会此地的大众，他们都已经清净自己的思想念头，一心修行所有的菩萨妙行，并且能够集聚辅助圣道的资粮，亲近百千亿佛陀，成就无量的功德善根，不再痴心迷惑，没有任何污垢染着，深心信解佛法，能自证明佛法而不随他教。善哉！佛子啊！你应当承着佛陀威神力的加持而解说菩萨十地法，这些菩萨众都能够证知如此甚深的教法。"

这时，解脱月菩萨为了再次强调本意，便说出以下的偈颂：

愿说不动最安稳，菩萨无上胜妙行，

分别解说于诸地，智慧清净成正觉。

此大案中无诸垢，心志解了悉明洁，

已曾承事无量佛，能知此上妙地义。

这时，金刚藏菩萨说："佛子啊！这些集会于此的大众，虽然能够善巧清净思惟忆念，断离愚痴及疑惑，能够自证佛陀甚深的教法而不随他人的教导。然而，其他的下劣凡夫，听闻如此甚深难以思议的事情之后，仍有疑惑，而在漫长生死夜中烦恼不已。我怜悯这些人，所以只好默然。"

这个时候，金刚藏菩萨为了再次表明他的意思，就宣说以下的偈颂：

虽此大众清净广智慧，甚深明利善巧能抉择，

其心不动宛如大山王，不可倾覆犹如诸大海。

若行持才起解悟未得，随心识而行不随智慧，

闻此生疑坠入于恶道，我悯是等大众故不说。

　　　　这时，解脱月菩萨又向金刚藏菩萨请示："佛子啊！我还是希望您能受

佛陀威神力的加持，分别解说这不可思议的佛法，因为这些人一定能够得如来的护念而深信接受。为什么呢？当您解说十地的境界时，佛陀本来就会护念所有的菩萨。因为佛陀的护念，所有的菩萨无不在这智慧地中生起勇猛之力。为什么呢？因为这是菩萨修行的根本所在，可以从此成就一切诸佛教法。就譬如书写、文字、算数、言说，一切都是以字母为根本，以字母为究竟，没有任何一项能离开字母的。佛子啊！一切佛法也都是以十地为根本，以十地究竟修行而成就，才能证得一切的智慧。因此，佛子啊！我们都非常希望您能为大众演说此妙法！佛陀必会护念这些与会的菩萨，使他们信解受持。"

这时，解脱月菩萨为了使自己的意思更加清楚，而宣说以下的偈颂：

> 善哉佛子愿为演说，趣入菩提诸地胜行，
> 十方一切大自在尊，莫不护念智慧根本。
> 此安住智亦为究竟，一切佛法之所从生，
> 譬如书数为字母摄，如是佛法依于十地。

这时，诸大菩萨异口同声地向金刚藏菩萨说出下面的偈颂：

> 具足上妙无垢智，无边分别大辩才，
> 宣畅甚深美善言，第一义谛而相应。
> 正念执持清净行，圆满十力集功德，
> 辩才无碍分别义，说此最胜诸妙地。
> 修持定戒集正心，离诸我慢与邪见，
> 此众无复有疑念，惟愿听闻善妙说！
> 如人渴思饮冷水，如饥心念于美食，
> 如病念忆得良药，宛如蜜蜂贪好蜜；
> 我等亦复为如是，愿闻无上甘露法！
> 善哉广大智慧者，愿说趣入诸地义，

圆成十力具无碍，佛陀善逝一切行！

这时，世尊从眉间射出清净的光明，这道光明叫作菩萨力焰明，有百千阿僧祇的光明作为眷属，周遍普照十方世界，除灭了饿鬼、畜生、地狱三恶道众生的痛苦；又普照一切如来的大众集会，显现诸佛不可思议的威力；又普照十方世界一切诸佛所加持说法的菩萨身上。完成这些法事之后，在虚空中形成大光明云网台而安住。

此时，十方诸佛也从眉间射出清净光明，这些光明的名号、眷属、所作法事，也都同此地所见到的一般，普照娑婆世界所有的佛陀及集会大众，并及于金刚藏菩萨的妙色身及师子宝座，然后在虚空中形成大光明云网台。

这时，因为诸佛的威力，在光台之中发出声音，宣说以下的偈颂：

> 佛无等等宛如虚空，十力无量胜妙功德，
> 人间最胜世中无上，释师子法加被于彼。
> 佛子当承诸佛神力，开此法王最胜宝藏，
> 诸地广智胜妙净行，以佛威神分别演说。
> 若为善逝佛力所加，当得法宝入其心中，
> 诸地无垢次第圆满，亦具如来十种大力。
> 虽住海水劫火中烧，堪受此法必得闻持，
> 其有生疑具不信者，永不得闻如是奥义。
> 应说诸地胜妙智道，入住辗转次第修习，
> 从行境界法智❹圆生，利益一切众生之故。

这时，金刚藏菩萨观察十方世界，为了使大众信心清净，而说出以下的偈颂：

> 诸佛如来大仙道，甚深微妙难可知，
> 非念离于诸心念，若欲求见不可得。

本无有生亦无灭，自性清净恒寂然，

离垢具足聪慧人，彼智慧之所行处。

自性本然显空寂，无二亦复无有尽，

解脱离于诸趣中，涅槃平等而安住。

非初非中非后有❺，亦非言辞所可说，

如是出过于三世，其相❻显现如虚空。

寂灭诸佛之所行，一切言说莫能及；

十地胜行亦如是，难可言说难可受。

智起佛陀妙境界，非念离于诸心道，

亦非诸蕴界处门，智知意所不能及。

宛如空中之鸟迹，难可言说难可示；

如是十地胜妙义，心意不能解明了。

大慈大悲及愿力，方能出生入地行，

次第圆满大智心，智行非心意虑境。

如是境界难可见，可以智知不可说，

佛威神力故开演，汝等亦应敬受持。

如是智入十地行，亿劫演说不能尽，

我今但为略解说，真实奥义妙无余。

一心恭敬待受持，我承佛力而演说，

胜法微妙大法音，唯以譬喻字相应。

无量佛陀威神力，咸来集入于我身，

此处难言难宣示，我今但说微少分。

第一地

"佛子啊！如果有众生能深植善根，一心修持各种菩萨圣行，精勤汇集辅助圣道的资粮，供养诸佛毫无倦怠，不断聚集一切善法，成为善知识，并能够摄持极为清净的深心，立下广大的志愿，生起广大的信解，使慈悲心普现于前；而所做的一切，又都是为了求取佛陀的智慧，为了证得如来的十力，为了证得勇猛无畏，为了证得佛陀的平等之法，为了救度世间，为了清净广大的慈悲心，为了成就如来的十力无余智慧，为了清净一切诸佛刹土无有障碍，为了一念能了知过去、现在、未来三世，为了转动大法轮而无所畏惧。

"佛子啊！菩萨生起如此的心念，并以大悲为上首，以智慧增上，善巧方便摄受众生，以最上深心受持诸法，具足如来的无量威力，善于观察分别勇猛力的智慧、力无碍的智慧、现前随顺佛陀正觉的自然智慧，并能受持一切佛法，以智慧教化大众。如此的行愿广大如法界，究竟如虚空，而能尽于未来之际。

"佛子啊！菩萨一开始发起如此的心愿，就能立刻超越凡夫的境界，而进入菩萨的正位，生在如来之家，任何人都无法指出他种族、种性上有任何的过失。他早已远离世间的诸趣境界，入于出世间的正道，得具菩萨的大法，安住菩萨所住的处所，入于三世平等的境界，必当得证如来种性的无上菩提。菩萨安住在如此的法中，就称作安住在菩萨的欢喜地。这是由于他证得的真理与不动相应，异道邪说再也不能诱惑动摇他的心志。

"佛子啊！菩萨安住在欢喜地中，成就许多欢喜之事、许多净信之事、许多爱乐之事、许多适悦之事、许多欣庆之事、许多踊跃之事、许多勇猛之事，因此多无斗诤之事、多无烦恼相害之事、多无嗔恨之事。

"佛子啊！菩萨安住此欢喜地时，因忆念诸佛而心生欢喜，因忆念诸佛法而心生欢喜，因忆念诸菩萨而心生欢喜，因忆念诸菩萨的圣行而心生欢喜，因忆念所有清净的波罗蜜而心生欢喜，因忆念一切菩萨地的殊胜而心生欢喜，因忆念菩萨不可沮坏而心生欢喜，因忆念如来教化众生而心生欢喜，因忆念众生能证得利益而心生欢喜，因忆念入于一切如来智慧方便而心生欢喜。

"菩萨心里又想：'我因已转离一切世间境界而心生欢喜，亲近一切佛陀而心生欢喜，远离凡夫之地而心生欢喜，亲近智慧之地而心生欢喜，永远断绝一切恶趣、恶道而心生欢喜，能作为众生依止之处而心生欢喜，亲见一切如来而心生欢喜，能生于佛陀的境界而心生欢喜，能趣入一切菩萨平等法性而心生欢喜，能远离一切恐怖畏惧之事而心生欢喜。'为什么呢？因为菩萨证得欢喜地之后，能远离所有恐怖畏惧的事。这些恐怖之事，也就是所谓的害怕生命意外夭折、害怕恶名、害怕死亡、害怕恶道、害怕大众威德。

"为什么菩萨得以去除这些恐惧呢？这是因为菩萨离弃我执的念头，他对自身早已不生爱着，更何况是资粮钱财？因此，他不会害怕意外夭折。又因为他不希求他人的供养，只是一心一意地布施众生，因此不怕什么恶名。又因为他没有我执的见解与想法，因此不害怕死亡。又因为他了知自己死后绝对不会离开诸佛菩萨，因此不怕坠入三恶道。菩萨心里又想：'世间任何的志愿意乐，都无法与我发起志愿意乐相比相等，更何况是超越其上？'因此他也不害怕大众威德。所以菩萨能够远离种种令人惊骇恐怖的事情。

"佛子啊！欢喜地的菩萨乃是以大悲为最上首要，没有人能够破坏他无边广大的志乐，因此他能够更加精勤修持而成就一切善根。这都是因为他的信念增上，多生清净信仰，意解清净，信心决定，心生悲悯，能成就大慈与乐之心，心中没有任何疲惓懈怠，以惭愧自我庄严，成就柔和的心念、敬信、顺服、尊重诸佛的教法，日夜修行聚集善根而满足，亲近善知识，常能欣喜爱乐佛法，广求多闻而无厌足，如实遵循所闻的教法而生起正见的观察，心中没有任何依赖执着，不耽溺执着名闻、利养、恭敬，不希求一切资生的物质，生起如实的智慧而心中无有厌足，勤求一切智慧的境地，勤求如来十力、四无所畏、十八不共法，求取一切波罗蜜的辅助道法，远离各种谄媚欺诳，能如所说而实行，常能护持真实之语，不玷污佛陀如来之家，不背弃菩萨的戒律，智慧之心宛如大山王般不为所动，不舍弃世间之事而能成就出世间的道法，聚集辅助的菩提分法而不厌足，常能勤求最上殊胜之道。佛子啊！菩萨成就了这些清净对治的境界之法，就叫作安住于菩萨欢喜地中。

"佛子啊！菩萨安住在欢喜地时，能够成就种种大誓愿、大勇猛、大作用。也就是发大誓愿：'愿我能生起广大清净决定的信解，以一切的供养器具，恭敬供养一切诸佛，没有一佛不受供养。我这心愿广大如法界，究竟如虚空，穷尽未来一切时劫都不会止息。'又发大誓愿：'我愿接受一切诸佛的法轮，摄持一切诸佛的菩提，维护一切诸佛的教法，执持一切诸佛的法要。我这心愿广大如法界，究竟如虚空，穷尽未来一切时劫都不会止息。'又发大誓愿：'愿一切世界佛陀出兴世间的时候，从兜率天宫降生人间，然后入胎、住胎、初生、出家，到成道说法、示现涅槃；我都能亲自前往拜诣，而且亲近供养，成为诸佛集会中的大众上首，受持实行正法，能在任何处所同时转动法轮。我这心愿广大如法界，究竟如虚空，穷尽未来一切时劫都不会止息。'又发大誓愿：'愿一切菩萨的圣行广大无量，无有沮坏、无有杂染，能摄持一切波罗蜜法，清净治理菩萨诸地的业行。不管是总体观察相、差别观察相、全体之同相、相异之异相、完成之相、破坏之相，所有菩萨的圣行相状都能如实宣说，以教化众生，使众生能受持奉行，增长心智。我这心愿广大如法界，究竟如虚空，穷尽未来一切时劫都不会止息。'又发大誓愿：'愿一切的众生，不管是有外相形色、无外相形色、有心识想念、无心识想念、非有心识想念、非无心识想念，或是卵生、胎生、湿生、化生等，凡是由欲界、色界、无色界等三界系缚，而进入六道中生命依存的处所，为精神与物质摄受形成的此类生命，我都能够用佛法教化他们，使他们不再趣向世间的生命，而能安住一切智智的大道。我这心愿广大如法界，究竟如虚空，穷尽未来一切时劫都不会止息。'又发大誓愿：'一切世界广大无量，有粗住、细住、乱住、倒住、正住，有趣入、行动、前去，就如帝释的因陀罗珠网所示现的种种差别，十方无量世界也是示现出种种不同。面对这些殊异，愿我能以智慧观照明白，所有的知识见地无不现前了知。我这心愿广大如法界，究竟如虚空，穷尽未来一切时劫都不会止息。'又发大誓愿：'愿所有国土的境界能纳入一国土，一国土的境界能含摄所有的国土，无量的佛土都清净无染，并有无量光明的器具庄严其中，远离一切的烦恼，成就清净的佛道，并有无量智慧的众生遍满其中，都能够进入广大的诸佛境界，随着众生的心念意向，广为开示佛法，使他们欢乐欣喜。我这心愿广大如法界，究竟如虚空，穷尽未来一切时劫都不会止息。'又发大誓愿：'愿与一切菩萨同志于一乘，同修万行，彼此毫无怨恨嫉妒，并且积集各种的善根。愿一切菩萨平等于一缘，能时常共同集会，不互相舍弃远离；并且能够随意示现不同的种种佛身，随心任运自在。愿所有的菩萨能够了知如来境界的威力智慧，证得永不退转的如意自在神通；并且能够游行所有的世界，示现身形于各大众集会，遍入一切生命出生的处所，成说不可思议的大乘，修习菩萨各种的妙行。我这心愿广大如法界，究竟如虚空，穷尽未来一切时劫都不会止息。'又发大誓愿：'愿乘着不退转的法轮，实践菩萨行，使我的身、语、意三业都功不唐捐。凡看见我的人，即使只是一瞬间，都必成就佛法；凡是听闻我音声的人，哪怕只是一阵子，也都必得证如实的智慧；若有人对我才一生起清净坚定的信仰，当下他就能永远断除烦恼。愿我能证得大药王树的身体，疗治一切众生的病；愿我能证得如意宝的身体，随心自在，修行一切的菩萨行。我这心愿广大如法界，究竟如虚空，穷尽未来一切时劫都不会止息。'又发大誓愿：'愿在一切世界当中成就无上正等正觉，而不离于一毛端处；在一切毛端处也都能示现出生、出家、修行、往诣道场、成说圆满正觉、转动大法轮、进入无余的大般涅槃。并且得证佛陀的广大智慧力量，念念都能随顺众生的心意示现成佛，使众生得证寂灭的法乐。愿我能以一三菩提的境界，了知一切法界的现象就是涅槃寂静相。愿我能以一种音声演说所有的佛法，使众生都能心生无边欢喜。愿我能够示现证入大涅槃，而仍不断灭菩萨愿行。愿我能够示现大智慧，以安立一切世间法。愿我能够以观察一切法空无自性的智慧神通❼、无量变化自在的神足神通❽、随意示现的幻化神通❾，于一切法界示现自在变化。我这心愿广大如法界，究竟如虚空，穷尽未来一切时劫从不止息。'

"佛子啊！菩萨安住在欢喜地时，能够成就如此的大誓愿、大勇猛、大作用，并以此十愿法门为首，满足百万阿僧只数的大愿。

"佛子啊！这些大愿是以十种尽句❿来表达十种不可穷尽的境界。是哪十种尽句呢？一，众生界穷尽；二，世界穷尽；三，虚空界穷尽；四，法界穷尽；五，涅槃界穷尽；六，佛出现界穷尽；七，如来智界穷尽；八，心所缘界穷尽；九，佛智所入境界穷尽；十，世间转❶、法转❷、智转❸界穷尽。所以菩萨发起这样的大愿：'如果众生界穷尽，我的誓愿才会穷尽；如果世界乃至世间转、法转、智转界穷尽，我的誓愿才会穷尽。但是众生界是不可穷尽的，世间转、法转、智转界也是不可穷尽的，所以我的大愿善根也无有穷尽。'

"佛子啊！菩萨发起如此的大愿之后，能得证利益的心、柔软的心、随顺的心、寂静的心、调伏的心、寂灭的心、谦下的心、润泽的心、不动的心、不浊的心，成为极具净信的人，具足种种净信：净信诸佛如来往昔修行趣入的境界，净信成就所有的波罗蜜行，净信入于所有的殊胜境地，净信成就力，净信具足无所畏，净信生出不可沮坏之不共二乘的佛法，净信不可思议的佛法，净信出生没有中间与两边等对立现象的诸佛境界，净信能随意趣入如来的无量境界，净信能够成说佛果。简要地说，就是净信一切的菩萨行，乃至净信如来智慧演说教化的威力。

"佛子啊！菩萨又想：'诸佛正法是如此高深，如此寂静，如此空，如此无相，如此无愿，如此无染，如此无量，如此广大。然而凡夫的心念堕于邪见，为无明障碍覆盖，坚立起骄慢的高幢，陷入渴求爱欲的罗网，行于谄媚欺诳的稠密茂林中不能自拔。他们的心念与悭嫉互相呼应而不相舍离，使得他们不断地在六道中受生轮回；贪欲、嗔恚、愚痴，更让他们积聚各种恶业，日夜不停地增长；像心识之火为忿恨之风而起，燃烧不止无法熄灭。凡夫造作的业行，无不与颠倒互相呼应；欲望的瀑流、执有的瀑流、无明的瀑流、执着我见的瀑流，相续生起心意识的种子，然后在三界生命的田地生出痛苦的根芽。这也就是精神的名与物质的色，二者相生，从不相离；名、色的共同增长，又出生了眼、耳、鼻、舌、身、意六根等六处聚落；六根又因为相对的感受而出生触觉，由触觉又出生感受，由感受又出生爱念分别，爱念分别增长的结果又出生了生命的存有，生命的存在又产生了生、老、死、忧、悲、苦、恼等种种轮回流转。众生处在如此的轮回，众生只有不断地累积种种痛苦。但这一切其实都是空无的，如果众生能离于我及我所有的现象，就会清楚这一切其实都是无知、无觉，既没有造作的人，也没有感受的心，像草木与石壁，亦如影像，一点都不真实。可是却没有人察觉、了知这些，以致执着幻想而妄生境界，把虚妄当作是真实的境界。'

"菩萨见到众生身处如此的痛苦无法出离，心生大悲的智慧，如此想着：'我应该救助这些众生脱离苦海，把他们安置在究竟安乐的地方。'菩萨一动此念，就生起大慈光明的智慧。

"佛子啊！菩萨摩诃萨随顺如此的大悲、大慈，以深重心安住初地时，对所有的事物都毫不吝惜。为了求证诸佛的大智慧，他精勤修持舍离，布施所有的一切，包括财谷、仓库、金银、摩尼、真珠、琉璃、珂贝、璧玉、珊瑚等各种物品，以及珍宝、璎珞等庄严身相的物品，以及象马、车乘、奴婢、人民、城邑、聚落、园林、台观、妻妾、男女、内外眷属及所有的珍玩的，以及头目、手足、血肉、骨髓等身体的每个部分。他对这些都毫不吝惜，只为了求证诸佛的广大智慧。所以称为菩萨安住初地的大舍成就。

"佛子啊！菩萨如此慈悲地大行布施，只为了救护众生，更加推求世间及出世间所有利益众生的事；因为他做这些事时，从不疲劳厌倦，所以得以成就无疲劳厌倦心。得证无疲劳厌倦心之后，他对于一切经典论述也毫不怯弱；因此，能够立即成就一切经典论述的智慧。证得如此的智慧之后，就能够仔细筹量那些事应该作或不应该作。对于上品、中品、下品的所有众生，都能随着相应的因缘及力量的大小，以及随着往昔所学习的一切，作所应该作的事；因此，菩萨得以成就世间的智慧。他成能世间的智慧之后，能够了知时节因缘、了知世间的轻重分量，能以惭愧庄严的心意，精勤修行自利、利他的大道，而成就惭愧庄严。菩萨在这种行持中精勤地修习出离，不退却、不转变，而能成就坚固的力量；得到坚固的力量之后，更精勤供养诸佛如来，对于佛陀的教法，也都能够如实践履。

"佛子啊！菩萨就是如此地成就十种清净诸地的大法啊！也就是上面说的净信、大悲、大慈、大舍、毫不疲劳厌倦、了知所有的经典论述、善于了解世间法、惭愧坚固的力量、供养所有的佛陀、如实修行佛陀的教法。

"佛子啊！菩萨安住在这个欢喜地之后，因为大愿力的缘故，得以面见许多佛陀，也就是见到数百位佛陀、数千位佛陀、数百千位佛陀、数亿位佛陀、数百亿位佛陀、数千亿位佛陀、数百千亿位佛陀、数亿那由他位佛陀、数百亿那由他位佛陀、数千亿那由他位佛陀、数百千亿那由他位佛陀。他都以大心、深心，恭敬尊重地承事供养，包括衣服、饮食、卧具、医药，以及一切资益生活的用品，全都奉献布施，也供养一切众僧，并将这些善根全部回向无上的菩提。

"佛子啊！这位菩萨因为供养诸佛，得以成就利益众生法门。他以四摄法中的前二摄法摄取众生，也说是布施、爱语；至于后二摄法——利行、同事，因为主要是靠信解的力量，还未能善巧通达地行持实践。这位菩萨在十波罗蜜中，以布施波罗蜜最为得力；其余的九波罗蜜并不是不修，只是随着自己的力量和因缘修行。他依据所修的清净十地法门，一方面精勤修行，同时供养诸佛，教化众生；并将所有的善根全部回向一切智地，逐渐地使自己的内心明净、柔软、调伏，能够随意运用。

"佛子啊！就譬如炼金师锻炼黄金，为了使黄金更加光明清净、更加柔软，能够随意作成任何器物，所以不断地将黄金投入火中锻炼。菩萨也是如此，供养诸佛，教化众生，都是为了修行清净十地法门；并将所有的善根回向一切智地，使自己渐渐得以明净、调伏、柔顺，能够随时发挥力量。

"佛子啊！安住初地的菩萨摩诃萨，若要成就此地法门，就应虚心请教诸佛菩萨以及善知识，请教有关欢喜地的相状以及证得的果报。又为了要成就第二地法门，也应该虚心请教诸佛菩萨以及善知识，请教有关第二地的相状以及证得的果报。其他的第三、第四、第五、第六、第七、第八、第九、第十地，也是一样。

"这位菩萨非常清楚菩萨诸地的障碍以及对治的方法，非常清楚菩萨在各个境地成就与破坏的因缘，非常清楚菩萨境地的相状与果报，非常清楚菩萨境地要如何修行，非常清楚菩萨境地是无上清净，非常清楚每个菩萨境地修行的次序，非常清楚每个菩萨境地的恰当处及不恰当处，非常清楚每个菩萨境地的殊胜智慧，非常清楚每个菩萨境地是不退转的，非常清楚如何净治一切菩萨的境地，乃至如何转入如来的境地。

"佛子啊！因为菩萨如此清楚诸地相貌，所以从初地开始不间断地修行，一直到第十地，都从不断绝；因为他在这些诸地已经证得智慧光明，所以能够成就如来的智慧光明。

"佛子啊！譬如某个精于策划的大商主，想要带领其他商人前往大城做买卖，还没有出发之前，他就事先询问途中的状况，以及住宿落脚之处的安危可否，并且准备好途中所需的资粮，及其他应该准备的事情。佛子啊！这位大商主虽然还没出发，就能知道途中所有的安危，并且能够善用智慧筹画、衡量、观察，充分预备好需要的一切，然后领导商众安稳地到达大城，使本身以及众人都免于忧患。佛子啊！菩萨商主也是如此，他安住初地时，非常清楚所有菩萨境地的障碍与对治方法，乃至非常清楚一切菩萨境地的清净，以及如何能转入诸佛如来的境地，然后具足福德、智慧的资粮，领导众生经过生死旷野，度过重重的危险艰难，安稳地到达一切种智的大城，使自身及众生都能免于患难。所以，菩萨应该毫不懈怠地精勤修习诸地的殊胜清净业行，一直到趣入诸佛如来的智慧境地。

"佛子啊！这是菩萨摩诃萨趣入菩萨初地门——欢喜地的大略情况；若要详细的说明，则有无量无边百千阿僧只数的差别事相。

"佛子啊！安住此初地的菩萨，大都成为人间的阎浮提王。他们都大富大贵，生活自在，常常护持正法，能行大布施摄取众生，知道怎样有效地灭除众生悭贪的尘垢，常行大施而无有穷尽。他在实行布施、爱语、利行、同事时，都不离于忆念佛，不离于忆念法，不离于忆念僧，不离于忆念共同修行的菩萨，不离于忆念菩萨行，不离于忆念所有的波罗蜜，不离于忆念所有的菩萨境地，不离于忆念十力，不离于忆念四无畏，不离于忆念十八不共佛法，乃至不离于忆念一切种智、一切智智。

"菩萨心中又想：'我应当成为众生的领导者，成为胜利的人，成为殊胜的人，成为妙好的人，成为精微的人，成为尊贵的人，成为无上的人，成为导引的人，成为将领，成为领袖，乃至成为众生对一切智智所依止的人。'

"如果这位菩萨想完全投入佛法精勤修行，他便马上能够拾离家庭、妻子以及五欲的享乐，依着如来的教法出家学道。出家之后，只要他勤行精进，在一念之间，就能够证得百种三昧，得以见到百位佛陀，了知百位佛陀的神力，能倾动百位佛陀的世界，能通过百位佛陀的世界，能照明百位佛陀的世界，能教化百世界的众生，能够在世间存活百劫，能够了知过去、未来各百劫的事情，趣入百种法门，能够示现百个化身，每一个化身都能示现百个菩萨作为眷属。如果他能自在示现菩萨殊胜的愿力，得证的一切将远超过这个数目，即使百劫、千劫、百千劫，乃至百千亿那由他劫都不能数得清楚。"

这时，金刚藏菩萨为了要复述所说的内容，而宣说以下的偈颂：

> 若人广集众善，具足白净妙法，
> 供养天人至尊，随顺慈悲大道，
> 信解极为广大，志乐亦复清净，
> 为求诸佛智慧，发此与上大心。
> 清净一切智力，及以具无所畏，
> 成就诸佛妙法，救摄群生大众，
> 为得大慈大悲，及转大胜法轮，
> 严净佛陀国土，发此最上胜心。
> 一念了知三世，而无有所分别，
> 种种时劫不同，以开示于世间。
> 略说求诸佛陀，一切胜妙功德，
> 发生广大愿心，其量等虚空界。
> 悲先以慧为主，方便而共相应，
> 信解生清净心，如来无量神力，
> 无碍智慧现前，自悟而不由他，
> 具足如同如来，发此最上胜心。
> 佛子若始发生，如是妙宝胜心，

则超凡夫地位，入佛陀所行处，
生在如来之家，种族无有瑕玷，
与诸佛共平等，决成与上正觉。
才生如是妙心，即得入于初地，
志乐不可动摇，譬如大宝山王。
多喜悦多爱乐，亦复多生净信，
具极大勇猛心，及以欣庆跃心，
远离于斗诤心，无恼害及嗔恚，
具惭敬而质直，善能守护诸根。
救世无等比者，所有一切智慧，
此处我皆当得，忆念而生欢喜。
始得入于初地，即超五种怖畏，
不活死及恶名，恶趣大众威德。
以不贪着于我，及以于我所者，
是诸佛子众等，远离诸般怖畏。
常行于大慈悯，恒有净信恭敬，
惭愧功德渐备，日夜增长善法。
乐法真实利益，不爱受用诸欲，
思惟所闻法要，远离取着有行。
不贪于名利养，唯乐诸佛菩提，
一心求佛智慧，专精无有异念。
修行诸波罗蜜，远离谄媚虚诳，
如说而实修行，安住如实语中。
不污诸佛之家，不舍菩萨众戒，
不乐着于世事，恒常利益世间。
修善无有厌足，转求增胜大道，
如是好乐妙法，功德义得相应。
恒起大愿之心，愿见于诸佛陀，

护持诸佛法要，摄取大仙佛道。

常生如是弘愿，修行最胜妙行，

成熟诸群生众，严净诸佛国土。

一切诸佛刹土，佛子悉皆充满，

平等共同一心，所作皆得不空；

一切毛端之处，一时咸成正觉，

如是等众大愿，无量无有边际。

虚空及与众生，法界及涅槃境，

世间佛陀出兴，佛大智心境界。

"如来智慧所入，及以三转界尽，

彼诸众若有尽，我愿方始乃尽；

如彼无有尽期，我大愿亦复然。"

如是发此大愿，心极柔软调顺。

能信佛陀功德，观察于诸众生，

知从因缘而起，则兴大慈念心：

"如是苦恼众生，我今应为救脱。"

为是众生之故，而行种种布施，

王位及诸珍宝，乃至象马宝车，

头目及与手足，乃至身上血肉，

一切皆能舍弃，心得无有忧悔。

遍求种种经书，其心无有厌倦，

善解其中义趣，能随世智所行，

惭愧自为庄严，修行转更坚固，

供养无量诸佛，恭敬而极尊重。

如是常为修习，日夜无有懈倦，

善根转更明净，如火锻炼真金。

菩萨安住于此，清净修于十地，

所作无有障碍，具足永不断绝。

譬如有大商主，为利诸商人众，
问知道上险易，安稳至于大城。
菩萨住是初地，应知亦复如是，
勇猛无有障碍，而到于第十地。
住此初地之中，作此大功德王，
以法弘化众生，恶心无有损害。
统领阎浮提地，教化行靡不及，
皆令安住大舍，成就佛陀智慧。
欲求最上胜道，舍己国王之位，
能于佛陀教中，勇猛勤为修习，
则能得百三昧，及见百诸佛陀，
震动百佛世界，光照行亦复尔，
化百国土众生，入于百种法门，
能知百劫之事，示现化于百身，
及现百菩萨众，示以为其眷属。
若其自在愿力，过是无数无量。
我于初地义中，略述其中少分，
若欲广大分别，亿劫所不能尽。
菩萨最胜大道，能利益诸群生，
如是初地妙法，我今已略说竟。

【注释】

❶ 金刚藏菩萨为首，三十八位菩萨同以藏名，这乃是表示十地法门含摄众德、出生果用的意思。

❷ 苏利耶：意译作"日"。

❸ 始终：以教理为开始，以证得为终结。

❹ 法智：度化他人之后所得的智慧。

❺ 所谓初、中、后，则是以发心为初，修行为中，成佛为后。

❻ 指解脱相。

❼ 原经文为"法智通"，即观察一切法皆无自性，见到事理即舍其相，为自在业行所依靠的体性。

❽ 原经文为"神足通"，即自身能够自在变化示现生、住、灭、长、短种种相的作用。

❾ 原经文为"幻通"，即能够随意转变所有外在事项的作用。依着法智通，能不住着于世间；而依后二通，则能不住着于涅槃，自在教化。

❿ 尽句：晋代译为"不可尽法"。所谓"尽"，是指穷究无尽，都没有剩余，所以为尽无尽的意思。

⓫ 世间转：摄于前面所说的众生界、世界、虚空界三者。

⓬ 法转：摄于前面所说的法界、涅槃界、佛出现界三者。

⓭ 智转：摄于前面所说的如来智界、心所缘界、佛智所入境界三者。所谓转，乃是辗转摄前的意思，与无尽同义。

卷第三十五
十地品第二十六之二

【原典】

第二地❶

　　诸菩萨闻此，最胜微妙地，其心尽清净，一切皆欢喜。
　　皆从于座起，踊住虚空中，普散上妙华，同时共称赞：
　　善哉金刚藏！大智无畏者！善说于此地，菩萨所行法。
　　解脱月菩萨，知众心清净，乐闻第二地，所有诸行相，
　　即请金刚藏，大慧愿演说，佛子皆乐闻，所住第二地！

　　尔时，金刚藏菩萨告解脱月菩萨言："佛子！菩萨摩诃萨已修初地，欲入第二地，当起十种深心。何等为十？所谓正直心、柔软心、堪能心、调伏心、寂静心、纯善心、不杂心、无顾恋心、广心、大心。菩萨以此十心，得入第二离垢地。

　　"佛子！菩萨住离垢地，性自远离一切杀生，不畜刀杖，不怀怨恨，有惭有愧，仁恕具足，于一切众生有命之者，常生利益慈念之心。是菩萨尚不恶心恼诸众生，何况于他起众生想，故以重意而行杀害！性不偷盗，菩萨于自资财，常知止足，于他慈恕，不欲侵损。若物属他，起他物想，

终不于此而生盗心，乃至草叶不与不取，何况其余资生之具！性不邪淫，菩萨于自妻知足，不求他妻，于他妻妾、他所护女、亲族媒定及为法所护，尚不生于贪染之心，何况从事！况于非道！性不妄语，菩萨常作实语、真语、时语，乃至梦中亦不忍作覆藏之语，无心欲作，何况故犯！性不两舌，菩萨于诸众生无离间心、无恼害心，不将此语为破彼故而向彼说，不将彼语为破此故而向此说，未破者不令破，已破者不增长，不喜离间，不乐离间，不作离间语，不说离间语，若实、若不实。性不恶口，所谓毒害语、粗犷语、苦他语、令他嗔恨语、现前语、不现前语、鄙恶语、庸贱语、不可乐闻语、闻者不悦语、嗔忿语、如火烧心语、怨结语、热恼语、不可爱语、不可乐语、能坏自身他身语，如是等语皆悉舍离，常作润泽语、柔软语、悦意语、可乐闻语、闻者喜悦语、善入人心语、风雅典则语、多人爱乐语、多人悦乐语、身心踊悦语。性不绮语，菩萨常乐思审语、时语、实语、义语、法语、顺道理语、巧调伏语、随时筹量决定语，是菩萨乃至戏笑尚恒思审，何况故出散乱之言！性不贪欲，菩萨于他财物、他所资用，不生贪心，不愿不求。性离嗔恚，菩萨于一切众生恒起慈心、利益心、哀愍心、欢喜心、和润心、摄受心，永舍嗔恨、怨害、热恼，常思顺行，仁慈佑益。又离邪见，菩萨住于正道，不行占卜，不取恶戒，心见正直，无诳无谄，于佛、法、僧起决定信。

"佛子！菩萨摩诃萨如是护持十善业道，常无间断，复作是念：'一切众生堕恶趣者，莫不皆以十不善业，是故我当自修正行，亦劝于他，令修正行。何以故？若自不能修行正行，令他修者，无有是处。'佛子！此菩萨摩诃萨复作是念：'十不善业道，是地狱、畜生、饿鬼受生因。十善业道，是人、天乃至有顶处受生因。又此上品十善业道，以智慧修习，心狭劣故，怖三界故，阙大悲故，从他闻声而解了故，成声闻乘。又此上品十善业道，修治清净，不从他教，自觉悟故，大悲方便不具足故，悟解甚深因缘法故，成独觉乘。又此上品十善业道，修治清净，心广无量故，具足悲愍故，方便所摄故，发生大愿故，不舍众生故，希求诸佛大智故，净治菩萨诸地故，净修一切诸度故，成菩萨广大行。又此上品❷十善业道一切种清净故，乃

至证十力、四无畏故，一切佛法皆得成就。是故我今等行十善，应令一切具足清净，如是方便，菩萨当学。'

"佛子！此菩萨摩诃萨又作是念：'十不善业道，上者地狱因，中者畜生因，下者饿鬼因。于中，杀生之罪能令众生堕于地狱、畜生、饿鬼。若生人中，得二种果报，一者短命，二者多病。偷盗之罪亦令众生堕三恶道。若生人中，得二种果报，一者贫穷，二者共财不得自在。邪淫之罪亦令众生堕三恶道。若生人中，得二种果报，一者妻不贞良，二者不得随意眷属。妄语之罪亦令众生堕三恶道。若生人中，得二种果报，一者多被诽谤，二者为他所诳。两舌之罪亦令众生堕三恶道。若生人中，得二种果报，一者眷属乖离，二者亲族毙恶。恶口之罪亦令众生堕三恶道。若生人中，得二种果报，一者常闻恶声，二者言多诤讼。绮语之罪亦令众生堕三恶道。若生人中，得二种果报，一者言无人受，二者语不明了。贪欲之罪亦令众生堕三恶道。若生人中，得二种果报，一者心不知足，二者多欲无厌。嗔恚之罪亦令众生堕三恶道。若生人中，得二种果报，一者常被他人求其长短，二者恒被于他之所恼害。邪见之罪亦令众生堕三恶道。若生人中，得二种果报，一者生邪见家，二者其心谄曲。'佛子！十不善业道能生此等无量无边众大苦聚，是故菩萨作如是念：'我当远离十不善道，以十善道为法园苑，爱乐安住，自住其中，亦劝他人令住其中。'

"佛子！此菩萨摩诃萨复于一切众生生利益心、安乐心、慈心、悲心、怜愍心、摄受心、守护心、自己心、师心、大师心，作是念言：'众生可愍，堕于邪见、恶慧、恶欲、恶道稠林。我应令彼住于正见，行真实道。'又作是念：'一切众生分别彼我，互相破坏，斗诤嗔恨，炽然不息。我当令彼住于无上大慈之中。'又作是念：'一切众生贪取无厌，唯求财利，邪命自活。我当令彼住于清净身、语、意业正命法中。'又作是念：'一切众生常随三毒，种种烦恼因之炽然，不解志求出要方便。我当令彼除灭一切烦恼大火，安置清凉涅槃之处。'又作是念：'一切众生为愚痴重暗、妄见厚膜之所覆故，入阴翳稠林，失智慧光明，行旷野险道，起诸恶见。我当令彼得无障碍清净智眼，知一切法如实相，不随他教。'又作是念：'一切众生在于生死险道之中，将堕地狱、畜生、饿鬼，入恶见网中，为愚痴稠林所迷，随逐邪道，行颠倒行。譬如盲人无有导师，非出要道谓为出要，入魔境界，恶贼所摄，随顺魔心，远离佛意。我当拔出如是险难，令住无畏一切智城。'又作是念：'一切众生为大瀑水波浪所没，入欲流、有流、无明流、见流，生死洄澓，爱河漂转，湍驰奔激，不暇观察。为欲觉、恚觉、害觉随逐不舍，身见罗刹于中执取，将其永入爱欲稠林。于所贪爱深生染著，住我慢原阜，安六处聚落，无善救者，无能度者。我当于彼起大悲心，以诸善根而为救济，令无灾患，离染寂静，住于一切智慧宝洲。'又作是念：'一切众生处世牢狱，多诸苦恼，常怀爱憎，自生忧怖，贪欲重械之所系缚，无明稠林以为覆障，于三界内莫能自出。我当令彼永离三有，住无障碍大涅槃中。'又作是念：'一切众生执著于我，于诸蕴窟宅不求出离，依六处空聚，起四颠倒行，为四大毒蛇之所侵恼，五蕴冤贼之所杀害，受无量苦。我当令彼住于最胜无所著处，所谓灭一切障碍无上涅槃。'又作是念：'一切众生其心狭劣，不行最上一切智道，虽欲出离，但乐声闻、辟支佛乘，我当令住广大佛法、广大智慧。'佛子！菩萨如是护持于戒，善能增长慈悲之心。

"佛子！菩萨住此离垢地，以愿力故，得见多佛。所谓见多百佛、多千佛、多百千佛、多亿佛、多百亿佛、多千亿佛、多百千亿佛，如是乃至见多百千亿那由他佛。于诸佛所，以广大心、深心，恭敬尊重，承事供养，衣服、饮食、卧具、医药，一切资生悉以奉施，亦以供养一切众僧，以此善根回向阿耨多罗三藐三菩提。于诸佛所，以尊重心，复更受行十善道法，随其所受，乃至菩提，终不忘失。是菩萨于无量百千亿那由他劫，远离悭嫉破戒垢故，布施、持戒清净满足。譬如真金置矾石中，如法炼已，离一切垢，转复明净。菩萨住此离垢地，亦复如是，于无量百千亿那由他劫，远离悭嫉破戒垢故，布施、持戒清净满足。佛子！此菩萨四摄法中爱语偏多，十波罗蜜中持戒偏多，余非不行，但随力随分。

"佛子！是名略说菩萨摩诃萨第二离垢地。菩萨住此地，多作转轮圣王，为大法主，具足七宝，有自在力，能除一切众生悭贪破戒垢，以善方便令其安住十善道中，为大施主，周给无尽。布施、爱语、利行、同事，如是一切诸所作业，皆不离念佛，不离念法，不离念僧，乃至不离念具足一切种、一切智智。又作是念："我当于一切众生中为首、为胜、为殊胜、为妙、为微妙、为上、为无上，乃至为一切智智依止者。"是菩萨若欲舍家，于佛法中勤行精进，便能舍家、妻子、五欲。既出家已，勤行精进，于一念顷，得千三昧，得见千佛，知千佛神力，能动千世界，乃至能示现千身，于一一身能示现千菩萨以为眷属；若以菩萨殊胜愿力自在示现，过于是数，百劫、千劫乃至百千亿那由他劫不能数知。"

尔时，金刚藏菩萨欲重宣其义，而说颂曰：

质直柔软及堪能，调伏寂静与纯善，速出生死广大意，以此十心入二地。

住此成就戒功德，远离杀生不恼害，亦离偷盗及邪淫，妄恶乖离无义语。

不贪财物常慈愍，正道直心无谄伪，离险舍慢极调柔，依教而行不放逸。

地狱畜生受众苦，饿鬼烧然出猛焰，一切皆由罪所致，我当离彼住实法。

人中随意得受生，乃至顶天禅定乐，独觉声闻佛乘道，皆因十善而成就。

如是思惟不放逸，自持净戒教他护，复见群生受众苦，转更增益大悲心。

凡愚邪智不正解，常怀忿恨多诤讼，贪求境界无足期，我应令彼除三毒。

愚痴大暗所缠覆，入大险道邪见网，生死笼槛怨所拘，我应令彼摧魔贼。

四流漂荡心没溺，三界焚烧❸苦无量，计蕴为宅我在中，为欲度彼勤行道。

设求出离心下劣，舍于最上佛智慧，我欲令彼住大乘，发勤精进无厌足。

菩萨住此集功德，见无量佛咸供养，亿劫修治善更明，如以好药炼真金。

佛子住此作轮王，普化众生行十善，所有善法皆修习，为成十力救于世。

欲舍王位及财宝，即弃居家依佛教，勇猛精勤一念中，获千三昧见千佛。

所有种种神通力，此地菩萨皆能现，愿力所作复过此，无量自在度群生。

一切世间利益者，所修菩萨最胜行，如是第二地功德，为诸佛子已开演。

第三地

佛子得闻此地行，菩萨境界难思议，靡不恭敬心欢喜，散华空中为供养，

赞言善哉大山王，慈心愍念诸众生，善说智者律仪法，第二地中之行相。

是诸菩萨微妙行，真实无异无差别，为欲利益诸群生，如是演说最清净。

一切人天供养者，愿为演说第三地，与法相应诸智业，如其境界希具阐！

大仙所有施戒法，忍辱精进禅智慧，及以方便慈悲道，佛清净行愿皆说！

时解脱月复请言：无畏大士金刚藏，愿说趣入第三地，柔和心者诸功德！

尔时，金刚藏菩萨告解脱月菩萨言："佛子！菩萨摩诃萨已净第二地，

欲入第三地，当起十种深心。何等为十？所谓清净心、安住心、厌舍心、离贪心、不退心、坚固心、明盛心、勇猛心、广心、大心。菩萨以是十心，得入第三地。

"佛子！菩萨摩诃萨住第三地已，观一切有为法如实相。所谓无常、苦、不净、不安隐，败坏、不久住，刹那生灭，非从前际生，非向后际去，非于现在住。又观此法无救、无依，与忧、与悲，苦恼同住，爱憎所系，愁戚转多，无有停积，贪、恚、痴火炽然不息，众患所缠，日夜增长，如幻不实。见如是已，于一切有为倍增厌离，趣佛智慧，见佛智慧不可思议、无等无量、难得无杂、无恼、无忧，至无畏城，不复退还，能救无量苦难众生。菩萨如是见如来智慧无量利益，见一切有为无量过患，则于一切众生生十种哀愍心。何等为十？所谓见诸众生孤独无依，生哀愍心；见诸众生贫穷困乏，生哀愍心；见诸众生三毒火然，生哀愍心；见诸众生诸有牢狱之所禁闭，生哀愍心；见诸众生烦恼稠林恒所覆障，生哀愍心；见诸众生不善观察，生哀愍心；见诸众生无善法欲，生哀愍心；见诸众生失诸佛法，生哀愍心；见诸众生随生死流，生哀愍心；见诸众生失解脱方便，生哀愍心。是为十。菩萨如是见众生界无量苦恼，发大精进，作是念言：'此等众生，我应救，我应脱，我应净，我应度，应著善处，应令安住，应令欢喜，应令知见，应令调伏，应令涅槃。'菩萨如是厌离一切有为，如是愍念一切众生，知一切智智有胜利益，欲依如来智慧救度众生，作是思惟：'此诸众生堕在烦恼大苦之中，以何方便而能拔济，令住究竟涅槃之乐？'便作是念：'欲度众生令住涅槃，不离无障碍解脱智；无障碍解脱智，不离一切法如实觉；一切法如实觉，不离无行无生行慧光；无行无生行慧光，不离禅善巧决定观察智；禅善巧决定观察智，不离善巧多闻。'菩萨如是观察了知已，倍于正法勤求修习，日夜唯愿闻法、喜法、乐法、依法、随法、解法、顺法、到法、住法、行法。菩萨如是勤求佛法，所有珍财皆无吝惜，不见有物难得可重，但于能说佛法之人生难遭想。是故，菩萨于内外财，为求佛法悉能舍施。无有恭敬而不能行，无有骄慢而不能舍，无有承事而不能作，无有勤苦而不能受。若闻一句未曾闻法，生大欢喜，胜得三千大千世界满中珍宝。若闻一偈未闻正法，生大欢喜，胜得转轮圣王位。若得一偈未曾闻法，能净菩萨行，胜得帝释梵王位住无量百千劫。若有人言：'我有一句佛所说法，能净菩萨行。汝今若能入大火坑❹，受极大苦，当以相与。'菩萨尔时作如是念：'我以一句佛所说法，净菩萨行故，假使三千大千世界大火满中，尚欲从于梵天之上投身而下，亲自受取，况小火坑*而不能入！然我今者为求佛法，应受一切地狱众苦，何况人中诸小苦恼！'菩萨如是发勤精进求于佛法，如其所闻观察修行。此菩萨得闻法已，摄心安住，于空闲处作是思惟：'如说修行乃得佛法，非但口言而可清净。'

"佛子！是菩萨住此发光地时，即离欲恶不善法，有觉有观，离生喜乐，住初禅。灭觉观，内净一心，无觉无观，定生喜乐，住第二禅。离喜住舍，有念正知，身受乐，诸圣所说能舍有念受乐，住第三禅。断乐先除，苦喜忧灭，不苦不乐，舍念清净，住第四禅；超一切色想，灭有对想，不念种种想，入无边虚空，住虚空无边处。超一切虚空无边处，入无边识，住识无边处。超一切识无边处，入无少所有，住无所有处。超一切无所有处，住非有想非无想处。但随顺法故，行而无所乐著。

"佛子！此菩萨心随于慈，广大无量不二，无怨无对，无障无恼，遍至一切处，尽法界、虚空界，遍一切世间，住悲、喜、舍亦复如是。

"佛子！此菩萨得无量神通力，能动大地，以一身为多身，多身为一身，或隐或显。石壁山障，所往无碍，犹如虚空。于虚空中跏趺而去，同于飞鸟。入地如水，履水如地。身出烟焰，如大火聚。复雨于水，犹如大云。日月在空，有大威力而能以手扪摸摩触，其身自在，乃至梵世。此菩萨天耳清净，过于人耳，悉闻人、天若近若远所有音声，乃至蚊蚋、虻蝇等声亦悉能闻。此菩萨以他心智，如实而知他众生心。所谓有贪心，如实知有贪心；离贪心，如实知离贪心；有嗔心、离嗔心，有痴心、离痴心，有烦恼心、无烦恼心，小心、广心、大心、无量心，略心、非略心，散心、非散心，定心、非定心，解脱心、非解脱心，有上心、无上心，杂染心、非杂染心，广心、非广心，皆如实知。菩萨如是以他心智知众生心。此菩萨念知无量宿命差别，所谓念知一生，念知二生、三生、四生，乃至十生、

二十、三十，乃至百生、无量百生、无量千生、无量百千生，成劫、坏劫、成坏劫、无量成坏劫，我曾在某处，如是名，如是姓，如是种族，如是饮食，如是寿命，如是久住，如是苦乐。我于彼死，生于某处，从某处死，生于此处，如是形状，如是相貌，如是言音，如是过去，无量差别，皆能忆念。此菩萨天眼清净，过于人眼，见诸众生生时、死时、好色、恶色、善趣、恶趣，随业而去。若彼众生成就身恶行，成就语恶行，成就意恶行，诽谤贤圣，具足邪见，及邪见业因缘，身坏命终，必堕恶趣，生地狱中。若彼众生成就身善行，成就语善行，成就意善行，不谤贤圣，具足正见，正见业因缘，身坏命终，必生善趣诸天之中。菩萨天眼皆如实知。此菩萨于诸禅三昧、三摩钵底能入能出，然不随其力受生，但随能满菩提分处，以意愿力而生其中。

"佛子！是菩萨住此发光地，以愿力故，得见多佛。所谓见多百佛，见多千佛，见多百千佛，乃至见多百千亿那由他佛。悉以广大心、深心、恭敬尊重，承事供养，衣服、饮食、卧具、汤药，一切资生，悉以奉施，亦以供养一切众僧，以此善根回向阿耨多罗三藐三菩提。于其佛所，恭敬听法，闻已受持，随力修行。此菩萨观一切法，不生不灭，因缘而有，见缚先灭，一切欲缚、色缚、有缚、无明缚皆转微薄。于无量百千亿那由他劫不积集故，邪贪、邪嗔及以邪痴，悉得除断，所有善根转更明净。佛子！譬如真金善巧炼治，秤❺两不减，转更明净。菩萨亦复如是，住此发光地，不积集故，邪贪、邪嗔及以邪痴，皆得除断，所有善根转更明净。此菩萨忍辱心、柔和心、谐顺心、悦美心、不嗔心、不动心、不浊心、无高下心、不望报心、报恩心、不谄心、不诳心、无谄诳心，皆转清净。此菩萨于四摄中，利行偏多，十波罗蜜中，忍波罗蜜偏多，余非不修，但随力随分。

"佛子！是名菩萨第三发光地。菩萨住此地，多作三十三天王，能以方便，令诸众生舍离贪欲。布施、爱语、利行、同事，如是一切诸所作业，皆不离念佛，不离念法，不离念僧，乃至不离念具足一切种、一切智智。复作是念：'我当于一切众生中为首、为胜、为殊胜、为妙、为微妙、为上、为无上，乃至为一切智智依止者。'若勤行精进，于一念顷，得百千三昧，得见百千佛，知百千佛神力，能动百千佛世界，乃至示现百千身，一一身百千菩萨以为眷属。若以菩萨殊胜愿力自在示现，过于此数，百劫、千劫乃至百千亿那由他劫不能数知。"

尔时，金刚藏菩萨欲重宣其义，而说颂曰：

清净安住明盛心，厌离无贪无害心，坚固勇猛广大心，智者以此入三地。

菩萨住此发光地，观诸行法苦无常，不净败坏速归灭，无坚无住无来往。

观诸有为如重病，忧悲苦恼惑所缠，三毒猛火恒炽然，无始时来不休息。

厌离三有不贪著，专求佛智无异念，难测难思无等伦，无量无边无逼恼。

见佛智已愍众生，孤独无依无救护，三毒炽然常困之，住诸有狱恒受苦，

烦恼缠覆盲无目，志乐下劣丧法宝，随顺生死怖涅槃，我应救彼勤精进。

将求智慧益众生，思何方便令解脱？不离如来无碍智，彼复无生慧所起。

心念此慧从闻得，如是思惟自勤励，日夜听习无间然，唯以正法为尊重。

国城财贝诸珍宝，妻子眷属及王位，菩萨为法起敬心，如是一切皆能舍。

头目耳鼻舌牙齿，手足骨髓心血肉，此等皆舍未为难，但以闻法为最难。

设有人来语菩萨："孰能投身大火聚，我当与汝佛法宝！"闻已投之无怯惧。

假使火满三千界，身从梵世而投入，为求法故不为难，况复人间

诸小苦！

从初发意至得佛，其间所有阿鼻苦，为闻法故皆能受，何况人中诸苦事！

闻已如理正思惟，获得四禅无色定，四等五通次第起，不随其力而受生。

菩萨住此见多佛，供养听闻心决定，断诸邪惑转清净，如炼真金体无减。

住此多作忉利王，化导无量诸天众，令舍贪心住善道，一向专求佛功德。

佛子住此勤精进，百千三昧皆具足，见百千佛相严身，若以愿力复过是。

一切众生普利益，彼诸菩萨最上行，如是所有第三地，我依其义已解释。

注释

❶ 大正本原无"第二地"三字，今依前后文意增之。

❷ "品"，大正本原作"上"，今依前后文意改之。

❸ "烧"，大正本原作"如"，今依宫本改之。

❹ "坑"（＊），大正本原作"阮"，今依宫本改之。

❺ "秤"，大正本原作"称"，今依三本及宫本改之。

【白话语译】

第二地

❶诸菩萨众闻此，最胜微妙境地，

其心尽皆清净，一切皆悉欢喜。

皆从座上而起，踊住虚空之中，

普散上妙天华，同时共称礼赞：

善哉大金刚藏！大智具无畏者！

善说于此妙地，菩萨所行法相。

有解脱月菩萨，了知众心清净，

乐闻第二妙地，所有诸法行相。

即恭请金刚藏：大智慧愿演说，

佛子皆欲乐闻，所住第二妙地。

这时，金刚藏菩萨告诉解脱月菩萨说："佛子啊！菩萨摩诃萨在初地已经修行圆满，要入第二地时，应当发起十种深心。是哪十种深心呢？一，正直的心❷；二，忍辱柔软的心；三，性善而持戒自在的堪能心；四，调伏五根而不犯戒的调伏心；五，戒行成就而离开罪过的寂静心；六，纯善的心；七，不杂的心❸；八，无顾恋的心❹；九，广心❺；十，大心❻。菩萨以这十种深心，得以进入第二离垢地。

"佛子啊！菩萨安住在离垢地时，不会杀生，也不会畜收刀剑木杖等凶器，不怀怨恨，心中常念惭与愧，仁慈宽恕，对一切有情众生，常心生利益与慈悲眷念。这位菩萨尚且不会恶意恼害众生，更别说是生起众生想，而蓄意杀害众生！

"菩萨的本性不作偷盗，对自己的资粮财富，可说是少欲知足；慈悲宽恕地对待他人，不曾侵害损毁。如果这个物品是别人的，就会心想这是他人的物品，始终不会心生偷盗；甚至对于一草一叶，若不是他人给予也不敢私自取用，更别说其余资助生活的用具！

"菩萨的本性纯正，没有邪淫的念头，能够知足于自己的妻子，不会对他人之妻有任何的希求，至于他人的妻妾、他人所保护的女性、被亲族媒订婚约以及律法所保护的女性，也都不会心生贪念染着，更别说是做不合正道的行为！

"菩萨的本性不作妄语，常说实在的话、真确的话、适切的话，乃至于在梦中都不忍作有所隐藏的语言。这些话他想都没想到，更何况故意去说？

"菩萨的本性不作两舌❼，对于一切众生都心无离间、心无恼害，他不会为了破坏别人，离间别人，而故意说人是非；也不会为了要破坏这些人，而拿他人的话来离间挑拨；若其关系尚未破坏，就不令他们破坏；若已有破坏，就不会让关系更恶劣。菩萨不喜离间他人，也不乐离间他人；他不造作离间的话语，也不说离间的话语，不管是事实，还是虚构的事情。

"菩萨的本性不作恶口，所谓的恶口就是毒害的言语、粗犷的言语、挖苦他人的言语、令人嗔恨的言语、在他人面前搬弄是非的言语、在他人背后搬弄是非的言语、鄙恶不逊的言语、没有家教庸贱的言语、让人不乐听闻的言语、使听到的人不高兴的言语、嗔恨忿怒的言语、听了如火烧心的言语、会与他人结怨的言语、烦热苦恼的言语、不可爱的言语、让他人不乐的言语、会损坏自己以及别人的言语。对于如此等等的言语都舍弃远离，而常常说润泽的言语、柔软的言语、令人心意愉悦的言语、令闻者快乐的言语、令闻者喜悦的言语、善体人意的言语、引经据典又优雅的言语、让多人喜爱悦乐的言语、让多人喜悦快乐的言语、令人身心愉悦的言语。

"菩萨的本性不作绮语❽，常乐于说深思熟虑的言语、应时的言语、实在的言语、有意义的言语、如法的言语、顺着正道的言语、善巧调伏众生的言语、当机立断的言语。菩萨甚至游戏嬉笑之时，都恒常思考审虑所说的话语，更别说是故意说出散乱的言语！

"菩萨的本性不贪，对别人的财物，别人赖以维生的资具，都不会想据为己有，也不会向人求取。

"菩萨又远离嗔恚，对于一切众生恒常生起慈悲的心、利益的心、哀悯的心、欢喜的心、和润的心、摄受的心，永远舍弃嗔恨、怨害、热恼，常常随顺众生的行为，仁慈护佑，利益众生。

"菩萨又远离邪见，安住正道，不会从事算命卜卦，不会执取外道的恶戒。他的心地正直，不诳语，不谄媚，对佛、法、僧的信心决定不疑。

"佛子啊！菩萨摩诃萨如此护持十种善业道，恒常无有间断，而又心想：'一切众生若堕入恶道，都是因为造了十不善业。所以我自己应先修持正行，也劝他人修正行。为什么呢？因为若自己不能修持正行，而要求他人修的话，这是没有道理的。'

"佛子啊！这位菩萨摩诃萨又心想：'十种不善业道，是地狱、畜生、饿鬼受生的原因；而十种善业道，是人界、天界乃至于色界最高天界之有顶处受生的原因。又这些上品十种善业道，如果是以智慧来修习，但是因为愿心狭小低劣，或因为畏惧生于欲界、色界、无色界三界，或因为欠缺大悲，或因为从听闻别人说法而了解佛法，所以只能成为声闻乘的修行人。又有些人，在这些上品的十种善业道上，修治清净，不必依从他人教导，而能自我觉悟，所以就成为独觉乘的修行人。又有些人，在这些上品的十种善业道上，修治清净，因为心量广大，又具足慈悲哀悯，又方便摄受，又发起大愿，又不舍离众生，又希望求得诸佛大智，又清净治理菩萨诸地，又清净修行一切菩萨的六度波罗蜜，所以能成就菩萨广大的修行。又有些人，在这些上品的十种善业道上，因为一切种性清净，乃至于证得佛陀的十力、四无所畏，所以一切佛法都得以成就。因此，我现在平等修行十种善业道，应当令一切具足清净。如此的方便法门，菩萨应当学习。'

"佛子啊！这位菩萨摩诃萨心里又想：'对于十种不善业道，上者受生地狱，中者受生畜生，下者受生饿鬼。在这些事中，杀生会使众生堕于地狱、畜生、饿鬼三恶道；如果出生为人，则会得到两种果报，一是短命，二会多病。偷盗之罪也会让众生堕入三恶道；如果出生为人，则会得到两种果报，一是贫穷，二是没有自己的财物。邪淫之罪也会让众生堕入三恶道，如果出生为人，则会得到两种果报，一是自己的妻子不贞良，二是得不到随顺自己心意的眷属。妄语之罪也会让众生堕入三恶道；如果出生为人，则会得到两种果报，一是常为他人所诽谤，二是常受他人欺诳。两舌之罪也会让众生堕入三恶道；如果出生为人，则会得到两种果报，一是眷属远离，二是亲族弊劣邪恶。恶口之罪也会让众生堕入三恶道；如果出生为人，则会得到两种果报，一是常听到不悦耳的声音，二是所言多为他人争议或诉讼。绮语之罪也会让众生堕入三恶道；如果出生为人，则会得到两种果报，一是所说的话没有人会接受，二是所说的话不能使他人明了。贪欲之罪也会让众生堕入三恶道；如果出生为人，则会得到两种果报，一是心不知足，二是欲望多得无法满足。嗔恚之罪也会让众生堕入三恶道；如果出生为人，则会得到两种果报，一是时常为他人苛求，二是时常为他人所惹恼而痛苦。邪见之罪也会让众生堕入三恶道；若出生为人，则会得到两种果报，一是生在邪见的家庭，二是生来便心地不正。'

"佛子啊！十种不善业道是生出这些无量无边痛苦的深渊，所以菩萨作如是念：'我应当远离十种不善道，以十善道为正法的园苑，欢喜快乐地安住其中；不但自己得以安住，也劝请他人安住其中。'

"佛子啊！这位菩萨摩诃萨又为一切众生出生了利益心、安乐心、慈心、悲心、怜悯心、摄受心、守护心、宛如自己的心、成为导师的心、成为大师的心。

"菩萨心里想：'众生实在令人哀悯，堕入错误的见解、不正当的聪慧、不正当的欲望、像稠林般众多的恶道。我应当使他们安住正见，修行真实的佛道。'又生心念：'一切的众生分别你我，互相破坏，斗诤嗔恨，炽然不断。我应当让他们安住在无上的大慈。'又生心念：'一切众生贪得无厌，为了求取财富利益，以不正当的行为谋生。我应当让他们安住在清净的身、语、意三业，而以正当的行业生活。'又生心念：'一切众生常因为三毒而出生种种烦恼，不了解也不寻求出离世间的解脱方法。我应当使他们消除一切的烦恼大火，安置他们在清凉涅槃处。'又生心念：'一切众生因为被重重的愚痴黑暗，以及妄见的厚膜所覆盖，所以误入阴暗的密林，失去了光明智慧，走在旷野的危险道路上，心生种种邪恶之见。我应当使他们得到无障碍的清净智眼，了知一切法的如实相状，不再依随其他邪恶的教导。'又生心念：'一切众生在生死的险道，将会堕入地狱、畜生、饿鬼之道，进入邪见的罗网，被愚痴的密林所迷惑，随顺追逐邪道，行颠倒行。就譬如盲人没有引导者，把不是出离的要道当成是出离的要道，而进入众魔的境界，被恶贼所摄受，随顺恶魔的心意，而远离了佛的教诲。我应当救拔众生出离如此的危险苦难，使他们安住在无畏的一切智城。'又生心念：'一切众生被大瀑流水的波浪所淹没，在五欲之流、生命存有之流、无明之流、邪见之流当中流转不已，在生死流转之中往复循环，在爱欲河流中漂流轮转，在湍急的大水中飞驰奔腾，没有时间观察生命实相。他们被五欲的感觉、嗔恚的感觉、伤害的感觉随逐不舍，犹如有罗刹恶鬼群执取身体，将他们带入爱欲的密林。他们深生染着贪爱，居住在我慢形成的高山，安立眼、耳、鼻、舌、身、意六个烦恼生起的聚落；但却没有人能够善巧救护他们，也没有人能够度脱他们。我应当心生大悲，用种种善根救济他们，使他们没有灾难，远离杂染，回归寂静，安住一切智慧宝洲。'又生心念：'一切众生处在世间的牢狱，苦恼无尽，常常心怀爱憎，无端地生出忧虑恐怖，被贪欲的枷锁系缚，又被无明的密林覆盖障碍，沉沦三界而不能自行出离。我应当使他们永远离开欲界、色界、无色界等三有境界，安住在无障碍的大涅槃。'又生心念：'一切众生执着于我这个个体，不求出离诸蕴形成的窟宅，依止眼、耳、鼻、舌、身、意六个烦恼生起的根源，把不净认为净，把苦认为乐，把无我认为我，把无常认为恒常，更被地、水、火、风四大的毒蛇所侵恼，更被色、受、想、行、识五蕴的怨贼所杀害，受无量苦。我应当让他们安住在最殊胜的无所着处所，这个无执着的境界就是灭除一切障碍的无上涅槃。'又生心念：'众生的心量狭小恶劣，不修行最上的一切智道，虽然想要出离，但却乐着于声闻、辟支佛乘。我应当使他们安住在广大的佛法、广大的智慧中。'

"佛子啊！菩萨如此地护持戒律，并且精勤增长慈悲之心。

"佛子啊！菩萨安住在这个离垢地，因为过去发起的愿力，使他得以见到很多位佛。也就是见到数百位佛陀、数千位佛、数百千位佛、数亿位佛、数百亿位佛、数千亿位佛、数百千亿位佛，乃至见到数百千亿那由他位佛。凡是诸佛所在之处，他都以广大心、深心，恭敬尊重，承事供养。不管是衣服、饮食、卧具、医药，一切赖以维生的物资，他都完全奉献布施诸佛，也用这些供养一切僧众，而将这些喜根回向无上正等正觉。他尊重诸佛，受持奉行十善道法；从受持之时起，一直到证得菩提，都不会遗忘退失。

"这位菩萨在无量百千亿那由他劫中，始终远离吝啬、嫉妒、破戒，因此得以清净圆满布施、持戒。就譬如真金放在矾石中，如法炼就之后，就能去除一切的垢染，变得更为明净。菩萨安住在这个离垢地也是如此，因为他在无量的百千亿那由他劫中，远离吝啬、嫉妒、破戒，所以得以清净圆满布施与持戒。

"佛子啊！这位菩萨在修布施、爱语、利行、同事等四摄法时，偏重修持爱语；在十波罗蜜中，偏重持戒；其他的法门并非不修，只是随着能力、随着因缘而行。

"佛子啊！这是简略地说明菩萨摩诃萨的第二地——离垢地。

"菩萨安住此地时，多作转轮圣王，成为大法王，具足七宝，威力自在，能除去众生吝啬、贪着、破戒的心垢；能用善巧方便，安住众生于十善道。他又成为大布施主，布施一切而没有穷尽。他努力实践布施、爱语、利行、同事，如此一切善业，都不离念佛，不离念法，不离念僧，乃至于不离忆念具足一切种智、一切智智。他心里想：'我应当终一切众生当中为首，为胜，为殊胜，为妙，为微妙，为上，为无上，乃至于成为一切智智所依止者。'

"这位菩萨如果要舍离居家生活，勤奋修行佛法，便能舍离家业、妻子、五欲。出家之后，更全心精进修行，能在一念当中得证千种三昧，得以见到千位佛，了知千位佛的神力，又能震动千个世界，乃至于能示现千个化身，而每一个化身都能示现千位菩萨作为眷属。如果菩萨能用殊胜的显力自在示现，则所证的三昧、所见的佛陀等，都将超过这些数量，即使以百劫、千劫乃至于百千亿那由他劫的时间来计算，都无法尽知。"

这时，金刚藏菩萨摩诃萨想复述刚才所说的义理，而宣说出以下的偈颂：

质直柔软及堪能心，调伏寂静与心纯善，
速出生死广大意念，以此十心能入二地。
住此成就持戒功德，远离杀生及不恼害，
亦离偷盗及诸邪淫，妄恶乖离无义之语。
不贪财物常行慈悯，正道质直心无谄伪，
离险舍慢心极调柔，依教而行无有放逸。
地狱畜生广受众苦，饿鬼烧然口出猛焰，
一切皆向罪业所致，我当离彼安住实法。
人中随意皆得受生，乃至顶天禅定大乐，
独觉声闻佛大乘道，皆因十喜而得成就。
如是思惟心不放逸，自持净戒教他护守，
复见群生受诸众苦，转更增益大慈悲心。
凡愚邪智无有正解，常怀忿恨多所诤讼，
贪求境界无厌足期，我应令彼除此三毒。
愚痴大暗之所缠覆，入大险道堕邪见网，
生死笼槛怨恨所拘，我应令彼摧除魔贼。
四流漂荡心沉没溺，三界焚烧如苦无量，
计蕴为宅我在其中，为欲度彼勤行智道。
设求出离心极下劣，舍于最上佛陀智慧，
我欲令彼安住大乘，发勤精进无有厌足。
菩萨住此集诸功德，见无量佛咸皆供养，
亿劫修治喜心更明，如以好药锻炼真金。
佛子住此作转轮王，普化众生广行十喜，
所有善法皆悉修习，为成十力救于世间。

欲舍王位及诸财宝，即弃居家依于佛教，

勇猛精勤于一念中，获千三昧得见千佛。

所有种种神通大力，此地菩萨皆能示现，

愿力所作复过于此，无量自在度诸群生。

一切世间大利益者，所修菩萨最上胜行，

如是第二地中功德，为诸佛子略已开演。

第三地

❾佛子得闻此地胜行，菩萨境界难可思议，

靡不恭敬心生欢喜，散华空中普为供养。

赞言喜哉大宝山王，慈心悯念诸般众生，

喜说智者律仪法要，第二地中之所行相。

是诸菩萨微妙上行，真实无异无有差别，

为欲利益诸群生众，如是演说最上清净。

一切人天所供养者，愿为演说第三地法，

与法相应诸智慧业，如其境界希具阐述！

大仙所有施戒大法，忍辱精进禅定智慧，

及以方便慈悲大道，佛清净行普显皆说！

时解脱月更复请言：无畏大士金则藏者，

愿说趣入第三地法，柔和心者诸般功德！

这时，金刚藏菩萨告诉解脱月菩萨说："佛子啊！菩萨摩诃萨清净圆满第二地，要进入第三地时，应发起十种深心。是哪十种呢？就是所谓的：一，清净的心；二，安住的心；三，厌舍贪染的心；四，离贪的心；五，不退的心；六，坚固的心❿；七，光明炽盛的心⓫；八，勇猛的心⓬；九，广心；十，大心。菩萨以这十种深心，得以进入第三地。

"佛子啊！菩萨摩诃萨安住在第三地之后，观察一切有为法⓭的如实相状，这些真实的相状就是所有的现象都是无常、苦、不净、不安稳，败坏而不能恒久安住，每一个刹那都不断生灭变幻，不是从过去出生，也不是前去未来，也不是止住当下。菩萨又观察一切的有为法，都不能救度众生，不能为众生所依靠，只有让众生更加忧愁、悲凄，让众生与苦恼共同止住，使生命为喜爱与怨憎所击缚，哀愁悲戚愈来愈多，没有停止积聚苦恼的时候。又贪欲、嗔恚、愚痴的大火炽然不息，各种纠缠的苦患日夜不断增长，如幻不实。看到这种情形，他对一切有为境界更感厌离，转而深入佛陀的智慧，见到佛陀的智慧不可思议、无等无量、难得且没有杂染，没有烦恼，没有忧愁，于是一直修行到无畏的境地，永不退转于生死迁流，并救度无量的苦难众生。

"菩萨如此见到如来智慧的无量利益，见到一切有为法的无量过患，所以便对一切众生心生十种哀悯。是哪十种呢？一，见到种种众生孤独无依，而心生哀悯；二，见到种种众生贫穷困乏，而心生哀悯；三，见到种种众生被三毒之火所烧，而心生哀悯；四，见到种种众生执着囚禁于存在的牢狱，而心生哀悯；五，见到种种众生被密林般的烦恼障碍，而心生哀悯；六，见到种种众生不善于观察，而心生哀悯；七，见到种种众生不乐亲近佛法，而心生哀悯；八，见到种种众生忘失佛法，而心生哀悯；九，见到种种众生随着生死不断流转，而心生哀悯；十，见到种种众生失去解脱方便，而心生哀悯。

"菩萨看见众生如此苦恼时。便发起大精进心，想着：'这些苦难的众生，我应当救护他们，使他们解脱，使他们清净；我应当度化他们，使他们依止善处，使他们安住，使他们欢喜，使他们具足正知见，使他们调伏种种烦恼习气，使他们进入涅槃。'

"菩萨如此地厌离一切有为的境界，如此哀悯忆念一切众生，了知一切智智的殊胜利益，想要依如来的智慧救度众生，心里想着：'我要用何种善巧方便，才能帮助这些堕入烦恼大苦的众生，安住在究竟涅槃呢？'

"菩萨又心想：'想要度脱众生，使他们安住涅槃，不离无障碍的解脱智慧；无障碍的解脱智慧，不离一切法的如实觉知；一切法的如实觉知，不离无为的行持与无生的行持所发出的智慧光明；无为的行持与无生的行

持所发出的智慧光明，不离禅定善巧决定观察智；禅定善巧决定观察智，不离喜巧多闻。'

"菩萨如此观察了知之后，更加勤奋求知正法，日日夜夜只希望听闻于法、欣喜于法、乐求于法、依止于法、随顺于法、了解于法、随顺于法、到达于法、安住于法、实行于法。菩萨如此勤求佛法，毫不吝惜所有的珍宝财物，不认为有什么物品是难得而值得重视的，但对于能宣说佛法的人则抱持着难以遭遇的想法。所以，菩萨为了求得佛法，能布施所有的内财、外财，力行所有的恭敬行为，舍弃所有的骄慢态度，能施作所有的承事供养，能忍受所有的勤苦修行。

"菩萨如果听闻一句未曾听闻的佛法，所生起的大欢喜，胜过得到三千大千世界的珍宝；如果听到一个偈颂是未曾听闻的正法，所生起的大欢喜，胜过得到转轮圣王的王位；如果得到一个偈颂是未曾听闻的教法，所能清净的菩萨行，胜过作无量百千劫的帝释梵王。

"如果有人说：'我有一句佛陀所说的法，能让人修清净的菩萨行。如果你现在能跳入大火坑，忍受极大的痛苦，我就把这一句佛法说给你听。'菩萨这时心想：'如果我以一句佛陀所说的法，就能够清净修菩萨行的话，假使三千大千世界充满大火，而我在梵天之上，尚且要投身其中，饱受痛苦；现在这只是个小火坑！我为了求取佛法，一切地狱的众苦都能忍受，这人道中小小的苦恼何足畏惧！'菩萨如此勤奋精进地求取佛法，依照他所听闻到的佛法确实修行。

"这位菩萨听闻佛法之后，摄受心念安住其中，在寂静处如此思惟：'遵照佛陀所说的方法确实修行，才能真正得证佛法，口头上随便说说是不可能得到清净。'

"佛子啊！当这位菩萨安住在发光地，远离了五欲过恶所形成的各种不善法时，心中生起较为粗重的觉受，以及生起较为细密的观察感受❹，证得离开欲界过恶生出的喜乐，身心舒畅轻安，到达初禅的境界。接着灭除初禅的觉观之心，不为觉观所扰乱，一心安住❺，心中没有较为粗重的觉受，也没有较为细密的观察感受，向内净一心的定力，而生出喜乐，安住在第二禅。接着离开二禅之喜，安住在舍离二禅大喜涌动的心境，得证相续不忘的正念正知，身体感受到人间的至乐，这就是诸圣所说的舍弃有喜心而感受至乐，安住在第三禅。接着先断除三禅的大乐，消灭所有的痛苦、喜乐与忧悲等感受，证得不苦不乐，舍弃所有的苦乐心念，心中清净，安住第四禅。

"他接着又入四空定。首先，超越一切形色的心想，消灭外相对立心想，不忆念种种的心想，而证入无边虚空，安住在虚空无边处的禅定。再来，超越一切虚空无边处的禅定，证入无边相续的意识，安住在意识无边处的禅定。接着又超越一切意识无边处的禅定，证入无所有的境界，安住在无所有处的禅定。最后，超过一切无所有处的禅定！安住在不是有心想也不是无心想之非想非非想处的禅定。

"菩萨修学这些四禅、八定的禅定，只是随顺正法而行，不像凡夫与小乘贪着禅定的；他视一切禅定境界如幻，而不会爱乐执着。

"佛子啊！这位菩萨随顺慈心，他的内心广大、与量、不二，无怨恨、无酬对、无障碍、无烦恼，遍至一切处所，也穷尽法界、虚空界的一切世间；又安住悲心、喜心、舍心时，也是一样。

"佛子啊！这位菩萨得证无量的神通力，能倾动大地，能以一身化为多身，或化多身为一身，或隐藏、或显现。凡是他想前往的地方，无论是石壁或山障，对他而言，都像虚空一般，没有任何障碍。他能在虚空中结跏趺坐，如同飞鸟前往想去的地方。他潜入地中就像潜入水中一般，而踏在水上则如同踏在平地一般。他的身上能冒出像大火燃烧的烟焰，又能像大云降下雨水。他威力无穷，即使是虚空中的日月，也能用手抚摸。他身心自在，甚至可以随意到达梵天。

"这位菩萨的天耳清净超过人耳，能听到人、天间或近或远的所有音声，甚至能听到蚊蚋、虻蝇等声音。

"这位菩萨以他心智，能如实了知其他众生的心念。也就是如果众生心存贪念的话，他能如实了知众生心中的贪念；如果众生心念离贪的话，他也能如实了知众生心念离贪。如果众生的心中有嗔心、有离嗔心，有痴心、有离痴心、有烦恼心、有无烦恼心，有小心、有广心、有大心、有无量心，有略心、有非略心❶，有散心、有非散心❶，有定心、有非定心，有解脱心、有非解脱心，有上心、有无上心，有杂染心、有非杂染心，有广心、有非广心，如此种种众生心都能如实了知。

"这位菩萨忆念了知无量宿命的差别，也就是忆念了知一生、忆念了知二生、三生、四生，乃至于十生、二十、三十，乃至于百生、无量的百生、无量的千生、无量的百千生，以及成劫、坏劫、成坏劫、无量的成坏劫。我曾经在某处、名什么、姓什么、哪个种族、饮食如何、寿命长短、住世多久、有何等苦乐；我在于彼处死后，又生于某处，再从某处死，出生于此处；又当时是长什么样子，说些什么话。如此过去无量的差别事，都能忆念。

"这位菩萨的天眼清净过于人眼，能见到种种众生出生的时候、死亡的时候，好的色相、坏的色相，善的趣向、恶的趣向；这些都是随着业力而形成。若这些众生，成就身的恶行，成就语的恶行，成就意的恶行，诽谤圣贤之人，具足邪见及邪见的业力因缘，当身体毁坏临命终时，必定堕入恶趣，出生在地狱。若这些众生，成就身的善行，成就语的善行，成就意的喜行，不毁谤贤圣之人，具足正见及正见的业力因缘，当身体毁坏临命终时，必定出生在善趣诸天道中。菩萨的天眼如实了知这些现象。

"这位菩萨又能证得各种禅定三昧，出入自在，但是却不随着禅定的力量往生禅定的天界；他只是随顺能圆满菩提的地方，而以愿力随意受生。

"佛子啊！这位菩萨安住在这个发光地，因为过去发起的愿力，所以得见很多位佛。也就是见到数百位佛，见到数千位佛，见到数百千位佛，乃至于见数百千亿那由他位佛。他都以广大心、深心，恭敬尊重，承事供养。不管是衣服、饮食、卧具、汤药，一切赖以维生的物资，他都完全供奉布施诸佛，也供养一切僧众，再将这些善根回向无上正等正觉。凡是有佛的地方，他都恭敬听闻佛法，听闻之后信受奉持，随力修行。

"这位菩萨观察所有的法，都是不生不灭的，都是因缘和合而生的。这时，他会先消灭知见的束缚，而欲望的束缚、形色的束缚、存有的束缚、无明的束缚，也都会渐渐减轻；经过无量百千亿那由他劫不再累积种种束缚，则邪贪、邪嗔以及邪痴都得以断除，所有的善根都变得更加明净。

"佛子啊！譬如真金经过善巧的炼冶，真金的重量丝毫不减，但却变得更为明净。菩萨也是如此，安住在这个发光地时，因为已不再累积种种的束缚，所以得以断除邪贪、邪嗔以及邪痴，所有的善根都变得更为明净。同时，这位菩萨的忍辱心、柔和心、谐顺心、悦美心、不嗔心、不动心、不浊心、无高下心、不求回报心、报恩心、不谄媚心、不轻诳心、不谄佞心，也都更为清净。

"这位菩萨，在四摄法中，多修利行；十波罗中，多修忍辱波罗蜜；其余的并非不修，只是随着能力、随着因缘而行。

"佛子啊！这就是菩萨摩诃萨的第三地——发光地。

"菩萨安住此地时，多作三十三天王，能以方便令种种众生舍离贪欲。他努力实践布施、爱语、利行、同事，如此一切种种所作的善业，都不离念佛，不离念法，不离念僧，乃至于不离念具足一切种智、一切智智。他心里想：'我应当在众生当中为首、为胜、为殊胜、为妙、为微妙、为上、为无上，乃至于成为一切智智的依止者。'

"如果这位菩萨精进修行，可在一念之际，得证百千三昧，得见百千位佛，了知百千位佛的威神力，能倾动百千佛的世界，乃至示现百千身，而每一身都有百千位菩萨以为眷属。如果菩萨能以殊胜的愿力自在示现，则所证三昧、所见诸佛等，更是超过此数，即使以百劫、千劫乃至于百千亿那由他劫的时间来计算，也无法尽知。"

这时，金刚藏菩萨想要复述刚才所讲的义理，而宣说以下的偈颂：

> 清净无垢安住明盛心，厌离能舍无贪无害心，
> 坚固不坏勇猛广大心，大智慧者以此入三地。
> 菩萨众安住此发光地，观诸行法相皆苦无常，
> 不净败坏速皆悉归灭，无坚无住亦无有来往。
> 观诸有为宛如重病然，忧悲苦恼疑惑所缠缚。

三毒猛火恒皆永炽然，无始时来不能有休息。
厌离三有心不生贪着，专求佛智无有异慈念，
难测难思无与等比伦，无量无边离诸般逼恼。
见佛智已悯念于众生，孤独无依无有救护者，
三毒炽然常于困乏中，住诸有狱恒受诸众苦。
烦恼缠覆眼盲如无目，志乐下劣丧失诸法宝，
随顺生死怖畏涅槃城，我应救彼勤勇精进道。
将求智慧利益诸众生，思何方便令能得解脱，
不离佛陀如来无碍智，彼复无生智慧所生起。
心念此慧从闻而得来，如是思惟自勤自剔励，
日夜听习无有间然时，唯以正法为广大尊重。
国城财贝诸般珍宝类，妻子眷属及与大王位，
菩萨为法生起尊敬心，如是一切悉皆能舍弃。
头目耳鼻及舌头牙齿，手足骨髓及心与血肉，
此等皆舍亦未为难事，但以闻法是为最大难。
设有人来语告菩萨众："熟能投身于大火聚中，
我当与汝佛法大宝藏！"闻已投之心无有怯惧。
假使火满三千大千界，身从梵世而投入火中，
为求法故是不为难事，况复人间诸般小苦事！
从初发意乃至得佛果，其间所有阿鼻地狱苦，
为闻法故是皆能持受，何况人中诸般小苦事！
闻已如理正谛而思惟，获得四禅四种与色定，
四无量心五通次第起，不随其力自在而受生。
菩萨住此能见多佛陀，供养听闻心得永决定，
断诸邪惑转复更清净，如炼真金体中无有减。
住此多作忉利天大王，化导无量诸天大众等，
令舍贪心安住于善道，一向专求佛陀大功德。
佛子住此勤奋而精进，百千三昧皆悉得具足，

见百千佛相好而严身，若以愿力复过于如是。

一切众生普皆得利益，彼诸菩萨最上胜妙行，

如是所有安住第三地，我依其义已略为解释。

【注释】

❶ 以下为第二离垢地，初为赞请之颂。

❷ 正直心：忆念真如，深契如理的心。

❸ 不杂心：不满足于所修得的功德，更欲希求胜德。

❹ 无顾恋心：舍所有有力之人而不顾的持戒心。

❺ 广心：救济一切众生的同体大悲心。

❻ 大心：开发远大的佛智见之心，所以广大心为轻视小乘狭小志乐之语。

❼ 两舌：言语反复，搬弄是非。

❽ 绮语：涉及闺阁男女，含有淫意的话。

❾ 以下为第三发光地，初为赞请之颂。

❿ 坚固心：烦恼不能破坏的心。

⓫ 明盛心：自在出入禅定心。

⓬ 勇猛心：依着自在之用而不退失的心。

⓭ 有为法：指因缘和合而生的一切理法。

⓮ 以上两句，原经文为“有觉、有观”，即寻求、伺察之义，为初禅的粗细分别之
作用。

⓯ 以上两句，原经文为“内净一心”。因为外除觉观，不为觉观所扰乱，一心安住，
所以名为内净，以对应于初禅由外触而来的喜乐。

⓰ 略心、非略心，乃是就禅定而作的区别。略，指系缘定心的一境；非略，指心
的沉掉昏昧。

⓱ 散心，平常时的散乱心；非散心，在禅定中的定心。

卷第三十六

十地品第二十六之三

【原典】

第四地❶

佛子闻此广大行，可乐深妙殊胜地，心皆踊悦大欢喜，普散众华供养佛。

演说如是妙法时，大地海水皆震动，一切天女咸欢喜，悉吐妙音同赞叹。

自在天王大欣庆，雨摩尼宝供养佛，赞言佛为我出兴，演说第一功德行。

如是智者诸地义，于百千劫甚难得，我今忽然而得闻，菩萨胜行妙法音。

愿更演说聪慧者，后地决定无余道，利益一切诸天人，此诸佛子皆乐闻！

勇猛大心解脱月，请金刚藏言佛子！从此转入第四地，所有行相愿宣说！

尔时，金刚藏菩萨告解脱月菩萨言："佛子！菩萨摩诃萨第三地善清净已，欲入第四焰慧地，当修行十法明门。何等为十？所谓观察众生界、观察法界、观察世界、观察虚空界、观察识界、观察欲界、观察色界、观察无色界、观察广心信解界、观察大心信解界。菩萨以此十法明门，得入第四焰慧地。

"佛子！菩萨住此焰慧地，则能以十种智成熟法故，得彼内法，生如来家。何等为十？所谓深心不退故，于三宝中生净信毕竟不坏故，观诸行生灭故，观诸法自性无生故，观世间成坏故，观因业有生故，观生死涅槃故，观众生国土业故，观前际后际故，观无所有尽故。是为十。佛子！菩萨住此第四地，观内身循身观，勤勇念知，除世间贪忧。观外身循身观，勤勇念知，除世间贪忧。观内外身循身观，勤勇念知，除世间贪忧。如是观内受、外受、内外受循受观，观内心、外心、内外心循心观，观内法、外法、内外法循法观，勤勇念知，除世间贪忧。复次，此菩萨未生诸恶不善法为不生故，欲生勤精进发心正断；已生诸恶不善法为断故，欲生勤精进发心正断；未生诸善法为生故，欲生勤精进发心正行；已生诸善法为住不失故，修令增广故，欲生勤精进发心正行。复次，此菩萨修行欲定断行，成就神足，依止厌，依止离，依止灭，回向于舍；修行精进定、心定、观定断行，成就神足，依止厌，依止离，依止灭，回向于舍。复次，此菩萨修行信根，依止厌，依止离，依止灭，回向于舍；修行精进根、念根、定根、慧根，依止厌，依止离，依止灭，回向于舍。复次，此菩萨修行信力，依止厌，依止离，依止灭，回向于舍；修行精进力、念力、定力、慧力，依止厌，依止离，依止灭，回向于舍。复次，此菩萨修行念觉分，依止厌，依止离，依止灭，回向于舍；修行择法觉分、精进觉分、喜觉分、猗觉分、定觉分、舍觉分，依止厌，依止离，依止灭，回向于舍。复次，此菩萨修行正见，依止厌，依止离，依止灭，回向于舍；修行正思惟、正语、正业、正命、正精进、正念、正定，依止厌，依止离，依止灭，回向于舍。菩萨修行如是功德，为不舍一切众生故，本愿所持故，大悲为首故，大慈成就故，思念一切智智故，成就庄严佛土故，成就如来力、无所畏、不共佛法、相好音声悉具足故，求于上上殊胜道故，随顺所闻甚深佛解脱故，思惟大智善巧方便故。

"佛子！菩萨住此焰慧地，所有身见为首，我、人、众生、寿命、蕴、界、处所起执著，出没思惟；观察治故，我所故，财物故，著处故，于如是等一切皆离。此菩萨若见业是如来所诃、烦恼所染，皆悉舍离；若见业是顺菩萨道、如来所赞，皆悉修行。

"佛子！此菩萨随所起方便慧，修习于道及助道分，如是而得润泽心、柔软心、调顺心、利益安乐心、无杂染心、求上上胜法心、求殊胜智慧心、救一切世间心、恭敬尊德无违教命心、随所闻法皆善修行心。此菩萨知恩、知报恩，心极和善，同住安乐，质直柔软，无稠林行，无有我慢，善受教诲，得说者意。此菩萨如是忍成就，如是调柔成就，如是寂灭成就，如是忍、调柔、寂灭成就，净治后地业，作意修行时，得不休息精进、不杂染精进、不退转精进、广大精进、无边精进、炽然精进、无等等精进、无能坏精进、成熟一切众生精进、善分别道非道精进。是菩萨心界清净，深心不失，悟解明利，善根增长，离世垢浊，断诸疑惑，明断具足，喜乐充满，佛亲护念，无量志乐皆悉成就。

"佛子！菩萨住此焰慧地，以愿力故，得见多佛，所谓见多百佛，见多千佛，见多百千佛，乃至见多百千亿那由他佛，皆恭敬尊重，承事供养，衣服、卧具、饮食、汤药，一切资生悉以奉施，亦以供养一切众僧，以此善根皆悉回向阿耨多罗三藐三菩提。于彼佛所，恭敬听法，闻已受持，具足修行。复于彼诸佛法中出家修道，又更修治深心信解，经无量百千亿那由他劫，令诸善根转复明净。

"佛子！譬如金师炼治真金作庄严具，余所有金皆不能及。菩萨摩诃萨亦复如是，住于此地所有善根，下地善根所不能及。如摩尼宝清净光轮能放光明，非诸余宝之所能及，风雨等缘悉不能坏。菩萨摩诃萨亦复如是，住于此地，下地菩萨所不能及，众魔烦恼悉不能坏。此菩萨于四摄中同事偏多，十波罗蜜中精进偏多，余非不修，但随力随分。

"佛子！是名略说菩萨摩诃萨第四焰慧地。菩萨住此地，多作须夜摩天王，以善方便，能除众生身见等惑，令住正见。布施、爱语、利行、同事，如是一切诸所作业，皆不离念佛，不离念法，不离念僧，乃至不离念具足一切种、一切智智。复作是念：'我当于一切众生中为首、为胜、为殊胜、为妙、为微妙、为上、为无上，乃至为一切智智依止者。'是菩萨若发勤精进，于一念顷，得入亿数三昧，得见亿数佛，得知亿数佛神力，能动亿数世界，乃至能示现亿数身，一一身亿数菩萨以为眷属。若以菩萨殊胜愿力自在示现，过于此数，百劫、千劫乃至百千亿那由他劫，不能数知。"

尔时，金刚藏菩萨欲重宣其义，而说颂言：

菩萨已净第三地，次观众生世法界，空界识界及三界，心解悉了能趣入。

始登焰地增势力，生如来家永不退，于佛法僧信不坏，观法无常无有起。

观世成坏业有生，生死涅槃刹等业，观前后际亦观尽，如是修行生佛家。

得是法已增慈愍，转更勤修四念处，身受心法内外观，世间贪爱皆除遣。

菩萨修治四勤行，恶法除灭善增长，神足根力悉善修，七觉八道亦如是。

为度众生修彼行，本愿所护慈悲首，求一切智及佛土，亦念如来十种力，

四无所畏不共法，殊特相好深美音；亦求妙道解脱处，及大方便修行彼。

身见为首六十二，我及我所无量种，蕴界处等诸取著，此四地中一切离。

如来所诃烦恼行，以无义利皆除断；智者修行清净业，为度众生无不作。

菩萨勤修不懈怠，即得十心皆具足，专求佛道无厌倦，志期受职度众生。

恭敬尊德修行法，知恩易诲无愠暴，舍慢离谄心调柔，转更精勤不退转。

菩萨住此焰慧地，其心清净永不失，悟解决定善增长，疑网垢浊悉皆离。

此地菩萨人中胜，供那由他无量佛，听闻正法亦出家，不可沮坏如真金。

菩萨住此具功德，以智方便修行道，不为众魔心退转，譬如妙宝无能坏。

住此多作焰天王，于法自在众所尊，普化群生除恶见，专求佛智修善业。

菩萨勤加精进力，获三昧等皆亿数；若以愿智力所为，过于此数无能知。

如是菩萨第四地，所行清净微妙道，功德义智共相应，我为佛子已宣说。

第五地

菩萨闻此胜地行，于法解悟心欢喜，空中雨华赞叹言：善哉大士金刚藏！

自在天王与天众，闻法踊跃住虚空，普放种种妙光云，供养如来喜充遍。

天诸采女奏天乐，亦以言辞歌赞佛，悉以菩萨威神故，于彼声中发是言：

佛愿久远今乃满，佛道久远今乃得，释迦文佛至天宫，利天人者久乃见。

大海久远今始动，佛光久远今乃放，众生久远始安乐，大悲音声久乃闻。

功德彼岸皆已到，骄慢黑暗皆已灭，最极清净如虚空，不染世法犹莲华。

大牟尼尊现于世，譬如须弥出巨海，供养能尽一切苦，供养必得诸佛智。

此应供处供无等，是故欢心供养佛。

如是无量诸天女，发此言辞称赞已，一切恭敬喜充满，瞻仰如来默然住。

是时大士解脱月，复请无畏金刚藏：第五地中诸行相，唯愿佛子为宣说！

尔时，金刚藏菩萨告解脱月菩萨言："佛子！菩萨摩诃萨第四地所行道善圆满已，欲入第五难胜地，当以十种平等清净心趣入。何等为十？所谓于过去佛法平等清净心、未来佛法平等清净心、现在佛法平等清净心、戒平等清净心、心平等清净心、除见疑悔平等清净心、道非道智平等清净心、修行智见平等清净心、于一切菩提分法上上观察平等清净心、教化一切众生平等清净心。菩萨摩诃萨以此十种平等清净心，得入菩萨第五地。

"佛子！菩萨摩诃萨住此第五地已，以善修菩提分法故，善净深心故，复转求上胜道故，随顺真如故，愿力所持故，于一切众生慈愍不舍故，积集福智助道故，精勤修习不息故，出生善巧方便故，观察照明上上地故，受如来护念故，念智力所持故，得不退转心。

"佛子！此菩萨摩诃萨如实知此是苦圣谛、此是苦集圣谛、此是苦灭圣谛、此是苦灭道圣谛，善知俗谛，善知第一义谛，善知相谛，善知差别谛，善知成立谛，善知事谛，善知生谛，善知尽无生谛，善知入道智谛，善知一切菩萨地次第成就谛，乃至善知如来智成就谛。此菩萨随众生心乐令欢喜故，知俗谛；通达一实相故，知第一义谛；觉法自相、共相故，知相谛；了诸法分位差别故，知差别谛；善分别蕴、界、处故，知成立谛；觉身心苦恼故，知事谛；觉诸趣生相续故，知生谛；一切热恼毕竟灭故，知尽无生智谛；出生无二故，知入道智谛；正觉一切行相故，善知一切菩萨地次第相续成就，乃至如来智成就谛。以信解智力知，非以究竟智力知。

"佛子！此菩萨摩诃萨得如是诸谛智已，如实知一切有为法虚妄、诈伪、诳惑愚夫。菩萨尔时，于诸众生转增大悲，生大慈光明。佛子！此菩萨摩诃萨得如是智力，不舍一切众生，常求佛智，如实观一切有为行前际、后际。知从前际无明、有、爱，故生生死流转，于诸蕴宅不能动出，增长苦聚。无我、无寿者、无养育者、无更数取后趣身者，离我、我所。如前际，后际亦如是，皆无所有，虚妄、贪著，断尽出离，若有若无，皆如实知。佛子！此菩萨摩诃萨复作是念：'此诸凡夫愚痴无智，甚为可愍。有无数身已灭、今灭、当灭，如是尽灭，不能于身而生厌想，转更增长机关苦事，随生死流不能还返，于诸蕴宅不求出离，不知忧畏四大毒蛇，不能拔出诸慢见箭，不能息灭贪、恚、痴火，不能破坏无明黑暗，不能干竭爱欲大海，不求十力大圣导师，入魔意稠林，于生死海中，为觉观波涛之所漂溺。'

"佛子！此菩萨摩诃萨复作是念：'此诸众生受如是苦，孤穷困迫，无救无依，无洲无舍，无导无目，无明覆翳，黑暗缠裹。我今为彼一切众生，修行福智助道之法，独一发心，不求伴侣。以是功德，令诸众生毕竟清净，乃至获得如来十力、无碍智慧。'佛子！此菩萨摩诃萨以如是智慧观察所修善根，皆为救护一切众生，利益一切众生，安乐一切众生，哀愍一切众生，成就一切众生，解脱一切众生，摄受一切众生。令一切众生离诸苦恼，令一切众生普得清净，令一切众生悉皆调伏，令一切众生入般涅槃。

"佛子！菩萨摩诃萨住此第五难胜地，名为念者，不忘诸法故；名为智者，能善决了故；名为有趣者，知经意趣，次第连合故；名为惭愧者，自护、护他故；名为坚固者，不舍戒行故；名为觉者，能观是处、非处故；名为随智者，不随于他故；名为随慧者，善知义、非义句差别故；名为神通者，善修禅定故；名为方便善巧者，能随世行故；名为无厌足者，善集福德故；名为不休息者，常求智慧故；名为不疲倦者，集大慈悲故；名为为他勤修者，欲令一切众生入涅槃故；名为勤求不懈者，求如来力、无畏、不共法故；名为发意能行者，成就庄严佛土故；名为勤修种种善业者，能具足相好故；名为常勤修习者，求庄严佛身、语、意故；名为大尊重恭敬法者，于一切菩萨法师处如教而行故；名为心无障碍者，以大方便常行世间故；名为日夜远离余心者，常乐教化一切众生故。

"佛子！菩萨摩诃萨如是勤修行时，以布施教化众生，以爱语、利行、同事教化众生，示现色身教化众生，演说诸法教化众生，开示菩萨行教化众生，显示如来大威力教化众生，示生死过患教化众生，称赞如来智慧利益教化众生，现大神通力教化众生，以种种方便行教化众生。佛子！此菩萨摩诃萨能如是勤方便教化众生，心恒相续，趣佛智慧，所作善根无有退转，常勤修学殊胜行法。

"佛子！此菩萨摩诃萨为利益众生故，世间技艺靡不该习。所谓文字、算数、图书、印玺、地、水、火、风，种种诸论，咸所通达；又善方药，疗治诸病，颠狂、干消、鬼魅、蛊毒，悉能除断；文笔、赞咏、歌舞、妓乐、戏笑、谈说，悉善其事；国城、村邑、宫宅、园苑、泉流、陂池、草树、花药，凡所布列，咸得其宜；金银、摩尼、真珠、琉璃、螺贝、璧玉、珊瑚等藏，悉知其处，出以示人；日月星宿、鸟鸣地震、夜梦吉凶，身相休咎，咸善观察，一无错谬；持戒入禅，神通无量，四无色等及余一切世间之事，但于众生不为损恼，为利益故，咸悉开示，渐令安住无上佛法。

"佛子！菩萨住是难胜地，以愿力故，得见多佛。所谓见多百佛，见多千佛，见多百千佛，乃至见多百千亿那由他佛。悉恭敬尊重，承事供养，衣服、饮食、卧具、汤药，一切资生悉以奉施，亦以供养一切众僧，以此善根回向阿耨多罗三藐三菩提。于诸佛所，恭敬听法，闻已受持，随力修行。复于彼诸佛法中而得出家，既出家已，又更闻法，得陀罗尼，为闻持法师。住此地中，经于百劫，经于千劫，乃至无量百千亿那由他劫，所有善根转更明净。佛子！譬如真金，以砗磲磨莹，转更明净。此地菩萨所有善根，亦复如是，以方便慧思惟观察，转更明净。佛子！菩萨住此难胜地，以方便智成就功德，下地善根所不能及。佛子！如日月星宿、宫殿光明，风力所持，不可沮坏，亦非余风所能倾动。此地菩萨所有善根亦复如是，以方便智随逐观察，不可沮坏，亦非一切声闻、独觉世间善根所能倾动。此菩萨，十波罗蜜中禅波罗蜜偏多，余非不修，但随力随分。

"佛子！是名略说菩萨摩诃萨第五难胜地。菩萨住此地，多作兜率陀天王，于诸众生所作自在，摧伏一切外道邪见，能令众生住实谛中。布施、爱语、利行、同事，如是一切诸所作业，皆不离念佛，不离念法，不离念僧，乃至不离念具足一切种、一切智智。复作是念：'我当于众生中为首、为胜、为殊胜、为妙、为微妙、为上、为无上，乃至为一切智智依止者。'此菩萨若发勤精进，于一念顷，得千亿三昧，见千亿佛，知千亿佛神力，能动千亿佛世界，乃至示现千亿身，一一身示千亿菩萨以为眷属。若以菩萨殊胜愿力自在示现，过于此数，百劫、千劫乃至百千亿那由他劫不能数知。"

尔时，金刚藏菩萨欲重宣其义，而说颂曰：

菩萨四地已清净，思惟三世佛平等，戒心除疑道非道，如是观察入五地。

念处为弓根利箭，正勤为马神足车，五力坚铠破怨敌，勇健不退入五地。

惭愧为衣觉分鬘，净戒为香禅涂香，智慧方便妙庄严，入总持林三昧苑。

如意为足正念颈，慈悲为眼智慧牙，人中师子无我吼，破烦恼怨入五地。

菩萨住此第五地，转修胜上清净道，志求佛法不退转，思念慈悲无厌倦。

积集福智胜功德，精勤方便观上地，佛力所加具念慧，了知四谛皆如实。

善知世谛胜义谛，相谛差别成立谛，事谛生尽及道谛，乃至如来无碍谛。

如是观谛虽微妙，未得无碍胜解脱，以此能生大功德，是故超过世智慧。

既观谛已知有为，体性虚伪无坚实，得佛慈愍光明分，为利众生求佛智。

观诸有为先后际，无明黑暗爱缠缚，流转迟回苦聚中，无我无人无寿命。

爱取为因受来苦，欲求边际不可得，迷妄漂流无返期，此等可愍我应度。

蕴宅界蛇诸见箭，心火猛炽痴暗重，爱河漂转不暇观，苦海沦胥阙明导。

如是知已勤精进，所作皆为度众生，名为有念有慧者，乃至觉解方便者。

习行福智无厌足，恭敬多闻不疲倦，国土相好皆庄严，如是一切为众生。

为欲教化诸世间，善知书数印等法，亦复善解诸方药，疗治众病悉令愈。

文辞歌舞皆巧妙，宫宅园池悉安隐，宝藏非一咸示人，利益无量众生故。

日月星宿地震动，乃至身相亦观察，四禅无色及神通，为益世间皆显示。

智者住此难胜地，供那由佛亦听法，如以妙宝磨真金，所有善根转明净。

譬如星宿在虚空，风力所持无损动，亦如莲华不著水，如是大士行于世。

住此多作兜率王，能摧异道诸邪见，所修诸善为佛智，愿得十力救众生。

彼复修行大精进，即时供养千亿佛，得定动刹亦复然，愿力所作过于是。

如是第五难胜地，人中最上真实道，我以种种方便力，为诸佛子宣说竟。

注释

❶ 大正本原无"第四地"三字，今依前后文意增之。

【白话语译】

第四地

佛子闻此广大胜行❶，可乐深妙殊胜上地，

心皆踊悦生大欢喜，普散众花供养佛陀。

演说如是胜妙法时，大地海水皆起震动，

一切天女咸皆欢喜，悉吐妙音同声赞叹。

自在天王心大欣庆，雨摩尼宝供养佛陀，

赞言佛陀为我出兴，演说第一大功德行。

如是智者诸地妙义，于百千劫甚难得遇，

我今忽然而得听闻，菩萨胜行微妙法音。

愿更演说大聪慧者，后地决定无余大道，

利益一切诸天人众，此诸佛子普皆乐闻。

勇猛大心解脱月者，请金刚藏告言佛子！

从此转入第四胜地，所有行相普愿宣说。

　　这时，金刚藏菩萨摩诃萨告诉解脱月菩萨说："佛子啊！菩萨摩诃萨第三地已经圆满清净，想要进入第四焰慧地，应当修行十种法明门。是哪十种法明门呢？一，观察众生界；二，观察法界；三，观察世界；四，观察虚空界；五，观察意识界；六，观察欲界；七，观察色界；八，观察无色界；九，观察救济一切众生之同体大悲心的广心❷信解界；十，观察开发远大佛智见心的大心❸信解界。菩萨用这十种法明门，得以进入第四焰慧地。

　　"佛子啊！菩萨摩诃萨安住在焰慧地时，能够用十种智慧成熟佛法，得证诸佛体性的内证之法❹，出生在如来之家。是哪十种智慧呢？一，深心不退转；二，对三宝生起净信永远不坏；三，观察世间一切诸行都是生灭变化不已；四，观察诸法都是空无自性，毕竟无生；五，观察世间的成住坏空；六，观察因为业力而有生命存在；七，观察生死涅槃；八，观察一切众生于不同国土受生的业因；九，观察前际的无始无明烦恼，与后际无终涅槃的境界❺；十，观察一切本来空无所有。

"佛子啊！菩萨摩诃萨安住在这个第四地，先修习四念处观❻。一，观察内在有情的自身❼，循序观察内身的相状，遍观此身不净❽，精勤勇猛地修持，使心念了知通达，除去世间的贪爱与忧苦；观察外在世间无情的器界身❾，循序观察外身的相状，精勤勇猛地修持，使心念了知通达，除去世间的贪爱与忧苦；观察其他有情生命的内外身❿，循序观察内外身的相状，精勤勇猛地修持，使心念了知通达，除去世间的贪爱与忧苦。二，依据以上的观察，再观察内在自我的感受、观察外在世间的感受、观察其他有情生命内外身的感受，循着感受观察，遍观所有的感受都是苦恼。三，再观察内在的心念、观察外在世间相应的心念、观察其他有情众生的内外心念，循着心念观察，遍观所有的心念都是生灭无常。四，再观察内在自我的法、外在世间的法、其他有情生命的内外法，依法观察，遍观一切法都是依因缘而生，都是空无自性，而精勤勇猛地修持，使心念了知通达，除去世间的贪爱与忧苦。

"接着，这位菩萨又修行四种正勤。一，使未生起的各种邪恶不善法不生起，而正勤精进具足修行，发心决定正断恶行；二，为了断绝已生起的各种邪恶不善法，而正勤精进具足修行，决定发心正断恶行；三，为了生起未生起的种种善法，而发起正勤精进具足修行，发心决定修习正行；四，为了使已出生的种种善法常住不退失，修得更为广大，而发起正勤精进具足修行，发心决定修习正行。

"接着，这位菩萨又修学四种神足。一，修行由意志力发起的禅定⓫，断除恶行；二，修行由精进力发起的禅定，断除恶行；三，修行由禅定观察思惟发起的力量，断除恶行；四，修行由禅定心念发起的力量，断除恶行。如此而成就定慧均等一切的如意神足，依止于修心厌苦，依止于远离爱欲，依止于证道灭苦，最后回向于舍离一切众苦的涅槃。

"接着，这位菩萨又修行能出生一切善法的五根。一，笃信正道以及辅助道法的信根；二，修行正法而无间断、无杂染的精进根；三，于正法记忆不忘的念根；四，摄心不散乱，一心寂静的定根；五，对于诸法观照明了的慧根。如此修心厌苦，远离爱欲，证道灭苦，最后回向于舍离一切众苦的涅槃。

"接着，这位菩萨又修行能破除诸恶、成就众善的五力。一，修行增长信根，破除各种疑惑的信力；二，修行正法不断，破除身心懈怠的精进力；三，破除各种邪念，成就正念功德的念力；四，破除妄想，深入禅定的定力；五，能增长慧根的慧力。如此修心厌苦，远离爱欲，证道灭苦，最后回向于舍离一切众苦的涅槃。

"接着，这位菩萨又修行七觉分❷。一，修行念觉分，思惟所修的善法；二，修行择法觉分，抉择诸法的真伪；三，修行精进觉分，精进修学各种菩提法；四，修行善觉分，契悟真法，心中欢喜；五，修行心猗轻安觉分，断除各种妄见烦恼；六，修行定觉分，能觉察而发起禅定；七，修行舍觉分，能舍离意念执着。如此修心厌苦，远离爱欲，证道灭苦，最后回向于舍离一切众苦的涅槃。

"接着，这位菩萨修行八正道❸。一，能见实相的正见；二，心中无有邪念的正思惟；三，言语绝无虚妄的正语；四，安住于清净善的正业；五，依顺正法而活的正命；六，正确努力修行的正精进；七，一心忆念善法的正念；八，身心寂静的正定。如此修心厌苦，远离爱欲，证道灭苦，最后回向于舍离一切众苦的涅槃。

"菩萨修行以上种种功德，都是因为不舍弃众生，因为本愿力量的推动，因为大悲的导引，因为成就了大悲，也为了思念一切智智，为了成就庄严佛土，为了成就如来的十力、四无所畏、十八不共佛法❹、三十二相、八十种好、微妙音声，为了追求无上殊胜的佛法，为了随顺听闻的甚深佛解脱法，为了思惟大智善巧方便。

"佛子啊！菩萨安住在这个焰慧地，对于所有执着身体为实我的身见，及以此见为首的各种邪见，以及我见、人见、众生见、寿命见、五蕴、十八界、十二处所引起的执着，能够不断出入禅定观察思惟。因为数数观察修治所见，能够发现所谓的我所有、我的财物，以及执着之处，都是空无所有，所以自然远离以上种种执着。

"这位菩萨若见到如来所呵责的烦恼恶业，就完全舍弃远离；若见到如来所赞叹的顺菩萨道净业，就一一如法修行。

"佛子啊！这位菩萨随着所发起的方便智慧，修习佛道及佛道的助缘，而得到润泽的心、柔软的心、调顺的心、利益安乐的心、无杂染的心、求最上殊胜佛法的心、求最殊胜的智慧心、救离一切世间众生的心、恭敬尊德不违教命的心、随着听闻的法而努力修行的心。

"这位菩萨知道自己受人恩德，知道怎样回报人家的恩德，而且他的心性和善，同住之人无不感到安乐。他的资质正直而柔软，烦恼不像密林般众多，不会贡高我慢，善于接受教诲，说法者的心意无不了知。

"这位菩萨如此成就安忍，如此成就调柔，如此成就寂灭，如此成就安忍、调柔、寂灭。他清净调治后地的业因，专心一意地修行时，证得不休息的精进、不杂染❺的精进、不退转的精进、广大的精进、无边的精进、炽然的精进、无等等的精进、无能坏的精进、成熟一切众生的精进、善分别道与非道的精进。

"这位菩萨内心清净，求菩提心永不退失，能彻底明白事理的根本。他的善根日夜增长，远离尘世的污垢染浊，了断种种的怀疑迷惑，具足光明的智慧决断，充满喜乐，十方三世诸佛都亲自护持忆念，无量的志愿都能够圆满成就。

"佛子啊！菩萨安住在焰慧地，因为过去发起的愿力，使他得以见到众多的佛。也就是见数百位佛，见数千位佛，见数百千位佛，乃至于见千亿那由他位佛。他都恭敬尊重地承事供养。不管是衣服、卧具、饮食、汤药，一切生活的物资，他都布施供奉诸佛，并且供养一切僧众，并将这些善根完全回向无上正等正觉。他恭敬听闻佛陀所说的教法，听闻之后更信受奉持，全心全意修行实践。蒙受诸佛的法益之后，他更舍俗出家，进一步修治而深心信解，经过无量百千亿那由他劫，所有的善根都变得更为明净。

"佛子啊！就譬如炼金师冶炼真金所作成的庄严具，是其余未经炼冶的金子不能相比的；菩萨摩诃萨也是如此，他安住在此地的所有善根，是其余恶劣境界中的善根所不能比的。就如摩尼宝清净光轮所射出的光明，其他宝都比不上，风雨种种外缘都不能毁坏它；菩萨摩诃萨也是如此，他安住在此地的所有善根，是此地以下的诸地菩萨所不能比的，众多恶魔所作的种种烦恼也不能将之毁坏。

"这位菩萨在四摄法中，多以同事摄受众生；十波罗蜜中，多修精进波罗蜜；其余并非不修，只是随其心力、因缘而修行。

"佛子啊！这是简略地说明菩萨摩诃萨的第四地——焰慧地。

"菩萨安住在这个境地时，多作须夜摩天王，他能用善巧方便去除众生身见等种种疑惑，使他们安住正见。他实践布施、爱语、利行、同事，如此一切种种所作之事，都不离念佛、不离念法、不离念僧，乃至不离念具足一切种智、一切智智。他心里想：'我应当为众生之首、为胜、为殊胜、为妙、为微妙、为上、为无上，乃至于为一切智智所依止者。'

"菩萨如果发心精进，能在一念之间，得以进入亿数的三昧，得以见到亿数的佛，得以了知亿数佛的威神之力，能够震动亿数的世界，甚至能够示现亿数佛的化身，而每一个化身都有数亿的菩萨作为眷属。如果菩萨以殊胜的愿力自在示现，更是超过这个数目，即使以百劫、千劫乃至于百千亿那由他劫的时间来算，也无法数尽了知。"

这时，金刚藏菩萨摩诃萨想要复述刚才所讲的义理，就宣说以下的偈颂：

菩萨已善清净第三地，次观众生世界及法界，
乃至空界识界及三界，广大心解悉了能趣入。
始登焰慧地增大势力，生佛如来家永不退转，
于佛法僧生净信不坏，观诸法无常无有起灭。
观世间成坏因业有生，生死涅槃众生刹等业，
观前后际亦无所观尽，如是修行能生至佛家。
得是法已增长大慈悯，转更勤勇修四诸念处，

身受心法内外齐循观，世间贪爱如是皆除遣。
菩萨修治四勤精进行，恶法除灭善法得增长，
七神足五根力悉善修，七觉支八正道亦如是。
为度众生修彼正法行，本愿所护恩悲为上首，
求一切智及佛国刹土，亦念诸佛如来十种力。
四无所畏十八不共法，具足殊特相好深美意，
亦求妙道解脱胜义处，及大智方便喜修行彼。
身见为首等六十二见，执着我及我所无量种，
蕴界处等诸种取着外，于此四地中一切皆离。
佛陀如来所诃烦恼行，以无义利于此皆除断，
智者修行诸清净行业，为度众生故无所不作。
菩萨勤修习永不懈怠，即得十心圆满皆具足，
专求佛道心无有厌倦，志期受职广度诸众生。
恭敬尊德修行胜法妙，知恩易诲心无愠暴怒，
舍慢离谄心极为调柔，转更精勤决定不退转。
菩萨住此焰慧上妙地，其心清净深心永不失，
悟解决定善根得增者，疑网垢浊如今悉皆离。
此地菩萨人中胜利者，供养那由他数无量佛，
听闻正法如悉亦出家，不可沮坏宛如真金然。
菩萨住此具诸大功德，以大智方便修行佛道，
不为众魔所扰心退转，譬如妙宝无人能沮坏。
住此多作须夜摩天王，于法自在为众所尊仰，
普化群生除大众恶见，专求佛智勤修诸善业。
菩萨发心勤加精进力，获大三昧数等皆亿数，
若以大愿智慧力所为，过于此数无有能知者。
如是菩萨第四胜妙地，所行清净微妙殊胜道，
功德义智皆共得相应，我为佛子大众已宣说。

第五地

⓰菩萨闻此胜地妙行，于法解悟心生欢喜，

空中雨华赞叹斯言：善哉大士名金刚藏。

自在天王与天大众，闻法踊跃安住虚空，

普放种种妙光明云，供养如来喜悦充遍。

天诸采女演奏天乐，亦以言辞歌赞佛陀，

悉以菩萨威神力故，于彼声中发如是言：

佛愿久违今乃得满，佛道久远今乃始得，

释迦文佛上至天宫，利天人者久乃亲见。

大海久远今始动摇，佛光久远今乃普放，

众生久远今始安乐，大悲音声久乃得闻。

功德彼岸皆已到达，骄慢黑暗皆已灭除，

最极清净宛如虚空，不染世法犹如莲华。

大牟尼尊现于世间，譬如须弥出于巨海，

供养能尽一切苦恼，供养必得诸佛智慧，

此应供处供无等与，是故欢心供养佛陀。

如是无量诸天女众，发此言辞称赞是已，

一切恭敬喜悦充满，瞻仰如来默然而住。

是时大士名解脱月，复请无畏大金刚藏：

第五地中诸法行相，唯愿佛子广为宣说。

这时，金刚藏菩萨告诉解脱月菩萨说："佛子啊！菩萨摩诃萨修行圆满第四地时，想要进入第五难胜地，应当趣入十种平等清净心。是哪十种呢？一，对于过去佛法的平等清净心；二，对于未来佛法的平等清净心；三，对于现在佛法的平等清净心；四，戒的平等清净心；五，心的平等清净心；六，去除见地疑悔的平等清净心；七，道与非道智的平等清净心；八，修行智见的平等清净心；九，对于一切菩提分法最上观察的平等清净心；十，教化一切众生的平等清净心。菩萨摩诃萨用这十种平等清净心，得以进入菩萨第五地。

"佛子啊！菩萨摩诃萨安住第五地以后，因为善于修习菩提分法，因为善于清净深心，因为转求更上殊胜道，因为随顺真如，因为护持愿力，慈悯一切众生从不舍弃，因为积集福德、因为有智慧等辅助修习菩萨道的善法，因为精进修习从不休息，因为出生善巧方便，因为观察照明五地以上各种胜地境界，因为接受如来的护持忆念，因为正念的智慧力量总持，所以得证不退转心。

"佛子啊！这位菩萨摩诃萨如实知道这是苦圣谛、这是苦集圣谛、这是苦灭圣谛、这是苦灭道圣谛，清楚了知凡夫所见的世间俗谛，清楚了知圣者所见的实相第一义谛，清楚了知法相的谛义，清楚了知所有世间的差别谛义，清楚了知世间的成立谛义，清楚了知一切事件的谛义，清楚了知生的谛义，清楚了知穷尽无生的谛义，清楚了知证入佛道的智慧谛义，清楚了知一切菩萨境地次第成就的谛义，乃至于清楚了知如来智慧成就的谛义。

"这位菩萨随顺众生心之所乐，为了使众生欢喜，所以了知世间俗谛；又因为能够通达唯一的实相，所以了知第一义谛；又因为能够觉悟诸法自有的自相与其他共通的共相，所以了知法相谛义；又因为能够了解诸法各种分别阶位的差别，所以了知差别的谛义；又因为善于分别五蕴、十八界、十二处，所以了知成立的谛义；又因为能够察觉身心的苦恼，所以了知事件的谛义；又因为能够觉察六道诸趣相续不断，所以了知生的谛义；又因为已经完全灭除一切的热恼，所以了知穷尽无生智慧的谛义；又因为出生无二的境界，所以了知趣入真理智慧的谛义；又因为正确觉了一切的行相，所以了知一切菩萨境地次第相续成就的谛义，乃至于了知如来智慧成就的谛义。但是他只是用信解所产生的智慧力来了知这一切谛义，并不是用诸佛的究竟智慧力来了知。

"佛子啊！这位菩萨诃萨证得以上种种的谛义智之后，如实了知一切有为法都是虚妄不实，只会迷惑众生。这时，菩萨对众生更心生大悲，慈悯心也更光明。佛子啊！这位菩萨摩诃萨得到如此的智慧力后，仍不舍弃众生，并且常求佛陀的智慧，如实观察一切有为法的前际与后际。他了知从前际的无明、有、爱，能起生死流转之苦，使意识不能脱出五蕴身宅，以致越发聚集种种痛苦。菩萨如实观察思惟之后，了知无我、无寿者、无养育者，也没有在六道中轮回不息的本体，于是远离我和我所的执着。就如同前际，后际也是如此，都是空无所有。他断尽出离所有的虚妄、贪着，如实了知若有若无的虚妄境界。

"佛子啊！这位菩萨摩诃萨又这样想：'这些凡夫是如此的愚痴而没有智慧，实在十分可怜。他们有无数的身体，过去世灭了，现在世也要灭，未来世还要灭，如此无尽的生生灭灭，还不厌离这个肉身，反而更增长各种烦恼苦事，随着生死流转不能还返；不求出离五蕴苦宅，不知忧畏地、水、火、风这些宛如毒蛇的四大，不能拔出各种傲慢的见地毒箭，不能熄灭贪、嗔、痴的烦恼火，不能破坏无明的黑暗，不能干竭爱欲的大海，不求具足十力的大圣导师；反而进入宛如密林般的恶魔知见，沉沦生死大海，被邪知邪见的波涛所漂溺。'

"佛子啊！这位菩萨摩诃萨又这样想：'这些众生受如此的种种痛苦，被孤独穷困所逼迫，无人救济，无所依怙，没有居住的洲渚，也没有安身的房舍；他们宛如盲者，却没有引导的人，无明像眼翳般地盖住眼睛，使他们被重重的黑暗所缠裹。我今天应当为这些众生，修行福德、智慧等有助于佛道的善法。我就独自一人勇猛发心，不求有共同的伴侣，希望以如此的功德，能使所有众生得到毕竟的清净，乃至于获得如来十力、无碍智慧。'

"佛子啊！这位菩萨摩诃萨用以上的智慧，观察所修的善根。这都是为了救护众生、利益众生、安乐众生、哀悯众生、成就众生、解脱众生、摄受众生，使众生远离种种苦恼，使众生普遍清净，使众生完全调伏，使众生进入解脱生死的涅槃境界。

"佛子啊！菩萨摩诃萨安住在这个第五难胜地，可称为念者，因为他能总持不忘诸法；或称为智者，因为他能清楚明白了知；或称为有趣者，因为他能了知经典的意趣与经中义理的次第关系；或称为惭愧者，因为他能维护自己不做恶业，也能使他人不做恶业；或称为坚固者，因为他能不舍清净戒行；或称为觉者，因为他能观察是善处所或不是善处所；或称为随智者，因为他能不随其他的非智；或称为随慧者，因为他善知合于义理无不合于义理的差别语句；或称为神通者，因为他善于修习禅定；或称为方便善巧者，因为他随顺世间之法；或称为无厌足者，因为他善于聚集福德；或称为不休息者，因为他追求智慧恒常不断；或称为不疲倦者，因为他聚集大慈大悲；或称为为他勤修者，因为他想使一切众生进入涅槃；或称为勤求不懈者，因为他勤求如来的十力、四无畏、十八不共法；或称为发意能行者，因为他成就庄严佛土；或称为勤修种种善业者，因为他具足相好；或称为常勤修习者，因为他勤求庄严的佛身、语、意；或称为大尊重恭敬法者，因为他在一切菩萨法师之处，如其所教而修行；或称为心无障碍者，因为他以大方便常行世间；或称为日夜远离余心者，因为他恒常乐于教化一切众生。

"佛子啊！菩萨摩诃萨如此精勤修行时，用布施教化众生，用爱语、利行、同事教化众生，示现色身教化众生，演说种种法教化众生，闲示菩萨行教化众生，显示如来大威力教化众生，示现生死过患教化众生，称赞如来的智慧利益教化众生，示现大神通力教化众生，用种种方便行教化众生。佛子啊！这位菩萨摩诃萨能如此勤于方便教化众生，心念恒常相续不断，而趣入佛的智慧；所作的善根也从不退转，恒常精勤修习殊胜的行法。

"佛子啊！这位菩萨摩诃萨为了利益众生，所有世间的技艺无不加以学习，也就是文字、算数、图书、印玺。对于地、水、火、风种种诸论，也无不通达。又精通医药，善于治疗种种疾病，癫狂、身干体消、被鬼魅所缠、被蛊毒所害，都能完全断除。又擅长文笔、赞咏、歌舞、戏笑、谈说。又熟悉建筑园艺，对于布置国城、村邑、宫宅、园苑、泉流、陂池、草树、花药，都做得恰到好处。他又知道金、象、摩尼、真珠、琉璃、螺贝、璧玉、珊瑚等宝藏的出处，并且让人善加开采。他又善终观察日月、星宿、鸟鸣、地震、夜梦吉凶、身相好坏等，没有一处错谬。他执持戒律入于禅定，具足大神通力与四无量心，又具足空无边处、识无边处、无所有处、非想非非想处等四无色处，以及具足其余一切世间之事；不管是世间法或出世间法，只要不会损恼众生，能够利益众生的，他都完全开示，使他们能够渐渐安住于无上佛法。

"佛子啊！菩萨安住在这个难胜地时，因为过去发起的愿力，使他得以见到很多位佛。也就是见到数百位佛，见到数千位佛，见到数百千位佛，乃至于见到数百千亿那由他位佛。他都恭敬尊重地承事供养，不管是衣服、饮食、卧具、汤药，一切资养生息的物品，都完全供奉布施，也供养一切僧众，并将这些善根回向无上正等正觉。他恭敬地听闻佛陀说法，听闻之后更信受奉持，随着自身的能力修行。在蒙受诸佛法益之后，他更舍俗出家；出家之后，又再继续闻法，因此能得到陀罗尼，成为闻持法师。他安住在此地时，经过百劫，经过千劫，乃至于无量百千亿那由他劫，所有的善根都转变得更加明净。

"佛子啊！就譬如砗磲能将真金磨得更加晶莹，更加明净一般。此地菩萨的所有善根也是如此，用方便智慧思惟观察，可以使善根变得更加明净。

"佛子啊！菩萨安住在这个难胜地，用方便智慧所成就的功德，是下地菩萨的善根所不能及的。佛子啊！说像日、月、星宿，以及宫殿的光明，完全是受风力所支持，才不会沮坏，其他的风力也不能倾动。此地菩萨的所有善根，因为是用方便智慧随着境界逐次观察，因此不会沮坏，更不是一切声闻、独觉以及世间的善根所能倾动。这位菩萨在十波罗蜜中，多修禅波罗蜜；其余的波罗蜜并非不修，只是随力着心、随着因缘而修习。

"佛子啊！这是简略地说明菩萨摩诃萨的第五地——难胜地。

"菩萨安住在此地，多作欲界四天的兜率陀天王，能够自在地度化众生，降伏一切邪见外道，能使众生安住于真实谛义。他实践布施、爱语、利行、同事，如此一切种种所作之事，都不离念佛、不离念法、不离念僧，乃至于不离念具足一切种智、一切智智。他又这样想：'我应当于众生中为首、为胜、为殊胜、为妙、为微妙、为上、为无上，乃至于为一切智智所依止者。'

"这位菩萨如果发心精进，能在一念之间得到千亿种三昧，见到千亿位佛陀，知道千亿位佛陀的神通力，能够震动千亿的诸佛世界，乃至于示现千亿的化身，而每一个化身都有千亿的菩萨作为眷属。如果菩萨能用殊胜的愿力自在示现，更是超过这个数目，即使用百劫、千劫乃至百千亿那由他劫的时间来计数，也不能尽知。"

这时，金刚藏菩萨摩诃萨想要复述刚才所讲的义理，就宣说以下的偈颂：

菩萨四地已善清净，思惟三世诸佛平等，

戒心除疑道无非道，如是观察进入五地。

念处为弓根为利箭，正动为马神足为车，

五力坚铠被诸怨敌，勇健不退入于五地。

惭愧为衣觉分宝鬘，净戒为香禅定涂香，

智慧方便妙相庄严，入总持林三昧园苑。

如意为足正念为颈，慈悲为眼智慧齿牙，

入中师子无我大吼，破烦恼怨入于五地。

菩萨住此第五地中，转修胜上清净佛道，

志求佛法心不退转，思念慈悲无有厌倦。

积集福智胜妙功德，精勤方便观诸上地，

佛力所加具足念慧，了知四谛皆如实知。

善知世谛第一义谛，相谛差别成立谛相，

事谛生尽及道智谛，乃至如来无碍智谛。

如是观谛虽极微妙，未得无碍胜义解脱，

以此能生大功德力，是故超过世间智慧。

既观谛已了知有为，体性虚伪无有坚实，

得佛慈悯大光明分，为利众生求佛智慧。

观诸有为先际后际，无明黑暗爱结缠缚，

流转迟回诸苦聚中，无我无人无寿命者。

爱取为因受来生苦，欲求边际而不可得，
迷妄漂流无有返期，此等可悯我皆应度。
蕴宅界蛇诸见似箭，心火猛炽迷痴暗重，
爱河漂转目不暇观，苦海沦胥阙明导引。
如是知已转勤精进，所作皆为度诸众生，
名为有念有智慧者，乃至觉解具方便者。
习行福智无有厌足，恭敬多闻心不疲倦，
国土相好皆悉庄严，如是一切为诸众生。
为欲教化诸世间人，善知书数印等法要，
亦复喜解诸方药剂，疗治众病悉令安愈。
文辞歌舞皆悉巧妙，宫宅园池悉皆安稳，
宝藏非一咸示人等，利益无量众生之故。
日月星宿大地震动，乃至身相亦皆观察，
四禅无色及诸神通，为益世间悉皆显示。
智者住此难胜地中，供那由他佛亦听法，
如以妙宝磨炼真金，所有善根转更明净。
譬如星宿在虚空中，风力所持无有损动，
亦如莲华不着于水，如是大士行于世间。
住此多作兜率天王，能摧异道诸神邪见，
所修诸喜为佛智慧，愿得十力救诸众生。
彼复修行大精进道，即时供养千亿诸佛，
得定动刹亦复皆然，愿力所作过于如是。
如是第五难胜之地，人中最上真实大道，
我以种种方便力故，为诸佛子宣说究竟。

【注释】

❶ 以下是第四焰慧地，初为赞请之颂。

❷ 广心：救济一切众生之同体大悲心。

❸ 大心：开发远大的佛智见之心，所以广大心为轻视小乘的狭小志乐的话语。

❹ 原经文为"内法"，即开显第四地出世间的殊胜智慧能契于法体，而非外相，故称内法。

❺ 无明烦恼的无始称为前际，涅槃的无终称为后际。

❻ 四念处观：又名"四念住"，即观身不净、观受是苦、观心无常、观法无我。这四种观法，都是以智慧为体，以慧观的力量，把心安住在道法上。

❼ 原文经为"内身"，即自己体内的有情色为内身，即自身之义。

❽ 原经文为"循身观"。"循"是遍及寻求之义，就自身遍观不净的意思。

❾ 原经文为"外身"，即外在的非情物。

❿ 内外身：其他有情，即指他人。

⓫ 原经文为"欲定"，即以定力为主体，以意欲为辅助，安住而修。

⓬ 七觉分：又名"七觉支"，或"七菩提分"。是为五根、五力所显发的七种觉悟，即念觉分、择法觉分、精进觉分、喜觉分、猗觉分、定觉分、舍觉分。

⓭ 八正道：又名"八圣道"，是八种可趣入圣果位者的道法，即正见、正思惟、正语、正业、正命、正精进、正念、正定八种。

⓮ 十八不共佛法：佛的十八种功德法，唯佛独有，不与三乘共有，故云不共，即身无失、口无失、念无身、无思想、无不定心、再不知已舍、欲无减、精进无减、念无减、慧无减、解脱无减、解脱知见无减、一切身业随智慧行、一切口业随智慧行，一切意业随智慧行、智慧知过去世无碍、智慧知未来世无碍、智慧知现在世无碍。

⓯ 不杂染：精进之行平等流注，不与懈怠共。

⓰ 以下是第五难胜地，初为赞请之颂。

卷第三十七
十地品第二十六之四

【原典】

第六地❶

菩萨既闻诸胜行，其心欢喜雨妙华，放净光明散宝珠，供养如来称善说。

百千天众皆欣庆，共在空中散众宝，华鬘璎珞及幢幡，宝盖涂香咸供佛。

自在天王并眷属，心生欢喜住空中，散宝成云持供养，赞言佛子快宣说。

无量天女空中住，共以乐音歌赞佛，音中悉作如是言：佛语能除烦恼病。

法性本寂无诸相，犹如虚空不分别，超诸取著绝言道，真实平等常清净。

若能通达诸法性，于有于无心不动。为欲救世勤修行，此佛口生真佛子。

不取众相而行施，本绝诸恶坚持戒，解法无害常堪忍，知法性离具精进，

已尽烦恼入诸禅，善达性空分别法，具足智力能博济，灭除众恶
称大士。

如是妙音千万种，赞已默然瞻仰佛。

解脱月语金刚藏：以何行相入后地？

尔时，金刚藏菩萨告解脱月菩萨言："佛子！菩萨摩诃萨已具足第五
地，欲入第六现前地，当观察十平等法。何等为十？所谓一切法无相故平
等，无体故平等，无生故平等，无灭❷故平等，本来清净故平等，无戏论
故平等，无取舍故平等，寂静故平等，如幻、如梦、如影、如响、如水中月、
如镜中像、如焰、如化故平等，有、无不二故平等。菩萨如是观一切法自
性清净，随顺无违，得入第六现前地，得明利随顺忍，未得无生法忍。

"佛子！此菩萨摩诃萨如是观已，复以大悲为首、大悲增上、大悲满足，
观世间生灭，作是念：'世间受生皆由著我，若离此著，则无生处。'复作
是念：'凡夫无智，执著于我，常求有、无，不正思惟，起于妄行，行于邪道，
罪行、福行、不动行，积集增长，于诸行中植心种子，有漏有取，复起后
有生及老死。所谓业为田，识为种，无明暗覆，爱水为润，我慢溉灌，见
网增长，生名色芽，名色增长生五根，诸根相对生触，触对生受，受后希
求生爱，爱增长生取，取增长生有，有生已，于诸趣中起五蕴身名生，生
已衰变为老，终殁为死。于老死时，生诸热恼，因热恼故，忧愁悲叹，众
苦皆集。此因缘故，集无有集者，任运而灭亦无灭者。'菩萨如是随顺观
察缘起之相。佛子！此菩萨摩诃萨复作是念：'于第一义谛不了故名无明，
所作业果是行，行依止初心是识，与识共生四取蕴为名色，名色增长为六
处，根、境、识三事和合是触，触共生有受，于受染著是爱，爱增长是取，
取所起有漏业为有，从业起蕴为生，蕴熟为老，蕴坏为死。死时离别，愚
迷贪恋，心胸烦闷为愁，涕泗咨嗟为叹，在五根为苦，在意地为忧，忧苦
转多为恼。如是但有苦树增长，无我、无我所，无作、无受者。'复作是念：
'若有作者，则有作事，若无作者，亦无作事，第一义中俱不可得。'佛子！
此菩萨摩诃萨复作是念：'三界所有，唯是一心。如来于此分别演说十二有

支，皆依一心，如是而立。何以故？随事贪欲与心共生，心是识，事是行，于行迷惑是无明，与无明及心共生是名色，名色增长是六处，六处三分合为触，触共生是受，受无厌足是爱，爱摄不舍是取，彼诸有支生是有，有所起名生，生熟为老，老坏为死。'

"佛子！此中无明有二种业，一令众生迷于所缘，二与行作生起因。行亦有二种业，一能生未来报，二与识作生起因。识亦有二种业，一令诸有相续，二与名色作生起因。名色亦有二种业，一互相助成，二与六处作生起因。六处亦有二种业，一各取自境界，二与触作生起因。触亦有二种业，一能触所缘，二与受作生起因。受亦有二种业，一能领受爱憎等事，二与爱作生起因。爱亦有二种业，一染著可爱事，二与取作生起因。取亦有二种业，一令诸烦恼相续，二与有作生起因。有亦有二种业，一能令于余趣中生，二与生作生起因。生亦有二种业，一能起诸蕴，二与老作生起因。老亦有二种业，一令诸根变异，二与死作生起因。死亦有二种业，一能坏诸行，二不觉知故相续不绝。

"佛子！此中无明缘行，乃至生缘老死者，由无明乃至生为缘，令行乃至老死不断，助成故。无明灭则行灭，乃至生灭则老死灭者，由无明乃至生不为缘，令诸行乃至老死断灭，不助成故。佛子！此中无明、爱、取不断是烦恼道，行、有不断是业道，余分不断是苦道。前后际分别灭三道断，如是三道离我、我所，但有生灭，犹如束芦。复次，无明缘行者，是观过去，识乃至受，是观现在，爱乃至有，是观未来。于是以后，展转相续。无明灭行灭者，是观待断。复次，十二有支名为三苦，此中无明、行乃至六处是行苦，触、受是苦苦，余是坏苦。无明灭行灭者，是三苦断。复次，无明缘行者，无明因缘能生诸行。无明灭行灭者，以无无明，诸行亦无，余亦如是。又无明缘行者，是生系缚。无明灭行灭者，是灭系缚。余亦如是。又无明缘行者，是随顺无所有观。无明灭行灭者，是随顺尽灭观。余亦如是。

"佛子！菩萨摩诃萨如是十种逆顺观诸缘起。所谓有支相续故，一心所摄故，自业差别故，不相舍离故，三道不断故，观过去、现在、未来故，三苦聚集故，因缘生灭故，生灭系缚故，无所有尽观故。佛子！菩萨摩诃萨以如是十种相观诸缘起，知无我、无人、无寿命、自性空、无作者、无受者，即得空解脱门现在前。观诸有支皆自性灭，毕竟解脱，无有少法相生，即时得无相解脱门现在前。如是入空、无相已，无有愿求，唯除大悲为首，教化众生，即时得无愿解脱门现在前。菩萨如是修三解脱门，离彼、我想，离作者、受者想，离有、无想。

"佛子！此菩萨摩诃萨大悲转增，精勤修习，为未满菩提分法令圆满故作是念：'一切有为，有和合则转，无和合则不转；缘集则转，缘不集则不转。我如是知有为法多诸过患，当断此和合因缘，然为成就众生故，亦不毕竟灭于诸行。'佛子！菩萨如是观察有为多诸过患，无有自性，不生不灭，而恒起大悲，不舍众生，即得般若波罗蜜现前，名无障碍智光明。成就如是智光明已，虽修习菩提分因缘而不住有为中，虽观有为法自性寂灭亦不住寂灭中，以菩提分法未圆满故。

"佛子！菩萨住此现前地，得入空三昧、自性空三昧、第一义空三昧、第一空三昧、大空三昧、合空三昧、起空三昧、如实不分别空三昧、不舍离空三昧、离不离空三昧。此菩萨得如是十空三昧门为首，百千空三昧皆悉现前。如是十无相、十无愿三昧门为首，百千无相、无愿三昧门皆悉现前。佛子！菩萨住此现前地，复更修习满足不可坏心、决定心、纯善心、甚深心、不退转心、不休息心、广大心、无边心、求智心、方便慧相应心，皆悉圆满。佛子！菩萨以此心顺佛菩提，不惧异论，入诸智地，离二乘道，趣于佛智，诸烦恼魔无能沮坏，住于菩萨智慧光明，于空、无相、无愿法中皆善修习，方便智慧恒共相应，菩提分法常行不舍。佛子！菩萨住此现前地中，得般若波罗蜜行增上，得第三明利顺忍，以于诸法如实相随顺无违故。

"佛子！菩萨住此现前地已，以愿力故，得见多佛。所谓见多百佛，乃至见多百千亿那由他佛，悉以广大心、深心，供养恭敬，尊重赞叹，衣服、饮食、卧具、汤药，一切资生悉以奉施，亦以供养一切众僧，以此善根回向阿耨多罗三藐三菩提。于诸佛所，恭敬听法，闻已受持，得如实三昧智慧光明，随顺修行，忆持不舍。又得诸佛甚深法藏，经于百劫，经于千劫，乃至无量百千亿那由他劫，所有善根转更明净。譬如真金，以毗琉璃宝数数磨莹，转更明净。此地菩萨所有善根亦复如是，以方便慧，随逐观察，转更明净，转复寂灭，无能映蔽。譬如月光，照众生身，令得清凉，四种风轮所不能坏。此地菩萨所有善根亦复如是，能灭无量百千亿那由他众生烦恼炽火，四种魔道所不能坏。此菩萨，十波罗蜜中般若波罗蜜偏多，余非不修，但随力随分。

"佛子！是名略说菩萨摩诃萨第六现前地。菩萨住此地，多作善化天王，所作自在，一切声闻所有问难无能退屈，能令众生除灭我慢、深入缘起。布施、爱语、利行、同事，如是一切诸所作业，皆不离念佛，乃至不离念具足一切种、一切智智。复作是念：'我当于一切众生中为首、为胜，乃至为一切智智依止者。'此菩萨若勤行精进，于一念顷，得百千亿三昧，乃至示现百千亿菩萨以为眷属。若以愿力自在示现，过于此数，乃至百千亿那由他劫不能数知。"

尔时，金刚藏菩萨欲重宣其义，而说颂曰：

菩萨圆满五地已，观法无相亦无性，无生无灭❸本清净，无有戏论无取舍，

体相寂灭如幻等，有无不二离分别，随顺法性如是观，此智得成入六地。

明利顺忍智具足，观察世间生灭相，以痴暗力世间生，若灭痴暗世无有。

观诸因缘实义空，不坏假名和合用，无作无受无思念，诸行如云遍兴起。

不知真谛名无明，所作思业愚痴果，识起共生是名色，如是乃至众苦聚。

了达三界依心有，十二因缘亦复然，生死皆由心所作，心若灭者生死尽。

无明所作有二种，缘中不了为行因，如是乃至老终殁，从此苦生

无有尽。

无明为缘不可断，彼缘若尽悉皆灭，愚痴爱取烦恼支，行有是业余皆苦。

痴至六处是行苦，触受增长是苦苦，所余有支是坏苦，若见无我三苦灭。

无明与行为过去，识至于受现在转，爱取有生未来苦，观待若断边际尽。

无明为缘是生缚，于缘得离缚乃尽，从因生果离则断，观察于此知性空。

随顺无明起诸有，若不随顺诸有断，此有彼有无亦然，十种思惟心离著。

有支相续一心摄，自业不离及三道，三际三苦因缘生，系缚起灭顺无尽。

如是普观缘起行，无作无受无真实，如幻如梦如光影，亦如愚夫逐阳焰。

如是观察入于空，知缘性离得无相，了其虚妄无所愿，唯除慈愍为众生。

大士修行解脱门，转益大悲求佛法，知诸有为和合作，志乐决定勤行道。

空三昧门具百千，无相无愿亦复然，般若顺忍皆增上，解脱智慧得成满。

复以深心多供佛，于佛教中修习道，得佛法藏增善根，如金琉璃所磨莹。

如月清凉被众物，四风来触无能坏；此地菩萨超魔道，亦息群生烦恼热。

此地多作善化王，化导众生除我慢，所作皆求一切智，悉已超胜声闻道。

此地菩萨勤精进，获诸三昧百千亿，亦见若干无量佛，譬如盛夏空中日。

甚深微妙难见知，声闻独觉无能了，如是菩萨第六地，我为佛子已宣说。

第七地

是时天众心欢喜，散宝成云在空住，普发种种妙音声，告于最胜清净者：

了达胜义智自在，成就功德百千亿，人中莲华无所著，为利群生演深行。

自在天王在空中，放大光明照佛身，亦散最上妙香云，普供除忧烦恼者。

尔时天众皆欢喜，悉发美音同赞述：我等闻斯地功德，则为已❹获大善利。

天女是时心庆悦，竞奏乐音千万种，悉以如来神力故，音中共作如是言：

威仪寂静最无比，能调难调世应供，已超一切诸世间，而行于世间妙道。

虽现种种无量身，知身一一无所有，巧以言辞说诸法，不取文字音声相。

往诣百千诸国土，以诸上供供养佛，智慧自在无所著，不生于我佛国想。

虽勤教化诸众生，而无彼己一切心；虽已修成广大善，而于善法不生著。

以见一切诸世间，贪恚痴火常炽然，于诸想念悉皆离，发起大悲精进力。

一切诸天及天女，种种供养称赞已，悉共同时默然住，瞻仰人尊愿闻法。

时解脱月复请言：此诸大众心清净，第七地中诸行相，唯愿佛子为宣说！

尔时，金刚藏菩萨告解脱月菩萨言："佛子！菩萨摩诃萨具足第六地行已，欲入第七远行地，当修十种方便慧起殊胜道。何等为十？所谓虽善修空、无相、无愿三昧，而慈悲不舍众生，虽得诸佛平等法，而乐常供养佛；虽入观空智门，而勤集福德；虽远离三界，而庄严三界；虽毕竟寂灭诸烦恼焰，而能为一切众生起灭贪、嗔、痴烦恼焰；虽知诸法如幻、如梦、如影、如响、如焰、如化、如水中月、如镜中像、自性无二，而随心作业无量差别；虽知一切国土犹如虚空，而能以清净妙行庄严佛土；虽知诸佛法身本性无身，而以相好庄严其身；虽知诸佛音声性空寂灭不可言说，而能随一切众生出种种差别清净音声；虽随诸佛了知三世唯是一念，而随众生意解分别，以种种相、种种时、种种劫数而修诸行。菩萨以如是十种方便慧起殊胜行，从第六地入第七地。入已，此行常现在前，名为住第七远行地。

"佛子！菩萨摩诃萨住此第七地已，入无量众生界，入无量诸佛教化众生业，入无量世界网，入无量诸佛清净国土，入无量种种差别法，入无量诸佛现觉智，入无量劫数，入无量诸佛觉了三世智，入无量众生差别信解，入无量诸佛示现种种名色身，入无量众生欲乐诸根差别，入无量诸佛语言音声令众生欢喜，入无量众生种种心行，入无量诸佛了知广大智，入无量声闻乘信解，入无量诸佛说智道令信解，入无量辟支佛所成就，入无量诸佛说甚深智慧门令趣入，入无量诸菩萨方便行，入无量诸佛所说大乘集成事令菩萨得入。此菩萨作是念：'如是无量如来境界，乃至于百千亿那由他劫不能得知，我悉应以无功用无分别心成就圆满。'

"佛子！此菩萨以深智慧如是观察，常勤修习方便慧起殊胜道，安住不动，无有一念休息废舍。行、住、坐、卧乃至睡梦，未曾暂与盖障相应，常不舍于如是想念。此菩萨于念念中，常能具足十波罗蜜。何以故？念念皆以大悲为首，修行佛法，向佛智故。所有善根，为求佛智，施与众生，是名檀那波罗蜜；能灭一切诸烦恼热，是名尸罗波罗蜜；慈悲为首，不损众生，是名羼提波罗蜜；求胜善法，无有厌足，是名毗梨耶波罗蜜；一切智道常现在前，未尝散乱，是名禅那波罗蜜；能忍诸法无生无灭，是名般若波罗蜜；能出生无量智，是名方便波罗蜜；能求上上胜智，是名愿波罗蜜；一切异论及诸魔众无能沮坏，是名力波罗蜜；如实了知一切法，是名智波罗蜜。佛子！此十波罗蜜，菩萨于念念中皆得具足。如是，四摄、四持、三十七品、三解脱门，略说乃至一切菩提分法，于念念中皆悉圆满。”

尔时，解脱月菩萨问金刚藏菩萨言：“佛子！菩萨但于此第七地中满足一切菩提分法，为诸地中亦能满足？”

金刚藏菩萨言：“佛子！菩萨于十地中皆能满足菩提分法，然第七地最为殊胜。何以故？此第七地功用行满，得入智慧自在行故。佛子！菩萨于初地中，缘一切佛法愿求故，满足菩提分法。第二地离心垢故，第三地愿转增长得法光明故，第四地入道故，第五地顺世所作故，第六地入甚深法门故，第七地起一切佛法故，皆亦满足菩提分法。何以故？菩萨从初地乃至第七地，成就智功用分。以此力故，从第八地乃至第十地，无功用行皆悉成就。佛子！譬如有二世界，一处杂染，一处纯净，是二中间难可得过，唯除菩萨有大方便神通愿力。佛子！菩萨诸地亦复如是，有杂染行，有清净行，是二中间难可得过，唯除菩萨有大愿力方便智慧乃能得过。”

解脱月菩萨言：“佛子！此七地菩萨，为是染行？为是净行？”

金刚藏菩萨言：“佛子！从初地至七地，所行诸行皆舍离烦恼业，以回向无上菩提故，分得平等道故，然未名为超烦恼行。佛子！譬如转轮圣王，乘天象宝游四天下，知有贫穷困苦之人，而不为彼众患所染，然未名为超过人位。若舍王身，生于梵世，乘天宫殿，见千世界，游千世界，示现梵天光明威德，尔乃名为超过人位。佛子！菩萨亦复如是，始从初地至于七地，乘波罗蜜乘，游行世间，知诸世间烦恼过患，以乘正道故，不为烦恼过失所染，然未名为超烦恼行。若舍一切有功用行，从第七地入第八地，乘菩萨清净乘，游行世间，知烦恼过失，不为所染，尔乃名为超烦恼行，以得一切尽超过故。佛子！此第七地菩萨尽超过多贪等诸烦恼众住此地，不名有烦恼者，不名无烦恼者。何以故？一切烦恼不现行故，不名有者；求如来智心未满故，不名无者。

"佛子！菩萨住此第七地，以深净心，成就身业，成就语业，成就意业。所有一切不善业道如来所诃，皆已舍离；一切善业如来所赞，常善修行。世间所有经书、技术，如五地中说，皆自然而行，不假功用。此菩萨于三千大千世界中为大明师，唯除如来及八地已上其余菩萨，深心妙行无与等者，诸禅三昧、三摩钵底、神通解脱皆得现前。然是修成，非如八地报得成就。此地菩萨于念念中具足修习方便智力及一切菩提分法，转胜圆满。

"佛子！菩萨住此地，入菩萨善观择三昧、善择义三昧、最胜慧三昧、分别义藏三昧、如实分别义三昧、善住坚固根三昧、智慧神通门三昧、法界业三昧、如来胜利三昧、种种义藏生死涅槃门三昧，入如是等具足大智神通门百万三昧，净治此地。是菩萨得此三昧，善治净方便慧故，大悲力故，超过二乘地，得观察智慧地。佛子！菩萨住此地，善净无量身业无相行，善净无量语业无相行，善净无量意业无相行故，得无生法忍光明。"

解脱月菩萨言："佛子！菩萨从初地来所有无量身、语、意业，岂不超过二乘耶？"

金刚藏菩萨言："佛子！彼悉超过，然但以愿求诸佛法故，非是自智观察之力。今第七地自智力故，一切二乘所不能及。譬如王子，生在王家，王后所生，具足王相。生已，即胜一切臣众，但以王力，非是自力。若身长大，艺业悉成，乃以自力超过一切。菩萨摩诃萨亦复如是，初发心时，以志求大法故，超过一切声闻、独觉。今住此地，以自所行智慧力故，出过一切二乘之上。佛子！菩萨住此第七地，得甚深远离无行、常行身语意业，勤求上道而不舍离，是故菩萨虽行实际而不作证。"

解脱月菩萨言："佛子！菩萨从何地来，能入灭定？"

金刚藏菩萨言："佛子！菩萨从第六地来，能入灭定。今住此地，能念念入，亦念念起，而不作证。故此菩萨名为成就不可思议身、语、意业，行于实际而不作证。譬如有人乘船入海，以善巧力不遭水难。此地菩萨亦复如是，乘波罗蜜船行实际海，以愿力故而不证灭。

“佛子！此菩萨得如是三昧智力，以大方便，虽示现生死，而恒住涅槃；虽眷属围绕，而常乐远离；虽以愿力三界受生，而不为世法所染；虽常寂灭，以方便力而还炽然，虽然不烧；虽随顺佛智，而示入声闻、辟支佛地；虽得佛境界藏，而示住魔境界；虽超魔道，而现行魔法；虽示同外道行，而不舍佛法；虽示随顺一切世间，而常行一切出世间法。所有一切庄严之事，出过一切天、龙、夜叉、乾闼婆、阿修罗、迦楼罗、紧那罗、摩睺罗伽、人及非人、帝释、梵王、四天王等之所有者，而不舍离乐法之心。

“佛子！菩萨成就如是智慧，住远行地，以愿力故，得见多佛。所谓见多百佛，乃至见多百千亿那由他佛。于彼佛所，以广大心、增胜心，供养恭敬，尊重赞叹，衣服、饮食、卧具、医药，一切资生悉以奉施，亦以供养一切众僧，以此善根回向阿耨多罗三藐三菩提。复于佛所恭敬听法，闻已受持，获如实三昧智慧光明，随顺修行。于诸佛所护持正法，常为如来之所赞喜，一切二乘所有问难无能退屈，利益众生，法忍清净。如是经无量百千亿那由他劫，所有善根转更增胜。譬如真金，以众妙宝间错庄严，转更增胜，倍益光明，余庄严具所不能及。菩萨住此第七地所有善根亦复如是，以方便慧力转更明净，非是二乘之所能及。佛子！譬如日光，星月等光无能及者，阎浮提地所有泥潦悉能干竭。此远行地菩萨亦复如是，一切二乘无有能及，悉能干竭一切众生诸惑泥潦。此菩萨，十波罗蜜中方便波罗蜜偏多，余非不修❺，但随力随分。

“佛子！是名略说菩萨摩诃萨第七远行地。菩萨住此地，多作自在天王，善为众生说证智法，令其证入。布施、爱语、利行、同事，如是一切诸所作业，皆不离念佛，乃至不离念具足一切种、一切智智。复作是念：‘我当于一切众生中为首、为胜，乃至为一切智智依止者。’此菩萨若发勤精进，于一念顷，得百千亿那由他三昧，乃至示现百千亿那由他菩萨以为眷属。若以菩萨殊胜愿力自在示现，过于此数，乃至百千亿那由他劫不能数知。”

尔时，金刚藏菩萨欲重宣此义，而说颂曰：

第一义智三昧道，六地修行心满足，即时成就方便慧，菩萨以此入七地。

虽明三脱起慈悲，虽等如来勤供佛，虽观于空集福德，菩萨以此升七地。

远离三界而庄严，灭除惑火而起焰，知法无二勤作业，了刹皆空乐严土，

解身不动具诸相，达声性离善开演，入于一念事各别，智者以此升七地。

观察此法得明了，广为群迷兴利益，入众生界无有边，佛教化业亦无量。

国土诸法与劫数，解欲心行悉能入，说三乘法亦无限，如是教化诸群生。

菩萨勤求最胜道，动息不舍方便慧，一一回向佛菩提，念念成就波罗蜜。

发心回向是布施，灭惑为戒不害忍，求善无厌斯进策，于道不动即修禅，

忍受无生名般若，回向方便希求愿，无能摧力善了智，如是一切皆成满。

初地攀缘功德满，二地离垢三诤息，四地入道五顺行，第六无生智光照，

七住菩提功德满，种种大愿皆具足，以是能令八地中，一切所作咸清净。

此地难过智乃超，譬如世界二中间，亦如圣王无染著，然未名为总超度。

若住第八智地中，尔乃逾于心境界，如梵观世超人位，如莲处水无染著。

此地虽超诸惑众，不名有惑非无惑，以无烦恼于中行，而求佛智心未足。

世间所有众技艺，经书辞论普明了，禅定三昧及神通，如是修行

悉成就。

　　菩萨修成七住道，超过一切二乘行，初地愿成此由智，譬如王子力具足。

　　成就甚深仍进道，心心寂灭不取证；譬如乘船入海中，在水不为水所溺。

　　方便慧行功德具，一切世间无能了，供养多佛心益明，如以妙宝庄严金。

　　此地菩萨智最明，如日舒光竭爱水，又作自在天中主，化导群生修正智。

　　若以勇猛精勤力，获多三昧见多佛，百千亿数那由他，愿力自在复过是。

　　此是菩萨远行地，方便智慧清净道，一切世间天及人，声闻独觉无能知。

注释

❶ 大正本原无"第六地"三字，今依前后文意增之。

❷ "灭"，大正本原作"成"，今依明本改之。

❸ "灭"，大正本原作"成"，今依三本及宫本改之。

❹ "已"，大正本原作"己"，今依前后文意改之。

❺ "修"，大正本原作"行"，今依三本及宫本改之。

【白话语译】

第六地

❶菩萨既闻诸地胜行，其心欢喜天雨妙华，

放净光明雨散宝珠，供养如来称善哉说。

百千天众皆悉欣庆，共在空中散众珍宝，

华鬘璎珞及宝幢幡，宝盖涂香咸供养佛。

自在天王并其眷属，心生欢喜住于空中，

散宝成云广持供养，赞言佛子快宣此说。

无量天女空中安住，共以乐音歌赞佛陀，

音中悉作如是妙言：佛语能除众烦恼病。

法性本寂本无诸相，犹如虚空不可分别，

超诸取着绝于言道，真实平等常住清净。

若能通达诸法自性，于有于无心不动摇，

为欲救世精勤修行，此佛口生乃真佛子。

不取众相而行布施，本绝诸恶坚持净戒，

解法无害常堪忍辱，知法性离具诸精进。

已尽烦恼入诸禅定，善达性空分别法要，

具足智力能博济众，灭除众恶善称大士。

如是妙音有千万种，赞已默然瞻仰佛陀，

解脱月语金刚藏言：以何行相入于后地？

这时，金刚藏菩萨告诉解脱月菩萨说："佛子啊！菩萨摩诃萨已经圆满具足第五地，想要再进入第六现前地，应当观察十种平等法。是哪十种呢？一，一切的法无相，所以是平等的；二，一切的法无体性，所以是平等的；三，一切的法无生，所以是平等的；四，一切的法无灭，所以是平等的；

五，一切的法本来清净，所以是平等的；六，一切的法无戏论，所以是平等的；七，一切的法没有执取舍弃，所以是平等的；八，一切的法寂静，所以是平等的；九，一切的法宛如幻化，宛如梦境，宛如影像，宛如声响，宛如水中的月亮，宛如镜中的映像，宛如火焰，宛如变化，所以是平等的；十，相对的有与无，其体性不二无异，所以是平等的。菩萨如此观察一切法的清净自性，随顺着法，不违背法的真理，所以得以进入第六现前地，得证明利的随顺法忍❷，但是还未得证无生法忍❸。

"佛子啊！这位菩萨摩诃萨如此观察之后，又以大悲为上首，用大悲增上，用大悲满足，观察世间的生灭。

"他这样想着：'世间的受生皆起缘于我执，若离开我执，就没有生起。'

"他又这样想：'凡夫愚痴无智，执着有我，一直追求有或无，思想不正，心中总是生起种种无明妄想，而做出不合正道的行为；因此罪恶的业行、福善的业行、禅定的业行❹，夹杂不清，积集增长。这种种行为，无不种下日后受生的种子；因为有漏失、有执取，就会生起后世的生与老死。这就是所谓的用业行为田地，用心识作种子，用无明覆盖，用执爱的水滋润，用我慢灌溉，因此增长知见执着之网，产生精神与物质的名色芽，身心的名色不断增长，就产生身体的眼、耳、鼻、舌、身等五根器官，当诸根相对的时候就生起触觉，触觉的相对又生起感受，感受之后又产生希求生起渴爱，渴爱的念头又增长而生起贪取执着，由贪取执着再增长而生起存有。存有生起之后，产生六道诸趣的五蕴色身，这就是生；出生之后身心不断衰老，最后终于消没死亡。当老死的时候，又产生各种热恼，而忧愁悲叹不已，各种的苦痛都聚集在一起。这些现象都是由于因缘集散。事实上，这些聚集的现象，并没有聚集的主体；而最后任运而灭的时候，也没有消灭的主体。'

"菩萨如此随顺观察缘起的各种现象。

"佛子啊！这位菩萨摩诃萨又这样想：'无明是指不明了佛法的第一义谛，又无明造作的业果称为行，与行所依止的初心是识，与识共同出生的色、受、想、行四取蕴就称为名色，名色再增长为眼、耳、鼻、舌、身、意六处，六根、六境、六识三事和合便是触觉，与触觉共生而有感受，染着感受便是渴爱，渴爱增长便为执取，执取所起的有漏烦恼就是有，再从业生起的五蕴和合就是生，五蕴成熟衰退就是老，五蕴毁坏了便是死。死时的离别之苦、愚昧贪恋、心胸烦闷就形成忧愁，因忧伤而涕泪纵横就形成哀叹，这种哀叹对身体的五根感受称为痛苦，对意识境地的感受称为忧戚，忧苦转多则称为烦恼。这种情形，就像一棵树上面结满了苦果，日日增长。但是根本说没有我这个个体以及我所有的事物，没有造作的人，也没有承受的人。'

"他又这样想：'若有造作的人，便有造作的事；若没有造作的人，便没有造作的事。所有生命缘起的现象，在第一义谛中都是虚妄而了不可得的。'

"佛子啊！这位菩萨摩诃萨又这样想：'三界中所有的一切，都不过是一心的化现而已。如来为三界中所有众生分别解释十二种因缘成立的由来，都是依着一心念形成的。为什么呢？随着事相生起的贪欲是无心共生的，心便是意识，因事而产生行为，迷惑的行为便是无明，与无明及心识共生的是名色，名色再增长为眼、耳、鼻、舌、身、意便是六处，六处再三分为根、境、识而和合便是触觉，触觉又共生感受，感受不得满足便生起了爱欲，摄受爱欲不舍便又生执取。以上种种因缘和合就产生了存有的生命力量，而存有的生命力量又会产生接受未来生存的五蕴之身，由生身再成熟变老，老化之后这个生身便毁坏而死。'

"佛子啊！这无明有两种业力：一，能使众生迷惑于所依止的境界；二，成为造作各种业力心行的因缘。行也有两种业力：一，能生出未来的果报；二，成为意识生起的因缘。识也有两种业力：一，使一切生命的存有相续不绝；二，成为精神体的名与肉体的色生起的因缘。名色也有两种业力：一，互相辅助共同成就生命的现象；二，成为身心的眼、耳、鼻、舌、身、意六处生起的因缘。六处也有两种业力：一，各自执取自身的境界；二，成为触境生起的因缘。触也有两种业力：一，能对所缘产生触觉；二，成为感受生起的因缘。受也有两种业力：一，能感受爱恨、怨憎等事；二，成为爱欲生起的因缘。爱也有两种业力：一，染着可爱之事；二，成为贪取生起的因缘。取也有两种业力：一，使种种的烦恼相续不断；二，成为后续生命存有生起的因缘。有也有两种业力：一，能使众生出生在六道诸趣；二，成为后续受生生起的因缘。生也有两种业力：一，能生起未来受生的身心五蕴；二，成为老的生起因缘。老也有两种业力：一，使身心的诸根器官逐渐变异老化；二，成为死的生起因缘。死也有两种业力：一，能败坏所有的生命现象；二，使生命在无明中不觉不知地轮回不断。

"佛子啊！所谓这十二缘起，是由无明缘行到生缘老死等十二因缘相续而成。也就是由无明乃至于生等因缘为缘起的因，使行乃至老死等因缘的果相续不断，由于相互助成，因缘果报因此循环不息。十二缘起中，假如无明消灭了，那么行也同样会消灭；假如生的因缘消灭了，则老死的因缘也会消灭。这也就是，由于无明乃至于生等因缘不再当成缘起因的时候，就会断灭所有的行乃至于老死等因缘的果，不再互相助成，因缘果报从此不能相续。

"佛子啊！十二因缘中，烦恼的根由是因为不能断绝无明、爱欲、贪取，迁业流转是因为生命相续不绝、造作不断，苦痛是因为其余的因缘不曾断绝。但是，如果前际的无明、行等，与后际的爱、取、有，分别都能消灭的话，那么烦恼、业与苦等三道也就都会断绝了。

"以上所说的三道，其实是离于我与我所，体性空寂如幻、生灭不已，没有真实的自性可执着。就犹如一束芦草，需要相互依存才能安立存在；一切的存在，也都是如此，虽然依因缘相互依存而有生灭，但其实都是空无自性的。

"又所谓无明缘行，这二支是用来观察过去世的；识乃至于受，这五支是用来观察现在世的；爱乃至于有，这三支是用来观察未来世的。从此以后，便辗转相续不断。无明灭则行灭等逆观十二缘起，是用此灭故彼灭的原则，依相互观察对待来断除轮回相续。

"又这十二种生命相续存有的支持因缘，可以称为三种苦。其中的无明、行到六处是行为迁流无常的行苦，触与受是强烈感受到苦中之苦的苦苦，其余则是破坏喜乐的坏苦。而无明消灭则行消灭等逆观十二因缘的还净法门，则是断除三苦的方法。

"又无明缘行等顺观十二缘起，是因为无明因缘能生诸行；而无明灭则行灭等逆观十二缘起，是因为无明如果消灭了，则诸行也会消灭。

"又无明缘行等顺观十二缘起，是出生各种系缚，使众生不能解脱的原因；而无明灭则行灭等逆观十二缘起，是消灭各种系缚，使众生解脱的原因。

"又无明缘行等顺观十二缘起，是随顺观察缘生而照了无自性的无所有观❺；而无明灭则行灭等逆观十二缘起，是随顺逆观缘生而照了缘灭为空的尽灭观❻。

"佛子啊！综合以上所说，菩萨摩诃萨用十种观念来逆观、顺观种种缘起：一，十二缘起的现象相续不断；二，十二缘起为一心所摄，都是依心而起；三，十二缘起中，每一缘起的业力各各不同；四，十二缘起彼此不相舍离；五，十二缘起不断，则会出生烦恼道、业道、苦道等三道；六，十二缘起可以观过去世、现在世、未来世；七，十二缘起为行苦、苦苦、坏苦等三苦聚集；八，十二缘起为因缘生灭法；九，十二缘起成就生系缚与灭系缚；十，十二缘起成就无所有观与尽灭观。

"佛子啊！菩萨摩诃萨用这十种观念观察种种缘起，了知没有我的存在，没有人的存在，没有寿命的存在，一切的自性本空，没有造作的主体，也没有受报的客体，即时得证空解脱门现在其前。又观察种种因缘都是自性寂灭，原本就都解脱，根本连一些些法相的生出都了不可得，因此即时得证无相解脱门现在其前。菩萨如此入空、无相解脱门之后，不再有其他任何愿求，除了以大悲为首要，发愿教化众生，因此即时得证无愿解脱门现在其前之外。菩萨如此修习空、无相、无愿三解脱门，终得离开人、我的想法，离开造作者、受者的想法，离开任何存有及不存有的想法。

"佛子啊！这位菩萨摩诃萨更心生大悲，更加精勤修习，为了使未圆满的菩提分法得以圆满。他这样想着：'一切有为的世间现象，一旦和合就会相续不断，没有和合就不会相续不断；因缘聚集就会相续不断，因缘不聚集就不会相续不断。我如实地知道一切有为法的诸多过患，所以应当了断这个和合的因缘；但是为了成就众生，我也不能断尽所有有漏失的业行。'

"佛子啊！菩萨观察一切有为的世间现象，虽会招致许多过患，然而却没有自性，不生亦不灭。他又心生大悲，不愿舍离众生。因此得证般若波罗蜜现在其前，名为无障碍智慧光明。他成就了如此的智慧光明之后，虽然修习菩提分因缘，却不安住有为的世间现象；他虽然观察一切有为法自性寂灭，却不安住寂灭。这是因为他尚未圆满修习菩提分法。

"佛子啊！菩萨安住在这个现前地时，得以进入空三昧、自性空三昧、第一义空三昧、第一空三昧、大空三昧、合空三昧、起空三昧、如实不分别空三昧、不舍离空三昧、离不离空三昧。这位菩萨得证如此的十种空三昧门为首，于是百千空三昧都完全现在其前；同样的，以十无相、十无愿三昧门为首，于是百千无相、无愿三昧门都完全现在其前。

"佛子啊！菩萨安住在这个现前地，又更修习得以满足悲智的不可坏心、信理决定的定心、行为调柔的纯善心、甚深不怖的甚深心、不退自乘的不退转心、向上胜进努力的不休息心、泯绝自他二相的广大心、利生无边的无边心、求上地之智的求智心、以善巧方便化益众生的方便慧相应心，修习圆满这十种大道心。

"佛子啊！菩萨以这样的心，随顺佛菩提，不惧异论，能证入所有的智慧境地，永离声闻、缘觉二乘，趣入智慧，种种的烦恼魔都不能沮坏他的道心。他安住在菩萨的智慧光明中，能善巧修习空、无相、无愿的三解脱法门；而各种的方便善巧智慧，无不与所修习的法门互相应和；他也恒常修行各种菩提分法，从未舍离。

"佛子啊！菩萨安住在这个现前地时，更加增长般若波罗蜜的净业行持，得到上、中、下三品忍法中最上品顺忍明利。这是因为他能随顺如实法相而不违背一切诸法。

"佛子啊！菩萨安住在这个境地之后，因为原本的愿力，使他得以见到多位佛，也就是见到多百位佛，乃至于见到多百千亿那由他位佛。菩萨都以广大心、深心，恭敬供养，尊重赞叹。不管是衣服、饮食、卧具、汤药、一切资益生活的用品，都完全奉施诸佛，也供养一切僧众，并将这个善根回向无上正等正觉。他恭敬听闻诸佛说法，听完之后更信受奉持，因此能证得如实三昧的智慧光明，且能随顺这个智慧修行，护持忆念从不暂舍。他又得到诸佛的甚深法藏，因此经过百劫、经过千劫，乃至于无量百千亿那由他劫，所有的善根都变得更加明净。

"就如毗琉璃不断地磨莹真金，只会使真金变得更明净。此地菩萨的所有善根也是这样，用具足善巧方便的智慧，随类逐一观察之后，就变得更为明净，也变得更为寂灭，任何的光明都无能遮蔽。

"就譬如月光的照映，可使众生得到清凉，四种风轮❼都不能毁坏月光。此地菩萨的所有善根也是如此，能够消灭无量百千亿那由他众生的烦恼大火，四种魔道都无法破坏。

"这位菩萨在十波罗蜜中，多修般若波罗蜜；其余的并非不修，只是随顺能力与因缘而修学。

"佛子啊！这是简略说明菩萨摩诃萨的第六地——现前地。

"菩萨安住在此地，多作善化天王，所有造作都能自在，所有声闻的疑难问题都不能令他退怯屈服。他能够使众生除灭我慢，深入缘起的智慧。他实践布施、爱语、利行、同事，如此一切造作的业行，都不离念佛，乃至于不离念具足一切种智、一切智智。他又这样想：'我应当于一切众生当中，为首、为胜，乃至于为一切智智所依止者。'

"这位菩萨如果精进修行，就能在一念之间，得到百千亿三昧，乃至示现百千亿菩萨作为眷属。如果他以愿力自在示现，所证得的三昧无菩萨眷属更是超过这个数目，甚至以百千亿那由他劫来计算，也不能尽知。"

这时，金刚藏菩萨想要复述刚才所讲的要义，就说出以下的偈颂：

菩萨圆满五地已竟，观法无相亦无自性，
无生无灭本自清净，无有戏论亦无取舍。
体相寂灭宛如幻等，有无不二离诸分别，

随顺法性如是观察，此智得成入于六地。

明利顺忍智慧具足，观察世间生灭于相，

以痴暗力世间乃生，若灭痴暗世间无有。

观诸因缘真实义空，不坏假名和合为用，

无作无受无思念者，诸行如云遍而兴起。

不知真谛名为无明，所作思业愚痴果报，

识起共生是为名色，如是乃至众苦集聚。

了达三界依心而有，十二因缘皆亦复然，

生死皆由心所造作，心若灭者生死已尽。

无明所作有二种业，缘中不了为行生因，

如是乃至老病终殁，从此苦生无有尽期。

无明为缘不可断除，彼缘若尽悉皆除灭，

愚痴爱取烦恼支林，行有是业余皆苦恼。

痴至六处是为行苦，触受增长是为苦苦，

所余有支是为坏苦，若见无我三苦灭除。

无明与行为观过去，识至于受为现在转，

爱取有生观未来苦，观待若断边际乃尽。

无明为缘是为生缚，于缘得离缠缚乃尽，

从因生果若离则断，观察于此了知性空。

随顺无明显起诸有，若不随顺诸有能断，

此有彼有无亦复然，十种思惟是心离着。

有支相续一心所摄，自业不离及显三道，

三际三苦因缘所生，系缚起灭随顺无尽。

如是普观缘起诸行，无作无受无有真实，

如幻如梦宛如光影，亦如愚夫追逐阳焰。

如是观察入于空中，知缘性离得无相义，

了其虚妄无所愿求，唯除慈愍为众生故。

大士修行解脱之门，转益大悲求佛教法，

知诸有为和合所作，志乐决定勤行胜道。

空三昧门具有百千，无相无愿亦复皆然。

般若顺忍悉皆增上，解脱智慧得成圆满。

复以深心多供养佛，于佛教中修习胜道，

得佛法藏增长善根，如金琉璃所磨晶莹。

如月清凉广被众物，四风来触无能沮坏，

此地菩萨超诸魔道，亦息群生诸烦恼热。

此地多作善化天王，化导众生除诸我慢，

所作皆求一切智慧，悉已超胜声闻之道。

此地菩萨勤勇精进，获诸三昧有百千亿，

亦见若干无量佛陀，譬如盛夏空中日轮。

甚深微妙难可见知，声闻独觉无能了之，

如是菩萨第六妙地，我为佛子今已宣说。

第七地

❽是时天众心生欢喜，散宝成云在空中住，

普发种种微妙音声，告于最胜具清净者：

了达胜义智慧自在，成就功德有百千亿，

人中莲华无所染着，为利群生演说深行。

自在天王身在空中，放大光明普照佛身，

亦散最上妙香云海，普供除忧灭烦恼者。

尔时天众心皆欢喜，悉发美音同声赞述：

我等闻斯地上功德，则为已获大善利益。

天女是时心喜庆悦，竞奏乐音有千万种，

悉以如来威神力故，音中共作如是之言：

威仪寂静最上无比，能调难调世间应供，

已超一切诸世间者，而行于世间诸妙道。

虽现种种无量应身，知身一一皆无所有，

巧以言辞善说诸法，不取文字诸音声相。

往诣百千诸国土中，以诸上供供养佛陀，

智慧自在无所染着，不生于我及佛国想。

虽勤教化诸众生类，而无彼己等一切心，

虽已修成广大善益，而于喜法不生执着。

以见一切诸世间人，贪恚痴火常皆炽然，

于诸想念悉皆远离，发起大悲勤精进力。

一切诸天及天女众，种种供养称赞是已，

悉共同时默然而住，瞻仰人尊愿闻法要。

时解脱月复请言说：此诸大众心中清净，

第七地中诸般行相，唯愿佛子广为宣说。

　　这时，金刚藏菩萨告诉解脱月菩萨说："佛子啊！菩萨摩诃萨圆满第六地之后，想要进入第七远行地，应当修习十种方便智慧，以发起殊胜的行道。是哪十种呢？一，虽善于修行空、无相、无愿三昧禅定，却仍慈悲不舍众生；二，虽证得诸佛平等的法，但仍恒常喜乐供养诸佛；三，虽趣入观空智门，但仍勤奋积集福德；四，虽远离三界，但仍庄严三界；五，虽然究竟寂灭种种的烦恼火焰，却仍能为一切众生生起息灭贪、嗔、痴的烦恼火焰；六，虽知诸法宛如幻化，宛如梦境，宛如影像，宛如声响，宛如火焰，宛如变化，宛如水中月亮，宛如镜中映像，自性本体都是无二无别的，但仍能随顺心念的作业而生无量差别；七，虽知一切国土犹如虚空不实，却能用清净妙行庄严佛土；八，虽知诸佛法身的体性本来就不存在，而仍能用三十二种相好庄严其身；九，虽知诸佛的音声性空寂灭不可言说，却能随顺众生而发出种种不同的清净音声；十，虽追随诸佛，了知三世只是心念的变现，却能随顺众生的不同理解，用种种相貌，在种种时间，在种种时劫，修习一切的菩萨行。菩萨用以上十种方便智慧，而兴起殊胜的行持，从第六地进入第七地；进入之后，这些殊胜的行持常现在前，名为安住第七远行地。

"佛子啊！菩萨摩诃萨安住在第七地之后，进入无量的众生界，进入无量诸佛教化众生的业行，进入无量的世界网，进入无量的诸佛清净国土，进入无量的种种差别法，进入无量的诸佛现觉智，进入无量的时劫，进入无量诸佛觉了三世的智慧，进入无量众生的种种信仰与理解，进入无量诸佛示现的种种名色身相，进入无量众生欲乐的各种诸根器官，进入令众生欢喜的无量诸佛语言音声，进入无量众生的种种心念行为，进入无量诸佛了知的广大智慧，进入无量声闻乘的净信与理解，进入无量诸佛所说令人信解的智慧之道❾，进入无量辟支佛的所有成就，进入无量诸佛所说令人趣入的甚深智慧门，进入无量的种种菩萨方便行，进入无量诸佛所说令菩萨得以趣入的大乘集成事。

"这位菩萨心想：'如此无量的如来境界，甚至于经过百千亿那由他劫也不能数知，我应当以无功用与无分别❿心念圆满成就。'

"佛子啊！这位菩萨用甚深的智慧观察，常常精勤修习方便的智慧，并且发起殊胜的佛道，安住不动的境界，不生一念懈怠之心。行、住、坐、卧，乃至在睡梦中，都不曾与覆盖本性烦恼相应，恒常不舍精进修行的想法。

"这位菩萨念念具足十种波罗蜜。为什么呢？因为他念念都是以大悲为上首修行佛法，一心趣向佛智。他为了求取佛智，将所有的善根都布施众生，这就是布施波罗蜜。他能灭除种种烦恼热火，这就是持戒波罗蜜。他以慈悲为上首，不损伤一切众生，这就是忍辱波罗蜜。他求取殊胜善法从不断绝，这就是精进波罗蜜。一切智慧的要道常常现在其前，未曾散乱，这就是禅定波罗蜜。他能忍持诸法无生无灭的体性，这就是般若波罗蜜。他能出生无量的智慧，这就是方便波罗蜜。他能求取上上殊胜的智慧，这就是愿波罗蜜。一切的异端邪说及所有的魔众都不能沮坏他，这就是力波罗蜜。他如实了知一切法，这就是智波罗蜜。

"佛子啊！菩萨念念都得以具足这十波罗蜜；同样的，布施、爱语、利行、同事等四摄法，般若、谛理、惑灭与苦净等四持⓫，四念处、四正勤、四如意足、五根、五力、七菩提分、八正道等三十七道品，空、无相、无愿等三解脱门，简略地说，乃至于一切觉悟的菩提分法，他都能念念圆满。"

这个时候，解脱月菩萨问金刚藏菩萨说："佛子啊！菩萨只能在这第七地当中圆满一切觉悟的菩提分法，还是在其他的菩萨地中也能圆满？"

金刚藏菩萨说："佛子啊！菩萨在十地中都能圆满觉悟的菩提分法，但以第七地为最殊胜。为什么呢？因为第七地中的身、口、意三业功用业行都已圆满，得以进入智慧自在的业行。

"佛子啊！菩萨在初地的时候，因为发愿求取佛法，所以能满足觉悟的菩提分法；第二地是为了脱离心中的烦恼；第三地是为了发愿更为增长，并得证佛法光明；第四地是为了进入菩提的大道；第五地是为了随顺世间而作业；第六地是为了进入甚深的法门；第七地是为了发起一切佛法。这些都能分别满足觉悟的菩提分法。为什么呢？菩萨从第一地乃至到第七地，都只成就了部分的智慧功用业行。如果再运用这个能力，从第八地乃至到第十地，就能成就任运自然的无功用业行。

"佛子啊！就譬如有两个世界，一处杂染，一处清净，本来这两者之间❷是难以通过的，但是有大方便神通顺力的菩萨就可以来去自如。佛子啊！菩萨的诸地也是如此，有杂染行，有清净行，本来这两者之间是难以通过的，但是具足大愿力方便智慧的菩萨就能来去自如。"

解脱月菩萨说："佛子啊！这七地菩萨是属于杂染行呢？还是清净行呢？"

金刚藏菩萨说："从初地到第七地的种种行为都已舍离烦恼业行，这是因为菩萨曾回向无上菩提，因为得到平等道❸的一部分；但是还不能称为超越烦恼行。

"佛子啊！譬如转轮圣王乘着天象宝游四天下，知道有贫穷困苦的人，而不会染着那些人的困苦艰难，然而仍不能称为超过凡人之位。如果他舍弃王位，生在清净的梵行世界，乘着天上的宫殿，见到千世界，游历千世界，示现梵天王的光明成德，这样才能称为超过凡人之位。

"佛子啊！菩萨也是如此，从初地到第七地，乘着波罗蜜车乘游行世间，了知世间的种种烦恼过失，但是因为他走在正道，所以不为烦恼及过失所染着，但是这样还不能称为超越烦恼行。如果他能舍弃一切有为造作的功用行，从第七地进入第八地，乘着菩萨的清净车乘游行世间，了知世间的种种烦恼过失，而不曾染着，这样才能称为超越烦恼行，这是因为他已穷尽一切烦恼、超越一切烦恼。

"佛子啊！第七地菩萨已超越多贪等种种烦恼而安住此地，不可以说他是有烦恼的人，也不可以说他是没有烦恼的人。为什么呢？因为他的一切烦恼都不显现行业，所以不称为有烦恼的人；而他求取如来的智慧心还尚未圆满，所以也不称为没有烦恼的人。

"佛子啊！菩萨安住在第七地时，能以深远的清净心，成就身业，成就语业，成就意业，完全舍离所有为如来斥责的不善业道，而勤加修行如来所赞叹的一切善业。如五地中所说的世间经书、技术，他都能够自然任运而行，不必再起意造作才能成就。这位菩萨所有的深心妙行，使他在三千大千世界中能作大明师，除了如来以及八地以上的菩萨，无人能与之相比；各种禅定三昧、三摩钵底、神通解脱，无不示现在前。然而这都是修习成就的，不像第八地菩萨是天生具足。此地的菩萨念念都具足修习方便的智慧，而一切的菩提分法也更为殊胜圆满。

"佛子啊！菩萨安住此地，进入菩萨善于观照拣择的禅定三昧、善于拣择义理的禅定三昧、最殊胜智慧❶的禅定三昧、分别义理❶法藏的禅定三昧、如实分别义理❶的禅定三昧、善住于坚固根性❶的禅定三昧、智慧神通门的禅定三昧、法界业力的禅定三昧、如来胜利的禅定三昧、种种义理法藏生死涅槃门的禅定三昧，进入如此种种具足大智慧神通门的百万种三昧，以清净治理此地。

"这位菩萨得证这些三昧之后，因为他善于调治清净方便的智慧，因为他具足大悲的力量，所以他能超过声闻、缘觉二乘地，而得证观察智慧地❶。

"佛子啊！菩萨安住此地时，善于清净无量的身业，具足无相的业行；善于清净无量的语业，具足无相的业行；善于清净无量的意业，具足无相的业行，因此得证了光明的无生法忍。"

解脱月菩萨说："佛子啊！菩萨从初地以来，所有无量的身、语、意业，岂不都是超过声闻、缘觉二乘吗？"

金刚藏菩萨回答说："佛子啊！菩萨是完全超过二乘的，然而这只是发愿求取佛法的愿求之力，并不是自觉智慧的观察之力。现在这个第七地已能起用自觉智慧，所以是所有二乘都无法相提并论的。

"就譬如王子出生在王家，是王后所生的，具足王者之相，出生的时候便已胜过一切的臣子；但那是因为王者之力，并不是自己的能力；等到他长大之后，完全学成各种技艺时，就能以自力超过一切。

"菩萨摩诃萨也是如此，在初发心立志求大法的时候，便已超过所有的声闻、独觉；现在他能安住此地，实在都是他靠自己的智慧能力修成，所以远远超出一切声闻、缘觉二乘。

"佛子啊！菩萨安住在这个第七地，得证甚深远离无行、常行的身、语、意业，精勤求取无上佛道而不曾舍离。所以，菩萨虽行于真实的实际境界，却不作证安住这些实际境界。"

解脱月菩萨说："佛子啊！菩萨从哪一地开始，能入灭尽定？"

金刚藏菩萨回答说："佛子啊！菩萨从第六地开始，能入于灭尽定。现在安住此地，说能念念都进入灭尽定，也能够念念都从灭尽定中起定，却不证入灭尽定。所以，这位菩萨称为成就不可思议的身、语、意业。他虽然行于真实的实际境界，却不作证安住实际境界。就譬如有人乘船入大海，因为熟谙善巧航海，所以不会遭到水难。此地的菩萨也是如此，虽乘着波罗蜜船航行于真实的实际海，但是因为过去发起的愿力，所以不证入寂灭。

"佛子啊！这位菩萨证得如此的三昧智慧力量，能运用大方便，虽然示现生死无常，却能恒常安住涅槃；虽然眷属围绕在旁，却常乐于远离；虽然因为愿力受生三界，却不为世间法所染着；虽然常住寂灭，但是却能运用方便力还复炽然的生命；虽然还复炽然的生命，但却不烧灼方便与智慧；虽然随顺佛智，而能进入声闻、辟支佛的境地；虽然获得诸佛的境界宝藏，然而却能住持诸魔的境界；虽然超越一切的魔道，但是却能够示现魔法；虽然示现与外道相同的行为，但却不曾舍离佛法；虽然示现随顺一切世间，却常行一切出世间法；所有的一切庄严之事，都超过一切天、龙、夜叉、乾闼婆、阿修罗、迦楼罗、紧那罗、摩睺罗伽、人及非人、帝释、梵王、四天王等所拥有的，却不曾舍离对法的喜乐之心。

"佛子啊！菩萨成就如此的智慧，安住在远行地，因为显力的缘故，得以见到很多佛，也就是见到多百位佛，乃至于见到多百千亿那由他位佛。他在诸佛所在之处，都用广大心、增胜心，恭敬供养，尊重赞叹诸佛。不管是衣服、饮食、卧具、医药，一切资益生活的用品，都完全奉施诸佛，也供养一切僧众，并将这些善根回向无上正等正觉。他又恭敬地听闻佛陀说法，听闻之后更信受奉持，获得如实三昧的智慧光明，随顺修行。

"凡是诸佛所在之处，他都护持正法，因此常为如来欢喜赞叹。一切声闻、缘觉二乘的所有疑难问题，都不能使他退怯屈服。他利益教化众生，得到清净的法忍。就这样，经过了无量百千亿那由他劫，他所有的善根都变得更为殊胜。

"譬如真金，用种种妙宝间错装饰时，就可以变得更为殊胜、倍加光明，其他庄严器具都比不上。菩萨安住在这个第七地的所有善根也是如此，因为他能用方便的智慧力，使所有的善根变得更为明净，二乘都无法无之相比。

"佛子啊！就譬如日光，是星光、月光等的光芒所不及的，并能枯竭阎浮提地的所有泥潦。在这个远行地的菩萨也是如此，二乘均不能与之相比，他并能枯竭众生的种种疑惑泥潦。

"这位菩萨在十波罗蜜中，多修行方便波罗蜜；其余的并非不修，只是随顺能力与因缘而修学。

"佛子啊！这是简略地说明菩萨摩诃萨的第七地——远行地。

"菩萨安住此地时，多作自在天王，善为众生宣说如何证得智慧法门，并使他们得以证入。他实践布施、爱语、利行、同事，如此一切种种业行，都不离念佛，乃至于不离念具足一切种智、一切智智。他心里又想：'我应当在一切众生当中，为首、为胜，乃至于为一切智智的依止者。'

"如果这位菩萨精进修行，一念就能证得百千亿那由他三昧，乃至示现百千亿那由他菩萨作为眷属。又如果让菩萨以殊胜的愿力自在示现，更是远超过这个数目，即使以百千亿那由他劫的时间来计算，也无法数知。"

这时，金刚藏菩萨想要复述刚才所讲的义理，就说出以下的偈颂：

第一义智三昧胜道，六地修行心已满足，
即时成就方便智慧，菩萨以此入于七地。
虽明三脱❶起大慈悲，虽等如来勤供养佛，
虽观于空集诸福德，菩萨以此升第七地。
远离三界而为庄严，灭除惑火而起灭焰，
知法无二心勤作业，了刹皆空乐严佛土。
解身不动具诸妙相，达声性离善开演音，
入于一念诸事各别，智者以此升于七地。
观察此法得解明了，广为群迷兴诸利益，
入众生界无有边际，佛教化业亦无有量。
国土诸法与时劫数，解欲心行悉皆能入，
说三乘法亦无限量，如是教化诸群生众。
菩萨动求最胜佛道，动息不舍方便智慧，
一一回向佛菩提法，念念成就十波罗蜜。
发心回向如是布施，灭惑为戒不害众忍，
求善无厌斯精进策，于道不动即修禅那。
忍受无生名为般若，回向方便希求胜愿，
无能摧力善了大智，如是一切皆悉成满。
初地攀缘功德满足，二地离垢三地诤息，
四地入道五地顺行，第六无生智光普照。
七住菩提功德满足，种种大愿皆悉具足，
以是能令八地之中，一切所作咸皆清净。
此地难过智乃能超，譬如世界是二中间，

亦如圣王无所染着，然未名为总超度者。

若住第八智慧地中，尔乃逾于智心境界，

如梵观世超于人位，如莲处水无所染着。

此地虽超诸恼惑众，不名有惑非名无惑，

以无烦恼于中现行，而求佛智心尚未足。

世间所有众种技艺，经书辞论普善明了，

禅定三昧及神通力，如是修行悉皆成就。

菩萨修成七地住道，超过一切二乘所行，

初地愿成此由智慧，譬如王子气力具足。

成就甚深仍进道中，心心寂灭不取现证，

譬如乘船入大海中，在水不为水之所溺。

方便慧行功德具足，一切世间无能了知，

供养多佛心益明了，如以妙宝庄严真金。

此地菩萨智慧最明，如日舒光竭爱欲水，

又作自在天中圣主，化导群生修习正智。

若以勇猛精进勤力，获多三昧得见多佛，

百千亿数有那由他，愿力自在复过于是。

此是菩萨远行胜地，方便智慧清净大道，

一切世间诸天及人，声闻独觉无能了知。

【注释】

❶ 以下为第六现前地，初为赞请之偈颂。

❷ 原经文为"随顺忍"，即随顺于法的忍，又为随顺于后之无生法的忍。所谓"忍"，就是把心安住于道理而不动的意思，又称为"智用"。

❸ 无生法忍：简称"无生忍"，即把心安住于不生不灭的道理上。

❹ 原经文为"不动行"。四禅名为"不动禅"，此处乃指禅定的业行。

❺ 无所有观：由顺观观察缘生，了知无自性，故称为"无所有观"。

❻ 尽灭观：由逆观而得来的灭为缘灭，而缘灭为无灭，则是顺应尽灭的道理，故称为"尽灭观"。

❼ 四种风轮：指四季之风。

❽ 以下为第七远行地，初为赞请之偈颂。

❾ 原经文为"说智道"，即为声闻乘解说解脱智慧之道，令其证灭。

❿ 无分别：指不用主体与客体相对的思虑分别，即为无相观。

⓫ 四持：即所谓的般若、谛理、惑灭与苦净。持为"任持"的意思。

⓬ 两者之间：向杂染转进到纯净的中间契机，即由第七地进趣第八地之中间。

⓭ 平等道：为无功用之道。

⓮ 最胜慧：能依一个名句而演说无量个义理。

⓯ 分别义：能依一个义理而演说无量个名词语句。

⓰ 如实分别义：广知一切事实。

⓱ 善住坚固根：依着烦恼障碍的清净。坚固根，指真如观。

⓲ 智慧地：第八地的无功用智。

⓳ 三脱：即空、无相、无愿三解脱门。

卷第三十八
十地品第二十六之五

【原典】

第八地❶

是时天王及天众，闻此胜行皆欢喜，为欲供养于如来，及以无央大菩萨，

雨妙华幡及幢盖，香鬘璎珞与宝衣，无量无边千万种，悉以摩尼作严饰。

天女同时奏天乐，普发种种妙音声，供养于佛并佛子，共作是言而赞叹：

一切见者两足尊，哀愍众生现神力，令此种种诸天乐，普发妙音咸得闻。

于一毛端百千亿，那由他国微尘数，如是无量诸如来，于中安住说妙法。

一毛孔内无量刹，各有四洲及大海，须弥铁围亦复然，悉见在中无迫隘。

一毛端处有六趣，三种恶道及人天，诸龙神众阿修罗，各随自业受果报。

于彼一切刹土中，悉有如来演妙音，随顺一切众生心，为转最上净法轮。

刹中种种众生身，身中复有种种刹，人天诸趣各各异，佛悉知已为说法。

大刹随念变为小，小刹随念亦变大，如是神通无有量，世间共说不能尽。

普发此等妙音声，称赞如来功德已，众会欢喜默然住，一心瞻仰欲听说。

时解脱月复请言：今此众会皆寂静，愿说随次之所入，第八地中诸行相！

尔时，金刚藏菩萨告解脱月菩萨言："佛子！菩萨摩诃萨于七地中，善修习方便慧，善清净诸道，善集助道法。大愿力所摄，如来力所加，自善力所持，常念如来力、无所畏、不共佛法，善清净深心思觉，能成就福德智慧，大慈大悲不舍众生，入无量智道，入一切法，本来无生、无起、无相、无成、无坏、无尽、无转、无性为性，初、中、后际皆悉平等，无分别如如智之所入处，离一切心、意、识分别想，无所取著，犹如虚空，入一切法如虚空性，是名得无生法忍。

"佛子！菩萨成就此忍，即时得入第八不动地，为深行菩萨难可知无差别，离一切相、一切想、一切执著，无量无边，一切声闻、辟支佛所不能及，离诸喧诤，寂灭现前。譬如比丘，具足神通，得心自在，次第乃至入灭尽定，一切动心、忆想分别悉皆止息。此菩萨摩诃萨亦复如是，住不动地，即舍一切功用行，得无功用法，身、口、意业念务皆息，住于报行。譬如有人，梦中见身堕在大河，为欲渡故，发大勇猛，施大方便，以大勇猛、施方便故，即便觉寤，既觉寤已，所作皆息。菩萨亦尔，见众生身在四流中，为救度故，发大勇猛，起大精进，以勇猛、精进故，至此不动地。既至此已，一切功用靡不皆息，二行、相行悉不现前。佛子！如生梵世，欲界烦恼皆不现前。住不动地亦复如是，一切心、意、识行皆不现前。此菩萨摩诃萨，菩萨心、佛心、菩提心、涅槃心尚不现起，况复起于世间之心！

　　"佛子！此地菩萨本愿力故，诸佛世尊亲现其前，与如来智，令其得入法流门中，作如是言：'善哉！善哉！善男子！此忍第一，顺诸佛法。然善男子！我等所有十力、无畏、十八不共诸佛之法，汝今未得，汝应为欲成就此法，勤加精进，勿复放舍于此忍门。又，善男子！汝虽得是寂灭解脱，然诸凡夫未能证得，种种烦恼皆悉现前，种种觉观常相侵害，汝当愍念如是众生。又，善男子！汝当忆念本所誓愿，普大饶益一切众生，皆令得入不可思议智慧之门。又，善男子！此诸法法性，若佛出世，若不出世，常住不异，诸佛不以得此法故名为如来，一切二乘亦能得此无分别法。又，善男子！汝观我等身相，无量智慧，无量国土，无量方便，无量光明，无量清净，音声亦无有量，汝今宜应成就此事。又，善男子！汝今适得此一法明，所谓一切法无生、无分别。善男子！如来法明，无量入，无量作，无量转，乃至百千亿那由他劫不可得知，汝应修行，成就此法。又，善男子！汝观十方无量国土、无量众生、无量法、种种差别，悉应如实通达其事。'

　　"佛子！诸佛世尊与此菩萨如是等无量起智门，令其能起无量无边差别智业。佛子！若诸佛不与此菩萨起智门者，彼时即入究竟涅槃，弃舍一切利众生业。以诸佛与如是等无量无边起智门故，于一念顷所生智业，从初发心乃至七地所修诸行，百分不及一，乃至百千亿那由他分亦不及一，如是，阿僧祇分、歌罗分、算数分、譬喻分、优波尼沙陀分，亦不及一。何以故？佛子！是菩萨先以一身起行，今住此地，得无量身、无量音声、无量智慧、无量受生、无量净国，教化无量众生，供养无量诸佛，入无量法门，具无量神通，有无量众会道场差别，住无量身、语、意业，集一切菩萨行，以不动法故。佛子！譬如乘船欲入大海，未至于海，多用功力；若至海已，但随风去，不假人力以至大海，一日所行比于未至，其未至时设经百岁亦不能及。佛子！菩萨摩诃萨亦复如是，积集广大善根资粮，乘大乘船到菩萨行海，于一念顷以无功用智入一切智智境界，本有功用行经于无量百千亿那由他劫所不能及。

"佛子！菩萨住此第八地，以大方便善巧智所起无功用觉慧，观一切智智所行境。所谓观世间成，观世间坏，由此业集故成，由此业尽故坏。几时成？几时坏？几时成住？几时坏住？皆如实知。又知地界小相、大相、无量相、差别相，知水、火、风界小相、大相、无量相、差别相，知微尘细相、差别相、无量差别相。随何世界中所有微尘聚及微尘差别相，皆如实知。随何世界中所有地、水、火、风界各若干微尘，所有宝物若干微尘，众生身若干微尘，国土身若干微尘，皆如实知。知众生大身、小身各若干微尘成，知地狱身、畜生身、饿鬼身、阿修罗身、天身、人身各若干微尘成，得如是知微尘差别智。又知欲界、色界、无色界成，知欲界、色界、无色界坏，知欲界、色界、无色界小相、大相、无量相、差别相，得如是观三界差别智。

"佛子！此菩萨复起智明，教化众生。所谓善知众生身差别，善分别众生身，善观察所生处，随其所应而为现身，教化成熟。此菩萨于一三千大千世界，随众生身信解差别，以智光明普现受生。如是，若二、若三，乃至百千，乃至不可说三千大千世界，随众生身信解差别，普于其中示现受生。此菩萨成就如是智慧故，于一佛刹其身不动，乃至不可说佛刹众会中悉现其身。佛子！此菩萨随诸众生身心信解种种差别，于彼佛国众会之中而现其身。所谓于沙门众中示沙门形，婆罗门众中示婆罗门形，刹利众中示刹利形；如是，毗舍众、首陀众、居士众、四天王众、三十三天众、夜摩天众、兜率陀天众、化乐天众、他化自在天众、魔众、梵众，乃至阿迦尼吒天众中，各随其类而为现形。又应以声闻身得度者，现声闻形；应以辟支佛身得度者，现辟支佛形；应以菩萨身得度者，现菩萨形；应以如来身得度者，现如来形。佛子！菩萨如是于一切不可说佛国土中，随诸众生信解❷差别，如是如是而为现身。

"佛子！此菩萨远离一切身想分别，住于平等。此菩萨知众生身、国土身、业报身、声闻身、独觉身、菩萨身、如来身、智身、法身、虚空身。此菩萨知诸众生心之所乐，能以众生身作自身，亦作国土身、业报身，乃至虚空身。又知众生心之所乐，能以国土身作自身，亦作众生身、业报身，乃至虚空身。又知诸众生心之所乐，能以业报身作自身，亦作众生身、国土身，乃至虚空身。又知众生心之所乐，能以自身作众生身、国土身，乃至虚空身。随诸众生所乐不同，则于此身现如是形。此菩萨知众生集业身、报身、烦恼身、色身、无色身，又知国土身小相、大相、无量相、染相、净相、广相、倒住相、正住相、普入相、方网差别相，知业报身假名差别，知声闻身、独觉身、菩萨身假名差别，知如来身有菩提身、愿身、化身、力持身、相好庄严身、威势身、意生身、福德身、法身、智身，知智身善思量相、如实决择相、果行所摄相、世间出世间差别相、三乘差别相、共相、不共相、出离相、非出离相、学相、无学相，知法身平等相、不坏相、随时随俗假名差别相、众生非众生法差别相、佛法圣僧法差别相，知虚空身无量相、周遍相、无形相、无异相、无边相、显现色身相。

"佛子！菩萨成就如是身智已，得命自在、心自在、财自在、业自在、生自在、愿自在、解自在、如意自在、智自在、法自在。得此十自在故，则为不思议智者、无量智者、广大智者、无能坏智者。此菩萨如是入已，如是成就已，得毕竟无过失身业、无过失语业、无过失意业。身、语、意业随智慧行，般若波罗蜜增上，大悲为首，方便善巧，善能分别，善起大愿，佛力所护，常勤修习利众生智，普住无边差别世界。佛子！举要言之，菩萨住此不动地，身、语、意业诸有所作，皆能积集一切佛法。佛子！菩萨住此地，得善住深心力，一切烦恼不行故；得善住胜心力，不离于道故；得善住大悲力，不舍利益众生故；得善住大慈力，救护一切世间故；得善住陀罗尼力，不忘于法故；得善住辩才力，善观察分别一切法故；得善住神通力，普往无边世界故；得善住大愿力，不舍一切菩萨所作故；得善住波罗蜜力，成就一切佛法故；得如来护念力，一切种、一切智智现前故。此菩萨得如是智力，能现一切诸所作事，于诸事中无有过咎。

"佛子！此菩萨智地名为不动地，无能沮坏故；名为不转地，智慧无退故；名为难得地，一切世间无能测故；名为童真地，离一切过失故；名为生地，随乐自在故；名为成地，更无所作故；名为究竟地，智慧决定故；名为变化地，随愿成就故；名为力持地，他不能动故；名为无功用地，先已成就故。佛子！菩萨成就如是智慧，入佛境界，佛功德照，顺佛威仪，佛境现前，常为如来之所护念，梵、释、四王、金刚力士常随侍卫，恒不舍离诸大三昧，能现无量诸身差别，于一一身有大势力，报得神通三昧自在，随有可化众生之处示成正觉。佛子！菩萨如是入大乘会，获大神通，放大光明，入无碍法界，知世界差别，示现一切诸大功德，随意自在，善能通达前际、后际，普伏一切魔邪之道，深入如来所行境界，于无量国土修菩萨行，以能获得不退转法，是故说名住不动地。

“佛子！菩萨住此不动地已，以三昧力，常得现见无量诸佛，恒不舍离承事供养。此菩萨于一一劫、一一世界，见无量百佛、无量千佛，乃至无量百千亿那由他佛，恭敬尊重，承事供养，一切资生悉以奉施。于诸佛所得于如来甚深法藏，受世界差别等无量法明。若有问难世界差别如是等事，无能屈者。如是经于无量百劫、无量千劫，乃至无量百千亿那由他劫，所有善根转增明净。譬如真金治作宝冠，置阎浮提主圣王顶上，一切臣民诸庄严具无与等者；此地菩萨所有善根亦复如是，一切二乘乃至第七地菩萨所有善根无能及者，以住此地大智光明，普灭众生烦恼黑暗，善能开阐智慧门故。佛子！譬如千世界主大梵天王，能普运慈心，普放光明，满千世界；此地菩萨亦复如是，能放光明，照百万佛刹微尘数世界，令诸众生灭烦恼火而得清凉。此菩萨，十波罗蜜中愿波罗蜜增上，余波罗蜜非不修行，但随力随分。

“是名略说诸菩萨摩诃萨第八不动地，若广说者，经无量劫不可穷尽。佛子！菩萨摩诃萨住此地，多作大梵天王，主千世界，最胜自在，善说诸义，能与声闻、辟支佛、诸菩萨波罗蜜道，若有问难世界差别，无能退屈。布施、爱语、利行、同事，如是一切诸所作业，皆不离念佛，乃至不离念一切种、一切智智。复作是念：‘我当于一切众生中为首、为胜，乃至为一切智智依止者。’此菩萨若以发起大精进力，于一念顷，得百万三千大千世界微尘数三昧，乃至示现百万三千大千世界微尘数菩萨以为眷属。若以菩萨殊胜愿力自在示现，过于是数，乃至百千亿那由他劫不能数知。”

尔时，金刚藏菩萨欲重宣其义，而说颂曰：

七地修治方便慧，善集助道大愿力，复得人尊所摄持，为求胜智登八住。

功德成就恒慈愍，智慧广大等虚空，闻法能生决定力，是则寂灭无生忍。

知法无生无起相，无成无坏无尽转，离有平等绝分别，超诸心行如空住。

成就是忍超戏论，甚深不动恒寂灭，一切世间无能知，心相取著悉皆离。

住于此地不分别，譬如比丘入灭定，如梦渡河觉则无，如生梵天绝下欲。

以本愿力蒙劝导，叹其忍胜与灌顶，语言我等众佛法，汝今未获当勤进。

汝虽已灭烦恼火，世间惑焰犹炽然，当念本愿度众生，悉使修因趣解脱。

法性真常离心念，二乘于此亦能得，不以此故为世尊，但以甚深无碍智。

如是人天所应供，与此智慧令观察，无边佛法悉得成，一念超过曩众行。

菩萨住兹妙智地，则获广大神通力，一念分身遍十方，如船入海因风济。

心无功用任智力，悉知国土成坏住，诸界种种各殊异，小大无量皆能了。

三千世界四大种，六趣众生身各别，及以众宝微尘数，以智观察悉无余。

菩萨能知一切身，为化众生同彼形，国土无量种种别，悉为现形无不遍。

譬如日月住虚空，一切水中皆现影；住于法界无所动，随心现影亦复然。

随其心乐各不同，一切众中皆现身，声闻独觉与菩萨，及以佛身靡不现。

众生国土业报身，种种圣人智法身，虚空身相皆平等，普为众生而示作。

十种圣智普观察，复顺慈悲作众业，所有佛法皆成就，持戒不动如须弥。

十力成就不动摇，一切魔众无能转，诸佛护念天王礼，密迹金刚恒侍卫。

此地功德无边际，千万亿劫说不尽，复以供佛善益明，如王顶上庄严具。

菩萨住此第八地，多作梵王千界主，演说三乘无有穷，慈光普照除众惑。

一念所获诸三昧，百万世界微尘等，诸所作事悉亦然，愿力示现复过是。

菩萨第八不动地，我为汝等已略说，若欲次第广分别，经于亿劫不能尽。

第九地

说此菩萨八地时，如来现大神通力，震动十方诸国土，无量亿数难思议。

一切知见无上尊，其身普放大光明，照耀彼诸无量土，悉使众生获安乐。

菩萨无量百千亿，俱时踊在虚空住，以过诸天上妙供，供养说中最胜者。

大自在王自在天，悉共同心喜无量，各以种种众供具，供养甚深功德海。

复有天女千万亿，身心欢喜悉充遍，各奏乐音无量种，供养人中大导师。

是时众乐同时奏，百千万亿无量别，悉以善逝威神力，演出妙音而赞叹：

寂静调柔无垢害，随所入地善修习，心如虚空诣十方，广说佛道悟群生。

天上人间一切处，悉现无等妙庄严，以从如来功德生，令其见者乐佛智。

不离一刹诣众土，如月普现照世间，音声心念悉皆灭，譬犹谷响无不应。

若有众生心下劣，为彼演说声闻行；若心明利乐辟支，则为彼说中乘道；

若有慈悲乐饶益，为说菩萨所行事；若有最胜智慧心，则示如来无上法。

譬如幻师作众事，种种形相皆非实，菩萨智幻亦如是，虽现一切离有无。

如是美音千万种，歌赞佛已默然住。

解脱月言今众净，愿说九地所行道！

尔时，金刚藏菩萨告解脱月菩萨言："佛子！菩萨摩诃萨以如是无量智思量观察，欲更求转胜寂灭解脱，复修习如来智慧，入如来秘密法，观察不思议大智性，净诸陀罗尼三昧门，具广大神通，入差别世界，修力、无畏、不共法，随诸佛转法轮，不舍大悲本愿力，得入菩萨第九善慧地。

"佛子！菩萨摩诃萨住此善慧地，如实知善不善无记法行、有漏无漏法行、世间出世间法行、思议不思议法行、定不定法行、声闻独觉法行、菩萨行法行、如来地法行、有为法行、无为法行。此菩萨以如是智慧，如实知众生心稠林、烦恼稠林、业稠林、根稠林、解稠林、性稠林、乐欲稠林、随眠稠林、受生稠林、习气相续稠林、三聚差别稠林。此菩萨如实知众生心种种相，所谓杂起相、速转相、坏不坏相、无形质相、无边际相、清净相、垢无垢相、缚不缚相、幻所作相、随诸趣生相，如是百千万亿乃至无量，皆如实知。又知诸烦恼种种相，所谓久远随行相、无边引起相、俱生不舍相、眠起一义相、与心相应不相应相、随趣受生而住相、三界差别相、爱见痴慢如箭深入过患相、三业因缘不绝相，略说乃至八万四千，皆如实知。又知诸业种种相，所谓善不善无记相、有表示无表示相、与心同生不离相、因自性刹那坏而次第集果不失相、有报无报相、受黑黑等众报相、如田无量相、凡圣差别相、现受生受后受相、乘非乘定不定相，略说乃至八万四千，皆如实知。又知诸根软中胜相、先际后际差别无差别相、上中下相、烦恼俱生不相离相、乘非乘定不定相、淳熟调柔相、随根网轻转坏相、增上无能坏相、退不退差别相、远随共生不同相，略说乃至八万四千，皆如实知。又知诸解软中上、诸性软中上、乐欲软中上，皆略说乃至八万四千。又知诸随眠种种相，所谓与深心共生相、与心共生相、心相应不相应差别相、久远随行相、无始不拔相、与一切禅定解脱三昧三摩钵底神通相违相、三界相续受生系缚相、令无边心相续现起相、开诸处门相、坚实难治相、地处成就不成就相，唯以圣道拔出相。又知受生种种相，所谓随业受生相、六趣差别相、有色无色差别相、有想无想差别相、业为田爱水润无明暗覆识为种子生后有芽相、名色俱生不相离相、痴爱希求续有相、欲受欲生无始乐著相、妄谓出三界贪求相。又知习气种种相，所谓行不行差别相、随趣熏习相、随众生行熏习相、随业烦恼熏习相、善不善无记熏习相、随入后有熏习相、次第熏习相、不断烦恼远行不舍熏习相、实非实熏习相、见闻亲近声闻独觉菩萨如来熏习相。又知众生正定邪定不定相，所谓正见正定相、邪见邪定相、二俱不定相、五逆邪定相、五根正定相、二俱不定相、八邪邪定相、正性正定相、更不作二俱离不定相、深著邪法邪定相、习行圣道正定相、二俱舍不定相。佛子！菩萨随顺如是智慧，名住善慧地。住此地已，了知众生诸行差别，教化调伏，令得解脱。

"佛子！此菩萨善能演说声闻乘法、独觉乘法、菩萨乘法、如来地法，一切行处，智随行故，能随众生根、性、欲、解、所行有异、诸聚差别，亦随受生、烦恼、眠、缚、诸业习气而为说法，令生信解，增益智慧，各于其乘而得解脱。

"佛子！菩萨住此善慧地，作大法师，具法师行，善能守护如来法藏，以无量善巧智，起四无碍辩，用菩萨言辞而演说法。此菩萨常随四无碍智转，无暂舍离。何等为四？所谓法无碍智、义无碍智、辞无碍智、乐说无碍智。此菩萨以法无碍智，知诸法自相；义无碍智，知诸法别相；辞无碍智，无错谬说；乐说无碍智，无断尽说。复次，以法无碍智，知诸法自性；义无碍智，知诸法生灭；辞无碍智，安立一切法不断说；乐说无碍智，随所安立，不可坏无边说。复次，以法无碍智，知现在法差别；义无碍智，知过去、未来法差别；辞无碍智，于去、来、今法无错谬说；乐说无碍智，于一一世无边法明了说。复次，以法无碍智，知法差别；义无碍智，知义差别；辞无碍智，随其言音说；乐说无碍智，随其心乐说。复次，法无碍智，以法智知差别不异；义无碍智，以比智知差别如实；辞无碍智，以世智差别说；乐说无碍智，以第一义智善巧说。复次，法无碍智，知诸法一相不坏；义无碍智，知蕴、界、处、谛、缘起善巧；辞无碍智，以一切世间易解了美妙音声、文字说；乐说无碍智，以转胜无边法明说。复次，法无碍智，知一乘平等性；义无碍智，知诸乘差别性；辞无碍智，说一切乘无差别；乐说无碍智，说一一乘无边法。复次，法无碍智，知一切菩萨行、智行、法行智随证；义无碍智，知十地分位义差别；辞无碍智，说地道无差别相；乐说无碍智，说一一地无边行相。复次，法无碍智，知一切如来一念成正觉；义无碍智，知种种时、种种处等各差别；辞无碍智，说成正觉差别；乐说无碍智，于一一句法无量劫说不尽。复次，法无碍智，知一切如来语、力、无所畏、不共佛法，大慈大悲，辩才方便，转法轮，一切智智随证；义无碍智，知如来随八万四千众生心、行、根、解、差别音声；辞无碍智，随一切众生行，以如来音声差别说；乐说无碍智，随众生信解，以如来智清净行圆满说。

"佛子！菩萨住第九地，得如是善巧无碍智，得如来妙法藏，作大法师，得义陀罗尼、法陀罗尼、智陀罗尼、光照陀罗尼、善慧陀罗尼、众财陀罗尼、威德陀罗尼、无碍门陀罗尼、无边际陀罗尼、种种义陀罗尼，如是等百万阿僧祇陀罗尼门，皆得圆满，以百万阿僧祇善巧音声辩才门而演说法。此菩萨得如是百万阿僧祇陀罗尼门已，于无量佛所一一佛前，悉以如是百万阿僧祇陀罗尼门听闻正法，闻已不忘，以无量差别门为他演说。此菩萨初见于佛，头顶礼敬，即于佛所得无量法门。此所得法门，非彼闻持诸大声闻，于百千劫所能领受。此菩萨得如是陀罗尼、如是无碍智，坐于法座而说于法，大千世界满中众生，随其心乐差别为说。唯除诸佛及受职菩萨，其余众会威德光明无能与比。此菩萨处于法座，欲以一音，令诸大众皆得解了，即得解了；或时欲以种种音声，令诸大众皆得开悟；或时心欲放大光明，演说法门；或时心欲于其身上一一毛孔，皆演法音；或时心欲乃至三千大千世界所有一切形、无形物，皆悉演出妙法言音；或时心欲发一言音，周遍法界，悉令解了；或时心欲一切言音，皆作法音，恒住不灭；或时心欲一切世界箫、笛、钟、鼓及以歌咏，一切乐声皆演法音；或时心欲于一字中，一切法句言音差别，皆悉具足；或时心欲令不可说无量世界地、水、火、风四大聚中所有微尘，一一尘中皆悉演出不可说法门。如是所念，一切随心，无不得者。

"佛子！此菩萨，假使三千大千世界所有众生咸至其前，一一皆以无量言音而兴问难，一一问难，各各不同，菩萨于一念顷悉能领受，仍以一音普为解释，令随心乐，各得欢喜。如是乃至不可说世界所有众生，一刹那间，一一皆以无量言音而兴问难，一一问难各各不同，菩萨于一念顷悉能领受，亦以一音普为解释，各随心乐，令得欢喜。乃至不可说不可说世界满中众生，菩萨皆能随其心乐、随根、随解而为说法，承佛神力广作佛事，普为一切作所依怙。佛子！此菩萨复更精进，成就智明。假使一毛端处有不可说世界微尘数诸佛众会，一一众会有不可说世界微尘数众生，一一众生有不可说世界微尘数性、欲，彼诸佛随其性、欲各与法门，如一毛端处，一切法界处悉亦如是。如是所说无量法门，菩萨于一念中悉能领受，无有忘失。

"佛子！菩萨住此第九地，昼夜专勤更无余念，唯入佛境界亲近如来，入诸菩萨甚深解脱，常在三昧，恒见诸佛，未曾舍离。一一劫中见无量佛、无量百佛、无量千佛，乃至无量百千亿那由他佛，恭敬尊重，承事供养，于诸佛所种种问难，得说法陀罗尼，所有善根转更明净。譬如真金，善巧金师用作宝冠，转轮圣王以严其首，四天下内一切小王及诸臣民诸庄严具，无与等者。此第九地菩萨善根亦复如是，一切声闻、辟支佛及下地菩萨所有善根无能与等。佛子！譬如二千世界主大梵天王，身出光明，二千界中幽远之处悉能照耀，除其黑暗；此地菩萨所有善根亦复如是，能出光明照众生心，烦恼黑暗皆令息灭。此菩萨，十波罗蜜中力波罗蜜最胜，余波罗蜜非不修行，但随力随分。

"佛子！是名略说菩萨摩诃萨第九善慧地，若广说者，于无量劫亦不能尽。佛子！菩萨摩诃萨住此地，多作二千世界主大梵天王，善能统理，自在饶益，能为一切声闻、缘觉及诸菩萨分别演说波罗蜜行；随众生心，所有问难无能屈者。布施、爱语、利行、同事，如是一切诸所作业，皆不离念佛，乃至不离念一切种、一切智智。复作是念：'我当于一切众生中为首、为胜，乃至为一切智智依止者。'此菩萨若发勤精进，于一念顷，得百万阿僧祇国土微尘数三昧，乃至示现百万阿僧祇国土微尘数菩萨以为眷属。若以菩萨殊胜愿力自在示现，过于此数，乃至百千亿那由他劫不能数知。"

尔时，金刚藏菩萨欲重宣其义，而说颂曰：

无量智力善观察，最上微妙世难知，普入如来秘密处，利益众生入九地。

总持三昧皆自在，获大神通入众刹，力智无畏不共法，愿力悲心入九地。

住于此地持法藏，了善不善及无记，有漏无漏世出世，思不思议悉善知。

若法决定不决定，三乘所作悉观察，有为无为行差别，如是而知入世间。

若欲知诸众生心，则能以智如实知，种种速转坏非坏，无质无边等众相。

烦恼无边恒共伴，眠起一义续诸趣，业性种种各差别，因坏果集皆能了。

诸根种种下中上，先后际等无量别，解性乐欲亦复然，八万四千靡不知。

众生惑见恒随缚，无始稠林未除翦，与志共俱心并生，常相羁系不断绝。

但唯妄想非实物，不离于心无处所，禅定境排仍退转，金刚道灭方毕竟。

六趣受生各差别，业田爱润无明覆，识为种子名色芽，三界无始恒相续。

惑业心习生诸趣，若离于此不复生；众生悉在三聚中，或溺于见或行道。

住于此地善观察，随其心乐及根解，悉以无碍妙辩才，如其所应差别说。

处于法座如师子，亦如牛王宝山王，又如龙王布密云，霔甘露雨充大海。

善知法性及奥义，随顺言辞能辩说，总持百万阿僧祇，譬如大海受众雨。

总持三昧皆清净，能于一念见多佛，一一佛所皆闻法，复以妙音而演畅。

若欲三千大千界，教化一切诸群生，如云广布无不及，随其根欲悉令喜。

毛端佛众无有数，众生心乐亦无极，悉应其心与法门，一切法界皆如是。

菩萨勤加精进力，复获功德转增胜，闻持尔所诸法门，如地能持一切种。

十方无量诸众生，咸来亲近会中坐，一念随心各问难，一音普对悉充足。

　　住于此地为法王，随机诲诱无厌倦，日夜见佛未曾舍，入深寂灭智解脱。

　　供养诸佛善益明，如王顶上妙宝冠，复使众生烦恼灭，譬如梵王光普照。

　　住此多作大梵王，以三乘法化众生，所行善业普饶益，乃至当成一切智。

　　一念所入诸三昧，阿僧祇刹微尘数，见佛说法亦复然，愿力所作复过此。

　　此是第九善慧地，大智菩萨所行处，甚深微妙难可见，我为佛子已宣说。

注释

❶ 大正本原无"第八地"三字，今依前后文意增之。

❷ "解"，大正本作"乐"，今依前后文意改之。

【白话语译】

第八地

❶是时天王及诸天众，闻此胜行皆悉欢喜，

为欲供养于佛如来，及以无央❷大菩萨众。

雨妙华幡及宝幢盖，香鬘璎珞与宝衣裳，

无量无边有千万种，悉以摩尼作庄严饰。

天女同时鸣奏天乐，普发种种微妙音声，

供养于佛并及佛子，共作是言而普赞叹：

一切见者两足至尊，哀愍众生现威神力，

令此种种诸天妙乐，普发妙音咸得听闻。

于一毛端现百千亿，那由他国具微尘数，

如是无量诸佛如来，于中安住说微妙法。

一毛孔内现无量刹，各有四洲及诸大海，

须弥铁围皆亦复然，悉见在中无有迫隘。

一毛端处现有六趣，三种恶道及诸人天，

诸龙神众与阿修罗，各随自业受诸果报。

于彼一切国刹土中，悉有如来演斯妙音，

随顺一切众生之心，为转最上清净法轮。

刹中种种众生身相，身中复有种种刹土，

人天诸趣各各有异，佛悉知已为演说法。

大刹随念变为小土，小刹随念亦变为大，

如是神通无有边量，世间共说所不能尽。

普发此等微妙音声，称赞如来胜功德已，

众会欢喜默然而住，一心瞻仰皆欲听说。

时解脱月复请言说：今此众会皆悉寂静，

愿说随次之所趣入，第八地中诸法行相。

这时，金刚藏菩萨告诉解脱月菩萨说："佛子啊！菩萨摩诃萨在七地时，精进修习方便的智慧，仔细清净所有的道法，善巧聚集辅助修道的善法。他能这样修行，都是本着往昔广大的愿力，还有如来威力加被，和自己修行善根力量的加持，他恒常忆念如来的十力、四无所畏、十八不共佛法，善巧清净甚深的心念思惟，因此能够成就福德智慧，大慈大悲不舍众生。他能进入无量的智慧，证入一切法，了知一切法本来就是无生、无起、无相、无成就、无毁坏、无穷尽、无转❸，以空寂无性为体性，不管是在开始、或中间、或后际，都是完全平等，这是证得无分别的如如智慧所证入之处。他远离一切心念意识无分别的念头，如在虚空，毫不执着贪取，所以能证入一切法如虚空的体性，这就称为证得无生法忍。

"佛子啊！菩萨成就无生法忍，即时得以趣入第八不动地，成为深湛的妙行菩萨。这个境界难以了知，无有差别，出离一切法相、一切妄想、一切执着，无量无边的声闻、辟支佛都比不上。这个时候，菩萨远离所有的喧闹争论，寂静涅槃的境界显现于前。

"就譬如有一位比丘，具足神通威力，证得自在心，依着修行次第用功，最后进入受想灭尽的禅定，一切的心念活动无分别忆想，都完全停止灭息。这位菩萨摩诃萨也是如此，安住在不动地时，即刻舍弃一切的有功用行，证得无功用法门，所有的身业、口业、意业的心念活动都完全止息，安住在往昔所修清净业力的报得妙行❹。

"又譬如有人，在梦里见到自己落入大河中，为了要渡河求生，他发起勇猛的心念，想尽各种方法；因此，就马上从梦中醒来；既然醒过来，那么刚才所梦到的种种也就不存在了。菩萨也是如此，见到众生处在见流、欲流、有流、无明流等四种瀑流时，为了救度众生，心生大勇猛，心生大精进，专心一意地勤苦修学；因此，得以到达不动地；到达不动地之后，止息一切作意的功用行，不再分别我在生死此岸或在涅槃彼岸。

"佛子啊！就像在清净的梵天中不再有欲界的任何烦恼一样；安住在不

动地也是如此，一切心念意识不再活动。这位菩萨摩诃萨，心里不会想要行菩萨行，也没有想到成佛、圆满菩提、证入涅槃，更何况是生起世间凡夫的种种念头？

"佛子啊！此地的菩萨，因为往昔所发的愿力，诸佛世尊都亲自示现在他面前，使他证得如来的智慧，使他证入法流门❺，并且对他说：'善哉！善哉！善男子啊！这个无生法忍是忍中第一，能随顺所有的佛陀教法。然而，善男子！我们所拥有十力、四无所畏、十八不共法，你至今尚未证得；你应该为了成就这些法门而更加精进修习，不只是满足这个无生法忍。又，善男子啊！你虽然证得这个寂灭解脱的法门，但是所有的凡夫还未证得，他们仍然被各种烦恼与觉观侵害困扰，你应当哀悯这些众生。又，善男子啊！你应当忆念过去所发的大愿，普遍饶益一切众生，使一切众生都证入不可思议的智慧法门。又，善男子啊！一切法的体性，不管佛陀出世或不出世，都是恒常安住毫无变异。诸佛不因为证得这个无生法忍，就称为如来；因为一切的声闻、缘觉二乘，也能够证得这个无分别的法门。又，善男子啊！你观察我们诸佛的身相，智慧无量，国土无量，方便无量，光明无量，清净无量，音声无量。你现在应当再努力成就这些殊胜的境界。又，善男子啊！你刚刚证得的这个大法光明，也就是一切法是无生起及无分别差异。善男子啊！你要知道，如来所证得的大法光明，入无量法，作无量法，转无量法，甚至经过百千亿那由他的时劫，也不可得知。你应该继续努力修行，以成就这个大法门。又，善男子啊！你仔细观察十方世界，有无量的佛国刹土，有无量的众生，有无量的法门，这当中的种种差别，你应该完全如实通达。'

"佛子啊！诸佛世尊给予菩萨这些无量的出生智慧法门，使菩萨能够生起无量无边的差别智慧业行。佛子啊！如果诸佛不将出生智慧的法门给予这位菩萨，那么菩萨将会即刻证入究竟的涅槃，从此舍弃一切利益众生的事业。但是因为诸佛给予这些无量无边出生智慧的法门，使菩萨在一念之间生起无量广大的智慧业行。即使从初发心乃至于证到第七地所修的各种行持，也不及这个智慧业行的百分之一，乃至于不及百千亿那由他分之一；甚至，也不及阿僧祇分、歌罗分、算数分、譬喻分、优波尼沙陀分之一。为什么呢？佛子啊！这位菩萨先以一身为对象开始修行，现在他已经修到第八地，证得了无量的身躯、无量的音声、无量的智慧、无量的受生之处、无量的清净佛国，能够教化调伏无量的众生，供养无量的诸佛如来，证入无量的法门，具足无量的神通威力，有无量不同的大众集会道场，安住在无量身、语、意业中，聚集一切菩萨行愿，这都是因为证入不动法门的缘故。

"佛子啊！就譬如想要把船驶入大海，在还没到大海时，必须用很多人的力量才能成功入海；如果已经进入大海，只要随顺风力就可以航行，不再需要假借人力。进入大海之后，一天所航行的距离，若以尚未到达大海时的速度航行，即使努力一百年也比不上。佛子啊！菩萨摩诃萨也是如此，他积集广大的善根资粮，开着大乘的法船，前往菩萨行愿的大海，能在一念之间，以无作意的无功用智慧，证入一切智智的境界；他即使以无量百千亿那由他的时劫修持有功用行，也比不上现在的成就。

"佛子啊！菩萨安住在这个第八地，以广大方便的善巧智慧所生起的无功用正觉智慧，观察一切智智所实践的境界。也就是观察世间的生成，观察世间的败坏；了知由于业力积集而生成，由于业力穷尽而败坏。对于何时生成？何时败坏？何时生成安住？何时败坏安住？这些都如实了知。

"又了知地界、水界、火界、风界，这四大界中微小的相、广大的相、无量的相、相互差别的相；也了知世界中微尘般细小的相、相互差别的相、无量差别的相。

"任何一个世界中，所有微尘的聚集，以及微尘之间的相互差别，菩萨无不如实了知。任何一个世界中，所有的地界、水界、火界、风界各有多少微尘，所有珍宝财物有多少微尘，众生有多少微尘，佛国刹土有多少微尘，菩萨也都能如实了知。

"他又了知众生广大的身躯、微小的身躯，各由多少微尘生成，也了知地狱众生的身躯、畜生的身躯、饿鬼的身躯、阿修罗的身躯、天人的身躯、人的身躯，各由多少微尘生成。因为他已证得了知微尘相的差别智慧。

"他又了知欲界、色界、无色界的生成，了知欲界、色界、无色界的败坏；又了知欲界、色界、无色界，这三界当中微小的相、广大的相、无量的相、相互差别的相。因为他已证得观察三界现象的差别智慧。

"佛子啊！这位菩萨又生起智慧的光明，以教化调伏众生。也就是善于了知众生身的差别，善于分别众生身，善于观察众生所出生的处所；随顺与众生相应的因缘，而示现化身教化成就众生。这位菩萨能在一个三千大千世界，随着众生的信解差别，以智慧光明普遍出生世间；同样的，在二个三千大千世界，在三个三千大千世界，乃至于在百千个三千大千世界，乃至于不可说的三千大千世界，菩萨都能随顺众生的信解差别，普遍示现出生。因为这位菩萨已经成就如此的智慧，所以能安住在本来的佛国刹土，而普遍示现于不可说佛国刹土的大众集会。

"佛子啊！这位菩萨随着一切众生的信解差别，在众多佛国的大众集会中示现身形。也就是在沙门众中示现沙门的身形，在婆罗门众中示现婆罗门的身形，在刹利❻王族众中示现刹利王族的身形。同样，在毗舍❼庶民众中、首陀❽大众中、居士众中、四天王众中、三十三天众中、夜摩天众中、兜率天众中、化乐天众中、他化自在天众中、魔界众中、梵天众中，乃至于阿迦尼吒天众中，也都能随着种种众生而化现不同的身形。又他应该以声闻乘的身形度化众生时，就为他们示现声闻乘的身形；应该以辟支佛的身形度化众生时，就为他们示现辟支佛的身形；应该以菩萨的身形度化众生时，就为他们示现菩萨的身形；应该以如来的身形度化众生时，就为他们示现如来的身形。佛子啊！菩萨在一切不可说的佛国刹土中，随着一切众生的信解差别，如此如此地示现各种不同的身形。

"佛子啊！这位菩萨早已远离一切身形的分别想，安住平等境。这位菩萨了知众生身、佛国刹土身、业力果报身、声闻身、独觉身、菩萨身、如来身、智慧身、法身、虚空身。

"这位菩萨了知一切众生心里欣乐的事，能够以众生的身形作为自己的身形，或以自己的身形化现为佛国刹土的身形、业力果报的身形，乃至于虚空界的身形。又因为他了知一切众生心里欣乐的事，所以能够以佛国刹土的身形作为自己的身形，也能化现为一切众生的身形、业力果报的身形、乃至于虚空界的身形。又他了知一切众生心里欣乐的事，所以能够以业力果报的身形作为自己的身形，也能化现为众生的身形、佛国刹土的身形，乃至于虚空界的身形。又他了知一切众生心里欣乐的事，所以能够以自己的身形作为众生的身形、佛国刹土的身形，乃至于虚空界的身形。菩萨能随着一切众生的种种欣乐，将自己化现为如同众生的身形。

"这位菩萨了知众生积集业力的身形、果报的身形、烦恼的身形、色界的身形、无色界的身形，又了知佛国刹土身形中微小的相、巨大的相、无量的相、染垢的相、清净的相、广大的相、颠倒而安住的相、方正安住的相、普入一切的相、方网差别的相。

"他了知业力果报的身形是依假名而有差别，了知声闻的身形、独觉的身形、菩萨的身形是依假名而有差别。

"他又了知如来的身形中，有菩提的身形❾、愿力的身形❿、化现的身形⓫、神力护持的身形⓬、相好庄严的身形、威势的身形⓭、随意受生的身形⓮、福德的身形、法的身形、智慧的身形。

"他又了知智慧的身形，有善巧思惟之相、如实抉择之相、果报行愿所摄取之相、世间及出世间的差别相、三乘差别之相、共同之相、不共同之相、出离之相、非出离之相、正在修学正道的有学位之相、已证毕的无学位之相。

"他又了知法的身形，有平等无二之相、不败坏之相、随着时劫随着世俗依假名而有的差别相、众生以及非众生法门的差别相、佛法僧三宝的差别相。

"他又了知虚空身的无量之相、周遍各处所之相、无形体之相、无差异之相⓯、无边际之相、显现色身之相。

"佛子啊！菩萨成就如此的身形智慧之后，得证十种自在：一，命自在；二，心自在；三，财自在；四，业自在；五，生自在；六，愿自在；七，解自在；八，如意自在；九，智慧自在；十，法自在。菩萨因为得证这十种自在，所以成为不可思议智慧的人、无量智慧的人、广大智慧的人、无能破坏智慧的人。

"这位菩萨如此证入、如此成就之后，证得毕竟无过失的身业、无过失的语业、无过失的意业。所有的身、语、意业都随着智慧实践，并增进般若波罗蜜，以大悲心为首要，生起利益众生的方便善巧，善于分别一切诸法，善于发起广大的行愿，为佛陀的威力所护持，精勤不断地修习利益众生的智慧，普遍安住在无边际的差别世界中。佛子啊！简而言之，菩萨安住在这个不动地，他的身业、语业、意业的所有作为，都能积集一切的佛法。

"佛子啊！菩萨安住在这个境地，证得了善于安住在甚深心的力量，因为他的烦恼都不再现前；证得了善于安在最殊胜心的力量，因为他不远离佛道；证得了善于安住大悲心的力量，因为他不舍弃利益一切众生；证得了善于安住大慈心的力量，因为他救护一切世间；证得了善于安住陀罗尼的力量，因为他不忘失佛法；证得了善于安住辩才的力量，因为他善于观察及分别一切法门；证得了善于安住神通的力量，因为他能普遍往诣无边的世界；证得了善于安住广大行愿的力量，因为他不舍弃一切菩萨所想作之事；证得了善于安住波罗蜜的力量，因为他成就一切佛法；证得了如来护持忆念的力量，因为一切种及一切智智都示现在他面前。这位菩萨证得如此的智慧力量，能够实现所有想做的事，而且所做之事都不会不如法。

"佛子啊！这位菩萨的智慧境地，称为不动的境地，因为他的智慧无人能破坏；或称为不退转的境地，因为他的智慧不再退转；或称为难得的境地，因为一切世人无法测量他的智慧；或称为童真的境地，因为他的智慧远离一切过失；或称为生起的境地，因为他的智慧能随着喜乐而得自在；或称为成就的境地，因为他的智慧不再有所造作；或称为究竟的境地，因为他的智慧决定；或称为变化的境地，因为他的智慧随顺行愿都得以成就；或称为力持的境地，因为他的智慧不为他力所动摇；或称为无功用的境地，因为他过去所修的智慧已经成就。

"佛子啊！菩萨成就如此的智慧，证入佛陀的境界，使得佛陀的功德光明能够照耀其身。他随顺着佛陀的威仪，佛陀的境界常常示现其前；又常为如来所护持忆念，梵天、帝释、四大天王、金刚力士也时常伴随保护着。他不曾舍离各种广大的禅定三昧，因此能够示现种种不同的身形，每一个身形中都有着大势力。他天生就有大神通，能够运用自在的三昧神力，哪里有需要度化的众生，他就在那里示现成就正等正觉。

"佛子啊！菩萨更参加大乘的法会，因此能证得大神通力，放出大光明，进入无障碍的法界，了知世界的差别，示现所有的大功德等，都能随意自在。他又能够通达过去、未来，普遍调伏一切邪魔外道，深入如来行持的境界，在无量的佛国刹土修习菩萨行愿。因为他已经获得不退转的法门，所以称为安住在不动之境地。

"佛子啊！菩萨安住在这个不动境地时，能以禅定三昧的力量，常常见到无量的诸佛，而得以亲近承事供养。这位菩萨在每一个时劫的每一个世界中，见到了无量的百位佛陀、无量的千位佛陀，乃至于无量的百千亿那由他位佛陀。他都恭敬尊重，承事供养诸佛，将一切日常所需之物都献给佛陀。他从诸佛所在之处，证得了如来甚深的教法宝藏，受持世界差别等无量佛法光明；假使有人质问世界差别等种种难题，他都能一一回答，不会被人难倒。

"如此地经过了无量百劫、无量千劫，乃至于无量百千亿那由他劫，他所有的善根都变得更为明净。就譬如阎浮提圣王头上的真金宝冠，是一切大臣及人民的庄严具无法相比的。此地菩萨所有的善根也是如此，一切声闻、缘觉二乘，乃至到第七地菩萨的所有善根，也不及他的善根。因为安住在此地的大智光明，能够普遍消灭众生的烦恼黑暗，开启智慧的法门。

"佛子啊！就譬如千世界主——大梵天王，能够普遍运用慈心，放出光明，充满千个世界。这个境地的菩萨也是如此，能够放出光明，照耀百万个佛国刹土微尘数的世界，使所有的众生灭除烦恼火焰而得清凉。

"这位菩萨在十波罗蜜中，愿波罗蜜法门较为得力；其余的波罗蜜并非不修行，而是随顺心力、随顺因缘来修行。

"这是简略地说明菩萨摩诃萨的第八地——不动地。如果要详细地说明，即使经历无量的时劫也说不尽。

"佛子啊！菩萨摩诃萨安住在这个境地当中，多作大梵天王，主宰千个世界，殊胜自在。他善于宣说诸般义理，能够对声闻、辟支佛、菩萨演说到彼岸的法门。即使有人前来质问世界差别的问题等，他也不会被问倒。他实践布施、爱语、利行、同事，如此一切所作的善业，都不离念佛，乃至于不离念一切种智、一切智智。他又想到：'我应当在众生中，成为上首，成为最殊胜的人，乃至成为一切智智所依止的人。'

"这位菩萨如果发起广大精进力，在一念之间，就能证得百万个三千大千世界中微尘数的禅定三昧，乃至于示现百万个三千大千世界当中微尘数的菩萨作为眷属。如果让菩萨用殊胜的愿力自在示现，更是超过这数目，即使用百千亿那由他的时劫来计算，也无法数知。"

这时，金刚藏菩萨想要复述刚才所讲的义理，就宣说以下的偈颂：

> 七地修治方便智慧，善集助道大誓愿力，
> 复得人尊之所摄持，为求胜智登八住地。
> 功德成就心恒慈悯，智慧广大等同虚空，
> 闻法能生决定威力，是则寂灭无生法忍。
> 知法无生无起无相，无成无坏无尽无转，
> 离有平等绝诸分别，超诸心行如空安住。
> 成就是忍超越戏论，甚深不动恒现寂灭，
> 一切世间无能知者，心相取着悉皆能离。
> 住于此地不起分别，譬如比丘入灭尽定，
> 如梦渡河觉则无有，如生梵天绝下欲恼❻。
> 以本愿力蒙佛劝导，叹其忍胜与其灌顶，
> 语言我等众善佛法，汝今未获当勤精进。
> 汝虽已灭烦恼火焰，世间惑焰犹皆炽然，
> 当念本愿广度众生，悉使修因趣解脱道。
> 法性真常离诸心念，二乘于此亦能得之，
> 不以此故名为世尊，但以甚深无碍智慧。

如是人天所应供养，　与此智慧普令观察，
无边佛法悉得圆成，　一念超过曩等众行。
众生住兹妙智慧地，　则获广大神通威力，
一念分身遍于十方，　如船入海因风得济。
心无功用任运智力，　悉知国土成住坏空，
诸界种种各殊异别，　小大无量皆能了之。
三千世界具四大种，　六趣众生身份各别，
及以众宝有微尘数，　以智观察悉了无余。
菩萨能知一切众身，　为化众生同现彼形，
国土无量种种差别，　悉为现形无不周遍。
譬如日月住于虚空，　一切水中皆现其影，
住于法界安无所动，　随心现影亦复皆然。
随其心乐各各不同，　一切众中皆现其身，
声闻独觉与菩萨身，　及以佛身靡不示现。
众生国土业报之身，　种种圣人智慧法身，
虚空身相悉皆平等，　普为众生广而示作。
十种圣智普遍观察，　复顺慈悲作诸众业，
所有佛法皆悉成就，　持戒不动宛如须弥。
十力成就而不动摇，　一切魔众无有能转，
诸佛护念天王礼敬，　密迹金刚恒守侍卫。
此地功德无有边际，　千万亿劫说不能尽，
复以供佛善根益明，　如王顶上庄严金具。
菩萨住此第八地中，　多作梵王千世界主，
演说三来无有穷尽，　慈光普照除众疑惑。
一念所获诸三昧力，　百万世界微尘数等，
诸所作事悉皆亦然，　愿力示现复过于是。
菩萨第八不动妙地，　我为汝等今已略说，
若欲次第广为分别，　经于亿劫说不能尽。

第九地

❶说此菩萨第八地时，如来示现大神通力，
震动十方诸国刹土，无量亿数难可思议。
一切知见无上至尊，其身普放广大光明，
照耀彼诸无量国土，悉使众生获大安乐。
菩萨无量百千亿众，俱时踊在虚空中住，
以过诸天上妙供品，供养说中最殊胜者。
大自在王自在天众，悉共同心喜悦无量，
各以种种众妙供具，供养甚深功德大海。
复有天女千万亿数，身心欢喜悉充遍满，
各奏乐音无量数种，供养人中佛大导师。
是时众乐同时起奏，百千万亿无量分别，
悉以善逝大威神力，演出妙音而为赞叹：
寂静调柔无垢无害，随所入地善勤修习，
心如虚空遍诣十方，广说佛道悟诸群生。
天上人间一切处所，悉现无等微妙庄严，
以从如来功德所生，令其见者乐佛智慧。
不离一刹诣众国土，如月普现遍照世间，
音声心念悉皆陨灭，譬犹谷响无不应者。
若有众生心生下劣，为彼演说声闻行道，
若心明利乐辟支果，则为彼说中乘之道。
若有慈悲乐饶益众，为说菩萨所行胜事，
若有最胜大智慧心，则示如来无上妙法。
譬如幻师所作众事，种种形相皆非实际，
菩萨智幻亦复如是，虽现一切离有无边。
如是美音有千万种，歌赞佛已默然安住，
解脱月言今众清净，愿说九地所行胜道。

这时，金刚藏菩萨告诉解脱月菩萨说："佛子啊！菩萨摩诃萨以如此的无量智慧思惟观察，为了求得更殊胜的寂灭解脱，所以他又修习如来的智慧，证入如来的秘密法，观察不可思议的广大智慧体性，清净所有的陀罗尼三昧法门，具足广大的神通力，进入互有差别的世界，修行十力、四无畏、十八不共法，随着诸佛转动大法轮，不舍大悲的本愿力，因此得以证入菩萨的第九善慧地。

"佛子啊！菩萨摩诃萨安住在这个善慧地时，如实了知善法与不善法及无记法的业行、有漏失法与无漏失法的业行、世间法与出世间法的业行、思议法与不思议法的业行、决定法与不决定法的业行、声闻法与独觉法的业行、菩萨行法与如来法的业行、有为法与无为法的业行。

"这位菩萨以如此的智慧，如实了知众生心念的密林、烦恼的密林、业行的密林、根器的密林、理解的密林、种性的密林、欣乐欲念的密林、随眠的密林、受生的密林、习气⑱相续不断的密林、三聚差别的密林。

"这位菩萨如实了知众生心念的种种差别相。也就是心、意、识相互错杂而生起差别的杂起相，心行住着与变异的速转相，心行消灭与生起的坏、不坏相，无形质之相⑲，无边际之相，清净之相，染垢与无染垢之相，束缚与无束缚之相，幻化所造作之相，随顺业力于六道诸趣出生之相。如此百千万亿乃至无量的心相，无不如实了知。

"他又了知烦恼的种种差别相。也就是永久随行不离之相，善与惑俱生而难知之相⑳，诸惑与妄心俱生且相依不舍之相，随眠与现起一义之相㉑，与心念相应及不相应之相，随六道诸趣受生而安住之相，欲界、色界、无色界等三界相互差别之相，爱、见、痴、慢等如同箭一般深入人心而生起种种过错之相，身业、语业、意业等三业因缘相续不绝之相；约略地说，乃至于八万四千种烦恼之相，无不如实了知。

"他又了知所有业行的种种差别相。也就是善、不善与非善非恶的无记之相，有表示与无表示之相㉒，与心念一同生起而不舍弃之相，业因自性刹那败坏而次第招集业果不失绝之相，有受报与无受报之相，受到黑业黑果等众恶报之相㉓，宛如田地有无量差别之相㉔，凡人与圣人的差别之相，现在作业或现生受报、或来生受报、或第三生以后受报之相，三乘道与世间非乘道、固定修行一乘与不定修行多乘之相。约略地说，菩萨甚至了知八万四千种业报之相。

"他又了知各种根器的差别相。也就是下软、持中、上胜之相，过去与未来相互转变而有差别、无差别之相，菩萨上根、缘觉中根、声闻下根的差别相，烦恼共俱生起不互相舍离之相，大乘与非大乘、安定与不安定之相，淳厚成熟调伏柔顺之相，随顺六根之网而轻、转、坏之相㉕，增上之行无能败坏之相，退转与不退转之差别相，久远相随共生不同的差别相。约略地说，乃至于八万四千种根器之相，都能如实了知。

"他又了知各种理解的软、中、上之差别相，了知各种种性的软、中、上之差别相，了解各种欣乐欲想的软、中、上之差别相。约略地说，菩萨甚至了知八万四千种理解、种性、乐欲之相。

"他又了知随眠烦恼的各种差别相。也就是与微细难知的心共生之相，与现起可知的心共生之相，与心念相应或不相应的差别之相，永久相随共行之相，无始以来不拔除之相，与一切禅定、解脱、三昧、三摩钵底、神通相违背之相，欲界、色界、无色界等三界相互连续受生系缚之相，使无边心念相续现起之相，开启十二处门而随逐之相，坚固实在而难以调治之相，在九地㉖成就或不成就之相，只有以无分别智、出世间圣道才得以拔出之相。

"他又了知受生的各种差别相。也就是随顺业力受生之相，六趣受生有种种差别之相，有色界与无色界受生的有种种差别之相，有想天与无想天受生的种种差别之相，以业力为田、以爱执的水滋润、以无明黑暗覆盖、以心识为种子而出生的生命相续存有的苗芽之相，精神的名与肉体的色同时生起不相舍离之相，愚痴、爱染与希求相续存有之相，由五欲的感受、五欲的出生引发无始以来的乐着之相，自以为出离三界的贪求之相。

"他了知习气的各种差别相。也就是善恶之业因与今之现果同起行与不同起行之相，随着所生趣的六道熏染习气之相，随众生所行而熏染的习气之相，随着业力烦恼熏染的习气之相，善业、不善业、无记等熏染的习气之相，随着今生本有到来生后有所熏染的习气之相，依循次第所熏染的习气之相，不断烦恼而修行远离出世行仍不舍弃的熏染习气之相，修学实际佛法或非实际外道法的熏染习气之相，得以见闻及亲近声闻、独觉、菩萨、如来的熏染习气之相。

"他又了知众生的正定、邪定、不定的差别相。也就是正见的正定之相，邪见的邪定之相，正见、邪见二者都有的不定之相，违逆信、进、念、定、慧五根❷的邪定之相，信、进、念、定、慧五根的正定之相，五逆、五根二者都有的不定之相，八邪❷的邪定之相，正性❷的正定之相，更不造作八邪、正性二者且都舍离的不定之相，深深染着邪法的邪定之相，学习八圣道的正定之相，邪法、圣道二者都舍离不修习的不定之相。

"佛子啊！菩萨随顺如此的智慧，称名为安住在善慧地。菩萨安住在此地之后，能了解众生所有的业行差别相，而教化、调伏、解脱众生。

"佛子啊！这位菩萨善于演说声闻乘法门、独觉乘法门、菩萨乘法门、如来境地法门。凡是他经过的地方，智慧也随行而至，因此他能够随顺着众生的根器、本性、欲乐、理解，施行一切差异的教化，来面对不同生趣的众生。菩萨也能随着受胎出生，示现烦恼、随眠、缠缚以及所有业力习气，为众生说法，使众生信心解悟，增益众生的智慧，使众生从各各安住的法乘中解脱。

"佛子啊！菩萨安住在善慧地时，作大法师，具足法师的行持，又善于守护如来的法来宝藏，因此能以无量的善巧智慧，生起四种无碍的辩才，用菩萨的言语文辞演说佛法。这位菩萨时常随顺四无碍智演说佛法，不曾一刻舍离。什么是四无碍智呢？就是对于诸法与障碍的智慧、对于义理无障碍的智慧、文辞无障碍的智慧、欣乐演说无障碍的智慧。

"这位菩萨能以诸法无碍的智慧，了知诸法的自身之相；能以义理无碍的智慧，了知诸法相互差别之相；能以文辞无碍的智慧，正确宣说法义；能以欣乐演说无碍的智慧，不断演说佛法。

"又，他以诸法无碍的智慧，能了知诸法本身的体性；以义理无碍的智慧，能了知诸法的生起与消灭；以文辞无碍的智慧，能安立一切诸法而不断演说；以欣乐演说无碍的智慧，能随所安立的假名，不可败坏且无边际地宣说。

"又，他以诸法无碍的智慧，了知现在诸法的差别相；以义理无碍的智慧，了知过去及未来诸法的差别相；以文辞无碍的智慧，对于过去、未来、现在诸法都没有错误的谬说；以欣乐演说无碍的智慧，了知并宣说每一个世界无边光明的佛法。

"又，他能以诸法无碍的智慧，了知诸法的相互差别；以义理无碍的智慧，了知义理的相互差别；以文辞无碍的智慧，随顺众生的言语音声而宣说；以欣乐演说无碍的智慧，随着众生心所欣乐而演说。

"又，诸法无碍的智慧，是用佛法的智慧，了知差别相的不相异之处；义理无碍的智慧，是用比较类推的比量智慧，了知差别相的如实之理；文辞无碍的智慧，是用世间的智慧差别演说；欣乐演说无碍的智慧，是用第一义的智慧善巧演说。

"又，他以诸法无碍的智慧，了知诸法一相且不可败坏；以义理无碍的智慧，了知五蕴、十八界、十二入处、四圣谛、十二缘起而生起善巧；以文辞无碍的智慧，运用世间易于了解的美妙音声演说佛法；以欣乐演说无碍的智慧，宣说更为殊胜的无边光明佛法。

"又，他能以诸法无碍的智慧，了知一法乘的平等体性；能以义理无碍的智慧，了知诸法乘相互差别的体性；能以文辞无碍的智慧，演说一切法乘无有差别；能以欣乐演说无碍的智慧，演说每一法乘的无量无边行法。

"又，他以诸法无碍的智慧，能了知一切菩萨行、智慧之行、方便法行，依智慧随修随证；以义理无碍的智慧，能了知十地中各地的义理差别；以文辞无碍的智慧，能演说十地的无差别相；以欣乐演说无碍的智慧，能演说每一地无边的修行相状。

"又，他以诸法无碍的智慧，了知一切诸佛如来能在一念之间成就正觉；以义理无碍的智慧，了知各种时劫、各种处所等等的差别相；以文辞无碍的智慧，演说成就正觉的差别相；以欣乐演说无碍的智慧，对于每一句法义，能够以无量的时劫不断演说。

"又，他能以诸法无碍的智慧，了知一切诸佛如来的言语、十力、四无所畏、十八不共佛法，本着大慈大悲，发挥无碍的辩才，善巧方便地转动法轮，而证得一切智智；能以义理无碍的智慧，了知如来随顺八万四千种众生的心意、行为、根器、信解以及相互差别的音声；能以文辞无碍的智慧，随顺众生的行为差异，用如来的音声各别演说；能欣乐演说无障碍的智慧，随着众生的信解，以如来智慧的清净行愿圆满演说。

"佛子啊！菩萨安住在第九地，证得如此善巧无障碍的智慧，证得如来微妙的法藏，可以作为大法师。他又证得义陀罗尼法门、法陀罗尼法门、智慧陀罗尼法门、光明照耀陀罗尼法门、善巧智慧陀罗尼法门、诸多财宝陀罗尼法门、威德陀罗尼法门、无障碍门陀罗尼法门、无边际陀罗尼法门、各种义理陀罗尼法门，如此等等百万个阿僧祇陀罗尼法门都证得圆满，而以百万阿僧祇善巧的音声辩才法门演说佛法。

"当这位菩萨证得如此百万阿僧祇的陀罗尼法门之后，在无量的佛陀处所，在每一位佛陀面前，都能完全以如此百万阿僧祇的陀罗尼法门听闻正法，听闻之后并牢记心头，然后再以无量的差别法门为他人演说。

"这位菩萨刚刚见到佛陀的时候，以头顶礼敬拜佛陀，即马上证得无量的法门；在此处证得的法门，都不是那些依凭听闻受持的大声闻乘者，在百千个时劫所能够领受的。

"这位菩萨证得如此的陀罗尼法门、如此的无碍智慧，就在法座上结跏趺演说佛法；能随着大千世界众生心之所乐的种种不同而演说。他的成就除了诸佛以及十地的受职位菩萨，其余在法会中诸大菩萨的威德光明，都不能与之相比。

"这位菩萨端坐法座时，若想以一种音声演说佛法，使所有大众都能得以明了，就能马上使他们得以明了；有时想以各种声音，使所有大众都得以开悟；有时想在心中放出大光明演说法门；有时想使自己身上的每一个毛孔都能演说佛法的音声；有时甚至想使三千大千世界中所有一切有形与无形的生识，都能演说妙法言音；有时想发出一种言音，周遍布满整个法界，使众生都能了解；有时想将一切言语音声都作为佛法的音声，恒常安住而不灭绝；有时想使一切世界的箫、笛、钟、鼓及以歌唱赞咏，一切的乐声都能演说佛法；有时想在一字当中，完全具足一切法之文句、言语、音声的差别；有时想使不可说无量世界中地、水、火、风四大聚所有的微尘，每一微尘都能演说不可说的法门。菩萨想到的这些事，一切都能随心所欲地实现。

"佛子啊！假使三千大千世界中的众生都来到菩萨面前，每一个众生都以无量的言语音声请问难题，每一个人所问的难题都各不同；菩萨在一念之间，就能完全领会他们的问题，而以一种音声普遍解释，使众生随着心之所乐，各各欢喜。如此，乃至于不可说世界的所有众生，在一刹那之间，每一个众生都以无量的音声言语来请问难题，每一个众生所问的难题都各不相同；菩萨在一念之间，就能完全领会他们的问题，并且也以一种音声普遍解释，使每一个众生随着心之所乐而心生欢喜。乃至于遍满不可说不可说世界的所有众生，菩萨都能够随着众生的心之所乐、随着众生的根器及解悟，为众生宣说法门。他承受佛陀的威神力广作佛事，普遍成为一切众生依止怙念的师表。

"佛子啊！这位菩萨又更加精进，成就智慧的光明。假使一毛端上有不可说世界微尘数的佛陀法会，每一个法会中有不可说世界微尘数的众生，每一个众生有不可说世界微尘数的心性欲想；那么，法会中的诸佛会随顺众生的心性欲想，各别给予适当的法门。就如同在一毛端上的情况，一切法界中也都是如此。以上诸佛所演说的无量法门，菩萨在每一念当中都能够领会，从不忘失。

"佛子啊！菩萨安住在这个第九地时，不管白天或晚上，都一心精勤修行，没有别的杂念；因为他一心只想证入佛陀的境界亲近如来，证入诸菩萨甚深的解脱境界，希望常在三昧之中见到诸佛，未曾一刻舍离。因此他在每一个时劫，都能够见到无量的佛陀、无量的百位佛陀、无量的千位佛陀，乃至于无量的百千亿那由他位佛陀，并且恭敬尊重，承事供养。他因为向诸佛请教各种难题，而能证得说法陀罗尼法门，使所有善根变得更为光明清净。

"就譬如善巧的金师用真金来作宝冠，转轮圣王以这个宝冠庄严自身；四天下一切的小王及所有臣民再怎么庄严的器具，也无法与这个宝冠相比。这个第九地菩萨的善根也是如此，一切的声闻、辟支佛以及下地菩萨的所有善根，都无法与之相比。

"佛子啊！就譬如二千世界的主宰——大梵天王，从他身上所放出的光明，二千世界当中再幽远的地方，也都照耀得到而能够去除黑暗。这个第九地菩萨的所有善根也是如此，能够放出光明，照映众生的心，灭除所有的烦恼黑暗。

"这位菩萨在十波罗蜜法门中，以力波罗蜜法门最为殊胜；其余的波罗蜜法门并非不修，只是随着心力、随着因缘来修。

"佛子啊！这只是约略地说菩萨摩诃萨的第九地——善慧地；如果要更仔细地说，即使用无量的时劫，也说不完。

"佛子啊！菩萨摩诃萨安住在这个境地时，多作二千世界的主宰—大梵天王，他善于治理政事，能饶益众生，神通自在，能为一切声闻、缘觉及诸菩萨分别演说波罗蜜行愿；能随顺众生的心念，所有的难题都问不倒他。他实践布施、爱语、利行、同事，如此一切所作的善业，都不离念佛，乃至于不离念一切种智、一切智智。他又想着：'我应当在一切众生当中，作为上首，作为最殊胜者，乃至于作为一切智智所依止者。'

"这位菩萨如果发起精进心，在一念之间，就能证得百万阿僧祇佛国刹土微尘数的禅定三昧，乃至于示现百万阿僧祇佛国刹土微尘数的菩萨作为眷属。如果菩萨以殊胜的愿力自在示现时，更超过这个数目，甚至以百千亿那由他的时劫来计算，也不能数知。"

这时，金刚藏菩萨想要复述刚才所讲的义理，就宣说以下的偈颂：

无量智力善巧观察，最上微妙世间难知，
普入如来诸秘密处，利益众生入于九地。
总持三昧皆得自在，获大神通入众刹土，
力智无畏不共胜法，愿力悲心入于九地。

住于此地总持法藏，了善不善及与无记，
有漏无漏世出世间，思不思议悉皆善知。
若法决定与不决定，三乘所作悉皆观察，
有为无为诸行差别，如是而知入于世间。
若欲了知诸众生心，则能以智如实了知，
种种速转坏与非坏，无质无边等诸众相。
烦恼无边恒与共伴，眠起一义相续诸趣，
业性种种各有差别，因坏果集皆能了知。
诸根种种下中上品，先后际等无量差别，
解性乐欲亦复皆然，八万四千靡不了知。
众生惑见恒随缠缚，无始稠林未能除翦，
与志共俱心意并生，常相羁系不能断绝。
但唯妄想非有实物，不离于心无有处所，
禅定境排仍有退转，金刚道灭方毕究竟。
六趣受生各各差别，业田爱润无明盖覆，
识为种子名色为芽，三界无始恒转相续。
惑业心习生诸种趣，若离于此不复相生，
众生悉在三聚之中，或溺于见或行诸道。
住于此地善能观察，随其心乐及根器解，
悉以无碍妙说辩才，如其所应差别解说。
处于法座如师子吼，亦如牛王大宝山王，
又如龙王善布密云，霔甘露雨充满大海。
善知法性及深奥义，随顺言辞善能辩说，
总持百万阿僧祇义，譬如大海受诸众雨。
总持三昧普皆清净，能于一念普见多佛，
一一佛所皆闻妙法，复以妙音而为演畅。
若欲三千大千世界，教化一切诸群生众，
如云广布无有不及，随其根欲悉令欢喜。

毛端佛众亦无有数，众生心乐亦皆无极，

悉应其心与诸法门，一切法界悉皆如是。

菩萨勤加精进大力，复获功德转为增胜，

闻持尔所诸妙法门，如地能持一切善种。

十方无量诸类众生，咸来亲近大会中坐，

一念随心各各问难，一音普对悉皆充足。

住于此地乃为法王，随机诲诱无有厌倦，

日夜见佛未曾暂舍，入深寂灭智慧解脱。

供养诸佛胜善益明，如王顶上大妙宝冠，

复使众生烦恼灭尽，譬如梵王光明普照。

住此多作大梵天王，以三乘法教化众生，

所行善业普皆饶益，乃至当成一切智者。

一念所入诸三昧海，阿僧祇刹微尘数量，

见佛说法皆亦复然，愿力所作复过于此。

此是第九名善慧地，大智菩萨诸所行处，

甚深微妙难可值见，我为佛子今已宣说。

【注释】

❶ 以下为第八不动地，初为赞请之颂。

❷ 无央：无限之数的意思。

❸ 无转：转是"转染为净"之意。此地菩萨为无作之行，故称为无转。

❹ 原经文为"住报行"，谓于前一地所修的业行已成熟现前而安住受报。

❺ 法流门：决了无生的智慧，令起无功用行，而任运流入诸佛如来的智慧海中。

❻ 刹利：印度四种姓阶段制度的第二位，为王族。

❼ 毗舍：印度四种姓阶段制度的第三位，为一般的平民。

❽ 首陀：印度四种姓阶段制度的最下位，为从事下贱工作的奴隶。

❾ 即成就正等正觉之身。

❿ 即愿力往生兜率内院之身。

⓫ 即为王宫出生之身。

⓬ 原经文为"力持身"，即摄取众生，依神力而教化之身。

⓭ 威势身：依种种光明摄伏众生之身。

⓮ 原经文为"意生身"。能于世间、出世间随意自在更生、摄化之身。

⓯ 无异相："无障碍"之意，并非如色相般彼此相异而障碍。

⓰ 即弃绝下界的爱欲烦恼。

⓱ 以下为第九善慧地，初为赞请之颂。

⓲ 习气：烦恼之余习，如香气残留于衣服上。

⓳ 无形质相：观察心体离念之相。

⓴ 无边，即所修之善根；引起，即所生起的烦恼。善与惑同生而难了知之相。

㉑ 随眠为烦恼的种子，随逐众生，眠伏终心识中，故烦恼的现行必依着随眠之意。

㉒ 就意业而言，意思审虑决定之前，尚无身口的表现，称为无表示。若变成行为，以身口表现，则称为有表示。

㉓ 黑业、黑果乃指恶因、恶果。业因的黑白与业果的黑白等有种种相，故说黑果等众报。

㉔ 以识为种子，以业为田，依着田土的地质，种子发芽生育有种种的差别。

㉕ 指眼等六根顺行于各自之境，如鸟鱼为网所捉。轻、转、坏，生、住、异、灭四相之顺行。轻，释作生与住；转，相当于异；坏，相当于灭。

㉖ 九地：又名九有。三界共有九地，其中欲界占一地，其他色界和无色界各占四地，即五趣杂居地、离生喜乐地、离喜妙乐地、舍念清净地、空无边处地、识无边处地、无所有处地、非想非非想处地。以上九地，皆因贪着境界不肯离去，所以叫作"地"。

㉗ 以上称为五逆。

㉘ 八邪：与八正道相对的八个邪道。

㉙ 正性：为离于生死轮回，居于圣人之位。

卷第三十九
十地品第二十六之六

【原典】

第十地①

净居天众那由他，闻此地中诸胜行，空中踊跃心欢喜，悉共虔诚供养佛。

不可思议菩萨众，亦在空中大欢喜，俱然最上悦意香，普熏众会令清净。

自在天王与天众，无量亿数在虚空，普散天衣供养佛，百千万种缤纷下。

天诸采女无有量，靡不欢欣供养佛，各奏种种妙乐音，悉以此言而赞叹：

佛身安坐一国土，一切世界悉现身，身相端严无量亿，法界广大悉充满。

于一毛孔放光明，普灭世间烦恼暗，国土微尘可知数，此光明数不可测。

或见如来具众相，转于无上正法轮，或见游行诸佛刹，或见寂然安不动。

或现住于兜率宫，或现下生入母胎，或示住胎或出胎，悉令无量国中见。

或现出家修世道，或现道场成正觉，或现说法或涅槃，普使十方无不睹。

譬如幻师知幻术，在于大众多所作；如来智慧亦复然，于世间中普现身。

佛住甚深真法性，寂灭无相同虚空，而于第一实义中，示现种种所行事。

所作利益众生事，皆依法性而得有，相与无相无差别，入于究竟皆无相。

若有欲得如来智，应离一切妄分别，有无通达皆平等，疾作人天大导师。

无量无边天女众，种种言音称赞已，身心寂静共安乐，瞻仰如来默然住。

即时菩萨解脱月，知诸众会咸寂静，向金刚藏而请言：大无畏者真佛子！

从第九地入十地，所有功德诸行相，及以神通变化事，愿聪慧者为宣说！

尔时，金刚藏菩萨摩诃萨告解脱月菩萨言："佛子！菩萨摩诃萨从初地乃至第九地，以如是无量智慧观察觉了已，善思惟修习，善满足白法，集无边助道法，增长大福德智慧，广行大悲，知世界差别，入众生界稠林，入如来所行处，随顺如来寂灭行，常观察如来力、无所畏、不共佛法，名为得一切种、一切智智受职位。

"佛子！菩萨摩诃萨以如是智慧入受职地已，即得菩萨离垢三昧、入法界差别三昧、庄严道场三昧、一切种华光三昧、海藏三昧、海印三昧、虚空界广大三昧、观一切法自性三昧、知一切众生心行三昧、一切佛皆现前三昧，如是等百万阿僧祇三昧皆现在前。菩萨于此一切三昧，若入若起，皆得善巧，亦善了知一切三昧所作差别。其最后三昧，名受一切智胜职位。此三昧现在前时，有大宝莲华忽然出生。其华广大，量等百万三千大千世界，以众妙宝间错庄严，超过一切世间境界，出世善根之所生起，知诸法如幻性众行所成，恒放光明，普照法界，非诸天处之所能有。毗琉璃摩尼宝为茎，栴檀王为台，玛瑙为须，阎浮檀金为叶，其华常有无量光明，众宝为藏，宝网弥覆，十三千大千世界微尘数莲华以为眷属。

"尔时，菩萨坐此华座，身相大小正相称可。无量菩萨以为眷属，各坐其余莲华之上，周匝围绕，一一各得百万三昧，向大菩萨一心瞻仰。

"佛子！此大菩萨并其眷属坐华座时，所有光明及以言音普皆充满十方法界，一切世界咸悉震动，恶趣休息，国土严净，同行菩萨靡不来集，人天音乐同时发声，所有众生悉得安乐，以不思议供养之具供一切佛，诸佛众会悉皆显现。

"佛子！此菩萨坐彼大莲华座时，于两足下放百万阿僧祇光明，普照十方诸大地狱，灭众生苦；于两膝轮放百万阿僧祇光明，普照十方诸畜生趣，灭众生苦；于脐轮中放百万阿僧祇光明，普照十方阎罗王界，灭众生苦；从左右胁放百万阿僧祇光明，普照十方一切人趣，灭众生苦；从两手中放百万阿僧祇光明，普照十方一切诸天及阿修罗所有宫殿；从两肩上放百万阿僧祇光明，普照十方一切声闻；从其项背放百万阿僧祇光明，普照十方辟支佛身；从其面门放百万阿僧祇光明，普照十方初始发心乃至九地诸菩萨身；从两眉间放百万阿僧祇光明，普照十方受职菩萨，令魔宫殿悉皆不现；从其顶上放百万阿僧祇三千大千世界微尘数光明，普照十方一切世界诸佛如来道场众会，右绕十匝，住虚空中，成光明网，名炽然光明，发起种种诸供养事供养于佛，余诸菩萨从初发心乃至九地所有供养而比于此，百分不及一，乃至算数譬喻所不能及。其光明网普于十方一一如来众会之前，雨众妙香、华鬘、衣服、幢幡、宝盖、诸摩尼等庄严之具以为供养，皆从出世善根所生，超过一切世间境界。若有众生见知此者，皆于阿耨多罗三藐三菩提得不退转。

"佛子！此大光明作于如是供养事毕，复绕十方一切世界一一诸佛道场众会，经十匝已，从诸如来足下而入。尔时，诸佛及诸菩萨，知某世界中，某菩萨摩诃萨能行如是广大之行到受职位。佛子！是时，十方无量无边乃至九地诸菩萨众皆来围绕，恭敬供养，一心观察。正观察时，其诸菩萨即各获得十千三昧。当尔之时，十方所有受职菩萨，皆于金刚庄严臆德相中出大光明，名能坏魔怨，百万阿僧祇光明以为眷属，普照十方，现于无量神通变化。作是事已，而来入此菩萨摩诃萨金刚庄严臆德相中。其光入已，令此菩萨所有智慧、势力增长过百千倍。

"尔时，十方一切诸佛从眉间出清净光明，名增益一切智神通，无数光明以为眷属，普照十方一切世界，右绕十匝，示现如来广大自在，开悟无量百千亿那由他诸菩萨众，周遍震动一切佛刹，灭除一切诸恶道苦，隐蔽一切诸魔宫殿，示一切佛得菩提处道场众会庄严威德。如是普照尽虚空遍法界一切世界已，而来至此菩萨会上周匝右绕，示现种种庄严之事。现是事已，从大菩萨顶上而入，其眷属光明亦各入彼诸菩萨顶。当尔之时，此菩萨得先所未得百万三昧，名❷为已得受职之位，入佛境界，具足十力，堕在佛数。

"佛子！如转轮圣王所生太子，母是正后，身相具足。其转轮王令此太子坐白象宝妙金之座，张大网幔，建大幢幡，然香散花，奏诸音乐，取四大海水置金瓶内，王执此瓶灌太子顶，是时即名受王职位，堕在灌顶刹利王数，即能具足行十善道，亦得名为转轮圣王。菩萨受职亦复如是，诸佛智水灌其顶故，名为受职。具足如来十种力故，堕在佛数。佛子！是名菩萨受大智职。菩萨以此大智职故，能行无量百千万亿那由他难行之行，增长无量智慧功德，名为安住法云地。

"佛子！菩萨摩诃萨住此法云地，如实知欲界集、色界集、无色界集、世界集、法界集、有为界集、无为界集、众生界集、识界集、虚空界集、涅槃界集。此菩萨如实知诸见烦恼行集，知世界成坏集，知声闻行集、辟支佛行集、菩萨行集、如来力无所畏色身法身集、一切种一切智智集、示得菩提转法轮集、入一切法分别决定智集。举要言之，以一切智，知一切集。

"佛子！此菩萨摩诃萨以如是上上觉慧，如实知众生业化、烦恼化、诸见化、世界化、法界化、声闻化、辟支佛化、菩萨化、如来化、一切分别无分别化，如是等皆如实知。又如实知佛持、法持、僧持、业持、烦恼持、时持、愿持、供养持、行持、劫持、智持，如是等皆如实知。又如实知诸佛如来入微细智，所谓修行微细智、命终微细智、受生微细智、出家微细智、现神通微细智、成正觉微细智、转法轮微细智、住寿命微细智、般涅槃微细智、教法住微细智，如是等皆如实知。又入如来秘密处，所谓身秘密、语秘密、心秘密、时非时思量秘密、授菩萨记秘密、摄众生秘密、种种乘秘密、一切众生根行差别秘密、业所作秘密、得菩提行秘密，如是等皆如实知。又知诸佛所有入劫智，所谓一劫入阿僧祇劫、阿僧祇劫入一劫、有数劫入无数劫、无数劫入有数劫、一念入劫、劫入一念、劫入非劫、非劫入劫、有佛劫入无佛劫、无佛劫入有佛劫、过去未来劫入现在劫、现在劫入过去未来劫、过去劫入未来劫、未来劫入过去劫、长劫入短劫、短劫入长劫，如是等皆如实知。又知如来诸所入智，所谓入毛道智、入微尘智、入国土身正觉智、入众生身正觉智、入众生心正觉智、入众生行正觉智、入随顺一切处正觉智、入示现遍行智、入示现顺行智、入示现逆行智、入示现思议不思议世间了知不了知行智、入示现声闻智辟支佛智菩萨行如来行智。佛子！一切诸佛所有智慧广大无量，此地菩萨皆能得入。

"佛子！菩萨摩诃萨住此地，即得菩萨不思议解脱、无障碍解脱、净观察解脱、普照明解脱、如来藏解脱、随顺无碍轮解脱、通达三世解脱、法界藏解脱❸、光明轮解脱、无余境界解脱。此十为首，有无量百千阿僧祇解脱门，皆于此第十地中得。如是乃至无量百千阿僧祇三昧门、无量百千阿僧祇陀罗尼门、无量百千阿僧祇神通门，皆悉成就。

"佛子！此菩萨摩诃萨通达如是智慧，随顺无量菩提，成就善巧念力，十方无量诸佛所有无量大法明、大法照、大法雨，于一念顷皆能安、能受、能摄、能持。譬如娑伽罗龙王所霔大雨，唯除大海，余一切处皆不能安、不能受、不能摄、不能持。如来秘密藏大法明、大法照、大法雨亦复如是，唯除第十地菩萨，余一切众生、声闻、独觉乃至第九地菩萨，皆不能安、不能受、不能摄、不能持。佛子！譬如大海，能安、能受、能摄、能持一大龙王所霆大雨，若二、若三乃至无量诸龙王雨，于一念间一时霆下，皆能安、能受、能摄、能持。何以故？以是无量广大器故。住法云地菩萨亦复如是，能安、能受、能摄、能持一佛法明、法照、法雨，若二、若三乃至无量，于一念顷一时演说，悉亦如是。是故此地名为法云。"

解脱月菩萨言："佛子！此地菩萨于一念间，能于几如来所安受摄持大法明、大法照、大法雨？"

金刚藏菩萨言："佛子！不可以算数能知，我当为汝说其譬喻。佛子！譬如十方各有十不可说百千亿那由他佛刹微尘数世界，其世界中一一众生皆得闻持陀罗尼，为佛侍者，声闻众中多闻第一，如金刚莲华上佛所大胜比丘，然一众生所受之法，余不重受。佛子！于汝意云何？此诸众生所受之法为有量耶？为无量耶？"

解脱月菩萨言："其数甚多，无量无边。"

金刚藏菩萨言："佛子！我为汝说，令汝得解。佛子！此法云地菩萨，于一佛所一念之顷，所安、所受、所摄、所持大法明、大法照、大法雨、三世法藏，前尔所世界一切众生所闻持法，于此百分不及一，乃至譬喻亦不能及。如一佛所，如是十方如前所说，尔所世界微尘数佛，复过此数，无量无边，于彼一一诸如来所，所有法明、法照、法雨、三世法藏，皆能安、能受、能摄、能持，是故此地名为法云。佛子！此地菩萨以自愿力，起大悲云，震大法雷，通、明、无畏以为电光，福德、智慧而为密云，现种种身，周旋往返，于一念顷，普遍十方百千亿那由他世界微尘数国土，演说大法，摧伏魔怨。复过此数，于无量百千亿那由他世界微尘数国土，随诸众生心之所乐，霆甘露雨，灭除一切众惑尘焰。是故此地名为法云。佛子！此地菩萨于一世界从兜率天下乃至涅槃，随所应度众生心而现佛事，若二、若三，乃至如上微尘数国土。复过于此，乃至无量百千亿那由他世界微尘数国土，皆亦如是。是故此地名为法云。

"佛子！此地菩萨智慧明达，神通自在，随其心念，能以狭世界作广世界，广世界作狭世界；垢世界作净世界，净世界作垢世界。乱住、次住、倒住、正住，如是无量一切世界皆能互作。或随心念，于一尘中置一世界须弥卢等一切山川，尘相如故，世界不减；或复于一微尘之中置二、置三，乃至不可说世界须弥卢等一切山川，而彼微尘体相如本，于中世界悉得明现。或随心念，于一世界中示现二世界庄严，乃至不可说世界庄严；或于一世界庄严中示现二世界，乃至不可说世界。或随心念，以不可说世界中众生置一世界；或随心念，以一世界中众生置不可说世界，而于众生无所娆害。或随心念，于一毛孔示现一切佛境界庄严之事。或随心念，于一念中示现不可说世界微尘数身，一一身示现如是微尘数手，一一手各执恒河沙数华盍、香箧、鬘盖、幢幡，周遍十方，供养于佛；一一身复示现尔许微尘数头，一一头复现尔许微尘数舌，于念念中，周遍十方，叹佛功德。或随心念，于一念间普遍十方，示成正觉，乃至涅槃，及以国土庄严之事；或现其身普遍三世，而于身中有无量诸佛及佛国土庄严之事，世界成坏靡不皆现。或于自身一毛孔中出一切风，而于众生无所恼害。或随心念，以无边世界为一大海，此海水中现大莲华，光明严好，遍覆无量无边世界，于中示现大菩提树庄严之事，乃至示成一切种智。或于其身现十方世界一切光明，摩尼宝珠、日月星宿、云电等光靡不皆现。或以口嘘气，能动十方无量世界，而不令众生有惊怖想。或现十方风灾、火灾及以水灾。或随众生心之所乐，示现色身，庄严具足。或于自身示现佛身，或于佛身而现自身。或于佛身现己国土，或于己国土而现佛身。佛子！此法云地菩萨能现如是及余无量百千亿那由他自在神力。"

尔时，会中诸菩萨及天、龙、夜叉、乾闼婆、阿修罗、护世四王、释提桓因、梵天、净居、摩醯首罗、诸天子等，咸作是念："若菩萨神通智力能如是者，佛复云何？"

尔时，解脱月菩萨知诸众会心之所念，白金刚藏菩萨言："佛子！今此大众闻其菩萨神通智力，堕在疑网。善哉！仁者！为断彼疑，当少示现菩萨神力庄严之事。"

时，金刚藏菩萨即入一切佛国土体性三昧。入此三昧时，诸菩萨及一切大众，皆自见身在金刚藏菩萨身内，于中悉见三千大千世界，所有种种庄严之事，经于亿劫，说不能尽。又于其中见菩提树，其身周围十万三千大千世界，高百万三千大千世界，枝叶所荫亦复如是。称树形量，有师子座，座上有佛，号一切智通王。一切大众悉见其佛坐菩提树下师子座上，种种诸相以为庄严，假使亿劫说不能尽。金刚藏菩萨示现如是大神力已，还令众会各在本处。时，诸大众得未曾有，生奇特想，默然而住，向金刚藏一心瞻仰。

尔时，解脱月菩萨白金刚藏菩萨言："佛子！今此三昧，甚为希有，有大势力，其名何等？"

金刚藏言："此三昧名一切佛国土体性"。

又问："此三昧境界云何？"

答言："佛子！若菩萨修此三昧，随心所念，能于身中现恒河沙世界微尘数佛刹，复过此数，无量无边。

"佛子！菩萨住法云地，得如是等无量百千诸大三昧，故此菩萨身、身业不可测知，语、语业，意、意业，神通自在，观察三世三昧境界、智慧境界，游戏一切诸解脱门、变化所作、神力所作、光明所作，略说乃至举足、下足，如是一切诸有所作，乃至法王子、住善慧地菩萨皆不能知。佛子！此法云地菩萨所有境界，略说如是。若广说者，假使无量百千阿僧祇劫亦不能尽。"

解脱月菩萨言："佛子！若菩萨神通境界如是，佛神通力其复云何？"

金刚藏言："佛子！譬如有人，于四天下取一块土，而作是言：'为无边世界大地土多，为此土多？'我观汝问亦复如是，如来智慧无边无等，云何而与菩萨比量？复次，佛子！如四天下取少许土，余者无量。此法云地神通智慧，于无量劫但说少分，况如来地！佛子！我今为汝引事为证，令汝得知如来境界。佛子！假使十方，一一方各有无边世界微尘数诸佛国土，一一国土得如是地菩萨充满，如甘蔗、竹、苇、稻、麻、丛林，彼诸菩萨于百千亿那由他劫修菩萨行所生智慧，比一如来智慧境界，百分不及一，乃至优波尼沙陀分亦不能及。

"佛子！此菩萨住如是智慧，不异如来身、语、意业，不舍菩萨诸三昧力，于无数劫承事供养一切诸佛，一一劫中以一切种供养之具而为供养。一切诸佛神力所加，智慧光明转更增胜，于法界中所有问难善为解释，百千亿劫无能屈者。佛子！譬如金师以上妙真金作严身具，大摩尼宝钿厕其间，自在天王身自服戴，其余天人庄严之具所不能及。此地菩萨亦复如是，始从初地乃至九地，一切菩萨所有智行皆不能及。此地菩萨智慧光明，能令众生乃至入于一切智智，余智光明无能如是。佛子！譬如摩醯首罗天王光明，能令众生身心清凉，一切光明所不能及。此地菩萨智慧光明亦复如是，能令众生皆得清凉，乃至住于一切智智，一切声闻、辟支佛乃至第九地菩萨智慧光明悉不能及。佛子！此菩萨摩诃萨已能安住如是智慧，诸佛世尊复更为说三世智、法界差别智、遍一切世界智、照一切世界智、慈念一切众生智，举要言之，乃至为说得一切智智。此菩萨，十波罗蜜中智波罗蜜最为增上，余波罗蜜非不修行。

"佛子！是名略说菩萨摩诃萨第十法云地，若广说者，假使无量阿僧祇劫亦不能尽。佛子！菩萨住此地，多作摩醯首罗天王，于法自在，能授众生、声闻、独觉、一切菩萨波罗蜜行，于法界中所有问难无能屈者。布施、爱语、利行、同事，如是一切诸所作业，皆不离念佛，乃至不离念具足一切种、一切智智。复作是念：'我当于一切众生为首、为胜，乃至为一切智智依止者。'若勤加精进，于一念顷，得十不可说百千亿那由他佛刹微尘数三昧，乃至示现尔所微尘数菩萨以为眷属。若以菩萨殊胜愿力自在示现，过于此数，所谓若修行、若庄严、若信解、若所作、若身、若语、若光明、若诸根、若神变、若音声、若行处，乃至百千亿那由他劫不能数知。

"佛子！此菩萨摩诃萨十地行相次第现前，则能趣入一切智智。譬如阿耨达池出四大河，其河流注遍阎浮提，既无尽竭，复更增长，乃至入海，令其充满。佛子！菩萨亦尔，从菩提心流出善根大愿之水，以四摄法充满众生，无有穷尽，复更增长，乃至入于一切智海，令其充满。

"佛子！菩萨十地，因佛智故而有差别，如因大地有十山王。何等为十？所谓雪山王、香山王、鞞陀梨山王、神仙山王、由乾陀山王、马耳山王、尼民陀罗山王、斫羯罗山王、计都末底山王、须弥卢山王。佛子！如雪山王，一切药草咸在其中，取不可尽。菩萨所住欢喜地亦复如是，一切世间经书、技艺、文颂、咒术咸在其中，说不可尽。佛子！如香山王，一切诸香咸集其中，取不可尽。菩萨所住离垢地亦复如是，一切菩萨戒行、威仪咸在其中，说不可尽。佛子！如鞞陀梨山王，纯宝所成，一切众宝咸在其中，取不可尽。菩萨所住发光地亦复如是，一切世间禅定神通、解脱三昧、三摩钵底咸在其中，说不可尽。佛子！如神仙山王，纯宝所成，五通神仙咸住其中，无有穷尽。菩萨所住焰慧地亦复如是，一切道中殊胜智慧咸在其中，说不可尽。佛子！如由乾陀罗山王，纯宝所成，夜叉大神咸住其中，无有穷尽。菩萨所住难胜地亦复如是，一切自在如意神通咸在其中，说不可尽。佛子！如马耳山王，纯宝所成，一切诸果咸在其中，取不可尽。菩萨所住现前地亦复如是，入缘起理声闻果证咸在其中，说不可尽。如尼民陀罗山王，纯宝所成，大力龙神咸住其中，无有穷尽。菩萨所住远行地亦复如是，方便智慧独觉果证咸在其中，说不可尽。如斫羯罗山王，纯宝所成，诸自在众咸住其中，无有穷尽。菩萨所住不动地亦复如是，一切菩萨自在行差别世界咸在其中，说不可尽。如计都山王，纯宝所成，大威德阿修罗王咸住其中，无有穷尽。菩萨所住善慧地亦复如是，一切世间生灭智行咸在其中，说不可尽。如须弥卢山王，纯宝所成，大威德诸天咸住其中，无有穷尽。菩萨所住法云地亦复如是，如来力、无畏、不共法、一切佛事咸在其中，问答宣说不可穷尽。

"佛子！此十宝山王，同在大海，差别得名。菩萨十地亦复如是，同在一切智中，差别得名。

"佛子！譬如大海，以十种相，得大海名，不可移夺。何等为十？一次第渐深，二不受死尸，三余水入中皆失本名，四普同一味，五无量珍宝，六无能至底，七广大无量，八大身所居，九潮不过限，十普受大雨无有盈溢。菩萨行亦复如是，以十相故，名菩萨行，不可移夺。何等为十？所谓欢喜地，出生大愿渐次深故；离垢地，不受一切破戒尸故；发光地，舍离世间假名字故；焰慧地，与佛功德同一味故；难胜地，出生无量方便神通、世间所作众珍宝故；现前地，观察缘生甚深理故；远行地，广大觉慧善观察故；不动地，示现广大庄严事故；善慧地，得深解脱行于世间，如实而知，不过限故；法云地，能受一切诸佛如来大法明雨无厌足故。

"佛子！譬如大摩尼珠有十种性出过众宝。何等为十？一者从大海出；

二者巧匠治理；三者圆满无缺；四者清净离垢；五者内外明彻；六者善巧钻穿；七者贯以宝缕；八者置在琉璃高幢之上；九者普放一切种种光明；十者能随王意雨众宝物，如众生心充满其愿。佛子！当知❹菩萨亦复如是，有十种事出过众圣。何等为十？一者发一切智心；二者持戒头陀，正行明净；三者诸禅三昧，圆满无缺；四者道行清白，离诸垢秽；五者方便神通，内外明彻；六者缘起智慧，善能钻穿；七者贯以种种方便智缕；八者置于自在高幢之上；九者观众生行，放闻持光；十者受佛智职，堕在佛数，能为众生广作佛事。佛子！此集一切种、一切智功德菩萨行法门品，若诸众生不种善根不可得闻。"

解脱月菩萨言："闻此法门，得几所福？"

金刚藏菩萨言："如一切智所集福德，闻此法门福德如是。何以故？非不闻此功德法门而能信解、受持、读诵，何况精进、如说修行！是故当知，要得闻此集一切智功德法门，乃能信解、受持、修习，然后至于一切智地。"

尔时，佛神力故，法如是故，十方各有十亿佛刹微尘数世界六种十八相动。所谓动、遍动、等遍动，起、遍起、等遍起，涌、遍涌、等遍涌，震、遍震、等遍震，吼、遍吼、等遍吼，击、遍击、等遍击。雨众天华、天鬘、天衣，及诸天宝庄严之具、幢幡、缯盖。奏天妓乐，其音和雅，同时发声，赞一切智地所有功德。如此世界他化自在天王宫演说此法，十方所有一切世界悉亦如是。尔时，复以佛神力故，十方各十亿佛刹微尘数世界外，有十亿佛刹微尘数菩萨而来此会，作如是言："善哉！善哉！金刚藏！快说此法。我等悉亦同名金刚藏，所住世界各各差别，悉名金刚德，佛号金刚幢。我等住在本世界中，皆承如来威神之力而说此法，众会悉等，文字句义与此所说无有增减。悉以佛神力而来此会，为汝作证。如我等今者入此世界，如是十方一切世界悉亦如是而往作证。"

尔时，金刚藏菩萨观察十方一切众会，普周法界，欲赞叹发一切智智心，欲示现菩萨境界，欲净治菩萨行力，欲说摄取一切种智道，欲除灭一切世间垢，欲施与一切智，欲示现不思议智庄严，欲显示一切菩萨诸功德，欲令如是地义转更开显，承佛神力，而说颂言：

其心寂灭恒调顺，平等无碍如虚空，离诸垢浊住于道，此殊胜行
汝应听。

百千亿劫修诸善，供养无量无边佛，声闻独觉亦复然，为利众生
发大心。

精勤持戒常柔忍，惭愧福智皆具足，志求佛智修广慧，愿得十力
发大心。

三世诸佛咸供养，一切国土悉严净，了知诸法皆平等，为利众生
发大心。

住于初地生是心，永离众恶常欢喜，愿力广修诸善法，以悲愍故
入后位。

戒闻具足念众生，涤除垢秽心明洁，观察世间三毒火，广大解者
趣三地。

三有一切皆无常，如箭入身苦炽然，厌离有为求佛法，广大智人
趣焰地。

念慧具足得道智，供养百千无量佛，常观最胜诸功德，斯人趣入
难胜地。

智慧方便善观察，种种示现救众生，复供十力无上尊，趣入无生
现前地。

世所难知而能知，不受于我离有无，法性本寂随缘转，得此微妙
向七地。

智慧方便心广大，难行难伏难了知，虽证寂灭勤修习，能趣如空
不动地。

佛劝令从寂灭起，广修种种诸智业，具十自在观世间，以此而升
善慧地。

以微妙智观众生，心行业惑等稠林，为欲化其令趣道，演说诸佛
胜义藏。

次第修行具众善，乃至九地集福慧，常求诸佛最上法，得佛智水
灌其顶。

获得无数诸三昧，亦善了知其作业，最后三昧名受职，住广大境恒不动。

菩萨得此三昧时，大宝莲华忽然现，身量称彼于中坐，佛子围绕同观察。

放大光明百千亿，灭除一切众生苦，复于顶上放光明，普入十方诸佛会。

悉住空中作光网，供养佛已从足入；即时诸佛悉了知，今此佛子登职位。

十方菩萨来观察，受职大士舒光照；诸佛眉间亦放光，普照而来从顶入。

十方世界咸震动，一切地狱苦消灭；是时诸佛与其职，如转轮王第一子。

若蒙诸佛与灌顶，是则名登法云地，智慧增长无有边，开悟一切诸世间。

欲界色界无色界，法界世界众生界，有数无数及虚空，如是一切咸通达。

一切化用大威力，诸佛加持微细智，秘密劫数毛道等，皆能如实而观察。

受生舍俗成正道，转妙法轮入涅槃，乃至寂灭解脱法，及所未说皆能了。

菩萨住此法云地，具足念力持佛法，譬如大海受龙雨，此地受法亦复然。

十方无量诸众生，悉得闻持持佛法，于一佛所所闻法，过于彼数无有量。

以昔智愿威神力，一念普遍十方土，霪甘露雨灭烦恼，是故佛说名法云。

神通示现遍十方，超出人天世间境，复过是数无量亿，世智思惟必迷闷。

一举足量智功德，乃至九地不能知，何况一切诸众生，及以声闻辟支佛。

此地菩萨供养佛，十方国土悉周遍，亦供现前诸圣众，具足庄严佛功德。

住于此地复为说，三世法界无碍智，众生国土悉亦然，乃至一切佛功德。

此地菩萨智光明，能示众生正法路，自在天光除世暗，此光灭暗亦如是。

住此多作三界王，善能演说三乘法，无量三昧一念得，所见诸佛亦如是。

此地我今已略说，若欲广说不可尽。如是诸地佛智中，如十山王巍然住。

初地艺业不可尽，譬如雪山集众药；二地戒闻如香山；三如鞞陀发妙华；

焰慧道宝无有尽，譬如仙山仁善住；五地神通如由乾；六如马耳具众果；

七地大慧如尼民；八地自在如轮围；九如计都集无碍；十如须弥具众德。

初地愿首二持戒；三地功德四专一；五地微妙六甚深；七广大慧八庄严；

九地思量微妙义，出过一切世间道；十地受持诸佛法，如是行海无尽竭。

十行超世发心初，持戒第二禅第三，行净第四成就五，缘生第六贯穿七，

第八置在金刚幢，第九观察众稠林，第十灌顶随王意，如是德宝渐清净。

十方国土碎为尘，可于一念知其数，毫末度空可知量，亿劫说此不可尽。

注释

❶ 大正本原无"第十地"三字，今依前后文意增之。

❷ "名"，大正本原作"各"，今依宫本改之。

❸ 大正本"脱"字之下原有"解脱"二字，今依明本删之。

❹ "知"，大正本原作"如"，今依宫本改之。

【白话语译】

第十地

❶净居天众那由他数，闻此地中诸胜妙行，
空中踊跃心生欢喜，悉共虔诚供养佛陀。
不可思议诸菩萨众，亦在空中生大欢喜，
俱然最上悦意妙香，普熏众会令悉清净。
自在天王与诸天众，无量亿数在虚空中，
普散天衣供养佛陀，百千万种缤纷雨下。
天诸采女无有限量，靡不欢欣供养佛陀，
各奏种种胜妙乐音，悉以此言而作赞叹：
佛身安坐一国土中，一切世界普悉现身，
身相端严无量亿数，法界广大皆悉充满。
于一毛孔放大光明，普灭世间诸烦恼暗，
国土微尘或可知数，此光明数不可测量。
或见如来具诸众相，转于与上正妙法轮，
或见游行诸佛刹土，或见寂然安住不动。
或现住于兜率天宫，或现下生入于母胎，
或示住胎或出胎中，悉令无量国土中见。
或现出家修出世道，或现道场成正等觉，
或现说法或示涅槃，普使十方无不睹见。
譬如幻师了知幻术，在于大众多所作为，
如来智慧皆亦复然，于世间中普现其身。
佛住甚深真法性中，寂灭无相普同虚空，
而于第一真实义中，示现种种所行诸事。
所作利益诸众生事，皆依法性而得妙有，

相与无相本与差别，入于究竟悉皆无相。

若有欲得如来智慧，应离一切虚妄分别，

有无通达普皆平等，疾作人天之大导师。

无量无边天女大众，种种言音称赞佛已，

身心寂静共安乐住，瞻仰如来默然而住。

即时菩萨名解脱月，知诸众会咸皆寂静，

向金刚藏而请言说：大无畏者真佛亲子！

从第九地入于十地，所有功德诸种行相，

及以神通变化诸事，愿聪慧者广为宣说。

这时，金刚藏菩萨告诉解脱月菩萨说："佛子啊！菩萨摩诃萨从初地乃至到第九地，以如此无量智慧观察觉悟之后，仔细思惟修习，能够圆满具足一切善法，积集无边辅助道业的法门，增长广大的福德智慧，普遍修行大悲，不仅能了知世界的种种差异相，更能进入众生界的烦恼密林，或进入如来行经的处所，随顺如来寂静涅槃的道行，恒常观察如来的十力、四无所畏、十八不共佛法，这就称为得到了一切种智及一切智智的受职位。

"佛子啊！菩萨摩诃萨以如此的智慧，进入受职位之后，即证得了菩萨远离染垢三昧、进入法界差别三昧、庄严道场三昧、一切种智华光三昧、海藏三昧、海印三昧❷、虚空界广大三昧、观一切法自性三昧、知一切众生心行三昧、一切佛皆现前三昧，如此等等百万阿僧祇数的禅定三昧，全都示现在前。菩萨对于一切的禅定三昧，不管证入三昧或是从三昧中起定，都已证得善巧，也都非常清楚地知道一切三昧造作的种种差别。

"一切三昧的最后三昧称为受一切智胜职位三昧。当这个三昧现前时，有大宝莲华忽然出生。这朵大宝莲华大如百万个三千大千世界，众多美妙的珍宝间错庄严其中，超过世间所有的胜境。这朵大宝莲华是由出世间的善根所生，也是由了知诸法如幻的各种清净胜行所成就。它不断地放出光明，普照整个法界，这些光明都不是诸天处所能拥有的。这大宝莲华的茎是毗琉璃摩尼珍宝，台座是栴檀香王，须是玛瑙，叶子是阎浮檀金。它的花朵光明无量，以众多珍宝作为花苞的宝藏，覆盖着珍宝织就的网，再以十个三千大千世界微尘数的莲华作为眷属。

"这个时候，菩萨端坐在这个莲华宝座上，菩萨的身体大小正好与莲华宝座相称。四周还有无量的菩萨作为眷属，各自端坐其他围绕的莲华；这些菩萨眷属一一都各自证得百万种三昧，面向大菩萨一心瞻仰。

"佛子啊！这位大菩萨和他的眷属，端坐在莲华宝座的时候，所有光明以及言语音声，普遍充满十方法界；因此，一切世界都完全震动，三恶道的苦刑也停止歇息，佛国刹土都变得更庄严清净，一起修行的菩萨也都前来集会，人间和天上同时发出乐声，所有的众生都安乐愉悦，以不可思议的供养器具供养诸佛，而诸佛及大众的集会无不完全显现。

"佛子啊！这位菩萨端坐在大莲华宝座时，他的两足放射出百万阿僧祇种的光明，普遍照耀十方世界所有的大地狱，灭除众生的痛苦。

"又他的两膝轮，放射出百万阿僧祇种的光明，普遍照耀十方世界的畜生道，灭除众生的痛苦。

"又他的脐轮，放射出百万阿僧祇种的光明，普遍照耀十方世界的阎罗王界，灭除众生的痛苦。

"又他的左右两胁，放射出百万阿僧祇种的光明，普遍照耀十方世界的人间，灭除众生的痛苦。

"又他的两手，放射出百万阿僧祇种的光明，普遍照耀十方世界的所有天界，以及所有阿修罗的宫殿。

"又他的两肩，放射出百万阿僧祇种的光明，普遍照耀十方世界所有的声闻。

"又他的颈背，放射出百万阿僧祇种的光明，普遍照耀十方世界所有的辟支佛身。

"又他的脸部周围，放射出百万阿僧祇种的光明，普遍照耀十方世界的初发心者，乃至照耀第九地所有的菩萨身。

"又他的两眉之间，放射出百万阿僧祇种的光明，普遍照耀十方世界的受职位菩萨，使恶魔的宫殿消失不见。

"又他的头顶，放射出百万阿僧祇三千大千世界微尘数的光明，普遍照耀十方一切世界诸佛如来的法会道场。

"这些光明在法会中向右绕行十圈，然后安住虚空，形成光明的宝网，称为炽然光明，并发起各种供养事物供养佛陀。其余菩萨从初发心乃至第九地所有的种种供养之事，都不及这个光明宝网所作供养的百分之一，甚至不及算数分、譬喻分之一。这个光明宝网，普遍在十方世界每一个如来法会，雨下许多妙香、华鬘、衣服、幢幡、宝盖、诸摩尼等庄严器具作为供养；这些都是由出世间的善根所生，超过世间所有的胜境。如果有众生看到并了知这种境界，就能够证得永不退转的无上正等正觉。

"佛子啊！这个大光明网如此供养诸佛之后，又再绕着十方一切世界所有诸佛的法会道场；绕过十圈之后，从如来的足下摄入诸佛之身。

"这时，诸佛及诸菩萨，了知在某个世界当中，有某位菩萨摩诃萨能够实行如此广大的菩萨行愿而到达了受职位。

"佛子啊！此时十方无量无边的初登地乃至于第九地的所有菩萨大众都前来围绕，恭敬供养，专心观察。正在观察的时候，这些菩萨都立刻获得了十千种的禅定三昧。就在这个时候，十方所有的受职位菩萨，从金刚般坚固庄严的胸臆万德之相中大放光明，这大光明称为能坏魔怨光明，有百万阿僧祇种的光明作为眷属，普遍照耀十方世界，示现无量的神通变化。示现如此的神通变化之后，又进入菩萨摩诃萨金刚庄严胸臆的万德之相；当这些大光明进入菩萨的胸臆之后，菩萨所有的智慧、威势力都增长了百千倍以上。

"这时，十方一切诸佛从两眉之间放出清净的光明，称为增长利益一切智慧的神通力，有无数的光明作为眷属，普遍照耀十方一切世界。这光明右绕十圈，并示现如来的广大自在力，使无量百千亿那由他菩萨大众都得以大悟，一切的佛国刹土因此周遍震动，更灭除了诸恶道的痛苦，并且隐蔽所有魔王的宫殿，示现一切佛陀证得无上菩提的庄严威德。这光明如此普遍照耀尽虚空、遍法界的一切世界之后，来到此菩萨大会的上空向右围绕，示现各种庄严。示现种种事相之后，这光明就进入大菩萨的头顶，其他的眷属光明也各自进入其余菩萨的头顶。就在此时，这位菩萨证得前所未证的百万种禅定三昧，所以称他为已证得受职位的菩萨。他已经进入佛陀境界，具足十种威神力，从此加入诸佛之列。

"佛子啊！如同转轮圣王所生的太子，母亲是正后，他又具足身相。转轮圣王使太子端坐在大白象宝背上之妙金宝座，以大网幔为帐，建造大幢幡，燃香散花，演奏种种音乐，取四大海的海水放在金瓶里。圣王将这金瓶里的水淋在太子的头上，当时就称他为接受王位的太子。这位太子已经加入灌顶刹利王的行列，即能具足实行十善道，也得以称为转轮圣王。

"菩萨的受职位也是如此，诸佛的智慧如海水般灌在菩萨的头上，所以名为受佛职位；他从此具足如来的十种威神力，也就加入诸佛之列。佛子啊！所以称为菩萨接受大智职位❸。

"菩萨因为已受持佛位的缘故，所以能够实行无量百千万亿那由他难行的行愿，增长无量的智慧功德，这时就称为安住法云地。

"佛子啊！菩萨摩诃萨安住在这个法云地时，如实了知欲界集众的因缘、色界集聚的因缘、无色界集聚的因缘、世界集聚的因缘、法界集聚的因缘、有为界集聚的因缘、无为界集聚的因缘、众生界集聚的因缘、识界集聚的因缘、虚空界集聚的因缘、涅槃界集聚的因缘。这位菩萨如实了知所有识见烦恼造作集聚的因缘，了知世界成住坏空集聚的因缘，了知声闻行道集聚的因缘，了知辟支佛行道集聚的因缘，了知菩萨行道集聚的因缘，了知如来十力、四无所畏、圆满妙色身、清净法身集聚的因缘，了知一切种智及一切智智集聚的因缘，示现证得菩提转大法轮集聚的因缘，证入一切法门分别决定智慧集聚的因缘。简而言之，就是菩萨能以一切的智慧，了知一切集聚的因缘。

"佛子啊！此菩萨摩诃萨以如此无上的正觉智慧，如实了知众生业力的应化、烦恼的应化、诸识见的应化、世界的应化、法界的应化、声闻的应化、辟支佛的应化、菩萨的应化、如来的应化、一切分别以及与分别的应化，如此等等都如实了知。

"又如实了知佛陀的加持、法的加持、僧的加持、净业的加持、烦恼时的加持、因缘生起时的加持、愿力的加持、供养的加持、修行的加持、时劫的加持、一切智智的加持，如此等等都如实了知。

"又如实了知诸佛如来证入的微细自在智慧。也就是修行的微细自在智慧、命终的微细自在智慧、受生的微细自在智慧、出家的微细自在智慧、示现神通威力的微细自在智慧、成就正觉的微细自在智慧、转大法轮的微细自在智慧、安住寿命中的微细自在智慧、涅槃的微细自在智慧、安住教法的微细自在智慧，如此等等都如实了知。

"又证入如来的甚深秘密中。也就是如来身业的秘密、语业的秘密、心意的秘密、适当时间和非适当时间思惟考量的秘密、为菩萨授记的秘密、摄持众生的秘密、各种法乘的秘密、了知一切众生根器及种种行业差别的秘密、造作业力的秘密、证得菩提行愿的秘密，如此等等都如实了知。

"又了知诸佛悟入所有时劫的智慧。也就是用一个时劫进入阿僧祇的时劫，用阿僧祇时劫进入一个时劫；用可数的时劫进入不可数的时劫，用不可数的时劫进入可数的时劫；用一念进入一个时劫，用一个时劫进入一念；用时劫进入非时劫，用非时劫进入时劫；用有佛时劫进入无佛时劫，用无佛时劫进入有佛时劫；用过去、未来的时劫进入现在的时劫，用现在的时劫进入过去、未来的时劫；用过去的时劫进入未来的时劫，用未来的时劫进入过去的时劫；用长时劫进入短时劫，用短时劫进入长时劫，如此等等都如实了知。

"又了知如来能遍入所有境界的智慧。也就是能入如毛端纤小道场的智慧，能入微尘的智慧，能入佛国刹土身的正觉智慧，能入众生身的正觉智慧，能入众生心念的正觉智慧，能入众生行愿的正觉智慧，能入随顺一切处所的正觉智慧，能入示现周遍流行的智慧，能入示现随顺行的智慧，能入示现逆行的智慧，能入示现思议及不可思议世间之了知及不了知行的智慧，能入示现声闻的智慧、辟支佛的智慧、菩萨行及如来行的智慧。佛子啊！一切诸佛的智慧广大无量，此地的菩萨都能够证入。

"佛子啊！菩萨摩诃萨安住在这个境地，即证得菩萨不可思议的解脱、无障碍的解脱、清净观察的解脱、普遍照耀光明的解脱、如来藏的解脱、随顺无障碍法轮的解脱、通达三世的解脱、法界含藏的解脱、解脱光明法轮的解脱、无有余境界的解脱。以此十解脱为上首，更有无量百千阿僧祇的解脱法门，都在这个第十地中证得。如此乃至于无量百千阿僧祇的禅定三昧法门、无量百千阿僧祇的陀罗尼法门、无量百千阿僧祇的神通法门，都能完全成就。

"佛子啊！这位菩萨摩诃萨如此通达智慧，能随顺无量的菩提，并成就善巧忆念心力。十方无量诸佛的无量广大法光明、广大法照耀、广大法雨下，他在一念之间即能安住、能够信受、能够摄入、能够总持。

"就譬如娑伽罗龙王降下的大雨，除了大海之外，其余所有的地方都无法安住、无法信受、无法摄入、无法总持这不可尽的雨水。如来秘密法藏的广大法光明、广大法照耀、广大法雨下也是如此，除了第十地的菩萨之外，其余一切的众生、声闻、独觉，乃至第九地的菩萨，都无法安住、无法信受、无法摄入、无法总持。

"佛子啊！就譬如大海一般，能够安住、能够信受、能够摄入、能够总持一位大龙王降下的雨水；即使是两位，或是三位，乃至于无量大龙王，在一念之间同时降雨，大海都能完全安住、信受、摄入与总持。为什么呢？因为大海的包容力是如此广大。安住在法云地的菩萨也是如此，能够安住、能够信受、能够摄入、能够总持一位佛陀所说的法光明、法照耀、法雨下；即使是两位，或是三位，乃至于无数位佛陀，在一念中同时演说佛法，他也都能完全安住、信受、摄入、总持。所以这个境地称为法云地。"

解脱月菩萨说："佛子啊！这个境地的菩萨，在一念之间，能够在几位如来处所安住、信受、摄入、总持广大的法光明、广大的法映照、广大的法雨下？"

金刚藏菩萨说："佛子啊！这个数目实在无法计数，只能用譬喻来为你说明。佛子啊！就像十方世界，各有十种不可说百千亿那由他佛国刹土微尘数的世界。在这微尘数世界中，每一个众生都证得听闻总持陀罗尼法门，成为佛陀的侍者，在声闻众中是多闻第一的，就如同是金刚莲华上佛身边的大胜比丘；而且每一个众生所受持的佛法，与其他众生所受持的佛法都不尽相同。佛子啊！你认为如何？这所有的众生所受持的佛法是可数的？还是不可数的？"

解脱月菩萨说："这数量很多，无量无边。"

金刚藏菩萨说："佛子啊！让我再为你解释清楚一点，使你能够明白。

"佛子啊！这个法云地的菩萨，在一个佛陀所在，在一念之间，所安住、信受、摄入、总持的广大法光明、广大法映照、广大法雨下等三世诸佛的法藏，如果以刚才所说一切众生听闻总持的法门与之相比，都不及此地的百分之一，乃至用算数做种种譬喻也无法相比。如同在一个佛陀所在，像前面所说十方世界微尘数的佛陀，或者又无量无边地超过这个数目，如此无量无边诸佛的所有法光明、法照耀、法雨下等，三世诸佛的法藏，菩萨也都能够安住、能够信受、能够摄入、能够总持。因为这个缘故，所以此地称为法云地。

"佛子啊！此地的菩萨能以自己的愿力，生起宛如云一样多而厚重的大悲心，演说宛如雷声震动的广大妙法，用六通、三明、四无畏作为电光，以福德、智慧作为密云，示现各种身形，周旋往返，在一念之间普遍十方百千亿那由他世界微尘数的佛国刹土，演说广大的佛法，摧伏邪魔的怨恨。又能在超过这个数目的无量百千亿那由他世界微尘数的佛国刹土，随顺众生心之所乐，降下甘露雨水，灭除众生的迷惑及尘焰。所以此地称为法云地。

"佛子啊！此地的菩萨能在一个世界中，从兜率天下生，乃至证入涅槃，在这期间，随着相应度化的众生心念而示现佛陀的事业；或是在二个世界、三个世界，乃至如同以上所说微尘数的世界国土，都能如此示现；或更是超过这个数目，乃至无量百千亿那由他世界微尘数的世界国土，菩萨也都能如此示现。所以此地称为法云地。

"佛子啊！此地的菩萨，智慧光明通达，神通变化自在。随着他自己的心念，能够将狭小的世界变作广大的世界，广大世界变作狭小的世界；染垢的世界变作清净的世界，清净的世界变作染垢的世界；散乱地安住、次第地安住、颠倒地安住、正直地安住，如此的无量世界，都能够互相变化。

"菩萨或随着心念，能安置一世界须弥卢等一切山川于一微尘中，而微尘之相依旧，一世界之相也不减少；或安置二个世界、安置三个世界，乃至不可说数量众多的世界须弥卢等一切山川于一微尘中，但这个微尘的体性外相仍然不变，而微尘中的所有世界也都明白显现。

"菩萨或随着心念，能在一个世界中示现两个世界的庄严，乃至不可说世界的庄严；或在一个世界的庄严中示现二个世界，乃至不可说的世界。

"菩萨或随着心念，将不可说世界中的众生安置在一个世界中；或随着心念，将一个世界中的众生安置在不可说的世界中，而毫不侵扰损害任何人。

"菩萨或随着心念，在一毛孔中示现一切佛陀境界的庄严。

"菩萨或随着心念，在一念之间，示现不可说世界中微尘数的身体，在每一身体中示现如此微尘数的手，而每一只手中各执持如恒河沙数的华奁、香箧、鬘盖、幢幡，周遍布满十方世界，以此供养佛陀；每一身又再示现如此微尘数的头首；每一头首又示现如此微尘的舌头，念念周遍十方世界，赞叹佛陀功德。

"菩萨或随着心念，在一念之间，普遍于十方世界，示现成就正觉乃至于涅槃，以及种种佛国刹土庄严事。或普遍示现身形于过去、未来、现在三世，每一身中有无量的诸佛及佛国刹土庄严之事，一一示现世界的生成败坏。或在自己身上的一毛孔中吹出一切的风，而不恼害任何人。

"菩萨或随着心念，以无边际的世界作为一大海，在大海中示现大莲华，光明且相好庄严，遍满无量无边的世界；其中并示现大菩提树庄严之事，乃至于示现成就一切种智。或在自己身上示现十方世界的所有光明，显现所有的摩尼宝珠、日月星宿、云电等光明。或用口吹气，吹动十方世界的无量世界，毫不使惊扰众生。或示现十方世界风灾、火灾以及水灾。或随着众生的心之所乐，示现具足庄严的色身。或在自身示现佛身，或在佛身示现己身；或在佛身示现自己的佛国刹土，或在自己的佛国刹土示现佛陀的身形。

"佛子啊！这位法云地的菩萨，能够示现这些以及其于无量百千亿那由他的自在威神力。"

这时，大会当中的诸菩萨，以及天人、龙神、夜叉、乾闼婆、阿修罗、护世四王、释提桓因、梵天、净居天、摩醯首罗诸天子等，都这样想着："如果光是菩萨的神通智慧力就能够示现如此种种的法相，那么佛的神通智慧力又是如何呢？"

这时，解脱月菩萨了知会中大众心里所想的，就告诉金刚藏菩萨说："佛子啊！今天这些大众听了法云地菩萨的神通智慧力，都非常疑惑。善哉呀！有仁德的人！为了断除他们的疑惑，你是否能示现菩萨威神力的庄严之事。"

这时，金刚藏菩萨即刻进入一切佛国刹土体性的禅定三昧。他进入这个三昧的时候，所有菩萨以及一切的大众，都看见自己的身体在金刚藏菩萨的身躯内，其中又能够完全见到三千大千世界中所有各种庄严之事，这些事即使历经亿劫也说不尽。又在其中见到一颗大菩提树，树身宽十万个三千大千世界，高百万个三千大千世界，枝叶所覆荫的地方也是如此。树下还有与树形相称的师子宝座，宝座上坐有佛陀，名为一切智通王。大众都见到一切智通王跌坐在菩提树下的师子宝座，各种庄严的诸相，即使亿劫也说不尽。

金刚藏菩萨示现如此的广大威神力之后，使法会大众回到原处。

这时，所有大众证得从前所未证得的，心中都觉得非常奇特。他们沉默安住，专心一意瞻仰金刚藏菩萨。

这时，解脱月菩萨对金刚藏菩萨说："佛子啊！刚才这个禅定三昧甚为稀有，威势广大，我们要怎么称呼呢？"

金刚藏菩萨说："这个禅定三昧称为一切佛国刹土的体性三昧。"

解脱月菩萨又问："这个三昧的境界是如何呢？"

金刚藏菩萨说："佛子啊！如果菩萨修习这个三昧，能够随心所念，在身中示现如恒河沙数世界微尘数的佛国刹土，甚至示现超过这个无量无边的数目。

"佛子啊！菩萨安住在法云地，证得如此无量百千广大禅定三昧，所以这位菩萨的身形与身业不可测知；言语与语业，意念与意业，以及神通力的自在变化，也无法测知的。他能观察三世的三昧境界、智慧的境界，游戏于一切的解脱法门。他的变化造作、神通力的造作、光明的造作，简略地说，乃至于到抬起脚、放下脚，如此一切的所有造作，乃至法王子、安住第九善慧地菩萨都无法了知。

"佛子啊！以上简略说明法云地菩萨所有的境界；如果要详说的话，即使以无量百千阿僧祇时劫，也无法说尽。"

解脱月菩萨又问："佛子啊！如果菩萨的神通境界如此，那么佛陀的神通力又该如何说呢？"

金刚藏菩萨便回答："佛子啊！譬如有一个人，在四天下中取一块土，而如此说：'是无边世界的大地土多，还是我手上的土多？'我看你的问题也像这样。如来的智慧无边无等，怎能与菩萨相比呢？而且，佛子啊！如同在四天下中取少许的土，其余还有无量的土未取。这法云地菩萨的神通智慧，用无量的时劫来说，也只能说出一点点，更何况是如来的神通智慧！

"佛子啊！我现在为你说一件事，使你知道如来的境界。佛子啊！假使十方世界，每一方世界都有无边世界中微尘数的佛国刹土，每一个佛国刹土又有如此无数的法云地菩萨充满其中，如同甘蔗、竹子、芦苇、稻子、麻草、丛林那么多。如此境地的所有菩萨，在百千亿那由他时劫中，修行菩萨行而出生的智慧，还不及一如来智慧的百分之一，乃至不及优波尼沙陀分之一。

"佛子啊！这位菩萨安住在如此的智慧时，身业、语业、意业与如来完全相同，没有任何差别，并且不舍离菩萨所有三昧的威力，又能在无数的时劫承事供养一切诸佛，每一时劫都以各种供养器具供养诸佛。又因为一切诸佛威神力的加持，使他智慧的光明更为增上殊胜，能善巧解释法界所有众生提出的难题，即使百千亿的时劫，都无人能使他屈服。

"佛子啊！说譬如冶金师，用上等美妙的真金制作庄严身相的器具，以大摩尼宝珠镶在器具中，自在天王把这拿来佩戴身上，其余天人的庄严器具都不能及。此地菩萨也是如此，从初登地开始乃至到第九地的一切菩萨智慧行持都不及他。此地菩萨的智慧光明，能够使众生得到利益，乃至于证入一切智智，这是其余下地菩萨的智慧光明所不及的。

"佛子啊！就譬如摩醯首罗天王的光明，能够清凉众生的身心，其余诸天的光明都不能及。此地菩萨的智慧光明也是如此，能够清凉众生，乃至于安住在一切智智当中，一切声闻、辟支佛乃至于第九地菩萨的智慧光明都不能及。

"佛子啊！这位菩萨摩诃萨虽然已经能够安住如此的智慧，但诸佛世尊仍又再为他演说三世的智慧、法界相互差别的智慧、遍及于一切世界的智慧、照耀一切世界的智慧、慈爱一切众生的智慧，简而言之，就是为菩萨演说如何得证一切智智。

"这位菩萨在十波罗蜜法门中，以智慧的波罗蜜最为增上；其余的波罗蜜不是不修，而是随着能力、随顺因缘来修。

"佛子啊！这是简略地说明菩萨摩诃萨的第十地——法云地；如果要更为详细地说，即使无量的阿僧祇时劫也不能说尽。

"佛子啊！菩萨安住在这个法云地，多作摩醯首罗天王，在法中得以自在，能够以到达彼岸的智慧行教化众生、声闻、独觉、一切菩萨，在法界中没有什么难题能够屈服他。他实践布施、爱语、利行、同事，如此一切所有的善业，都不离念佛，乃至于不离念具足一切种智、一切智智。他又这样想：'我应当在一切众生当中，作为上首，作为殊胜者，乃至于成为一切智智所依止者。'

"他如果勤加精进，在一念之间，就能证得十不可说百千亿那由他佛国刹土微尘数的禅定三昧，乃至于示现相等微尘数的菩萨作为眷属。如果他以殊胜的愿力自在示现，更超过这个数目，即所谓的修行的法门、庄严佛土的净业、甚深的信解、所作的佛事、清净的身业、清净的语业、智慧的光明、诸根的敏锐、神通力的变化、无穷的音声、行经的处所。这些自在示现，即使以百千亿那由他的时劫来计算，也是无法数知。

"佛子啊！这位菩萨摩诃萨在十地的修行相状，依着次第，循序而进，则能证入一切智智。就譬如源出于阿耨达池的四大河，这四大河流注遍布整个阎浮提，不会穷尽枯竭，只会更加的增长，乃至于流入大海，充满大海。佛子啊！菩萨也是如此，他从菩提心流出善根大愿的水，以四摄法充满众生，没有穷尽，只会更加增长，乃至流入一切智慧之海，充满一切智慧之海。

"佛子啊！菩萨的十地，都在佛陀的智慧中，但是因为成就的境界不同而有所差别，这就好比同样是矗立在大地上的十座山王。哪十座呢？就是雪山王、香山王、鞞陀梨❹山王、神仙山王、由乾陀❺山王、马耳山王、尼民陀罗❻山王、斫羯罗❼山王、计都末底❽山王、须弥卢❾山王。

"佛子啊！如雪山王，一切药草都在雪山中，取之不尽；菩萨所安住的欢喜地也是如此，一切世间的经书、技艺、文颂、咒术都在欢喜地中，言说无法穷尽。

"佛子啊！如香山王，所有的香都集中在香山，取之不尽；菩萨所安住的离垢地也是如此，一切菩萨的戒行、威仪都在离垢地中，言说无法穷尽。

"佛子啊！如鞞陀梨山王，是由质地纯净的宝石所成就，一切众多宝物都在其中，取之不尽；菩萨所安住的发光地也是如此，一切世间的禅定神通、解脱三昧、三摩钵底，都在发光地中，言说无法穷尽。

"佛子啊！如神仙山王，是由质地纯净的宝石所成就，具足五通的神仙都安住其中，其数无有穷尽；菩萨所安住的焰慧地也是如此，一切道业最殊胜的智慧都在焰慧地中，言说无法穷尽。

"佛子啊！如由乾陀山王，是由质地纯净的宝石所成就，夜叉大神都安住其中，其数无有穷尽；菩萨所安住的难胜地也是如此，一切的自在如意神通力都在难胜地中，言说无法穷尽。

"佛子啊！如马耳山王，是由质地纯净的宝石所成就，一切世间所有名贵的果实都在马耳山中，取之不尽；菩萨所安住的现前地也是如此，能够得证声闻果位的缘起法理都在现前地中，言说无法穷尽。

"如尼民陀罗山王，是由质地纯净的宝石所成就，大力龙神都安住在其中，数量无有穷尽；菩萨所安住的远行地也是如此，能够证得独觉果位的方便智慧都在远行地中，言说无法穷尽。

"如斫羯罗山王，是由质地纯净的宝石所成就，所有的自在圣众都安住其中，其数无有穷尽；菩萨安住的不动地也是如此，一切菩萨自在行愿的差别世界都在其中，言说无法穷尽。

"如计都末底山王，是由质地纯净的宝石所成就，大威德阿修罗王都安住其中，其数无有穷尽；菩萨安住的善慧地也是如此，一切世间生灭的智慧都在其中，言说无法穷尽。

"如须弥卢山王，是由质地纯净的宝石所成就，大威德诸天子都安住其中，其数无有穷尽；菩萨安住的法云地也是如此，如来十力、四无畏、十八不共法、一切诸佛事业都在其中，言说无法穷尽。

"佛子啊！这十宝山王，都在大海中，但因特性各异，所得的名号也就不同；菩萨的十地也是如此，同样是在一切的智慧中，但每一地偏重不同的修持，所得到的名号也就不同。

"佛子啊！譬如大海，因为具有十种相才可以称名为大海，这十种相是不能随便更改与移用的。哪十种相呢？一，渐次由浅入深；二，不摄受死尸；三，任何的水流入大海，都失去原有的名字；四，任何的水流入大海中，普遍同为一咸味；五，藏有无量的珍宝；六，深不见底；七，广大无量；八，是大身动物的居住所；九，潮水不会越过界限；十，降下再多的大雨，也不会让大海盈满溢出。

"菩萨行愿也是如此，要具备十种境地才可以称为菩萨行，这十种境地是不能随便更改与移用的。是哪十种境地呢？一，欢喜地，出生广大的行愿而渐渐深入；二，离垢地，不受持一切宛如死尸的破戒之人；三，发光地，舍离世间虚假的名字；四，焰慧地，与佛陀功德同一法味；五，难胜地，出生无量方便神通力，所成就的利生善业，宛如大海无量的珍宝；六，现前地，观察甚为深奥的因缘生起之理；七，远行地，能够善巧观察广大的觉悟智慧；八，不动地，能示现广大庄严的佛事；九，善慧地，证得甚深解脱，如实了知世间诸相，而不超过界限；十，法云地，能够恒常受持一切诸佛如来大光明法雨。

"佛子啊！譬如大摩尼宝珠，因为有十种特质，所以比其他宝物殊胜。哪十种特质呢？一，从大海中出生；二，由善巧的工匠治理；三，圆满而没缺失；四，清净而远离染垢；五，能光明彻见内外相；六，善巧的钻穿；七，再用宝缕贯穿；八，放置琉璃高幢之上；九，普遍放射各种光明；十，能够随王者的意念而雨下众多的宝物，又能随顺众生的心念而满足其愿。

"佛子啊！菩萨也是如此，因为具足十种事，所以他能超过所有的圣人。是哪十种事呢？一，发起求取一切智慧的心念；二，受持戒律，修持光明清净的头陀行；三，所有的禅定三昧都圆满而没有缺失；四，道业行持清白，远离所有的染垢污秽；五，具足方便的神通力，内外相都能光明彻见；六，善于钻穿探究因缘生起的智慧；七，以各种的方便智慧缕线贯穿；八，安置在自在的高幢之上；九，观察众生的心行，放射使众生听闻及受持的光明；十，受持佛陀智慧的职位，列入佛数之内，能够广为众生作诸佛事业。

"佛子啊！这是积集一切种智及一切智智功德的菩萨行法门品，如果众生没有种植善根，就不可能听闻得到。"

解脱月菩萨说："听闻这个法门，所得到的福德有多少呢？"

金刚藏菩萨说："如同一切智慧所积聚的福德，听闻这个法门所得的福德也是如此。为什么呢？要是不听闻这个功德法门，就不能够信解、受持、读诵，更何况是精进如法修行呢？所以，应当知道，一定要听闻这个积集一切智慧功德的法门，才能够信解、受持、修习，然后到达一切智慧的境地。"

这时，因为佛陀的威神力，因为佛法的殊胜作用，以致十方各十亿佛国刹土微尘数的世界，都发生六种十八相的震动，即所谓的动、遍动、等遍动，起、遍起、等遍起，涌、遍涌、等遍涌，震、遍震、等遍震，吼、遍吼、等遍吼，击、遍击、等遍击。又雨下众多的天华、天鬘、天衣，及所有天上宝贵的庄严器具、幢幡、缯盖。又有天乐响起，乐音和合雅致，同时发出声音，赞叹一切智慧境地的所有功德。

就像这个世界的他化自在天王宫演说这个法门，十方世界中所有的一切世界也都是如此。

这时，又因为佛陀的威神力，十方各十亿佛国刹土微尘数的世界之外，有十亿佛国刹土微尘数的菩萨都来参与这个法会，他们都说："善哉！善哉！金刚藏菩萨！这个法门真是说得太好了。我们都同样名为金刚藏；所安住的世界虽然各各不同，但也都是同名为金刚德；佛陀的名号为金刚幢。我们安住自己的世界时，都承受如来威神力而演说这个法门，法会的情况与此地完全相同，所言所说的文字句义，跟你在这里所演说的丝毫不差。现在，我们都是因为佛陀的威神力而前来这个法会，为你所说的法门作证。如同我们今天到这个世界来作证，所有十方一切世界，我们也都是如此前往作证。"

这时，金刚藏菩萨观察十方一切法会，这些法会普遍整个法界。他想赞叹发起一切智智的心，想示现菩萨的境界，想清净治理菩萨行愿的威力，想宣说摄取一切种智的道业，想灭除一切世间的染垢，想布施一切的智慧，想示现不可思议智慧的庄严，想显示一切菩萨的所有功德，想使这个菩萨十地的义理更为明白，于是他受佛陀神力的加持，而宣说以下的偈颂：

其心寂灭寂恒调顺，平等与碍宛如虚空，
离诸垢浊住于胜道，此殊胜行汝应谛听。
百千亿劫修诸善行，供养无量无边诸佛，
声闻独觉亦复皆然，为利众生而发大心。
精勤持戒常柔忍辱，惭愧福智皆悉具足，
志求佛智修广智慧，愿得十力发广大心。
三世诸佛咸皆供养，一切国土普悉严净，
了知诸法皆平等义，为利众生发广大心。
住于初地生如是心，永离众恶常生欢喜，
愿力广大修诸喜法，以悲悯故入于后位。
戒闻具足念诸众生，涤除垢秽心光明洁，
观察世间三毒火焰，广大解者趣于三地。
三有一切普皆无常，如箭入身诸苦炽然，

厌离有为广求佛法，广大智人趣焰慧地。

念慧具足得诸道智，供养百千无量诸佛，

常观最胜诸种功德，斯人趣入难胜地中。

智慧方便善能观察，种种示现救护众生，

复供十力无上世尊，趣入无生现前地中。

世所难知而能了知，不受于我离诸有无，

法性本寂随缘转化，得此微妙向七地行。

智慧方便愿心广大，难行难伏难能了知，

虽证寂灭精勤修习，能趣如空不动地中。

佛劝令从寂灭中起，广修种种诸大智业，

具十自在普观世间，以此而升善慧地中。

以微妙智观察众生，心行业惑诸等稠林，

为欲化其令趣胜道，演说诸佛胜义法藏。

次第修行具诸众善，乃至九地集诸福慧，

常求诸佛最上胜法，得佛智水灌其顶上。

获得无数诸胜三昧，亦善了知其中作业，

最后三昧名为受职，住广大境恒皆不动。

菩萨得此三昧之时，大宝莲华忽然示现，

身量称彼于中安坐，佛子围绕普同观察。

放大光明百千亿种，灭除一切众生苦恼，

复于顶上放大光明，普入十方诸佛会上。

悉住空中作光明网，供养佛已从足而入，

即时诸佛悉皆了知，令此佛子登受职位。

十方菩萨皆来观察，受职大士舒光普照，

诸佛眉闲亦放光明，普照而来从顶上入。

十方世界咸大震动，一切地狱众苦消灭，

是时诸佛与其职位，如转轮王第一长子。

若蒙诸佛与其灌顶，是则名登法云地中，

智慧增长无有边际，　开悟一切诸种世间。

欲界色界与无色界，　法界世界诸众生界，

有数无数及虚空中，　如是一切咸皆通达。

一切化用广大威力，　诸佛加持微细妙智，

秘密劫数毛道等事，　皆能如实而能观察。

受生舍俗成诸正道，　转妙法轮趣入涅槃，

乃至寂灭解脱妙法，　及所未说皆能了知。

菩萨住此法云地中，　具足念力持诸佛法，

譬如大海普受龙雨，　此地受法亦复皆然。

十方无量诸等众生，　悉得闻持持胜佛法，

于一佛所所闻妙法，　过于彼数无有限量。

以昔智愿大威神力，　一念普遍十方国土，

霍甘露雨灭诸烦恼，　是故佛说名法云地。

神通示现遍于十方，　超出人天世间境界，

复过是数无量亿数，　世智思惟分失迷闷。

一举足量智慧功德，　乃至九地不能了知，

何况一切诸般众生，　及以声闻辟支佛等。

此地菩萨供养诸佛，　十方国土悉皆周遍，

亦供现前诸贤圣众，　具足庄严诸佛功德。

住于此地复为演说，　三世法界无碍智义，

众生国土悉皆亦然，　乃至一切诸佛功德。

此地菩萨智慧光明，　能示众生正法道路，

自在天光除世间暗，　此光灭暗亦复如是。

住此多作三界之王，　善能演说三乘妙法，

无量三昧一念中得，　所见诸佛亦复如是。

此地我今已为略说，　若欲广说不可尽量，

如是诸地佛智慧中，　如十山王巍然安住。

初地艺业不可尽数，　譬如雪山集诸众药，

二地戒闻宛如香山，三如鞞陀如发妙华。

焰慧道宝无有穷尽，譬如仙山仁善安住，

五地神通宛如由乾，六如马耳具众善果。

七地大慧宛如尼民，八地自在宛如轮围，

九如计都集无障碍，十如须弥具众功德。

初地愿首二地持戒，三地功德四地专一，

五地微妙六地甚深，七广大慧八地庄严。

九地思量微妙法义，出过一切诸世间道，

十地受持诸佛妙法，如是行海无有尽竭。

十行超世发心初地，持戒第二禅第三地，

行净第四成就五地，缘生第六贯穿七地。

第八置于金刚幢中，第九观察众生稠林，

第十灌顶随大王意，如是德宝渐悉清净。

十方国土碎为微尘，可于一念知其数量，

毫末度空尚可知量，亿劫说此不可尽了。

【注释】

❶ 以下为第十法云地，初为赞请之颂。

❷ 海印：宛如于大海中映出一切事物，湛然彻见。以上三昧形容佛陀的智慧有如
大海般广大，能印现一切的万法。

❸ 大智职："佛位"之意。

❹ 鞞陀梨：梵语 Vaidhari，意译作"种种持"。

❺ 由乾陀：梵语 Yugandhāra，意译作"持双"。

❻ 尼民陀罗：梵语 Nimiṃdhara，意译作"持边"。

❼ 斫羯罗：梵语 Cokravāda，意译作"金刚围"，又译作"轮围"。

❽ 计都末底：梵语 ketumati，意译作"幢慧"。

❾ 须弥卢：梵语 Sumeru，意译作"妙高"。